阅读本书，把优秀传统了然于胸砥砺品性

践行美德，让中国精神薪火相传铸就梦想

中华传统美德教育读本

主编 苗运周 葛海燕

山东人民出版社
国家一级出版社 全国百佳图书出版单位

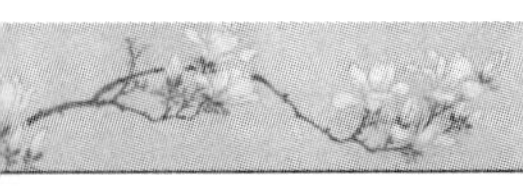

《中华传统美德教育读本》编辑委员会

序

国无德不兴，人无德不立。崇尚美德是中华民族的优秀传统。中华民族在长期的社会实践和文化发展中，逐步形成了自己独特的道德理念、道德规范和道德品质。自古以来，关于美德的经典论述绵延不绝、博大精深，令人敬仰的道德楷模代代涌现、层出不穷，优美动人的道德故事脍炙人口、广泛流传。中华传统美德根植于中华民族的血脉之中和灵魂深处，潜移默化地影响着中国人的思想、精神、心理和行为，是中华民族赖以生存和发展的道德根基、思想基础和精神动力。

中华传统美德是中华文化的精髓，是伟大民族精神的重要成分，蕴含着丰富的思想道德资源。中华传统美德具有跨越时空的魅力，是涵养社会主义核心价值观的重要源泉。无论什么时候，中华传统美德不能丢。习近平总书记深刻指出，要继承和弘扬我国人民在长期实践中培育和形成的传统美德，坚持马克思主义道德观、坚持社会主义道德观，在去粗取精、去伪存真的基础上，坚持古为今用、推陈出新，努力实现中华传统美德的创造性转化、创新性发展，引导人们向往和追求讲道德、尊道德、守道德的生活，让 13 亿人的每一分子都成为传播中华美德、中华文化的主体。为了更好地继承和弘扬中华传统美德，推进中华传统美德的创造性转化、创新性发展，中共聊城市委宣传部、聊城市委讲师团组织专家学者对中华传统美德进行了深入地研究，对中华传统美德进行了翔实解读，对经典的道德论述进行了系统梳理，对历史上和当代的感人道德故事进行了挖掘整理，编辑了这本《中华传统美德教育读本》。

《中华传统美德教育读本》的出版是全市“弘扬优秀传统文化、践行核心价值观”主题实践活动的重要成果，是对全市党员干部群众特别是青少年进行中华传统美德教育的重要教材。我们要发挥好《中华传统美德教育读本》的作用，在“美德聊城”“文明聊城”建设中深入开展中华传统美德宣传教育，引导全市人民树立正确的道德判断和道德责任，把正确的道德认知、自觉的道德养成和积极的道德实践紧密结合起来，讲道德，尊道德，守道德，不断夯实中国特色社会主义思想道德基础，为全市经济社会各项事业科学发展提供有力的道德支撑和强大的精神动力。

中共聊城市委常委、宣传部长

2015 年 10 月

目录

导读

美德是一个国家和民族的精神脊梁。国无德不兴，人无德不立。如果没有将美德提升到生命高度的价值观，没有振奋的精神和高尚的品格，一个人就不可能有所成就、不可能独立自强，一个民族、一个国家就不可能自立于世界民族之林。中国是历史悠久的文明古国，积聚了光辉灿烂的优秀传统文化，传统美德更是其重要的组成部分。历史长河生生不息，千百年来，中华传统美德铸造着中华儿女的灵魂，使我们的民族更加繁荣兴盛。在为实现中华民族伟大复兴，为中国梦而奋斗的今天，进一步发掘和弘扬中华传统美德，对于激发中华儿女的爱国主义热情，增强民族的自尊心和自信心，提高全民族的道德水准和振奋民族精神，仍然具有十分重要的现实意义。

一、中华传统美德的主要内容

中华传统美德，是指中国历史流传下来、具有影响、可以继承并得到不断创新发展、有益于后代的优秀道德遗产。她是一种特殊的社会意识形态，其内涵包罗极为广泛。从内容上来概括，中华传统美德是中华优秀民族品质、优良民族精神、崇高民族气节、高尚民族情感、良好民族习惯的总和。中华传统美德，积淀着中华民族最深厚的精神追求和最根本的精神基因，是中华优秀传统文化的“根”和“魂”。

中华传统美德的形成和发展已经有几千年的历史，从口头传承到文字记载，内容博大精深，她以儒家道德思想为主体，包容开放、兼收并蓄，包括了道、墨、法、释等各家思想。在家庭方面，强调尊老爱幼、父慈子孝、长幼有序、夫妻恩爱、兄友弟恭，崇尚“百善孝为先”“家和万事兴”；在社会方面，强调诚实守信、互助友爱、与人为善、成人之美、社会和谐，崇尚“己所不欲，勿施于人”“己欲立而立人，己欲达而达人”“老吾老以及人之老，幼吾幼以及人之幼”；在国家方面，强调国家和民族大义、为政清正廉洁、亲民爱民，崇尚“天下为公”“为政以德”“精忠报国”“天下兴亡，匹夫有责”；在世界方面，强调民族之间要睦邻友好、以德服人、爱好和平、注重民族气节，崇尚“天下一家”“协和万邦”“讲信修睦”“和为贵”；在自然方面，强调敬畏自然、向自然学习、人与自然要和谐相处，崇尚“天人合一”“民胞物与”“道法自然”等等。根据我国传统道德思想“内圣外王”的思维方式，主张通过修身为本、践履躬行，把上述内容落实到个人品德和理想人格上。在个人品德方面，追求君子人格、圣贤人格，崇尚“仁者爱人”“见利思义”“见贤思齐”“浩然之气”“朝闻道，夕死可矣”；在理想人格方面，追求至善至圣、刚健有为，崇尚“既仁且智”“从善如流”“知行合一”“穷则独善其身，达则兼济天下”等等。

中华传统美德内容非常丰富，关于哪些是其核心价值理念问题，在我国历史上，存在着多种不同的看法。有人认为是“仁义礼智”，有人认为是“礼义廉耻”，有人认为是“孝悌忠信”，也有人认为是“忠孝节义”，还有人认为是“自强不息，厚德载物”等等。但最根本、最凝练、影响最深远的还是“仁”“义”“礼”“智”“信”。

“仁”，是人与人之间互相关怀、互相尊重和互相爱护的情感，是世间万物共生、和谐相处、协调发展的一种道德规范，指同情、关心和爱护这样的心态，即“仁爱之心”。老子说：“与，善仁。”孔子曾说：“志士仁人，无求生以害仁，有杀身以成仁。”这里“仁”已成为人生道德的最高境界，为了维护“仁”，可以“杀身”，即可以牺牲自己的生命来维护这一道德理念。由此可见，在“仁”的情感范围由家族扩展到社会的同时，“仁”的道德内涵和道德地位也得到了进一步丰富和提升，成为中华传统美德的第一要素。

“义”，是超越自我、正视现实、仗义公道的做人态度，指正当、正直和道义这样的气节，即“正义之气”。“义”，主要是指一种美好、善良的情感和气节。孔子提倡“杀身成仁”，孟子非常推崇“义”德，说要“舍生取义”。“杀身”和“舍生”是相同的意思、相同的境界。我们讲中华传统美德主要是“仁”“义”“礼”“智”“信”五大要素，通常也简化成“仁义道德”。可见，在这五大要素里，“仁”和“义”两德是最核心、最基本的两大要素。

“礼”，是建立人际关系、社会秩序的一种标准和规则，指礼仪、礼貌和礼节这样的规矩，即“礼仪之规”。孔子有一句名言：“克己复礼为仁。”古代著名的政治家、思想家管仲，更提出了“礼义廉耻，国之四维”的治国理念。中国人向来把“礼”放在重要的位置上，以礼仪之邦来表明我们是文明的，不讲礼仪是不文明的。由此可见，“礼”在中华传统美德中同样占有重要位置。

“智”，是人认识自己、了解社会、解决矛盾、处理问题的眼光和能力，即“智谋之力”。《论语》中的“知之为知之，不知为不知，是知也”是讲人的知识再丰富，总有不懂的问题，那么就应当有实事求是的态度，只有这样才能学到更多的知识，才是智慧之举。这里讲的“是知也”就是指“这才是智慧、这才是聪明、这才是智者”。“智”作为一种道德要求，成为一个具有普遍意义的新的道德概念和价值取向，成为对人们思想道德和文明素质方面最基本的要求之一。

“信”，是人们交往和处事的道德准则，指诚实守信、坚定可靠、相互信赖这样的品行，即“诚信之品”。“信”不是简单的诚实，信用才是“信”最基本的内涵。“信”，是立国的根本，是老百姓得以生存的基础。孟子把诚信看做社会的基石和做人的准则。“信”作为中华传统美德的重要内容，历来被人们肯定、推广。

“仁”“义”“礼”“智”“信”是中华传统美德的核心价值理念和基本要求，带动整个社会道德体系的发展和社会道德水平的提升，在整个中华传统美德中具有重要地位。如孝悌、忠恕可以涵盖在“仁”当中，公义、廉耻可以涵盖在“义”当中，谦让、恭敬可以涵盖在“礼”当中等等。离开“仁”“义”“礼”“智”“信”，就很难正确理解中华传统美德的内涵，也很难对传统美德做出价值判断。所以，“仁”“义”“礼”“智”“信”被认为是中华传统美德的主要内容。“仁”“义”“礼”“智”“信”五大要素之间相互关联、相互依存、相互支撑，共同构成了中华传统美德大厦的根基，也可以说是道德大厦的支柱。

中华传统美德崇尚经世致用，以治国安邦、协调关系、稳定社会、完善个人为主要目的。其主要特点：一是注重整体利益和把国家命运放在首位。这是中华传统美德最大的特点，而现代道德或西方道德主要立足于个体、个人。二是注重对崇高理想和完美人格的追求。一般来说，道德主要是用来规范人的行为、调节人际关系，但我国的传统美德并不仅仅停留在这个层次上，而是把道德上升到崇高理想和完美人格的追求，主张一个人要从内心深处确立对道德的信仰。三是注重修身为本和践履力行。在长期的历史发展进程中，中华传统道德发挥了巨大作用，一直是我国社会稳定和谐的精神支柱，是中华民族生存发展的道德根基，是中华民族文明进步的重要动力。

二、中华传统美德的形成和发展

中华传统美德是在漫长的历史进程中，随着传统道德的产生、演进而逐渐得到明确、规范、升华、丰富和发展的。

我国早在尧舜时代就出现了父义、母慈、兄友、弟恭、子孝等一些初具道德色彩的概念。西周时期，周公提出以德敬天、敬德保民、明德慎罚，强调道德的社会作用。春秋初期著名的政治家、思想家管仲提出了“礼”“义”“廉”“耻”四个道德要素，并称其为“国之四维”，从关系国家生死存亡的高度强调了这四大道德要素之重要。孔子把“仁”视为最高道德标准和道德境界,创建了以“仁”为核心的道德体系。孔子认为,“仁”要以“爱人”为核心，体现于日常人伦的一点一滴之中：对人，要“己欲立而立人，己欲达而达人”“己所不欲，勿施于人”；于己，要“修己以敬”“刚毅木讷”；对事，要坚持真理，“当仁不让于师”，甚至“无求生以害仁，有杀身以成仁”。除了“仁”以外，孔子还特别注重“义”和“礼”。在“义”的问题上，孔子主张“君子义以为上”“君子义以为质”“行义以达其道”。在“礼”的方面，孔子倡导“克己复礼”，主要体现在“恭”“敬”“让”等方面。春秋末期的老子提出，人要“上善若水”，意思是最善的人要像水一样，具体地说，要“居，善地；心，善渊；与，善仁；言，善信；政，善治；事，善能；动，善时；夫唯不争，故无尤”，显然老子倡导“仁”“信”

等道德操守。战国时期思想家孟子在此基础上把“仁”“义”“礼”“智”这四个要素整理归纳出来，作为道德的基本要求。《孟子·告子上》写道：“恻隐之心，仁也；羞恶之心，义也；恭敬之心，礼也；是非之心，智也。仁义礼智，非由外铄我也，我固有之也，弗思耳矣。”孟子的意思是说，“仁”“义”“礼”“智”这四个方面是我自身独有的，并不是外界赋予我的，人就应该有这样的本质和品德。孟子把“恻隐之心”“羞恶之心”“恭敬之心”“是非之心”总结归纳为“仁”“义”“礼”“智”，并把它们作为人应该遵守的基本的道德规范、道德准则和道德理念。

秦王朝灭亡后，随着我国古代自然经济和封建君主专制制度的逐步发展，汉武帝总结历史经验教训，高度重视道德的社会作用，采取了董仲舒提出的罢黜百家、独尊儒术的治国之策。董仲舒把“仁”“义”“礼”“智”“信”五大道德要素整合在一起加以全面阐述和规范。他说“仁谊礼智信，五常之道”，要在世间推行，以此教育民众，改变民间陋习，形成良好的民风。《汉书·董仲舒传》写道：“夫仁谊礼智信，五常之道，王者所当修饬也。王者修饬，故受天之晁，而享鬼神之灵，德施于方外，延及群生也。”文中的“谊”即“义”。这是中国历史上第一次明确提出“仁”“义”“礼”“智”“信”这个“五常之道”，即五大道德要素。在公元79年的白虎观会议上，儒家道德被确定为我国封建社会的意识形态。从此，儒家思想成为我国古代的正统思想。秦汉后，经过长时期教化，中华传统美德广泛走向民间，拥有深厚的民间基础，形成了全社会的道德共识。

魏晋、隋唐时期，“仁”“义”“礼”“智”“信”得到大力倡导，逐渐成为人们普遍认可的道德准则和行为规范。韩愈认为，仁义就是道德，道德就是仁义。到宋、元、明、清时期，“仁”“义”“礼”“智”“信”等中华传统美德从理论上得到了进一步阐发。如理学祖师周敦颐建立了“以诚为本”的道德本体论，提出“诚”是“仁”“义”“礼”“智”“信”的根本；王安石认为，道德就是“仁义”，就是“仁义礼智信，五常之全体”；程颢、程颐两兄弟把“仁”“义”“礼”“智”“信”的整体德目发展成为“五常全体四肢说”，认为“仁”是身体、“义”“礼”“智”“信”是四肢；朱熹提出“仁包四德”“百行万善总于五常，五常又总于仁”，还提出了“孝”“悌”“忠”“信”“礼”“义”“廉”“耻”八德，被后人尊称为诸子八德。明代王阳明强调“心即是理”，提倡“致良知”，认为“理”

尽在人“心”，“理”化生宇宙天地万物，强调要知，更要行，知中有行，行中有知等等。

鸦片战争后，我国沦为半殖民地半封建社会，民族危机逐步加深。我国资产阶级革命家和思想家在批判封建道德的过程中，用西方的自由、平等、博爱精神改造和充实中华传统美德。“仁”“义”“礼”“智”“信”仍然得到了资产阶级革命家的继承和发展。民主革命的先行者孙中山指出：“必须人人尚道德，明公理”，要践行“忠孝”“仁爱”“信义”“和平”八个常规道德规范和“智”“仁”“勇”三达德。同时，孙中山还提出要推行“忠于国家、忠于人民”的新的道德理念，认为人无道德便不能革命，人人不具备好人格便不能够造就一个好国家。因此，他认为革命党人要具备“不求做大官，只求做大事”的优良品格。足见中华传统美德对推进社会变革的重要意义。

中国共产党人传承文明，开拓未来，用自己特有的世界观看待历史、观察现实、展望未来，把马克思主义与中国实际结合起来，提出对古代思想文化要批判地继承。党既是马克思主义的传承者、弘扬者，也是中华传统美德的传承者、弘扬者。毛泽东同志一生深受中华传统美德的影响，是弘扬中华传统美德的杰出代表。早在《新民主主义论》中，他就指出，“中国的长期封建社会中，创造了灿烂的古代文化。清理古代文化的发展过程，剔除其封建性的糟粕，吸收其民主性的精华，是发展民族新文化、提高民族自信心的必要条件。”毛泽东思想的很多重要内容都直接来源于我国优秀传统文化的政治智慧和道德智慧，具有中国特色、中国风格和中国气派。如“实事求是”的思想路线就来源于我国古代“经世致用”的道德传统；如把民本思想与马克思主义政治立场相结合，提出了“为人民服务”的根本宗旨；如“刚健有为”，毛泽东同志自从走出韶山，就展现出了一种宏大的志向和奋斗精神；如“德教为先”，毛泽东同志一生特别重视思想政治工作和思想改造工作；如“为政以德”，毛泽东同志一生对党的作风、党的形象特别重视，一直都注重整顿党的作风；还有我们都熟悉的毛泽东的“老三篇”——《纪念白求恩》《为人民服务》《愚公移山》，既是政论文，更是道德文章，文章虽然不长，但动人心魄。新中国建立后，在如何对待中国传统文化的问题上，我们党仍然坚持了批判地继承的科学态度。1956年春，毛泽东提出了著名的“双百”方针。同年8月，他在同音乐工作者谈话中强调，外国的一切科学原理和长处都要学，但学习的目的是为了“创造出中国自己的、有独特的民族风格的东西”，“创造出中国独特的新东西”。可以说，立足中华优秀文化的发扬光大，是毛泽东同志在中外文化关系问题上的基本出发点和落脚点。20世纪60年代初期，毛泽东同志多次谈到，对中国的文化遗产，应当充分地利用、批判地利用。他说：“中国几千年的文化，主要是封建时代的文化，但并不全是封建主义的东西，有人民的东西，有反封建的东西”，况且“封建主义的东西也不全是坏的”，“反封建主义的文化也不是全部可以无批判地利用的”。这种科学分析，从总体上体现了我们党一贯坚持和倡导的科学态度。

改革开放以来，特别是进入21世纪之后，中国共产党人在如何对待中国优秀传统文化问题上，升华到一个新的认识制高点。党的十六大明确提出“坚持弘扬和培育民族精神”；党的十七大鲜明提出“弘扬中华文化，建设中华民族共有精神家园”；党的十八大明确提出“三个倡导”，“培育和践行社会主义核心价值观”。邓小平、江泽民、胡锦涛同志都大力提倡弘扬中华传统美德。如建设“小康社会”的提法来源于《诗经》《礼记》等我国古代典籍；“以人为本”的理念与“民惟邦本，本固邦宁”“民贵君轻”等民本思想一脉相承；“和谐社会”的构想与“和而不同”“和为贵”相承接；生态文明建设与“天人合一”“道法自然”等相契合。还有“国家兴亡，匹夫有责”“与时俱进，自强不息”“生于忧患，死于安乐”“艰苦奋斗”“谦虚谨慎”“戒骄戒躁”等传统美德都得到大力弘扬。

党的十八大以来，以习近平同志为总书记的党中央高度重视继承和弘扬中华传统美德。习近平总书记在多个重要场合反复强调，要传承中华民族五千多年文明发展，继承和弘扬中华优秀传统文化，弘扬传统美德，弘扬时代新风，振奋民族精神。他在2013年12月30日中共中央政治局第十二次集体学习时的讲话中指出，要继承和弘扬我国人民在长期实践中培育和形成的传统美德，坚持马克思主义道德观、坚持社会主义道德观，在去粗取精、去伪存真的基础上，坚持古为今用、推陈出新，努力实现中华传统美德的创造性转化、创新性发展，引导人们向往和追求讲道德、尊道德、守道德的生活，让13亿人的每一分子都成为传播中华美德、中华文化的主体。这就把弘扬中华传统美德推进到了一个新高度，标志着我们党弘扬中华传统美德进入到又一个新境界。

三、中华传统美德的现实意义和时代价值

中华传统美德在历史发展的长河中，推动了中华民族的文明进步，体现了人类文明中具有永恒价值的道德智慧，至今仍然是广大人民群众追求美好生活、维系良好关系的基本道德准则，对于民族复兴、国家强大、人民幸福、社会和谐也具有重要现实意义和时代价值。

第一，中华传统美德是实现中国梦、振兴中华的精神动力。实现中华民族伟大复兴的中国梦是当今时代的头等大事。占世界四分之一人口的中国的崛起，将彻底洗雪中国近百年的历史屈辱，也将改变世界历史的进程。中国人民从来没有像今天这样接近这个梦想。习近平总书记曾经明确指出："国无德不兴。"道德不仅是一种国家治理、社会秩序整合的工具，而且是国家兴旺、人民幸福的强大精神动力和软实力。在当代，优秀传统文化或传统美德何以成为实现中华民族伟大复兴的中国梦的精神动力呢？小康、大同理想是当代中国梦的文化根基。习近平总书记执政伊始，就提出了中国梦这个得到当代中国人普遍认同的国家、民族发展理想。中国梦内含着国家富强、民族振兴、人民幸福三重意蕴。这个梦想不仅是当代中国人的理想追求，也深深反映了中国人自古以来不懈追求进步的光荣传统。这种不懈追求的理想，就是古人长期追求的"大同"理想，即求大同与奔小康。习近平总书记说，实现中国梦必须走中国道路，必须弘扬中国精神，必须凝聚中国力量。传统忠德的责任担当意识是实现中国梦的强大动力。传统忠德虽然有忠于君主之臣德的糟粕成分，但也包含着一种尽心竭力、利人利公的做人做事态度。"天下为公"即是传统忠德的精髓，它鼓舞着人们为祖国的兴旺发达艰苦奋斗、矢志不渝。今天弘扬传统美德，就要求我们每一个人自觉为国出力、爱国报国，爱岗敬业、脚踏实地。因此，我们一定要继承发扬传统美德，与时俱进、转化超越，使每个人的点点微光汇聚成照亮民族复兴伟大梦想的熊熊火炬。

第二，中华传统美德是实现社会和谐、人民幸福的可靠保证。道德不仅包含了一定的人生观、价值观，可以为民族复兴提供精神动力，它还是一种行为规范，可以调节人际关系，实现社会和谐，并对民众的幸福生活起到保障、促进作用。首先，弘扬传统美德有利于提高公民的自律意识，加强自身道德建设。公民自律是道德建设的主要内容，自觉遵

守道德规范是每个公民义不容辞的责任。弘扬传统美德，在仁、义、礼、智、信的熏陶下，人们的内心会重新建立规范的道德标准，从而规范自己的行为，做到有所为、有所不为，自觉维护社会道德风气。其次，弘扬传统美德有利于提高社会的他律意识，形成社会监督合力。在道德松弛、管理乏力的社会背景下，他律的作用不可忽视。弘扬传统美德，通过道德教化，能够使人们的爱国主义、集体主义、人道主义等情感朝着正确的方向发展，形成良好的公德体系，从而科学地指导公民的他律行为，群众、媒体及政府能够有效对道德失范的行为进行严格监督、打击，维护社会和谐稳定。第三，传统美德以仁爱为本，以民本为用，它构成伦理与政治的思想基础，也是社会和谐的基础。“仁者爱人”是中国伦理思想的核心，这奠定了中国伦理的利他主义价值导向。爱不仅是一种感情，也是一种意志、行动和义务，心中有了爱，就必然为爱所驱使，为所爱的人奉献、尽义务，关心他、爱护他。弘扬爱人之积极情感，可以唤醒我们的道德良知，提升我们的奉献意识，使人与人相互为善，彼此之间充满友爱。在当代社会，向传统道德致敬，重建公正、诚信的良好社会环境，以此确保社会和谐有序、人民幸福安康，刻不容缓。

第三，中华传统美德是优化人际关系、重建道德秩序的重要支撑。道德从来就是现实性与历史性的统一。社会道德不是无源之水、无本之木，而是根植于民族文化的沃土，是传统美德的延续和升华。承接中华传统美德，就是要以中华传统道德的背景为基础，把传统道德中符合时代要求、有助于经济社会协调发展的内容承接下来，推广到全体人民中去。当前，我国正处在经济体制深刻变革、社会结构深刻变动、利益格局深刻调整、思想观念深刻变化的历史时期，存在着新与旧、传统与现实的斗争，新旧观念相互交融和激荡，人们思想活动的独立性、选择性、多变性和差异性不断增强，价值判断和行为选择呈现多元化的特点，道德也因面对复杂的利益关系，出现了多元、多样、多变的复杂情况，甚至出现了道德滑坡。如，为求利润，制假售假；路人跌倒，无人敢扶；医患不信，关系紧张；人与人之间缺乏基本的信任和宽容。要扭转这种状况，亟待进行道德重建。弘扬传统美德，抓住了解决当前社会生活中存在的道德滑坡和道德危机等问题的牛鼻子，顺应了人民群众对良好道德风尚的期待与向往，唤起人们内心善良的道德意愿和道德情感，以及大爱、真善、孝亲、诚信等，有利于传播释放正能量，构建正常社会道德秩序，重振精神家园。

第四，中华传统美德是培育社会主义核心价值观的深厚根基。党的十八大提出："倡导富强、民主、文明、和谐，倡导自由、平等、公正、法治，倡导爱国、敬业、诚信、友善，积极培育和践行社会主义核心价值观。"社会主义核心价值观是立足于我国社会主义现代化建设现实需要，在继承中华优秀传统文化和吸收借鉴世界文明有益成果基础上概括出来的，体现了我国各族人民和全社会当前共同的精神追求和价值标准。践行社会主义核心价值观，使社会主义核心价值观融入全民族的精神血液，内化于心、外化于行，是一项重大战略任务。社会主义核心价值观要入耳入脑入心、敦化为民风民俗民德，一条重要的途径，是必须与中华文化的根本相融通，生长于斯、发展于斯、创新于斯。我国传统的"仁""义""礼""智""信"等价值观念及"天行健，君子以自强不息"等精神追求，已经融入中国人的血液，成为大众的基本行为准则。应充分利用中华传统美德的丰富资源，不断强化人们对中华优秀传统文化和社会主义核心价值体系的认同。习近平总书记强调，中华传统美德是中华文化精髓，蕴含着丰富的思想道德资源；要处理好继承和创造性发展的关系，实现中华优秀传统文化、传统美德的创造性转化和创新性发展。这里的关键是正确处理践行社会主义核心价值观与传承中华传统美德的关系。社会主义核心价值观的实践主要有两个途径，即制度建设和道德建设。在道德建设上，要使社会主义核心价值观落实到每个人身上，体现其道德教化的功能，就必须以中华传统美德的传承实践为基础。中华传统美德能提升公民对社会主义核心价值观的价值认同感，增强价值判断力。也就是说，社会主义核心价值观的培育与中华传统美德的传承必须一起抓：一方面讲社会主义核心价值观的培育，一方面注重中华传统美德的传承。离开中华传统美德的传承和实践，孤立地讲社会主义核心价值观的培育和弘扬，就不能充分实现道德建设的功能。

四、中华传统美德的传承和弘扬

习近平总书记提出，中华优秀传统文化是人们进行道德教育修养的"好教材"，人们通过学习把握"中华传统美德"，有助于"正确处理义与利、己与他、权与民、物质享受与精神享受等重要关系”，“中国传统文化博大精深，学习和掌握其中的各种思想精华，对树立正确的世界观、人生观、价值观很有益处”，“要始终把弘扬中华传统美德……作为极为重要的战略任务来抓，为实现中华民族伟大复兴的中国梦提供强大精神力量和有力道德支撑”。这就要求我们，做好中华传统美德的传承和弘扬工作，主要应从以下几点上下功夫：

第一，正确对待传统美德。所谓“正确对待”，就是要符合今天的现实要求，适合于我们的能力和条件，有利于国家民族自身的健康发展，而不是其他。这是我们对待传统美德应有的态度和责任。中华传统美德根植于漫长的封建社会，在特定的政治、经济、思想和文化等氛围的制约下，深深地烙下了时代的印记，良莠并存。这要求我们应当历史地、客观地看待传统美德。要把重点放在现实及其发展要求上，不论它们在过去曾起过怎样的作用，都要以有利于我们今天的发展、有利于社会的继续进步为标准，去重新加以分析、研究、判断和选择实施。中国自近代以来，在传统文化和传统道德问题上，全盘否定的文化虚无主义、全盘否定的西化论、全盘肯定的复古主义等思潮，从来就没有真正销声匿迹。对于中国共产党人来说，对传统文化和传统道德的态度，也经历了曲折的认识过程。只是从以毛泽东同志为代表的那一代中国共产党人开始，才真正解决了正确对待传统文化和传统道德的立场问题，提出如批判继承、古为今用、推陈出新的基本原则，从理论原则上解决了对待中国传统文化和传统道德的正确立场问题。尽管自近代以来，在如何对待传统文化和传统道德的问题上存在各种不同甚至势不两立的态度和观点，但从总体上可以说，凡是进步有识之士，对待传统文化和传统道德的态度，基本上都强调既返本又开新。今天，在对待传统美德的问题上，我们也应该顺应思想界的这一主流，认认真真地总结好、承继好这一份珍贵的传统道德遗产。

第二，合理阐释传统美德。加强思想道德建设，很重要的是要立足于中华传统文化这片广袤的土地，深入挖掘传统美德规范，使之成为全社会共同遵循的行为标准，引导人们向往和追求讲道德、守道德的生活，形成向上、向善的力量。当前，尽管传统美德仍在人们的生活实践中朴素地得以传承，但在某种程度上，人们对于传统美德缺乏应有的了解。特别是在中国现代进程中道德的生活基础与社会环境发生改变后，必须实现道德理念和范式的转换。这就要求加强对中华传统美德的挖掘和阐发，努力实现中华传统美德的创造性转化、创新性发展，把跨越时空、超越国度、富有永恒魅力、具有当代价值的文化精神弘扬起来，把继承优秀传统文化又弘扬时代精神、立足本国又面向世界的当代中国道德创新成果传播出去。阐释传统美德，一要讲清楚中华传统美德的发展脉络、合理内核、价值理念、鲜明特色、时代价值等，增强文化自信和价值观自信；二要找准传统美德与现代文明的结合点，用现代文明的眼光去审视“传统”，使“传统”为现代服务，如仁爱思想可以整合各种复杂的利益诉求、抑制极端利己主义，诚信思想有助于规范和整顿商业秩序，见利思义、先义后利思想可以引导人们在高尚精神指引下追求利益等等，我们都应当运用古为今用、推陈出新的原则加以综合创新，使传统美德因增添了时代的光辉而更加灿烂夺目；三要利用符合时代需要和大众口味的形式对传统美德作出新的“阐释”，如动漫电影、道德讲堂、四德歌广场舞等，使之以人们喜闻乐见的方式推广开来。

第三，自觉传承传统美德。传承中华传统美德，就是要以中华传统道德的背景为基础，把传统道德中符合时代要求、有助于经济社会协调发展的内容承接下来，推广到全体人民中去。习近平总书记指出：“一种价值观要真正发挥作用，必须融入社会生活，让人们在实践中感知它、领悟它。要注意把我们提倡的与人们日常生活紧密联系起来，在落细、落小、落实上下功夫。”因此，传承传统美德，一是要健全各行各业规章制度，完善市民公约、乡规民约、学生守则等行为准则，建立和规范一些礼仪制度，组织开展形式多样的传统节日纪念活动；二是要使每个人都脚踏实地，不尚空谈，重在行动，从我做起，从现在做起，从点滴小事做起；三是要领导干部发挥带头作用，中华传统美德十分强调为政者“以身作则”的模范作用，党员干部既要做共产主义远大理想和中国特色社会主义共同理想的坚定信仰者，又要做弘扬中华传统美德的模范践行者，在培育和践行社会主义核心价值观方面带好头，讲党性、重品行、作表率，为民务实清廉，以人格力量感召群众、引领风尚，以自己高尚的道德品行影响和感染身边的群众，以共产党人的道德人格力量去赢得人心、凝聚人心。只有这样，才能激励人民群众崇德向善、见贤思齐，鼓励全社会积善成德、明德惟馨，推动全社会形成和保持良好的道德风尚。

第四，加强传统美德教育。传统美德是中华文化的精髓，是中华民族的精神家园，更是做人的基本准则和处世底线。离开美德半步，轻者误入歧途，重者跌入深渊。因此，加强传统美德教育成为当务之急。美德教育是一个复合工程，是一次全民总动员的过程，学校、家庭、社会各方面都应当承担起相当的责任，以形成协调一致的教育网络。传统美德教育需要从知、情、意、行诸方面下艰苦细致的功夫。首先，要从传统美德的知识教育入手，使人们了解掌握传统美德的知识。如果人们连传统美德是什么都不知道，何以继承发扬。其次，强化传统美德情感培育。激发主体内在情感体验，进而接受传统道德。再次，推动传统美德的践行教育。应高度重视家庭的道德培育功能，对传统孝道和家庭礼仪规范进行现代转化，深入挖掘传统家规、家训、家风的现代价值。正如习近平总书记指出的："家庭是社会的基本细胞，是人生的第一所学校。不论时代发生多大变化，不论生活格局发生多大变化，我们都要重视家庭建设，注重家庭、注重家教、注重家风。"进一步加大学校的传统文化经典教育，鼓励开展传统文化经典诵读、讲习与研究；积极推动社会力量开展讲学劝善活动，鼓励兴办书院，引导书院面向社会广泛开展礼仪规范教育和道德教化活动等，建立家庭、学校、社会联动的教育体系。

聊城是国家级历史文化名城，是中华文明较早的发祥地之一，自古以来就具有崇德好礼、积善成德的优良传统，在弘扬中华传统美德方面资源丰富。远古时期，东夷人就在此地活动。仰韶文化、大汶口文化时期，人们已在这里过着定居生活。龙山文化时期，就出现了城群和中心城。在之后几千年的历史长河中，地处齐鲁、燕赵文化结合部和黄河、运河文化交汇点上的聊城，多次发生文化碰撞、融合与更生，逐渐形成了独特而又丰富的文化内涵，其中既有齐文化崇商敬农的优长和鲁文化尚仁重义的特点，又有燕赵文化慷慨无私的侠义，也糅和了秦晋文化开放宽厚、气度独特的文化底蕴，成为社会的主流价值观，与中华传统美德多有契合，这是聊城人民宝贵的精神财富。近年来，聊城大力弘扬传统优秀文化，积极实施美德聊城建设，加强社会公德、职业道德、家庭美德、个人品德教育，全面提高公民道德素质，在社会上形成了人人做好人、好人做好事、好人有好报的浓厚氛围，涌现了一大批感人至深的义行善举和道德模范，在社会上产生了积极影响。今后，要继续弘扬中华民族的传统美德和文明价值取向，积极引导人们讲道德、尊道德、守道德，追求高尚的道德理想，为加快聊城发展、提高聊城人民的幸福生活水平提供强大的精神动力和道德支撑。

为使广大干部群众更好地传承和弘扬中华传统美德，本书围绕修身、齐家、治国三方面精选了传统美德40条，对每条美德进行了概述，并选编了一些经典名句和故事进行说明，以期对中华传统美德进行发掘和阐发，发挥其当代价值，丰富我们修身处事和治国理政的智慧和经验，养浩然之气，塑高尚人格，不断提高人文素养和精神境界。

修身

传统文化讲求修身、齐家、治国、平天下。修身，即提高个人道德修养，是家庭幸福、事业有成的基础性、根本性因素。“厚德”方能“载物”。中华民族得以生生不息、绵延不断、走向复兴，原因之一也在于我们对个人道德修养的高度重视，这是传统文化的精华。古往今来，沧海桑田，虽然时光在流逝，时代在变迁，但是个人的道德修养对于家庭、社会的重要意义却在与日俱增。现代社会各种思潮纷至沓来，利益竞争也日趋激烈，更需要我们修身养性，以清醒的头脑、高尚的情操做出正确的进退取舍。在此，本书选择了明礼、诚信、自省、慎独、改过、淡泊等19条修身美德供大家参考。

修身

修身，是中华优秀传统文化的思想精华和道德精髓。“修身”一词，最早见于《墨子·非儒》篇：“远施周偏，近以修身。”所谓“修身”就是努力提高自己的品德修养，使之达到尽善尽美的境界。古人非常重视“修身”，把它看做齐家、治国、平天下的基础。儒家经典《礼记·大学》中有一段论述：“古之欲明明德于天下者，先治其国；欲治其国者，先齐其家；欲齐其家，先修其身。”如今，时代虽然发生了巨大变化，但传统的“修身”伦理思想仍有十分重要的借鉴意义。

中华民族是一个高度重视克己修身的民族。其修身思想集中体现在：一是强调了修身的意义和作用，认为修身是做人的根本，做人必须立德修身。《礼记·大学》里明确提出“自天子以至于庶人，壹是皆以修身为本”，即上自天子下至普通老百姓，都要以修身为根本。齐家、治国、平天下这样的家国大事，也要从修身开始。修身虽然是一种内在的道德实践，但其不仅对个人具有突出意义，而且对政治社会秩序有着重要引导作用，是治国平天下的起点。《论语·宪问》中讲修己以敬、修己以安人、修己以安百姓，就提出了修身的社会功能。《礼记·中庸》作了进一步阐发，“知所以修身，则知所以治人；知所以治人，则知所以治天下国家矣”。二是明确了修身的内涵和标准。“修身”，包括“修心”“养德”“守志”“尊道”四层境界。孔子讲克己复礼，其中“礼”就是修身的内涵和标准，要眼非礼勿视，耳非礼勿听，口非礼勿言，四肢非礼勿动。宋代理学家把修身的内涵和标准发展为“天理”。具体而言，有三达德（知仁勇）、四端（仁义礼智）、五常（仁义礼智信）等，包括讲仁爱、重民本、守诚信、崇正义、尚和合、求大同诸多内容，充分体现了当时的时代精神和价值观念。三是阐明了修身的方法和路径。中国传统修身方法有多种，但总的来说有两大路径：“明理”与“去欲”。也就是说，修身，一方面要约束“小我”的私欲和私心，时刻注意克己改过，这是修身的入手；另一方面要树立“大我”，乃至达到天地合一的境界，这是道德修养的根本保证。

中国传统修身理论作为一笔宝贵的精神文明财富，影响和启发了一代又一代炎黄子孙。传统修身思想曾经在我国古代人民生活中发挥了重要作用，使中华民族成为举世闻名的礼仪之邦。中国历史上众多青史留名的人物，无一不是修身有得进而做出一番事业的。如诸葛亮以“非淡泊无以明志，非宁静无以致远”的静思反省来使自己尽善尽美，以俭朴来培养自己高尚的品德；曾国藩从 31 岁开始系统地修身实践，一直贯穿了他的后半生，即使在战场上，他仍然坚持每天“三省吾身”。

中国共产党是中国优良传统的真正继承者。党历来非常注重党员的修身修养，以此作为党自身建设的一条重要经验。早在《纪念白求恩》这篇文章中，毛泽东就号召我们做“一个高尚的人，一个纯粹的人，一个有道德的人，一个脱离了低级趣味的人，一个有益于人民的人”。刘少奇在《论共产党员的修养》中强调，共产党员“要有马克思列宁主义理论的修养，要有运用马克思列宁主义的立场、观点和方法去研究和处理各种问题的修养；要有无产阶级的革命战略、战术的修养；要有无产阶级的思想意识和道德品质的修养；要有坚持党内团结、进行批评和自我批评、遵守纪律的修养；要有艰苦奋斗的工作作风的修养；要有善于联系群众的修养，以及各种科学知识的修养等”。习近平同志把“三严三实”作为干部改进作风的要求，其中摆在首位的就是“严以修身”。他指出，严以修身就是要加强党性修养，坚定理想信念，提升道德境界，追求高尚情操，自觉远离低级趣味，自觉抵制歪风邪气。这里，他着眼于新的历史条件、时代背景以及党和国家建设发展实践，精辟揭示了新形势下领导干部修身的深刻内涵，赋予其新的时代标准。

做官先做人，做人先修身，这是亘古不变的道理。在实现中华民族伟大复兴的中国梦的进程中，广大党员干部要努力吸取传统文化中修身之道重在执着追求理想社会和理想人格的养分，做到“修智、修德、修行”三点统一结合。自觉强化党性修养，坚定理想信念，努力做好每一项工作。在对理想人格的追求中，立忠诚笃信之志，补足精神之钙，挺起精神脊梁，锻造党性基础上的理想人格和精神品格。秉持静专，抵制歪风邪气。无论何时何地，不忘全心全意为人民服务的根本宗旨，吃苦在前、享乐在后，勤奋工作、廉洁奉公，“心不动于微利之诱，目不眩于五色之惑”。谨言慎行，严于律己，勤勉尽职，敢于担当，才能养成浩然正气、保持高风亮节，真正被人民群众所信赖和爱戴。

经典名句

【原文】古之欲明明德于天下者，先治其国；欲治其国者，先齐其家；欲齐其家者，先修其身。

【译文】古代那些想要使美德彰明于天下的人，先要治理好自己的国家；要想治理好自己的国家，先要整顿好自己的家族；要想整顿好自己的家族，先要修养好自身。

【解读】这句话出自《礼记·大学》。修身、齐家、治国、平天下，是儒家设定的理想的人生路径，几千年来被儒家传统知识分子尊崇为至高的人生信条。修身不仅关乎自身道德修养的高下，更直接关乎家族的兴旺发达、国家的治乱兴衰以及天下的安定有序。修身是为人之基、成事之要，是人生必不可少的一门功课。如果想做事、做人，特别是担当大任，就是要从修身开始。

【原文】自天子以至于庶人，壹是皆以修身为本。

【译文】上自天子下至百姓，人人都要以修养自身品德为根本。

【解读】语出《礼记·大学》。修身为本的“本”强调每个个体、全体民众乃至最高统治者都应该去修身，无分上下，这是超越上下关系的人伦大本。这句话是说，从天子到百姓，无论高低贵贱，无分地位高下，在修养自身的道德品行方面是一致的，都要用道德和自身的行为去感化，而不能用自己的权力和地位去以上凌下。只有这样，整个民族修养才能得到提升，全民才会有教养，这个社会才会是一个文明知礼的社会。

【原文】修身践言，谓之善行；行修言道，礼之质也。

【译文】修身养性，信守承诺，称之为好的品行；注重修身、言行合乎道义，就是礼的本质。

【解读】语出《礼记·曲礼》。《礼记》是战国至秦汉年间儒家学者解释说明经书《仪礼》的文章选集，主要记载了先秦的礼制、礼仪，孔子和弟子等的问答以及修身做人的准则等。《曲礼》是《礼记》中的一篇，曲礼指具体细小的礼仪规范。在这句话中，作者强调了修身是一种美好的品德和行为，只有让自己的言行举止都有涵养，才符合礼的本质，才能成为君子。今天，如果我们想要成为值得别人尊敬的人，也要注重修身养性。

【原文】其身正，不令而行；其身不正，虽令不从。

【译文】本身品行端正，即使不发布命令，百姓也会去做；本身品行不正，即使发布命令，百姓也不会服从。

【解读】这句话出自春秋孔子的《论语·子路》。孔子的这句话说明了为政者自身行为端正的重要性。对于什么是政治，孔子用一个“正”字概括，即为政者必须加强自身修养，正人先正己，让自己一身正气，行事端正，以身作则，做百姓的表率和楷模，只有这样，才能上感下化，施不言之教，达到治理的目的。

【原文】修之于身，其德乃真。修之于家，其德乃余。修之于乡，其德乃长。修之于邦，其德乃丰。修之于天下，其德乃普。

【译文】修行在自身，其品德才能纯正优良；修行于整个家族，其品德才会余荫子孙；修行遍及乡邻村落，其品德才会影响久长；修行至全国，其品德才能集众家之长；而善于修治天下，其品德才能普施天下万物。

【解读】此句出自老子的《道德经》第五十四章。修德也称为养德，指的是培养良好的道德修养观念。老子认为，注重个人的修养，可以净化自我，推广到家、乡、国、天下，则能起到净化社会、安定世道人心的作用。

道家的修养观虽然脱离世俗伦理的功利主义色调，立足于个体心灵的净化，但从以上引文可知，老子对身、家、乡、国、天下也做了系统的思考，与儒家的修身思想是有相通之处的。

【原文】若安天下，必须先正其身。未有身正而影曲，上治而下乱者。

【译文】如果想安定天下，必须先端正自身。没有身子端正而影子弯曲、上面治理好了而下边发生动乱的事。

【解读】这句话出自唐朝吴兢的《贞观政要·君道》。这句话将道德与政治直接关联，启示人们无论官居何位、权力多大，正身都是要认真面对的课题。对于个人来说，正身意味着提高道德的自觉性，意识到自身的不足，并不断弥补；对于一个政党来说，正身意味着需要对党员加强教育，不断提高其道德素养与政治觉悟，不时敲响警钟。

【原文】修其心治其身，而后可以为政于天下。

【译文】君主要先修心治身，充实德行，而后才能理政治国平天下。

【解读】这句话出自北宋王安石的《洪范传》，它体现了王安石对治国理政之道的主张。关于治国理政之道，王安石主张“修其心治其身，而后可以为政于天下”。在中国传统哲学观中，“修齐治平”是一个完整的人格成就途径。在古人看来，任何设计再精妙严密的政治体系，最终均需落实到具体个人。个人修养水平是为政者的基本素养，从而把为政立国的一个基础放在人的道德修养上。修身是一门长期的功课，是做事、从政之前的必要准备，是态度的养成，也是定力的习得。

【原文】君子之修身也，内正其心，外正其容。

【译文】君子提高自身修养的方法，内要思想端正，外要仪容整洁。

【解读】语出宋代欧阳修《左氏辨》。古人的修身观非常深刻、全面，可以说是一个由多重内容和要求组成的系统。这句话就从内外两个大的方面为我们指出了君子修身的重要内容，一是要端正思想观念，二是要端正仪容仪貌。很难想象一个举止粗俗、表情猥琐的人会是自尊自爱的君子。现在所提倡的“五讲四美”也有“仪表美”一项，所以我们在修身之时一定要全面、细致，由内而外。

【原文】改身之过，迁身之善，谓之“修身”。

【译文】改掉身上的过错，发扬身上的善良品质，这就是所说的修养身心。

【解读】这句话出自清代颜元的《颜习斋先生言行录·王次亭篇》。这句话的全文是：“迁心之善，改心之过，谓之‘正心’；改身之过，迁身之善，谓之‘修身’；改家之过，迁家之善，谓之‘齐家’；改国与天下之过，迁国与天下之善，谓之‘治平’。”可以明显地看出，颜元深受儒家文化影响，这句话阐述的正是他对“修齐治平”学说的理解。颜元一生推行“经世致用”之说，提倡实行、实践。在他看来，修身并不是什么深奥难懂的功夫，做到去恶扬善，也就抓住了修身的关键点。

【原文】子路问君子。子曰：“修己以敬。”曰：“如斯而已乎？”曰：“修己以安人。”曰：“如斯而已乎？”曰：“修己以安百姓。修己以安百姓，尧舜其犹病诸！”

【译文】子路问怎样做才是一个君子。孔子说：“修养自己，做到恭敬严肃。”子路问：“这样就可以了吗？”孔子说：“修养自己，使他人也安乐。”子路问：“这样就可以了吗？”孔子说：“修养自己，使百姓都安居乐业。修养自己使百姓都安乐，尧舜也有许多做不到位的地方啊！”

【解读】这段话出自《论语·宪问》，是孔子与其学生子路围绕君子问题的一段问答。孔子认为，修养自身是君子立身处世和管理政事的关键所在，修身不仅是君子立身立业的起点，还是需要伴随君子一生的功课。君子的修身不能仅仅局限于自身的完善，还要能够使天下百姓都能受益。这种人生理想实现起来虽说不易，却是值得我们为之努力的。

美德故事

孔子观“欹器”

孔子为春秋末期鲁国的思想家和教育家、政治家，开创儒家之风。他一生不懈地教化民众，要人们将修身作为第一要义。

一天，孔子在参观鲁桓公的宗庙时，看到桓公座位右边有一件“欹（qī）器”，那是一个圆锥陶壶，两头尖中间大，在壶身上部有两个小小的提手。孔子就向守庙的人询问：“这个器具是做什么用的？”守庙的人说：“这就是放置在座位右边的器具啊。”孔子说：“我听说放在座右的器具，空着时就倾向一边，注入一半水就能正放，装满了水就会翻。”说完后他让弟子往里面灌水，弟子舀水灌进欹器，果然，灌了一半时，欹器平平正正；灌满了，欹器一下子翻了过来；水流空了，欹器又倾向一边。于是孔子有感而发，叹道：“世上没有不因自满而翻倒的啊！”孔子的弟子子路向老师请教：“那么，有什么方法能够保持盈满呢？”孔子说：“如果一个人聪敏多智，就要懂得在某些方面保持愚拙；如果一个人立了很大的功劳，就要懂得谦让的道理；如果一个人有非常大的力气，就要懂得对一些事心存敬畏；如果一个人富有天下，就要懂得适时地谦逊。”

孔子带弟子参观桓公宗庙看到的“欹器”，本来是人民群众利用重力原理发明的生活器具，桓公却将其置于座右，以提醒自己不要自满。孔子更是从中看出人生哲理：满招损，谦受益。孔子的这段话对人们修身具有重要的借鉴意义。

赵叔平数豆正心

北宋时期的赵叔平，与欧阳修是挚友。他自幼学习勤勉，才学过人，后一举考中进士，入朝为官。他十分注重道德修养，一生品行高洁，乐善好施，以善念为宝，深受世人好评。后来他与欧阳修因不满朝政，不愿攀附权贵，双双辞官归隐，而得到“清风明月两闲人”之称。

赵叔平认为，人生在世最重要的是要有善念，多做善事，绝不能心生恶念，与人为恶。可是善恶往往在一线之间，想做善事不难，难的是一辈子做善事、不做恶事。这对人的意志力无疑是极大的挑战。因此，他十分注重锤炼自己的意念，正心克己，力图不断清除私心杂念，使善心永远战胜恶意。

为了检验自己的善恶之心，赵叔平曾经找来三个器物，其中一个器物用来装黑豆，另一边的一个用来装白豆，中间的器物空着。头脑中每萌生一个善念，他就取一颗白豆投入中间的空器中，若有一点儿私念或恶意，就取一颗黑豆投入中间的空器中。到了晚上，他把容器中的白豆和黑豆倒出来数一数，用以检验自己一天中的善念和私心杂念各有多少。

第一天过去了，赵叔平数了数容器中的白豆和黑豆，结果是黑豆多而白豆少。显然，这表明自己的道德修养远远不够。他暗自下决心继续修炼。

第二天，赵叔平又数了数白豆和黑豆，仍然是黑豆多而白豆少，但和第一天比起来，黑豆少了一些，白豆增加了一些。

第三天，仍然是黑豆多白豆少，但和第二天比起来，黑豆又少了一些，白豆又增加了一些。

过了一段时间，白豆和黑豆一样多了。

又过了一段时间，白豆多而黑豆少了。

就这样时间一天天过去，赵叔平每天用黑豆、白豆鞭策自己好好修身养性。终于有一天，容器中只有白豆而没有黑豆了，这意味着他心中只有善意而无私心杂念了。

赵叔平就是以这样的方法克己正心、自我监督，终于德学双修，成为一个胸怀坦荡、与人为善、自觉摈弃恶意私念的正直之人。其高尚的德行、自我约束的品格为时人所赞颂、推崇，也为后人所学习借鉴。

曾国藩修身十二法

古往今来，凡能成大事者，无不在“修身”上有独到之处。在晚清诸位名人之中，曾国藩就是其中一个成功的范例。

曾国藩在个人修养上十分严格，他每日静坐，反思己过，数十年如一日潜心修为。他总结了十二种修身的办法，有的是先贤要求的，而有的则是曾国藩自己摸索出来的。其办法，对现在的人们，仍然有借鉴意义。一是持身敬肃。衣冠外貌保持整齐，心思神情端正严肃，时时刻刻都要警惕、检查自己的念头、举止中有无背离义理之处。平日闲居无事的时候宁静安泰，保养德性，一旦投于事务之中则专心致志，不存杂念。精神状态清澈明朗，就如同旭日东升，光彩照人。二是静坐养性。每天不限什么时候，要拿出一定时间静坐养性，反省体悟自己天性中隐现的仁义之心。正襟危坐，凝然镇定，如同宝鼎一般沉稳。三是早早起床。天色初亮就赶紧起身，睡醒了就不要再恋床。四是读书专一。一本书没有读完时，不要再看其他书籍。东翻西阅随意读书，对自己的道德学问毫无益处。五是阅读史书。每天仔细读史十页。六是说活谨慎。所谓祸从口出，很多人都因此招致祸患。所以君子对此要时刻注意，这是修身处世最重要的功夫。七是保养真气。真气存蓄于丹田之中，彻里彻外光明正大，所作所为毫无羞于对人说之处。八是爱护身体。时刻以父亲的“节制操劳，节制欲求，节制饮食”训导作为健体却病的准则。九是每天获知新学问。每天读书时将自己的心得记录下来，如果可以从书中凿空，求取深意，那就是偏私他人。十是每月不可荒废旧技能。每月写作几篇文章，以此检验自己积存义理的多少、葆养真气的强弱。却不能完全沉溺于中，因为作文章特别耗费真气和时间，也最容易使人玩物丧志、隐没本性。十一是写字。饭后写半个时辰的字。所有文字方面的交际应酬，都可以作为练习写字的机会。凡事不可留待第二天去做，事情越积越多，就越难清理。十二是夜晚不出屋门。它使人耽搁正事，精神疲惫，务必戒除。

人非圣贤，确立了坚定的修身信条，怎么才能保证一以贯之呢？曾国藩还有决绝的鞭策手段，那就是通过写日记的方式时刻反省，促使自己取得心灵上的日新日日新的效果，监督自己在没有人督促情况下的作为。曾国藩还让倭仁点评自己的日记。他读了倭仁给自己日记所写的眉批大受启发，“悚然汗下”！惊叹“叫我扫除一切，须另换一个人，安得此药石之言！”曾国藩所写日记的内容真正做到了“一日之中，一念之差，一事之失，一言一默，皆笔之于书”，以至于我们今天可以从曾国藩的日记里看到他艳羡别人的娇妻美姬、眼红别人得到的大笔外快之类不可对人言的内心隐秘，他的日记确实起到了“虽妄念偶动，必即时克治”的功效。如果说曾国藩有什么过人之处，能够三十年如一日坚持用蝇头小楷毫不客气地直面自己、鞭挞自己、砥砺自己、修正自己应该算其一。

仁爱

“仁”，是儒家学说最为核心的关键词，也是儒家学说基石的基石。《论语》共两万多字，“仁”字出现了109次。“仁，亲也”，主要是指家庭成员之间、氏族亲人之间要“亲爱”，要有同情、关心和爱护之心，这种“仁爱”之情仅仅局限于家族亲属之间。随着历史演变，“仁”的涵义由“亲人”发展到了“爱人”。老子说：“与，善仁。”意思是与人交往要友爱、真诚、无私。孔子曾说过：“志士仁人，无求生以害仁，有杀身以成仁。”这里“仁”已成为人生道德的最高境界，为了维护“仁”，可以“杀身”，即可以牺牲自己的生命来维护这一道德理念。由此可见，在“仁”的情感范围由家族扩展到社会的同时，“仁”的道德内涵和道德地位也得到了进一步丰富和提升，成为中华传统美德的第一要素。仁爱，仁者爱人，关爱他人。仁爱是中华传统文化中的核心理念。

儒家的仁爱观念是中华传统仁爱的主流，这种仁爱观讲求爱人有差等，由近及远，向外辐射，以人的同情心和怜悯为发端，以爱家人为基本，辐射到爱他人，再辐射到爱天地万物。孟子将其概括为三个层次：“亲亲、仁民、爱物”。讲仁爱，要爱自己的家人，其中首要的又是爱自己的父母，即孝；爱自己的兄弟姐妹，即悌；爱自己的孩子，即慈。讲仁爱，还要爱与自己没有血缘关系的他人，即孔子所说的“泛爱众而亲仁”。讲仁爱的最高境界是爱天地万物。中华传统文化中的“仁爱”达至天人合一的境界，高远深阔，但又平实切行。这恰恰是源于有差等的爱，由亲情上升到人类之爱，再扩展到对万物的爱。

“仁爱”不同于西方的博爱。博爱与仁爱虽同说爱人，但首先，爱的来源不同：一为上帝，一为人的生命；一为外在的权威的要求，一为内心真情的流露。其次，爱的目的不同：一为人的得救，一为由己及人，使人人都能感受。

仁爱，既是一种人生态度，也是一种高超的生存智慧。现代社会、国家、个人的发展，必须以“爱人”“成己成人成物”为前提与目的。“仁爱”可以说是“和谐”“公正”“敬业”“友善”等价值观的源头。仁爱观念促进和谐人际关系的建立，有利于家庭和社会稳定，有利于良性生态环境的建构。正是从这个意义上说，“仁爱”与社会主义核心价值观有着千丝万缕的联系，理应成为社会主义核心价值观的题中应有之义。

仁爱理念代有传人。中国现代妇产科学的奠基人林巧稚，终身未嫁，没有自己的孩子，但她在产房里度过了50多个春秋，迎接了5万多小生命的诞生，献出的是对天下所有孩子的大爱。雷锋，这个闪亮的名字，已经成为标志社会道德的“文化符号”，感召着一代代中国人。孔繁森，一个汉族干部，把自己年逾九旬的老母交给家人照顾，千里迢迢到藏区敬老院为素不相识的老人送衣送药，甚至个人卖血抚养藏族孤儿，早已超越了孟子所倡导的“老吾老以及人之老，幼吾幼以及人之幼”的人生境界。

时代发展，社会变迁，中国传统的仁爱也面临现代转化、创新发展。应把现代科学观念融入仁爱之中。中华传统文化中的万物一体，需要西方科学观念的积极推动。有意识地保护生态，实施策略、具体方法都值得我国借鉴。党的十八大报告一个重要的创新之处，增加了生态文明建设，形成了“五位一体”新格局，中国进入了生态文明的新时代。应把现代法治观念融入传统仁爱观念之中。孔子认为父亲偷了别人的羊，儿子不能告发。对中国人而言，从亲情出发的孝慈才是更重要的。这种思想有助于维护伦理秩序，从而为维护修身、齐家、治国、平天下的社会秩序奠定基础，在当时有积极的一面。但是在当今法治时代，这种没有底线的仁爱思想，就成为法治的障碍。因此，要辩证地继承、创造性转化、创新性发展。

经典名句

【原文】樊迟问仁。子曰："爱人"。

【译文】樊迟问什么是仁。孔子说："爱人"。

【解读】本句出自《论语·颜渊》。孔子生于春秋乱世，面对王室衰微、礼崩乐坏，他极力主张恢复周礼，明确提出了"仁者爱人"的道德要求。在孔子看来，仁是人之为人的根本，故曰：仁者，人也。仁是做人的标准，它的中心就是爱人。所谓爱人，就是爱一切人，待人以爱，既自尊自爱，又尊敬他人，对不同阶层的人都要以仁爱相待：父对子要严爱，子对父要孝顺；君对臣要讲义，臣对君要尽忠等。孔子尤其重视孝悌，提出"孝弟也者，其为仁之本与"，"弟子入则孝，出则弟，谨而信，泛爱众而亲仁"，认为只有孝顺父母，敬爱顺从兄长，方能去爱他人。

【原文】天下之人皆相爱，强不执弱，众不劫寡，富不侮贫，贵不敖贱，诈不欺愚。凡天下祸篡怨恨，可使毋起者，以相爱生也，是以仁者誉之。

【译文】天下的人都相爱，强大者就不会控制弱小者，人多势众的就不会强迫人少势弱的，富人就不会欺侮穷人，社会地位尊贵的就不会傲视社会地位卑贱的人，狡诈的人就不会欺骗蠢笨的人。天下所有的祸患、篡夺、怨恨之所以不再发生，是因为相爱，所以仁义的人都赞美他。

【解读】本句出自《墨子·兼爱中》。墨子主张"兼相爱，交相利"，认为天下的祸患、动乱、仇恨和敌对之所以会产生，都是因为人与人之间不能相互关爱；只要人人都能相互关爱，交往互相得利，就能消除和改变社会上的种种不良现象。这句话正是墨子"兼爱"思想的集中反映。墨子的"兼爱"思想可以说是高尚的、进步的，富于人道主义的。虽然说比较理想化，但对提高人们的思想品质、道德修养，营造互爱互利、和睦友好的社会环境还是具有积极和启示意义的。

【原文】克己复礼为仁。

【译文】努力约束自己，使自己的行为符合礼的需求，才能达到仁的境界。

【解读】 本句出自《论语·颜渊》。孔子的弟子颜回请教如何才能达到仁的境界，孔子回答："克己复礼"是达到仁的境界的方法。这是孔子仁道的"切要之言"，也是一种紧要的、切实的修养方法。克己复礼，就是努力约束自己，使自己的行为符合礼的要求；不符合礼的事，就不要去看、不要去听、不要去说、不要去做，只有这样才能实现仁爱。"仁"就是人内心完美的道德境界，其实也无非就是天理，所以战胜自己复归于天理，自然就达到了仁的要求。

【原文】 恻隐之心，人皆有之。

【译文】 怜悯心、同情心，人人都有。

【解读】 本句出自《孟子·告子上》。孟子明确提出恻隐之心是仁之端，即仁爱发端于人人都具有的怜悯心、同情心，也就是人内心忍受不了别人不幸遭遇而涌现出的自发冲动和本能反应。仁爱发源于人的同情心，也就是"爱由情出谓之仁"，提示了仁爱的动力源泉。

【原文】 亲亲而仁民，仁民而爱物。

【译文】 亲爱亲人而仁爱百姓，仁爱百姓而爱惜万物。

【解读】 本句出自《孟子·尽心上》。儒家的仁爱，既立足于亲情，同时又突破了血缘关系，是有条件、有层次差等的爱人爱物。孟子的这句话，阐明了仁爱的层次差等，即：由爱亲到爱人、爱众，再到泛爱自然界的万事万物。对于亲，也就是自己的亲人，是一种以血缘为纽带的亲爱，是爱之中最自然、最亲密的层次；对于民，仁爱的具体表现就是"老吾老以及人之老，幼吾幼以及人之幼"这种推己及人的仁爱；对于物，主要是爱惜，就是要"取之有时，用之有节"。只有当你能够亲爱亲人时，才有可能推己及人地去仁爱百姓；只有当你能够仁爱百姓时，才有可能爱惜万物。亲亲、仁民、爱物三者有差等又有联系，"统而言之则皆仁，分而言之则首序"（程颐），从亲爱自己的亲人出发，推向仁爱百姓，再推向爱惜万物，这就形成了儒学的"爱的系列"。

【原文】 仁者爱人，有礼者敬人。爱人者，人恒爱之；敬人者，人恒敬之。

【译文】 有仁德的人会爱护他人，有礼貌的人会尊敬他人。爱护他人的人，常常会受到他人的爱护；尊敬他人的人，常常会受到他人的尊敬。

【解读】本句出自《孟子·离娄下》。在仁的基本定义上，孟子沿用孔子仁本礼用的思想，把仁的第一要义确定为爱人。他主张仁礼是双向的，具有仁德的人常常做出关爱他人之举，受到关爱的人也会关爱别人，从而将这份关爱不断传递下去。要想得到他人的敬爱，一定要先敬爱他人。孟子提出："仁，人心也"，仁是人的本心。人只有发自内心地仁爱别人，才能得到别人发自内心的敬爱。

【原文】仁者无敌。

【译文】有仁爱之心的人是无敌于天下的。

【解读】本句出自《孟子·梁惠王上》。孟子希望梁惠王仁政于民，省刑罚，薄赋税，深耕细作，教育青年人孝悌忠信，维护家庭和社会的安定，以对付秦楚的霸权，并由此题写"仁者无敌"。这句话一方面强调"德治仁政"的极端重要性，认为只有国家的治理者自身道德高尚、关爱人民，才能感化天下百姓，使他们自觉服从国君的统治；另一方面，"仁者无敌"的道理同样适用于每一个有仁德的人，他们的人格魅力和感召力是巨大的。用今天的话说就是，"榜样的力量是无穷的"。

【原文】兼相爱，交互利。

【译文】互相爱护，彼此得益。

【解读】本句出自《墨子·兼爱中》。墨子认为，兼爱是处理各种社会关系最基本的道德准则，主张建立普遍平等的人类之爱，表现形态为"视人之国，若视其国；视人之家，若视其家；视人之身，若视其身"。他认为，人与人的利害关系，遵循着对等回报的原则，"爱人者，人必从而爱之；利人者，人必从而利之；恶人者，人必从而恶之；害人者，人必从而害之"。他倡导人与人之间相互爱护，互相帮助，和睦相处，以交相利的手段来实现兼相爱，以图"兴天下之利，除天下之弊"。墨子要求人们互爱互利、和睦安定、共同富裕，是符合人民利益的。

【原文】以仁为富，以义为贵。

【译文】把仁爱作为人生最大的财富，把忠义作为人生最珍贵的品德。

【解读】本句出自晋朝陈寿《三国志·魏书·文帝纪》。中国人历来重仁尚义，孔孟之时就提出“杀身成仁，舍生取义”。孔子认为，一个人的成长需要“仁”和“义”来武装，使其成为内在的精神动力和人格力量；孟子进一步阐明“仁”是天下最宽广的住宅，“义”是天下最宽广的道路。

【原文】以爱己之心爱人则尽仁。

【译文】如果能够像爱自己那样爱别人，就可以完全达到仁人的精神境界。

【解读】本句出自宋朝张载《正蒙·中正》。儒学的中心思想是宽恕他人，也就是爱人如己。爱人如己，比较容易感知，也比较容易把握。像爱自己那样去爱别人，为做仁德之人提供了便捷的途径，也为评价仁爱之举、仁爱之人提供了标准。

美德故事

商汤网开三面

桀是夏朝的最后一位君主，荒淫无道，治国无方，对待百姓十分残暴，引起了百姓的极大愤恨。商汤看到老百姓在受难，心里很难过，决定积蓄力量，推翻桀的统治，让百姓过上好日子。他广施仁德，百姓都很爱戴他，各地诸侯也很敬重他。

有一次，商汤在郊外看见有位猎人四面设网，并祷告说：“从天上坠落的，从地上生出的，从四方来的，让它们都坠落到我的网上。”商汤说：“真这样的话，禽兽就被杀光了。除了桀那样的暴君，谁还会干这种事呢？”他于是教那人收起三面的网，只在一面设网，重新祷告说：“从前蜘蛛织网，现在的人也学着织。禽兽想向左去的就向左去，想向右去的就向右去，想向高处去的就向高处去，想向低处去的就向低处去，我只捕取那些触犯天命的。”

商汤“网开三面”的故事很快就被人们传了出去。各地诸侯听到后，都十分感慨地说："商汤连禽兽的生死都关心，何况对于百姓呢，他的德行真是很高啊！"因此四十个诸侯国纷纷归顺于他。

一个人张开四面网未必捉到鸟，商汤去掉三面，只留下一面，而得到了四十个诸侯国的归顺。这说明商汤布德施惠的政策，不仅仅捕到了鸟，更赢得了诸侯的信任。只有广施仁爱于天下，才能真正得到别人的佩服与爱戴。他的仁德不仅体现在治国上，更加体现在人品上。商汤有一颗善心，因此他得民心、得臣心，最终推翻了夏桀的残暴统治。他轻徭薄赋，安抚民心，鼓励生产，励精图治，使国家蒸蒸日上，百姓终于过上了安定富足的生活。

屈原背米济贫

诗人屈原幼年时就有悲天悯人的情怀。当时正逢连年饥荒，屈原家乡的百姓们吃不饱、穿不暖，时有沿街乞讨、啃树皮、食埃土者，幼小的屈原见之不禁伤心落泪。

一天，屈原家门前的大石头缝里突然流出了雪白的大米，百姓们见状，纷纷拿来碗瓢、布袋接米，将米背回家。不久，屈原的父亲便发现家中粮仓里的大米越来越少，很是奇怪。有一天夜里，他发现屈原正从粮仓里往外背米，便将屈原叫住，一问才知道原来是屈原把家里的米灌进了石缝里。

父亲没有责备屈原，只是对他说："咱家的米救不了多少穷人，如果你长大后做官，把楚国管理好，天下的穷人不就有饭吃了吗？"自此，屈原勤奋治学，成人后楚王得知他很有才能，便召他为官，管理国家大事。他为国、为民尽心尽力，被后世之人称颂。

屈原自幼怜悯他人，此乃小爱，乃人之常情的爱；而他后来的爱国情怀，乃大爱。孟子曾经说："存其心，养其性。"意思是保存赤子之心，修养善良之性。我们生来便有一颗赤子之心，不沾俗尘，不染污土。为他人奉献爱心，为社会造福祉，他人和社会必定会以善回报于你。

唐太宗仁爱治国

唐太宗李世民是我国历史上著名的明君，也是一位富有仁爱之心的皇帝。唐代史学家吴兢编撰的《贞观政要》记载了几个事例，足以说明唐太宗是一位以仁爱治国的皇帝。

贞观初年，唐太宗对侍臣说："妇女幽禁在深宫中，情况实在可怜。隋朝末年，无休止地搜求选取宫女，以至于皇帝临时居住的离宫别馆，甚至不是皇帝驾临的处所，都聚有很多宫女。这都是浪费百姓财力的做法，理应废除。而且宫女除了洒水扫地以外，还有什么用呢？现在我打算放她们出宫，任由她们选择丈夫。这不仅可以节省费用，同时使百姓可以休养生息，而且也可使她们各自成全自己的性情。"于是后宫前后一共放出3000多人。

贞观二年，关中一带干旱，发生了大饥荒。太宗对侍臣说："水旱不调，都是国君的罪过。我德行不好，上天应该责罚我，百姓有什么罪过，要遭受如此的艰难窘迫？听说有人卖儿卖女，我很可怜他们。"于是派御史大夫杜淹前去巡查，拿出皇家府库的钱财赎回那些被卖的儿女，送还他们的父母。

贞观十九年，太宗征伐高丽，驻扎在定州。太宗驾临城北门楼安抚慰劳将士。有一个士兵生病，不能进见，太宗下诏派人到他床前，询问他的病痛，又敕令州县为他治疗。因此将士都愿意随从太宗出征。等大军回师，太宗又诏令收集阵亡将士的骸骨，设置牛、羊、猪三牲为他们祭祀。太宗亲自驾临，为死者哭泣尽哀，军中将士无不洒泪哭泣。观看祭祀的士兵回到家里说起这件事，他们的父母说："我们的儿子战死，天子为他哭泣，死而无憾了。"太宗征伐辽东，攻打白岩城时，右卫大将军李思摩被乱箭射中，太宗亲自为他吮血排毒，将士无不受到感动和鼓励。

李世民以仁爱治国、示范官吏，深得民心，无疑为唐朝的繁荣富强奠定了基础。

施仁布善的訾汝道

元代訾（zī）汝道，是个非常有爱心的人。平日里，他常常拿自己的财物来救济穷人，广结善缘，以善行闻名乡里，乡亲们都很敬重他。

訾汝道的同乡刘显等人贫困而无法维持生活，食不果腹，衣不蔽体。訾汝道心肠慈善，见他们十分可怜，就将自家的田地分给他们一些，解决了他们的温饱问题。直到他们终老时，訾汝道才把田地收回。

有一年，瘟疫流行，很多人因为没钱治病而死去。訾汝道见状，也非常着急。当时人们传说吃一种瓜可以治好病，这种瓜能使人发汗，发发汗病就好了。于是訾汝道就买了很多瓜，又想到很多乡亲家境贫寒，连吃的都没有，病怎么会好呢。因此，他就带上瓜和粮食，不顾被传染的危险，一家一户亲自送去。果然，这种瓜能够医治这种瘟疫，他这次的善举救治了很多人。

除此之外，他还在春天把麦子、高粱借给穷人，等到丰收时再收回来，不收任何利息。如果遇到灾荒之年，借债人无粮偿还，訾汝道就把借券焚烧了，不让他们归还。他对家人说："积累粮食本来就是为了防备饥荒，所以如果遇到灾荒年景，一定要帮助贫穷的乡亲。"

訾汝道有一颗仁心，并且一直践行仁道。他能够时刻设身处地为别人着想，推己及人，乐善好施，是一位名副其实的仁爱之人。

重义

“义”本义是适宜。“义者，所以合宜也。”作为伦理学范畴的“义”，是指一个社会里公认为适宜的、应该的道德行为准则。义是中华传统美德的重要核心要素，是维系中华民族团结和国家统一的精神纽带，是促进中华民族不断走向兴盛繁荣和文明进步的重要精神动力。人类社会不能没有“义”，人不能不讲“义”。完全不讲“义”的社会是难以想象的，也是无法维系的。在儒家的“五常”即“仁、义、礼、智、信”和管子的“四维”即“礼义廉耻”中均可看出“义”的地位显著。

中国古代的“义”有三种意思。首先，“义”即“宜”，就是善、正确或恰当，指对一切事物的制断合于节度，处理一切事物合宜。正如《礼记·中庸》曰：“义者，宜也，尊贤为大。”其次，“义”即“正”。“正”是判断一切是非的准则。这种是非准则是公共接受的、能够说服人的。《尚书·洪范》有言：“无偏无颇，遵王之义。”第三，“义”即“理”。荀子说：“义，理也，故行。”它首先是一种人伦之理，同时亦被上升为一种天理即天下之通义。义理不仅关系到个人的生存意义、价值取向，也关系到社会的生死治乱。

讲到义，必然要涉及“义”与“利”的关系。需要指出的是，儒家虽然重视“义利之辨”，但并不一概反对群体或个人对利益的合理追求。孔子说：“富与贵，是人之所欲也。”荀子说：“好利恶害，是君子小人之所同也。”但是儒家强调，追求利，追求个人的自由发展，应该有个底线，这就是义与不义，不能以不义的手段追求利。古人将义作为君子之道、立人之节，成就了个体的道德人格：三国的关羽尽忠行义，挂印封金，誓不投曹；卫国石蜡为了国家，不顾骨肉亲情，大义灭亲；海瑞为民请命，抬棺觐见，留下正义美名……当然，传统的“义”中具有剥削阶级色彩的，如神命圣旨、天道皇权、江湖义气等，是需要摒弃的。

尽管不同社会、不同时代“义”的具体内容会有所不同，但不同社会、不同时代的“义”也有其共性和延续性。随着人类交往日益密切频繁，人类在道德原则上也会有越来越多的共识，那些被人类普遍认为是“适宜”的道德原则，就是“天下之公义”。中国共产党注重义的传承，倡导树立正确的义利观。抗战时期，无数的英雄烈士，为了祖国的生存，为了民族的解放，冒着敌人的炮火，在枪林弹雨中与敌寇拼斗，舍生取义。抗日战争是正义的民族解放战争，而“得道者多助，失道者寡助”，所以得到了国内外大多数坚持正义的人民的支持，最后取得了胜利。新中国成立以后也出现了许多践行道义美德的典范：勇救朝鲜落水儿童而英勇献身的解放军战士罗盛教，坚持公平正义的好法官李昆仑，在贵州山区义务支教的感动中国人物徐本禹等。

道德文明建设的重要任务之一，就是要确立一个社会的“义”，并且培养公民对“义”的自觉和信念。今天，我们一方面要赋予“义”以新的具体内容，例如社会公平、公正、公益等；另一方面要重新唤起人们“义”的自觉和信念，也就是要树立道德正义感和道德原则立场。当今社会，许多腐败堕落现象的产生，固然有制度不健全、监督不得力等外部原因，但当事人内心丧失起码的道德正义感和道德原则立场，不把“义”当回事，不辨“义”与不“义”，也是重要的内因。腐败其实就是对正义和道德原则的践踏和破坏。因此，从建设现代社会道德的角度看，我们要力求坚持权利与义务的统一。但如果从主体的人格提升、自我修养的角度看，传统思想中强调义的自觉性、内在性的内圣精神，包括像孟子所讲的义以立人、义以立节的思想，对我们现代人仍然具有永恒的价值。儒家所讲的“三军可夺帅也，匹夫不可夺志也”的人格独立精神，君子谋道不谋食、忧道不忧贫的对道义价值的尊重和维护，“富贵不能淫，威武不能屈，贫贱不能移”的大丈夫精神，那种杀身成仁、舍生取义的道德至上精神和人格气节等，都是我们在功利主义泛滥、私欲膨胀的当代社会加强自身道德修养、提升全民族道德素质、提升人的道德境界的宝贵精神财富，需要不断弘扬。

特别是党员干部，更要重义轻利、舍利取义，而绝不能见利忘义、唯利是图。这就需要做到：第一，要天下为公，敢于担当。习近平总书记强调为民服务、敢于担当是好干部的重要标准，要担当起对民族的责任、对人民的责任。我们倡导的义，不只是强调机会平等和程序正义，而是兼顾结果正义。因此，要将最广大人民的根本利益作为出发点和落脚点，在社会发展过程中尽最大努力实现人民的愿望、满足人民的需要、维护人民的根本利益。第二，要甘于奉献，先人后己。在建设中国特色社会主义的伟大征途中，“舍生”已不限于舍弃生命，也包括与生命同等重要的个人利益；“取义”也已不限于正义，而是包括正义在内的一切公益。所以现在的“舍生取义”也就是要求我们始终有一颗奉献的心，肯为公共利益舍弃个人利益。第三，要以义为利，和谐共赢。在人与人之间、国与国之间相处时，我们要注重利，更要注重义。习近平总书记曾说过：“国不以利为利，以义为利也。”只有义利兼顾才能义利兼得，只有义利平衡才能义利共赢，古人义的理想也才能在今天得以完美实现。

经典名句

【原文】义人在上，天下必治。

【译文】有道义的人在上位，天下一定能太平安定。

【解读】语出《墨子·非命上》。墨子认为，古时候夏桀搞乱了的天下，商汤接过来以后把它治理好了；商纣搞乱了的天下，周武王接过来以后把它治理好了。这其间，客观的历史条件没有变，百姓没有变，但社会的治理效果却大不相同，其中的道理就在于，讲求道义的人执掌政权，国家就会安定兴盛；反之，则天下必乱。

【原文】君子之于天下也，无适也，无莫也，义之与比。

【译文】君子对于天下的人和事，没有固定的厚薄亲疏，只是按照义去做。

【解读】此句出自《论语·里仁》。在这里孔子主要提出君子做人的重要标志之一是“义之与比”。在孔子的哲学思想体系中，义是仅次于仁的道德观念。有高尚人格的君子，为人公正、友善，处世严肃灵活，不会厚此薄彼，表现了崇高的品质。推知个人的立身处世，也是一样的道理。

【原文】义以生利，利以丰民。

【译文】遵循道义的原则才能创造更多的财富，才能使老百姓都有丰厚的收入。

【解读】语出孔子的《国语·晋语》。孔子所谓“义”，是一种社会道德规范，“利”指人们对物质利益的谋求。在“义”“利”两者的关系上，孔子把“义”摆在首要地位。这句话是说，如果人们行事都有秩序，相互之间关系协调，社会稳定，则每个人都能得到与自己社会地位相应的一份利益。启示人们，在追逐物质财富的过程中，绝不能够违背道义的原则，否则，即使获得了利益，那也不会长久，而要让道义成为社会最基本的道德准则，这样才能让每个人真正受益。

【原文】见利思义。

【译文】面对利益时要考虑是否符合道义。

【解读】这句话出自《论语·宪问》。这句话是儒家经济思想的主要内容，对后世有较大的影响。孔子所谓“义”，是一种社会道德规范，“利”指人们对物质利益的谋求。在“义”“利”两者的关系上，孔子把“义”摆在首要地位。利益是人人希望获得的，但是不能见利忘义。在追求利益的同时应该将“义”放在重要位置，符合“义”的利益才是我们应该追求的目标。“君子爱财，取之有道”，说的是同一个道理。

【原文】君子义以为上，君子有勇而无义为乱，小人有勇而无义为盗。

【译文】君子认为义是最高尚的。君子有勇而无义，就会犯上作乱；小人有勇而无义，就会做强盗。

【解读】本句出自《论语·阳货》，孔子着重强调了君子如何处理“勇”和“义”的关系，主要从“义”的角度去看待“勇”，把“勇”分为“有义之勇”和“无义之勇”。孔子认为，勇敢虽然也是一种好品德，但必须用礼义道德来规范约束勇敢行为，只崇尚单纯的勇敢而没有道德和正义感，就会惹是生非，恃强凌弱，甚至胡作非为。这句话告诉我们，真正的君子必须崇尚道义，见义勇为，见危授命，为正义真理而战斗，为祖国和人民的利益贡献自己的力量和生命。

【原文】 谋度于义者必得；事因于民者必成。

【译文】 为正义事业而谋求的必有所获，为民众利益办事的必然成功。

【解读】 这句话出自记载春秋时期齐国政治家晏婴的一部历史典籍《晏子春秋》。谋划以道义为尺度的话，就必定能实现；做事以民意为根据的话，就必定能成功；违反道义来谋划，违背民意来行动，还没听说有国家能存在的。以前，夏、商、周三代兴盛之时，谋划必定考虑是否符合道义，做事必会依照人民意愿。及其衰败之时，所谋划之策违背道义，所兴办之事伤害百姓。所以说，把握道义、依照民意，是谋划、做事的正确方法。这句话强调不论是策划事情，还是务实去办，都需要选择最佳行为方式，遵从事物发展的基本规律。

【原文】 怒则思理，危不忘义。

【译文】 发怒的时候要保持理智，危险关头不要忘掉道义。

【解读】 本句出自汉代刘向的《说苑·立节》。这段话告诉人们：在愤怒的时候，容易丧失理智。在危难关头，容易意志动摇。因此，人必须保持应有的操守，任何时候都不能放弃原则。关键的时候，要把握住珍贵的东西，越是危险的时刻，越是考验一个人的原则和能力。

【原文】 所守者道义，所行者忠信，所惜者名节。

【译文】 一个人所恪守的是道德和义理，所履行的是忠诚和信用，所珍惜的是名誉和气节。

【解读】 本句出自宋代欧阳修《欧阳文忠集·朋党论》。意思是说，君子以道义、忠信、名节为重，凭借道义、忠信和名节来修炼自身，那么君子就有了共同的道德规范，相助而得益，凭借这些为国效力，那么君子就同心协力，始终如一。作为一向爱惜名节的中国人来说，名节有时比生命更重要。

【原文】国尔忘家，公尔忘私，利不苟就，害不苟去，惟义所在。

【译文】为了国而忘记家，为了公而忘记私，有利不随便求取，有害不轻易去掉。一切行为要看是不是符合道义。

【解读】本句出自西汉贾谊的《新书·阶级》。强调处理好国与家、公与私、利与害的关系，要以道义为标准。贾谊这句话本来是针对封建时代的君臣关系说的。如果从国家与个人的关系来理解它，这句话告诉人们一切应以国家利益为重，对利害的取舍应以符合道义为标准。不能只考虑个人利益，去危害国家和群众利益。这是有关道义的根本问题。这里的以道义为基础、以国家利益为重的精神，到现在也值得我们去学习和发扬。

【原文】君子义以为质，礼以行之，孙以出之，信以成之。

【译文】君子以道义作为做人的根本，依照礼义来实行它，以谦逊的言语来说出它，凭诚实的态度来完成它。

【解读】这句话出自《论语·卫灵公》。强调君子应做到道义为本。那么什么样的人才算是君子呢？孔子回答说："说话忠诚守信，但是内心不以为这是什么了不起的品德；做事讲究仁义，但是并不以此为骄傲；思虑明通，但是言辞上并不争强好胜。所以他舒舒缓缓的不怕别人可以赶得上，这就是君子。"这也是中华民族数千年来倡导做人处事义以为质的传统美德。

美德故事

鲁义姑舍子救侄

鲁义姑者，何许人也？春秋时鲁国一村妇，因其舍子救侄，义退齐兵，自古称颂。

相传鲁义姑为今聊城市茌平县韩屯镇罗屯村人，在每年的农历二月初六鲁义姑生日这天，罗屯村的人们就会自发组织"鲁义姑香火庙会"，每每人山人海热闹非常。如今韩屯镇借此又提出打造“德义文化之乡”的品牌，从而使古老的神奇传说与传统习俗，得以在更广阔、更高远、更科学的平台发扬光大。

鲁义姑的故事最早见于西汉经学家刘向的《列女传》。相传鲁义姑系春秋时鲁国之农妇。一次齐国发兵攻鲁，遥见郊外有一妇人，怀抱一子，手携一子，匆忙逃避。当齐军渐及时，妇人慌忙丢下怀中小儿，抱起领着的孩子，向山林中疾奔。齐将见此心中甚疑，催马拦住妇人，追问究竟。妇人回答：“现怀中所抱，乃是兄长之子；丢弃者，乃是自己所生。”当齐将询问她何以弃亲生而救侄子时，妇人从容答道：“抛弃己子，仅是我自身悲痛；而保全兄长的骨肉，却是举族的大义。当事难两全，我不能因为爱而舍弃公义。”齐将闻听深受感动，感叹道：“鲁国不能侵伐啊！一个弱妇子尚知舍己救人，不以私害公，更何况朝中的大夫呢？”于是奏明齐君，卷旗退兵而去。鲁君闻知此事，下令赏赐妇人束帛，尊之为“鲁义姑”。

自刘向之后，《列国志》《三国志》《全唐文》都曾提及鲁义姑。到了宋金时期，鲁义姑被列入“二十四孝”。《太平御览》和《古今列女传》都有内容大致相同的“鲁义姑”传记。元代戏曲家武汉臣更以此为题材，创作了《弃子全侄鲁义姑》杂剧。再到后来旧时《德育课本》四集第三册也收入了“义姑退兵”的故事等等。

一个古时普通村妇竟能在生死关头，抛却“私爱”“弃子而行义”，并藉此“公义”之举阻退齐军的进攻，能在关键时刻认识到自己如若“背公义而向私爱，亡兄子而存妾子，幸而得幸，则鲁君不吾畜，大夫不吾养，庶民国人不吾与也”的道理，并说出“故忍弃子而行义，不能无义而视鲁国”的大义大德之言，将自己的个人得失与国之道民之德相联系，实在是具有浩然正气的千古“义女”。

在罗屯村，有关鲁义姑的传说却又另有别样版本。

相传也是在春秋时期，齐国征伐鲁国，官兵一路烧杀掳掠而来，百姓无不扶老携幼仓皇出逃。有一天，官兵追至原博平县鹅子岢屯村西北官路上时，见一年轻村妇怀里抱着一个五六岁的男孩，手里领着一个三四岁的男孩，跑得很吃力，官兵追上后狐疑不解，就气汹汹地好奇问道：“按常理理应抱小携大，你怎么却抱大携小呢？”村妇凛然说：“大者是我娘家侄儿，他父母双亡，托我照管，小者是我儿子。如今大难临头，我宁愿舍弃自己的儿子，也不能丢下侄子，这可是我娘家的一条命根啊！”官兵听后感叹道：“这里真是礼义之乡，一个村妇都能舍儿保侄，仁义比天，我们何颜再滥杀无辜与民为敌呢？”于是纷纷把兵器投入到旁边的水井里，并磕打掉鞋里的土，撤兵而回了。而这个村妇就是被后世之人传颂至今的“鲁义姑”。

鲁义姑千年“义举”传承至今，虽被后世神化，但其内在的“义”所产生的影响，却是显而易见的。罗屯村及其周边村世代乡风淳朴，团结和睦，相互不单讲究诚信，更讲求义德，助人为乐多，无私奉献多，尊老爱幼多。近两千人的罗屯村在乡间算是大村了，却找不到一家不孝敬老人的，人们在一起不会说什么七长八短的事，都是和颜悦色、相敬如宾。鲁义姑在其故里已成为一种取之不尽的精神资源。

冯谖焚券市义

孟尝君，姓田名文，战国时齐国人。承袭其父田婴封邑薛，称薛公，号孟尝君。一度入秦为相，后复归齐，因与齐王有隙，逃至今聊城茌平一带居住。茌平县韩集乡有孟尝君遗址。乐平铺镇教场铺村相传为孟尝君练兵处，古有其故宅。

孟尝君颇好客，有食客三千人。由于他待士十分真诚，感动了一个具真才实学而十分落魄的士人，名叫冯谖（xuān）。冯谖是一位高瞻远瞩、颇具深远眼光的战略家，在受到孟尝君礼遇后，决心为他效力。

一次，孟尝君要叫人为他到其封地薛邑讨债，问谁肯去，冯谖说自己愿意去，但不知道用催讨回来的钱需要买什么东西，孟尝君说：“就买点儿我们家没有的东西吧！”

到了薛邑后，冯谖见到老百姓的生活十分穷困。当地的老百姓听说孟尝君的讨债使者来了均愤愤有怨言。于是，冯谖召集起邑中居民，对大家说：“孟尝君知道大家生活困难，这次特意派我来告诉大家，以前的欠债一律作废，利息也不用偿还了。孟尝君让我把债券也带来了，今天当着大伙的面儿，我把它烧毁。从今往后，再不用偿还！”说着，冯谖果真点起一把火，把债券全都烧了。薛邑的百姓没有料到孟尝君如此仁义，个个感激涕零。

冯谖随即返回，一大早便去求见孟尝君。孟尝君没料到他回来得这么快，半信半疑地问："讨的利钱呢？"冯谖答："不但利钱没讨回，借债的债券也烧了。"孟尝君便老大不高兴。冯谖对他说："您不是要叫我买家中没有的东西回来吗？我考虑到您有用不完的珍宝，数不清的牛马牲畜，美女也站满庭院，缺少的只有'义'。因此我把'义'给您买回来了。焚券市义，这对您收归民心是大有好处的啊！"孟尝君虽心有不快，但也没再说什么。

数年后，孟尝君被人陷害，齐相不保，只好回到自己的封地薛邑。薛邑的百姓听说恩公孟尝君回来了，全城出动、夹道欢迎。孟尝君受到了当地百姓的真心欢迎和拥护。

孟尝君大为感动，这时才真正体会到冯谖"市义"的苦心。

尽忠行义的关羽

关羽，字云长，东汉末年名将。关羽去世后，逐渐被神化，被民间尊为"关公"，又称美髯公。历代朝廷多有褒封，清代奉为"忠义神武灵佑仁勇威显关圣大帝"，崇为"武圣"，与"文圣"孔子齐名。《三国演义》尊其为蜀国"五虎上将"之首，毛宗岗称其为"《演义》三绝"之"义绝"。

为了共同干一番大事业，刘备、关羽和张飞三人，对天盟誓，有苦同受，有福同享，举酒结义。

刘备对待他二人像亲兄弟一样，吃饭同桌，睡觉同床，不拘礼节。关羽跟随刘备，忠心不二，深得刘备信任。刘备后来杀了徐州刺史，占领了下邳（pī）城后，把管理大权交给关羽，让他行使太守的权力。刘备对关羽的信任，使关羽尽忠尽力，跟随他征战南北，从不畏艰难险阻。

建安五年，曹操率领部队东征，活捉了关羽，因赞赏他的忠勇，不但未杀他，还对他格外优待。关羽为报曹操的礼遇，就为他争霸做突击先锋，杀了围困曹兵的颜良。为了留住关羽，曹操不仅赏赐给他大量的钱财，还封他为汉寿亭侯。对于这一切，关羽感慨万分，他说："我很清楚曹公对我有厚爱，要挽留我，我之所以拼死力解曹彬的围困，正是为报还这些恩德，可是我不能留下为曹公效力终身，因我当初受恩于刘备，我与刘备是共同发誓生死在一起的，我不能违背当初的誓言，背叛他。刘备现在正有困难，我更不能袖手旁观。"于是，他将曹操赏赐的钱财如数奉还，写信感谢曹操的封赏，然后投奔刘备。

一路上，由于没有拿到曹操文书，守将一一阻拦，关羽过五关斩六将，演出了流传千古的夺路之争。关羽每到关口，总是下马施礼，好言求路；总是对方不允先行动武之时，才被迫反抗，杀将求路，对其余军士，一概晓以缘委，不予诛杀。把刘备的两个妻子甚是看重，精心护卫，不让出一点差错。即使受了箭伤，亦毫不怠慢，其忠义之心，着实天地可鉴。

关羽的一生，最重情义、誓言。千百年来，关羽享世人礼拜。时至今日，不少地方还有关羽的庙宇。他受如此礼遇，并非因其“相貌堂堂，威风凛凛”，也非“勇冠三军，所向无敌”，恰恰在于他的“义”。

宋清见利不忘义

唐代药商宋清是长安城里一位人人皆知的药商。他待人仁厚、买卖实在，所以远近闻名。

卖药材的都知道宋清的人品好、价格合理，所以采药人都争先恐后到他那里卖药。他配的药又从没有出过一点儿差错，人们都很信任他，来他这儿买药的人自然就很多。有时病人无钱付账，宋清总是说：“治病救人要紧，钱什么时候有再送来就是了。”有的人药费拖了一年，仍无钱付账，宋清也从不上门讨账，每到年底，宋清总要烧掉一些还不起钱的欠条。

有人对此颇不理解，说：“宋清这人一定是脑袋有问题，否则怎么会办那样的傻事？”

宋清却说：“我并不傻，卖药40多年，我烧掉别人的欠据数都数不清了，这些人并非存心赖账，有的人后来当了官、发了财，没有欠据，他照样不忘当初，会加倍地送钱来还我，真正不能还的毕竟是少数。因为人们对你信任，才会有事就来找你而不找别人，这是多少钱都买不来的友情。”宋清善良忠厚、轻利重义，以德取信于人，赢得人们的信任和敬重，他的生意也就随之越做越大，成了有名的富商。

明礼

“礼”，是指礼仪、礼貌和礼节，即“礼仪之规”。古代所谓“礼”是一系列程式化、仪文化规则，内容十分庞杂，既包括国家的典章制度，也包括宗教仪式、社会习俗、礼仪规范。但儒家所重视的并不只是礼的外在形式，而是体现在礼的形式之中的社会道德功能和意义。礼后来发展为建立人际关系、维持社会秩序所需要共同遵循的行为规范和道德准则的总称。对一个人来说，礼是一个人的思想道德水平、文化修养、交际能力的外在表现。对一个社会来说，礼是一个国家社会文明程度、道德风尚和生活习惯的反映。

“礼”最初是原始社会祭神祈福的一种习俗和仪式。《礼记·表记》中说“殷人尊神，率民以事神，先鬼而后礼”，指的就是一种仪式、一种习俗，当时还没有把“礼”作为一种道德规范、道德准则和道德理念加以明确和倡导。随着社会进一步发展，关于“礼”的认识和理解也有了新的变化。《礼记·表记》写道：“周人尊礼尚施，事鬼敬神而远之，近人而忠焉。”说的是殷人尊神，而周人事鬼敬神而远之，开始远离它，并且“制礼作乐”，逐步把这些礼仪加以规范，对在哪种情况下实行什么样的礼节、举行什么样的礼仪、讲究什么样的礼貌进行了具体规范，提倡以“礼乐”治天下。到了春秋战国时期，“礼”的内容又有了创造性的变化，开始将“礼”作为道德准则加以提倡。我国最古老的诗集《诗经》中就有“相鼠有皮，人而无仪；人而无仪，不死何为”的诗句，意思就是说：看那老鼠还有一张脸皮，做人岂能无礼仪；如果一个人没有礼仪，不去死还干什么？孔子也有一句名言“克己复礼为仁”，意思是说，每个人都应克制自己不正当的欲望、冲动的情绪和不正确的言行，做到“非礼勿视、非礼勿听、非礼勿言、非礼勿动”，使自己的视、听、言、行都符合“礼”的规定。这说明“礼”在道德领域已经被放在非常重要的位置加以尊重、加以规范、加以倡导。古代著名的政治家、思想家管仲提出了“礼义廉耻，国之四维”的治国理念，把“礼”放在道德规范之首，表明“礼”已由原来的一种习俗和仪式逐步规范为一种道德教化和道德理念，升华为治国的四大要素之首。

中国具有五千年的文明历史，礼仪文明作为中国传统文化的一个重要组成部分，对中国社会历史发展起到了广泛深远的影响。“礼”在中华传统美德中占有重要位置。东汉末年的孔融，在四岁的时候就懂得礼让兄长的道理，分梨子时把最小的留给自己；元代的许衡路途再远、天气再热也绝不乱摘路边的梨子解渴，认为梨树无主而自己内心有主，一丝一毫不合乎道义也不能接受。一个小小的梨子上就有那么多明礼的典故，可见古人对于“礼”的重视程度。

“礼”的社会道德功能和意义，简单说来主要有三个方面：一是“别嫌明微”，也就是明确不同社会身份和社会角色的人之间一些必要的区别，以避免出现嫌疑和尴尬的场面，从而维持稳定的社会秩序。二是表达“恭敬”“辞让”之心，让人们有一种适当的形式，互相谦让，互相表达恭敬与尊重。三是“礼之用，和为贵”，通过在政治、宗教、社交、家庭、娱乐等不同场合人们必须遵循的各种礼节、仪式，并配以音乐，来融洽不同身份、不同角色的社会成员之间的关系，使之和谐相处，促进社会和睦安定。

一定形式的礼，无论对于社会还是对于个人，都是必不可少的。对社会而言，礼是这个社会道德文明程度的直观表征；对个人而言，礼则是其道德素质和教养程度的外在标志。不可否认，在封建时代，礼的许多具体内容，实际上强化着上下尊卑的封建等级观念，其中不少繁文缛节早已过时，失去了意义。但是，“礼”的主要价值不在于其外在形式，而在于其内里所蕴含的伦理道德功能。从这个角度来说，明礼是一种传统美德，值得我们继承发扬。“礼”的主要作用是调整人际关系和维护社会秩序。今天我们讲“礼”，应以建立现代法治社会和安定有序、高度文明的社会为目标，大力提倡基本的人伦规范，大力提倡文明礼仪，大力提倡法治精神。核心思想是“尚礼守法”，主要内涵包括孝敬谦恭、文明礼貌、遵纪守法。一是孝敬谦恭。礼作为一种传统道德规范，要求人们在基本的社会关系中，具有孝敬谦恭的精神和行为。孝敬谦恭是指在人格平等的基础上，孝敬父母，尊师敬长，自尊尊人等。二是文明礼貌。礼的精神具体表现在礼节、礼仪中，它要求恰如其分地处理各种关系，恪守社会交往的文明秩序。文明礼貌是指增强人伦意识，通晓为人处世的礼仪，接受社会道德要求，言行举止合乎社会规范，不断提高自己的文明程度。三是遵纪守法。传统的礼与法有区别也有联系，有“礼法”之称。礼在发挥社会作用时，往往是与法结合在一起的，即“以礼入法”。赋予礼以遵纪守法的内涵，有助于扬弃“轻法重礼”的礼治传统，将礼（道德）与法相结合，使人们遵守纪律，增强法制意识，树立现代法治精神。

经典名句

【原文】道之以政，齐之以刑，民免而无耻；道之以德，齐之以礼，有耻且格。

【译文】用政令来治理百姓，用刑法来整治他们，百姓只求能免于犯错免受刑罚，却没有廉耻之心；以道德来治理国家，以礼仪规范来约束百姓，百姓就有了羞耻之心，并且知道自觉地遵守社会规范。

【解读】这句话出自《论语·为政》，体现了儒家关于德教与刑政关系的主张。在孔子看来，用礼乐文化来培养人的行为规范和道德意识，比单纯用禁止、惩治来解决社会问题要好得多。因为道德意识是一种内在的自觉自省活动，而任何强制性制裁都是一种外在的人为干预，人如果不能从本质上认识到自身的问题所在，那么当外在的干预力量减弱或出现疏漏时，就还会故态重演。

【原文】君子博学于文，约之以礼，亦可以弗畔矣夫。

【译文】君子广泛地学习文化知识，并且用礼来约束自己，也就可以不离经叛道了啊。

【解读】这句话出自《论语·雍也》。孔子认为，作为一名君子，要想在事业上有所发展，除了要有深厚的文化知识，还要注重用礼来约束自己的言行，将自己的思想、行动和谐地统一于“礼”上。因为礼是根据道德原则制定出来的，是确保人与人之间正常交往的一种规范，只有知识而无礼，难免做出无德之事，伤人伤己；有“礼”制约，人的知识才会得到更好的发挥，言行才能合情合理，从而避免误入歧途。

【原文】非礼勿视，非礼勿听，非礼勿言，非礼勿动。

【译文】不符合礼制规定的事情，不要去看，不要去听，不要去说，不要去做。

【解读】这句话出自《论语·颜渊》。这是孔门传授的“切要之言”，是一种由达至仁的境界的紧要的、切实的修养方法。孔子在这里强调的，不是按礼仪规范去待人接物，而是不符合礼的事情就不要去做。也就是说，学习礼，不仅仅是要依礼而行，更重要的是要随时警惕自己不要去做失礼的事，要随时注意约束自己，克服种种不良习性和私心，这其实也正是今天我们常说的“战胜自我”。

【原文】名位不同，礼亦异数。

【译文】每个人的名分位置不同，所遵循的礼制也不相同。

【解读】这句话出自《左传·庄公十八年》。其意思是指名位不相同，礼数也就不能一样，这反映了周礼的贵贱有序、等级森严。“内容丰富、规定细致”是周礼的特点，礼是富于差别性、因人而异的行为规范。每个人在家族内的身份不同，在社会上的政治地位不同，他所要遵循的礼数和所受到的礼遇也是不同的。古人认为，理想的社会秩序就是贵贱、尊卑、长幼、亲疏有别，每个人都按照他们的身份地位遵循适当的礼，否则就会出现尴尬或混乱。

【原文】夫礼，天之经也，地之义也，民之行也。

【译文】礼，就是老天规定的原则，大地运行的正理，百姓行动的依据。

【解读】这句话出自先秦时期左丘明的《左传·昭公二十五年》。公元前520年周景王死后，周王室发生了激烈的王位之争。在这种情况下，晋顷公召集各诸侯国的代表在黑壤盟商讨论如何使王室安宁。会上，晋国的赵鞅向郑国的游吉请教什么叫“礼”。游吉借用郑国子产大夫的话如是作答。赵鞅对游吉的回答很满意，其他诸侯国的代表听了，也大都表示有理，后来大家合力帮助世子姬敬继位，结束了周王室的王位之争。这句话说明了上至天子下至百姓，以礼行事才能减少纷争，安然有序。成语“天经地义”就来源于此。

【原文】君子以仁存心，以礼存心。

【译文】君子内心所怀的念头是仁，是礼。

【解读】这句话出自《孟子·离娄下》。在孔子的思想体系里，仁和礼相辅相成，是最核心的两方面内容。仁是人之为人的本质规定，礼是人在社会生活中实现仁的主要方式和途径。作为儒家的代表人物，孟子继承了孔子的仁礼思想，提出君子要以仁礼存心，要懂得关心爱护别人，尊敬礼让别人，这样才能赢得他人的尊敬和爱戴。

【原文】人无礼则不生，事无礼则不成，国无礼则不宁。

【译文】做人没有礼节就不能生活，做事没有礼节就不能成功，治国没有礼节国家就不能安宁。

【解读】这句话出自《荀子·修身》。荀子认为人的天然本性是追求利欲的，而礼正是从区分与调节不同人的利欲关系中产生。荀子非常看重“礼”，在他看来，人得以优异于动物的地方，是人可以群聚，即人能组成社会，从事不同的社会分工，将社会协同为一个统一的整体，以面对自然、战胜自然，而礼就是社会得以组织的根本法则。所以说，无论是为人处世还是治国理政，礼都是不可或缺的重要原则。

【原文】人有礼则安，无礼则危。故曰：礼者不可不学也。

【译文】人讲究礼就会平安，不讲究礼就会有危险。所以说，礼不能不学。

【解读】这句话出自《礼记·曲礼》。一个人如果对别人有礼貌，别人也会礼貌地待他；如果傲慢无礼、目中无人，那别人也不会待他客气。所以说，无论是在生活或在工作中，若不想让人讨厌或遭人嫉恨，最好的行为便是凡事以礼为先。有礼不一定总能为你带来好运，但无礼却往往会与幸运擦肩而过，甚至招来厄运。我们要想在纷繁复杂的现代社会中走得更远、更好，礼是不可以不学的。

【原文】礼义廉耻，国之四维，四维不张，国乃灭亡。

【译文】礼、义、廉、耻是维系国家的四项重要的道德准则，如果它们不能被推行，则国家很容易灭亡。

【解读】这句话出自北宋欧阳修的《新五代史·冯道传》。“四维”说最早出自《管子》一书。《管子》非常重视礼义伦理在治国安民中的作用，在开篇《牧民》中开宗明义，提出了著名的“四维”说，把礼、义、廉、耻四种道德看做治国的四个纲，故名四维。礼，是指尊敬适当的态度和行为；义，是指公正无私的道理或举措；廉，是指不贪不污及纯正高洁；耻，是指为不当的言行举止有羞愧之心。治国用此四维，可使君位安定、民无巧诈、行为端正、邪事不生，而在这四维之中，礼又居于首位。欧阳修的这句话正是对管子“四维”说的概括。

【原文】国尚礼则国昌，家尚礼则家大，身有礼则身修，心有礼则心泰。

【译文】国家崇尚礼治就会国家昌盛，家族崇尚礼治就会家族壮大，行为举止有礼节自身的修养就好了，内心有礼心里也就泰然了。

【解读】这句话是清初思想家、教育家颜元的名言。这句话说明了礼仪对于个人修养、社会和睦、民族复兴、国家昌盛的重要性。我国是一个有着悠久历史的文明古国。中华民族不仅勤劳勇敢，而且素以讲究礼仪著称于世。礼仪作为处理人与人之间相互关系的行为规范和道德法则，往往反映一个人的文明素质、精神状态，也反映一个国家的整体素质和社会风貌。讲求礼仪礼节，对于个人、家庭、家族乃至国家来讲意义重大，明礼尚礼应该成为我们每个人都自觉遵守的道德准则。

美德故事

晏子重礼

晏子是春秋时期齐国人。

有一次，齐景公与大臣饮酒，酒兴正浓时，景公说：“今天愿与各位大夫开怀畅饮，请不必拘于礼节。”晏子听后愀然变色，赶紧向齐景公指出这是不对的，礼节是不能不要的。景公背过脸去不听。

过了一会，景公出去，晏子安坐不动；景公进来时，晏子也不起立；大家一齐举杯，晏子却先把酒喝了。景公气得变了脸色，强压怒火注视着晏子说：“刚才您还在教训我礼节是不可不要的，可是我出去进来您都坐着不动，大家一起举杯，您却先把酒喝了，这就是您所说的礼节吗？”晏子离席叩拜之后对景公说：“我对国君所说的话怎敢忘记呢？我不过是把不讲礼节的实况演示出来罢了。国君如果不要礼节，就是这个样子。”

景公这才醒悟，从此整饬法令、修订礼仪以治理国政，于是百姓也都规矩起来。

鲁昭公“仪”而不“礼”

春秋时期，鲁昭公到晋国去访问。在晋国都城的郊外，东道主晋平公派大臣去行“郊劳”之礼。“郊劳”，即到郊外迎接、慰劳之意。

春秋时期，国家之间的迎宾仪式从郊劳开始，步步为礼，极其复杂，但鲁昭公居然一点都没做错，晋平公和大臣们看了都佩服不已，连连称赞鲁昭公真是懂礼之人。

这时，一位叫女叔齐的晋国大夫却对晋平公表达了不同的意见。女叔齐说：“鲁昭公根本不懂什么叫礼！”晋平公感到奇怪：“从郊外的欢迎仪式，到相互答谢转赠礼物，鲁昭公一直表现非常得体，怎么能说他不懂礼呢？”女叔齐回答：“他做的这些是仪，不能称作礼。礼这个东西，是用来维护国家秩序，行使政策法规，让百姓凝聚在一起的根本。可鲁昭公没有做到这些。鲁国现在国内政治混乱，鲁昭公却不去任用贤臣，反倒让奸吝小人把持了朝政。他和大国结盟，却不守盟约破坏协定，他乘人之危，专门欺负弱小的国家。这样的一个国君，不去好好考虑治国的方针政策，却把精力放在这些琐碎的仪节上。说他懂礼，不是离得太远了吗？”

女叔齐的说法切中肯綮，“礼”的核心精神绝对不是掌握各种“仪式”的细节，而是要通过“礼”达到协调人事关系、巩固政权、安定世道人心的目的。以此考量，鲁昭公确实是不知礼的。后来，鲁昭公于公元前517年联合一些与季孙氏结怨的贵族攻打季孙氏，试图收回大权。结果，季孙氏、叔孙氏、孟孙氏三家联手，打败了鲁昭公的部队，并将鲁昭公驱逐出国。其后，鲁昭公多次图谋返国，均失败，最后只能客死他乡。

鲁昭公知“仪”而不知“礼”，他熟悉外交礼节，却在治国上犯错，这就叫“小事明白，大事糊涂”。作为一国之君，若不能很好地治理国家，而只是把精力用在学习外交仪式上，那无疑是舍本逐末的做法。

陈太丘与友期

陈寔（shí），东汉名士，因曾任太丘长，所以称陈太丘。他以操守严正著称，不论在朝在野都有极高威望。由于处事公正，老百姓甚至说他是：“宁为刑罚所加，不为陈君所短。”

陈太丘跟一位朋友约定一同出门，约好正午时相见。正午已过，不见那朋友来，太丘不再等候就走了。太丘走后，那人才来。

太丘的长子陈元方那年七岁，当时正在门外玩。那人便问元方：“你爸爸在家吗？”元方答道：“等你好久都不来，他已经走了。”那人便发起脾气来，骂道：“真不是东西！跟别人约好一块儿走，却把别人丢下，自个儿走了。”元方说：“您跟我爸爸约好正午一同出发，您正午不到，就是不讲信用；对人家儿子骂他的父亲，就是失礼。”

那人感到惭愧，便从车里下来，想跟元方握手，元方头也不回地走进了自家的大门。

由这个故事可以看出，人与人之间的交往，关键在一个“礼”字，无礼之人就是孩童也会鄙视他。

钟岳巧断家务案

清朝康熙年间，江西蒙南出了同朝为官的兄弟俩。兄长沈仲仁官居翰林院大学士，弟弟沈仲义任户部给事中。一时间，沈家在江西蒙南一带成为门庭显耀之家。

岁月催人老。转眼间，沈氏兄弟二人到了暮年，双双告老还乡，回归故里。不料，却因家产纠葛产生矛盾，以致对簿公堂，打起了家务官司。沈氏兄弟的官司可不是好断的，状子递到了县衙，不断又不行，这可愁坏了县官。

正在为难之际，这天忽报东昌府新科状元邓钟岳钦命巡查来到此地。县官将此麻烦事儿告诉了邓钟岳。邓钟岳微微一笑，说："小小家务事何须为忧，不必公堂面断，让沈家兄弟在外等候，我批书数言可矣。"蒙南知县听此言，忙令沈家兄弟在外恭候。

不一会儿工夫，邓钟岳就写出了批文，交给公差，贴在了门外。只见公文写到："鹁鸪呼雏，乌鸦反哺，仁也；鹿得草而鸣其群，蜂见花而聚其众，义也；羊羔跪乳，万不欺母，礼也；蜘蛛网罗以为食，蝼蚁塞穴而避水，智也；鸡非晓而不鸣，燕非社而不至，信也。禽兽尚有五常，人为万物之灵，岂不一得乎？以祖宗遗产之小争，而伤兄弟骨肉之大情。兄通万卷应具教弟之才，弟掌六科岂有伤兄之理？沈仲仁，仁而不仁；沈仲义，义而不义！有过必改，再思可矣！兄弟同胞一母生，祖宗遗产何须争？一番相见一番老，能得几时好弟兄？"兄弟二人看过批文，悔愧交加，泪流满面，当场抱头痛哭。从此，积恨顿解，和好如初。

由这则历史故事可以看出，在封建时代，礼在维持社会秩序、调整人与人之间的各种社会关系和权利义务方面发挥着重要的作用，统治者以各种方式向人们灌注孝、慈、恭、顺、敬、和、仁、义等礼仪观念，并把这些伦理道德观念转变为人的内在需求，可以起到约束人心、教化民众的作用，有时候法律难以解决或不便于解决的问题，通过道之以情、晓之以理的方式就可以巧妙处理。

智勇

在中国传统道德中，智和勇都是重要的道德因素之一，是蕴藏在国人骨子里的基因。知是智的古字，通晓天地之道、深明人世之理的才能叫智。“勇”就是“无畏无惧”。墨子曾说，“勇志之所以敢也”。东汉时许慎指出：“勇，气也。”勇气，藏在体内，卧于心中，是一种骨气，是一种真正的浩然正气。智和勇经常连在一起，表明一个人智勇双全，足智多谋，勇敢善战。在中国儒家道德规范体系中，智、勇是作为智、仁、勇的“三达德”的重要组成部分，智是仁、义、礼、智、信“五常”之一。“仁、义、礼、信”是为人处世的基本原则，而要将这一切联系起来就需要“智”“勇”贯穿其中，否则有“仁、义、礼、信”加持于身，也不可能通达无碍。

我们的祖先依山而筑，濒水而居，智慧勇敢，往往成为他们至胜的法宝。古代的智勇观主要表现在：一是明是非、辨善恶。“智”就是“明”。孔子说：“知（智）者不惑。”智者之所以不惑，是因为他具备了理性认知和辨别能力，具备了道德理性，因而能够分清事物的是非曲直。二是善识人、贵知己。智勇作为德性，体现在人际关系和人际交往中，必须知人知己。知人是待人、交人、用人的前提，而自知之明则更是一个君子的德性和品质。三是识时务、知当务。智勇作为德性，在实践过程中要能够审时度势，知先后、掂轻重、择缓急。四是服从“仁”，求高尚。智勇的正确与充分发挥必须有高尚目的的指向，以“仁”为本，以德为最终鹄的，服从于“仁”

或者接受“仁”与“善”的道德指导和规约，为实现“仁人之事”而用“智勇”。

中国人征服自然，改造社会，铸就了智慧、坚强、勇敢的品质。汉朝飞将军李广，射虎中石，平定七国之乱，与匈奴兵斗智斗勇，佯死还击，击溃敌军。年仅六岁的曹冲，用石头代替大象，在船舷上刻画记号，称出了大象的重量。诸葛亮运用“攻心为上，攻城为下，心战为上，兵战为下”的策略，将孟获捉住七次，放了七次，使他真正服输。唐朝少年区寄，被强盗绑架，自断绳索，杀死强盗得以自救。这些智勇故事至今为人们津津乐道。

近现代以来，无数仁人志士发挥智勇美德，抒写了更美的智勇篇章。13 岁的抗日英雄王二小，为了掩护老乡和干部，把敌人带进了八路军的埋伏圈。大庆石油工人王进喜，科学钻研“钻井绝技”，宁可少活 20 年，拼命拿下大油田。最美司机吴斌，行车途中突遇飞来铁块，导致脏器破裂及肋骨多处骨折，凭着英勇无畏的信念支撑，完成了他人生最后一次漂亮而悲壮的停车。

智者无敌，勇者无惧。习近平指出，在漫长的历史进程中，中国人民依靠自己的勤劳、勇敢、智慧，开创了民族和睦共处的美好家园，培育了历久弥新的优秀文化。中华民族要想取得更大的成功，实现伟大复兴的中国梦，必须继续保有智勇品格，发扬智勇精神。首先，要有不畏艰难的勇气，不畏风雨，不怕挫折，不惧坎坷。面对大是大非敢于亮剑，面对矛盾敢于迎难而上，面对危机敢于挺身而出，面对失误敢于承担责任，面对歪风邪气敢于坚决斗争。其次，要有运筹帷幄的智慧。勇而无谋，不过匹夫之勇。西汉贾谊在《治安策》中曰：“凡人之智，能见已然，不能见将然。”要做好规划，审时度势，洞察人心变化，把握事物规律，在关键时候决然出手，在迷乱时际冷静分析。今天我们讲“智”，应以整个社会充满创造的活力和进取的动力、人与社会不断进步为目标，大力提倡勤于学习、善于思考的品德，大力提倡科学理性、务实行动的品德，大力提倡追求真理、善于创新的品德。核心思想是“崇智求真”，主要内涵包括勤学敏思、明理力行、求真创新。第三，要有知行合一的实践。检验真理的唯一标准就是实践。光说不练是嘴把式，光练不说是傻把式，又说又练才是真把式。改革贵在行动，喊破嗓子不如甩开膀子。在实践的过程中要注意方式方法、目的效果的调整，将事情办到实处，将敢闯敢干、勇于担当精神贯彻到工作中去，为“四个全面”战略思想的实现贡献智慧和力量。

经典名句

【原文】 知者不惑，仁者不忧，勇者不惧。

【译文】 有智慧的人不迷惑，有仁德的人不担忧，勇敢的人不畏惧。

【解读】 此语出自《论语·子罕》。在儒家传统道德中，智、仁、勇是重要的三个范畴。孔子希望自己的学生能具备这三德，成为真正的君子。智勇是人类最美好的品德之一，“勇”不是一味地轻生好斗，而是与智、仁道德修养密切相关的，见义不智、见利忘义都谈不上真正的“勇”。当然，不惑、不忧、不惧要辩证地对待，聪明人不会永远没有迷惑，只是在遇到迷惑的时候知道怎样去解除迷惑；有仁德的人也不会永远无忧，而是在忧愁的时候仍能保持一份理性的冷静和超然，然后能积极地面对忧愁乃至消除忧愁；勇敢的人也不会永远没有畏惧，只是在面临危险的时候能从容面对。

【原文】 居安思危，思则有备，有备无患。

【译文】 处于安全环境时要考虑到可能出现的危险，考虑到危险就会有所准备，事先有了准备就可以避免祸患。

【解读】 此语出自春秋时期左丘明著的《左传·襄公十一年》，常省作“居安思危，有备无患”。春秋时期，晋、宋等12国联合攻打郑国，郑国只好向晋国求和，给晋国送去金钱珠宝美女等。晋悼公就把贡品分给大臣享乐。魏绛劝谏晋悼公不要只图享乐，要居安思危。晋悼公认为他言之有理，就采纳了他的建议。这句话包含有矛盾的对立统一和意识对物质具有反作用的哲学原理，告诫人们做任何事都要具备智慧品质，未雨绸缪。

【原文】 知人者智，自知者明，胜人者力，自胜者强。

【译文】 能了解别人，叫做智慧；能认识自己，才算高明。能战胜别人，是有力量的表现；能战胜自己的人，才是真正的强者。

【解读】此语出自老子的《道德经》，是老子关于如何成为智者、强者的精神修养言论。在老子看来，“知人”“胜人”十分重要，但是“自知”“自胜”更加重要，强调要了解自己、反省自己、战胜自己。这句话说明，人贵有自知之明。这个世界上最强大的敌人不是别人，而是你自己。认清自己、战胜自己才能战胜别人。人生于世，需要智慧，没有智慧就无法生存，更谈不上发展。真正有智慧的强者，不会把主要精力放在如何战胜别人、把自己和对手置于对抗的位置，而是聚焦于如何发展、完善自身，把自己当成自己的对手。

【原文】知而好问者圣，勇而好问者胜。

【译文】智慧而又虚心向别人学习的人会成为圣贤，勇敢而又虚心向别人学习的人会获得成功。

【解读】这句话出自老子的弟子文子所著的《文子·自然》，表达了“智”“勇”与学习的关系。即使自己再聪明也有失误的时候，即使自己再勇敢也有力所不能及的时候。有勇气的人，若能善于动脑、善用智慧，就一定会成功；有智慧的人，善于谋略、善于用人，也一定会成功；勇而好问，智而好谋，才能成就大的事业。这就告诉我们，只有不断地向周围的人虚心学习、请教，才能减少自己的失误，提高自己的水平与能力。

【原文】知、仁、勇三者，天下之达德也。

【译文】知明、仁爱、勇敢，是天下通行不变的美德。

【解读】语出战国时期子思所著的《礼记·中庸》，是孔子关于智勇观的经典言论，说明了智和勇在中华传统美德中的重要地位。此语是孔子回答鲁哀公时所说的话。鲁哀公询问政事。孔子说：“君臣、父子、夫妇、兄弟、朋友之间的交往，这五项是天下人共有的伦常关系；智、仁、勇，这三种是用来处理这五项伦常关系的德行。”孔子认为，智、仁、勇是一个品行高尚的君子必须具备的三种美德。孔子还说：“喜欢学习就接近了智，努力实行就接近了仁，知道羞耻就接近了勇。”

【原文】所贵于勇敢者，贵其敢行礼义也。

【译文】勇敢的可贵，就在于勇于实行礼义。

【解读】此语出自《礼记·聘义》，强调了如何做到勇，集中论述了礼、行、义之间的关系。前几句是："故所贵於勇敢者，贵其能以立义也；所贵於立义者，贵其有行也；所贵於有行者，贵其行礼也。"礼是可行的，因而是合理的，呼唤人们勇敢地去坚守礼、践行礼。《聘义》还指出，"勇敢坚强有力的人，在天下无事之时，就把他的勇敢坚强有力用到实行礼义方面；在天下有事之时，就把他的勇敢坚强有力用到克敌制胜方面。用到克敌制胜方面就会所向无敌，用到实行礼义方面就会无为而治"。该句话告诫我们，勇敢在于坚守礼义，而不是争强好斗。

【原文】智者察同，愚者察异。

【译文】智者能够看到事物相类同的一面，而愚者总是喜欢分别事物的差异。

【解读】语出《黄帝内经·素问·阴阳应象大论篇》。《黄帝内经》是我国现存最早的一部医学典籍，以黄帝和岐伯的对话、问答形式阐述病机病理。黄帝问岐伯："怎样才能使阴阳得以调和呢？"岐伯答："如果懂得七损八益的道理，就可以做到阴阳调和。智者察同，愚者察异。"这句话虽然是谈养生之道的，却道出了古人探寻事物规律的思维方式。"察同""察异"反映了两种观察世界截然不同的方法，其结果也就大不相同。

【原文】明者因时而变，知者随事而制。

【译文】聪明人会随着时代的变化而改变策略，有智慧的人会按照世事变化的情况而制定法则。

【解读】此语出自西汉后期散文家桓宽的《盐铁论》，并将原文中的"随世而制"化用为"随事而制"，强调了明者、智者因时随事而变的重要性和必要性。这句话也代表了当时贤良文学人士的政治思想，主张与时俱进，积极地根据时代发展的要求做出适当的调整，反对因循守旧。这句话还体现了哲学的发展观点，对今天仍有教育意义。它提示我们，要勇于变革创新，摒弃不合时宜的旧观念，冲破制约发展的旧框框，勇做时代的弄潮儿，这样才能成为真正明智的人。

【原文】祸患常积于忽微，而智勇多困于所溺。

【译文】祸患常常是从极细小的事情上发展起来的，智勇双全的人多因过分迷恋某些人和事儿陷入绝境。

【解读】此语出自北宋文学家欧阳修的《伶官传序》，强调了智勇之人要防微杜渐。欧阳修有感于五代时期的社会动乱，编撰《五代史记》（后世称《新五代史》），特设《伶官传》，并作序，总结后唐庄宗李存勖因宠爱乐工伶人以致国破身亡的历史教训说出了这句话，警示后人引以为戒。该句话道出了一个深刻的哲理："水滴石穿"，"千里之堤毁于蚁穴"，祸患可以积少成多，智勇双全的人也可能被自己喜欢的事物所迷惑。只有时刻保持警惕，不玩物丧志，才能永远立于不败之地。

【原文】大事难事看担当，逆境顺境看襟度，临喜临怒看涵养，群行群止看识见。

【译文】逢到大事和困难的时候，可以看出一个人担负责任的勇气。遇到逆境的时候，可以看出一个人的胸襟和气度。而逢到喜怒的事时，则可看出一个人的涵养。在与群众同行同止时，也可看出一个人对事物的见解和认识。

【解读】这段话出自《呻吟语》，该书是明代晚期著名学者吕坤所著的语录体、箴言体的小品文集。这句话表明，遇到自己所不能解决或无力承担的事时，不能采取逃避的态度或自我保护的措施。真正智勇双全的人，在面临难事、逆境时，要有担当、有胸襟、有涵养、有见解，不易为喜怒所动，心中自有取舍，而不会盲目地追随。所以，在人生和事业的各种关口，最能看出一个人的品性、胸怀、修养和境界。读懂这四句话，对现代人修身进德、明辨是非、提高智勇品质以及"立德、立功、立言、立业"有着积极的指导意义。

美德故事

蔺相如完璧归赵

蔺相如，战国时赵国上卿。他一心为国，有勇有谋，不畏强权，顾全大局。蔺相如完璧归赵的故事至今仍为人们津津乐道。

战国时期，秦国最强。赵王得了一块宝玉——和氏璧，秦王知道了，派人送来一封信，说愿意拿十五座城来换这块玉。赵王知道秦王是想把宝玉骗到手，可是又怕秦国借口攻打赵国，只好派蔺相如把宝玉送去。临别的时候，蔺相如说："大王放心。如果秦国不是真心换城，我一定把和氏璧完好无损地带回来！"蔺相如到了秦国，献了玉。秦王双手捧着宝玉，一边看一边称赞，却绝口不提换城的事。蔺相如知道秦王没有诚意，上前几步，说："这玉虽好，可是也有瑕斑。让我指给您看。"秦王信以为真，吩咐侍从把和氏璧递给蔺相如。蔺相如接过玉，退后几步，靠着宫殿的一根大柱子站定，理直气壮地说："我看您并不想交付十五座城池，所以把玉要了回来。您要是逼我，我的头颅和宝玉就一块儿撞碎在这柱子上！"说着，举起了和氏璧。秦王怕摔坏了宝玉，急忙叫人取来地图，随手指点了十五座城。蔺相如知道秦王仍然没有诚意，说："和氏璧是奇珍异宝。在我动身以前，我们大王斋戒了五天。如果大王诚心，也应当斋戒五天。五天后，我再把宝玉奉上。"秦王只好同意了。

蔺相如回到住处，立即让随从带着和氏璧抄小路回国。过了五天，秦王得知和氏璧已被送走，非常恼怒。后来他冷静一想，杀了蔺相如非但得不到和氏璧，还会弄僵两国的关系，便下令放了蔺相如。

于是，蔺相如回到了赵国。蔺相如不辱使命，完璧归赵，后来被封了上大夫。

关羽单刀赴会

周瑜死后，刘备为了和吴国重新联合起来，答应孙权等他攻占西川后就把荆州交给吴国。刘备的军队很快就攻占了西川，建立了蜀国，派关羽和他儿子关平驻守在荆州。

孙权听说刘备占领了西川，派大使到蜀国向刘备要荆州。刘备听了诸葛亮的计谋，写了一封信交给吴国的大使，让他到荆州去找关羽。吴国的大使拿着信到了荆州，却被关羽拒绝了。关羽说："这么重要的事，我怎么能相信一封信呢？"然后就把大使赶回了吴国。孙权大怒："刘备分明就是在捉弄我。"鲁肃出了一个主意：请关羽到吴国来吃饭，趁机把他抓起来，逼迫关羽交出荆州，不然的话就杀死他。

关羽为了荆州之事只身过江，与鲁肃会面，酒过三巡，菜过五味，鲁肃迫不及待地直奔主题，索还荆州。关羽开始时以饮酒莫谈国事为由将话题岔开，哪料鲁肃步步紧逼。关羽乃以刘备继承汉室土地为由，且使刀铃铮铮直响。周仓插话："天下土地，惟有德者居之，岂独是汝东吴当有耶？"抵赖之言，毫不掩饰。关羽于是变色而起，从周仓手中夺过大刀，假装怒叱道："这是国家大事，休得多嘴，快快给我退出！"明叱周仓，实在鲁肃！接着，关羽推醉，右手提刀，左手挽住鲁肃手，亲热之中又带有几分杀气："今天饮酒，我已经醉了，莫要再提荆州之事，担心我这刀伤了故旧之情。改日我再请到荆州赴会，再作商议。"鲁肃被他一提，挣脱不得，早已吓得魂不附体，暗藏的刀斧手也只好望洋兴叹。到了船边，关羽才放了鲁肃，拱手道谢而别。鲁肃如痴如醉，半晌才缓过气来。

诸葛亮草船借箭

《草船借箭》是我国古典名著《三国演义》中的一个故事。

三国时期，曹操率八十万大军想要征服东吴。孙权、刘备便打算联手抵挡魏。孙权手下有位大将叫周瑜，智勇双全，可是有点心胸狭窄，很妒忌诸葛亮的才干。

有一天，周瑜请诸葛亮商议军事，说："我们就要跟曹军交战。水上交战，用什么兵器最好？"诸葛亮说："用弓箭最好。"周瑜让诸葛亮造10万枝箭，并说10天内就要。诸葛亮痛快地答应了，说："我3天之内就送10万枝箭过来。"周瑜很吃惊。

诸葛亮向鲁肃借了20只快船，600名士兵，把每条船用布蒙上，两边堆满一捆捆的干草。周瑜得知这一情况后，心里非常怀疑，不知诸葛亮又在玩什么花样。

到第三天，天还没亮，诸葛亮便派人将鲁肃请来，说："请您和我一同去取箭。"然后，把20条快船用长绳连起来，一直往江北驶去。当时，长江上雾气很大，对面看不见人。鲁肃心里不明白，问诸葛亮怎么回事。诸葛亮只是笑，并不回答。

不久，船靠近曹操的水寨。诸葛亮命令将船头朝东、尾向西，一字摆开。又叫士兵一起敲鼓呐喊。曹操听了报告，说："雾天作战，恐怕有埋伏。先让水陆军的弓箭手向他们射箭，雾散后再进军。"于是，箭像雨点一样射向那20条船。

箭头准确地落在草捆上，排得密密麻麻。过了一会儿，诸葛亮命令船头掉过来，再由西向东排开，于是，另一面又被射满了箭。等到太阳要升起来时，雾也快散了。诸葛亮命令军士开船，并一起大喊："谢谢丞相的箭！"

船到了南岸，周瑜已经派了500名军士在江边等着搬箭，卸完后共有十二三万枝箭。鲁肃见了周瑜，把诸葛亮借箭的事说了一遍。周瑜叹气说："诸葛亮真是神机妙算，我实在不如他啊！"

任克溥巧立无税碑

清朝康熙年间，刑部侍郎任克溥告老还乡，住在东昌府北关"绮园"里。家乡连年遭受水灾，哀鸿遍野，民不聊生。任克溥为拯救民众，三次上书皇上，要求减免官税，赈济灾民，可均未得到回复。有一天，他听说康熙皇帝将顺京杭运河南巡，路过东昌。任克溥认为这是面君陈言的大好机会，并想好了计策，如此这般地向家人管事作了吩咐。

当龙舟行至东关闸口附近时，领航的龙船突然触物搁浅，只得暂时停舟。随行官立即向康熙奏禀，请皇上降旨，令东昌知府速派水工清理河道。水工打捞出一块石碑，上面似有模糊的字迹。康熙问："上面刻着何字？"任克溥忙跪奏道："启奏万岁，此碑沉于河中甚久，不知来历。还请皇上亲自明察为好。"康熙暗暗点头，见石碑虽挂满泥沙，字迹却甚是清晰，于是顺口念道："今日无税。"话音未落，任克溥忙双膝跪倒高呼："谢主隆恩。"康熙不解其意，忙问："爱卿，这是何意？"任克溥奏道："东昌连遭水灾，百姓生计艰难，今古碑显现，想是天意。万岁为体怜灾民，金口免去东昌赋税，我岂能不为家乡父老谢恩。"

康熙听了任克溥一番启奏，忽然想起任克溥有三道奏折，但因诸事繁忙，一直没有批复。此番石碑阻舟，又书之无税，虽感蹊跷，但又不能不信其言，于是说道："东昌连遭水灾，本应早免赋税，今日古碑显现，实乃天意！我看就照此办理吧。"这样一来，东昌民众减去了一大负担。

其实，石碑并非什么天意，乃是任克溥早已预设的计策。他让家人探准了龙舟到达东昌府的准确时间，让管事备好了石碑，于头天夜里秘密地将石碑投入了河道之中。康熙走后，东昌知府把“今日无税”碑，立在了古城东关运河南岸，并修了碑楼。

杨氏先祖智救万民

在聊城东昌名门望族中，杨氏家族不仅以“海源阁”藏书而闻名天下，还以杨氏先祖侠肝义胆救万民的故事被广为赞赏。

杨氏家族先世为秦人，自华阴迁至山西洪洞县。杨如兰是杨以增的祖父，字德馨。他生性刚介，有勇有谋。官为候选册吏目。清乾隆三十九年八月二十八日起更时分，山东省寿张县、堂邑县同时爆发了以王伦为首的农民起义。乾隆皇帝派清军对起义军进行“剿捕”。最后，王伦亲自举火自焚。杨如兰被指派带着王伦余党花名册，去执行查办任务。然而，以查办王伦余党为借口而索要贿赂的胥吏们，蔓引花名册者多达万人，杨如兰看到有这么多的普通百姓将要含冤而死，趁夜宿之际，将自己睡觉的蚊帐点着，并把自己随身携带的王伦余党花名册一并化为灰烬。杨如兰赶紧自缚到巡抚帐前请罪。徐绩把杨如兰焚烧花名册一事按下未报，胡乱搜了一些村庄便告完事。从此以后，杨如兰的勇谋之举得到社会的广泛赞扬。

说起杨氏家族的“海源阁”，世人都可能说出个一二，说起杨氏家族的“厚遗堂”堂号，知道的人恐怕不多。这“厚遗堂”堂号的来历，又引出了另一个杨氏先祖侠肝义胆的故事。早年，杨氏的先祖曾任东昌府参将衙门管理公文的小官，一天夜间，他接到一封公文，不知何故，要屠杀堂邑全县生灵，务使鸡犬不留。杨氏看着这封公文出了一身冷汗，恻隐之心油然而生。不知不觉中他竟将那纸公文在昏黄的豆油灯上一火焚之。后来，上司追问起原因，杨氏便编了一个这样的借口：“接到这件公文时，睡眼蒙胧，不知不觉地在灯上焚烧了，罪该万死。”杨氏的这一举动，使堂邑全县的百姓免遭了杀身之祸。

后来，这件事传到了皇帝的耳朵里，不料，这位帝王非但没给他任何惩治，反而念其存心恻隐，赐给他“厚遗堂”三个字作为杨氏家族的堂号，以嘉其德。

诚信

诚信，即诚实守信。诚实，就是真实无欺，既不自欺也不欺人；守信，就是重诺言、讲信誉、守信用。诚信是一种美德、一种品质，为我们中华民族世代所信奉，对民族文化、民族精神的塑造起着不可或缺的作用。诚信是为人处世之本，是为人之德的核心，不仅本身是一种道德操守，也是孕育其他道德品质的基础。

在中国古代，有许多关于诚信的格言。如墨子说，“言不信者，行不果”，“诚信者，天下之结也”；孔子说，“民无信不立”；程颐说，“以诚感人者，人亦诚而应”。其他如“君子一言，驷马难追”“一言九鼎”“一诺千金”等，讲的都是诚信，提倡的也都是诚信。“诚”的本意是真实无妄或诚实无欺，在古代影响很大。《礼记·中庸》特别强调诚，提出“诚者，天之道也；诚之者，人之道也”。孟子也指出：“诚者天之道，思诚者人之道。”意思是说，“诚”是天的运行法则，人就应当效法天道真实无妄的品德，人们尊重天道，顺应天道，按照人的本性去生活，使天然的德性化为人的自觉行为。宋代程颢、程颐通过多个方面论证，提出如果“不以诚”事之，就会弃忠丧德、损人败事。所谓的“信”，就是言行一致、表里如一、坚守诺言，就是要求人们不管处于何种地位、从事何种职业，都必须严格履行自身的职责和社会义务，使其言行与之符合。“信”被奉为治国、用人、交友、修身的道德准则之一。孔子是极力主张人要诚信的，他反复教导弟子要“谨而信”“笃信好学”“敬事而信”“言必信，行必果”。传统诚信大致有这样几层含意：一是言而有信，说话算数，特别是要说到做到；二是守约，作过的承诺，一定要兑现；三是表里一致，不自欺，不欺人，内心纯正；四是不忘旧，牢记过去的许诺；五是信守诺言，不朝三暮四。

人无信不立，国无信不强。诚实守信是中华民族的传统美德，是做人之本，是立身处世之道。千百年来，人们讲求诚信，推崇诚信。诚信之风早已融入我们民族文化的血液，成为文化基因中不可或缺的重要一环。自古以来，历史上流传着许多讲诚信的感人故事。如，秦末有个叫季布的人，一向说话算数，信誉非常高，许多人都同他建立起了浓厚的友情，当时甚至流传着这样的谚语：“得黄金百斤，不如得季布一诺。”还有曾子守信杀猪、晏殊请求换考题、韩信奉千金以漂母……这些故事像一颗颗钻石，在历史的天空中永远闪亮。

诚信美德历久弥新。立足时代背景，审视今天的“诚信”，社会的发展赋予了“诚信”新的内容和要求：作为职业人，要敬业尽责，增强事业意识和责任意识，积极主动、精益求精，出色地完成本职工作；作为市场经济的主体，要重合同、重信誉，以信立业，平等竞争，童叟无欺。历经时代的变迁，诚信美德由传统走向现代，不仅传承着以往的基本道德要求，也蕴含着当前的时代精神，通过规约个人行为，促进着人与社会的共同发展，彰显着独特的道德力量。党的十八大报告提出，“倡导富强、民主、文明、和谐，倡导自由、平等、公正、法治，倡导爱国、敬业、诚信、友善，积极培育和践行社会主义核心价值观”，明确地将诚信列为社会主义核心价值观的一项重要内容，是公民个人层面的一项价值准则，这就在价值观层面对诚信的重要性予以了充分肯定。今天，随着信义哥、油条哥、良心秤、傻子粮油等一批诚实守信模范涌现，诚信美德一次次给予人们心灵的震撼。如，海尔集团董事长张瑞敏带领员工砸碎67台不合格的冰箱，以优质的产品兑现对顾客的承诺，所以海尔冲出了国门，走向了世界；被评为2010年感动中国人物的孙水林、孙永林兄弟，当年在北京打工的哥哥孙水林遇车祸身故，弟弟替兄将33.6万元工钱一分不少地发到60余位农民工手中，他们的诚信之举令国人感动不已，被人们誉为“信义兄弟”。

不可否认，近些年来，随着市场经济的冲击、涤荡，在一些人那里诚信在消退，拜金在滋长，利益取代了美德，诚信让位于欺诈：有的人欺上瞒下、弄虚作假，有的人假冒伪劣、短斤少两，有的人抄袭剽窃、欺世盗名。央视2014年春节联欢晚会上，小品《扶不扶》典型地反映了人与人之间缺乏诚信的困境。因此，大力弘扬诚信美德、宣传诚信理念、弘扬诚信之风、批评失信行为，是我们必须面对的非常紧迫的任务。

培养诚信的公民，不仅是政府的责任，不仅需要制度和机制的建立和完善，更需要公民充分发挥道德主体的能动性，自觉提升自身道德品质，积极践行诚信美德：一是要坚持身体力行，坚持从我做起，以自身诚信促进社会诚信；二是要有诚信监督的责任意识，对他人特别是对政府及其工作人员的行为进行自觉监督。要在全社会形成诚信之风，特别是党员领导干部必须带头讲诚信。习近平总书记2013年在辽宁考察时指出，领导干部要自觉讲诚信、懂规矩、守纪律。对于领导干部而言，讲诚信就是要光明磊落、襟怀坦白，表里如一、言行一致，对党忠诚老实，对群众忠诚老实，对说过的话、做过的事敢于承担责任，做到台上台下一种表现、圈里圈外一个样。另一方面，要严把干部选拔任用“诚信关口”，善于发现讲诚信的“老实人”，并且把他们选拔到党和人民要求的位置上，“不让老实正派人吃亏、不让投机钻营者得利”，把诚信贯穿到干部培养、考察、使用、考核各个环节，在党员干部中形成良好的诚信道德风气。

经典名句

【原文】言之所以为言者，信也。言而不信，何以为言？

【译文】言语之所以有意义，是因为能表达承诺。如果言而无信，言语再多也没有意义。

【解读】这句话出自《春秋穀梁传·僖公二十二年》。这是战国经学家穀梁赤对诚信的阐释。告诫人们，在日常生活中，说出的话、答应别人的事就要做到它，不能言而无信、出尔反尔。一个人一旦不守诚信了，那他说出的话也就不算话了。在现实生活中，我们要从自身做起，言而有信，在给别人减少不必要的麻烦的同时，也给自己创造一种良好的人际关系。

【原文】诚者，天之道也；思诚者，人之道也。至诚而不动者，未之有也；不诚，未有能动者也。

【译文】诚信是自然的规律，追求诚信是做人的规律。极端真诚而不能使别人感动，这是未曾有过的事；不真诚，是不能感动别人的。

【解读】这句话出自《孟子·离娄上》。这是孟子对诚实做出的阐释。告诫人们，做人要极端真诚、诚信，这样才会感动别人，促进人与人之间的交流沟通。在日常生活中，要诚信诚实，从点滴小事做起，这样才能给我们的人际交往加分，使我们能够更好地去感动别人，也能进一步地弘扬中华民族诚信诚实的美德。

【原文】凡出言，信为先。诈与妄，奚可焉。

【译文】说话最要紧的是要诚实讲信用；说谎话，说胡话，都是不可以的。

【解读】这句话出自《弟子规》。这简短的十二个字告诉世人，诚信是做人最基本的品德，说谎话和说胡话都是不可行的。古代有着皇甫绩守信求责的诚实故事，也有《郁离子》中商人因说谎话而坐以待毙的典型。这些事例告诉我们应当信守诚信，不随意说谎话、说胡话，说谎话、说胡话的最终结果只会害了自己。在今天，应该吸取古人带给我们的教训，诚实守信，踏踏实实做人，在做好自身的同时将我们中华民族的脊梁扶正！

【原文】与朋友交，言而有信。

【译文】同朋友交往，说话要诚实、恪守信用。

【解读】这句话出自《论语·学而》，是孔子的徒弟子夏提出的与朋友交往的准则。这句话告诉我们，交朋友的时候，一定要守信用、讲诚信、重承诺，不能够说话不算话，要让朋友觉得你是个靠得住的人，还要宽容大度。在与朋友的交往中要以诚相待、真心交往，这样不仅能使自己的朋友更加拥护你，还能结交更多的朋友，收获更多的人生乐趣。

【原文】人而无信，不知其可也。

【译文】人要是失去了信用或不讲信用，不知道他还可以做什么。

【解读】这句话出自《论语·为政》，是孔子提出的传统伦理准则之一。

孔子认为，“信”是人安身立命的基本。这里的信是互相的，既要对别人信任，别人也要信任你。古代有商鞅一诺千金的故事，民间也一直流传着“一言既出，驷马难追”的古训。但是要想取得别人的信任，首先自己就要信任别人。在处理人际关系的过程中，倘若失去了“信”，就像是没有轮子的车子，怎么能行走呢？所以，我们要从自身做起，反对欺诈、假冒和弄虚作假。这样，我们的社会才会更加和谐，更有利于“信”这种中华传统美德的弘扬。

【原文】言必信，行必果。

【译文】说话一定要讲信用，做事一定果断。

【解读】这句话出《论语·子路》。士，指的是有一定的知识、道德的人。在孔子看来，“士”分三等，“言必信，行必果”是对“士”的基本要求。对于现代人来讲，诚信也是一个最基本的道德要求。如果连最基本的道德底线都不能遵守，那么这个人是无法在社会立足的。

【原文】有所许诺，纤毫必偿；有所期约，时刻不易。

【译文】许过的诺言，再小也得兑现；约定的时间，不能轻易更改。

【解读】这句话出自袁采的《袁氏世范·处己》。它表达了一种“言行合一”的高尚思想，既有“投我以桃、报之以李”的感恩之心，又饱含了“不宝金玉，而忠信以为宝”的自我约束，体现了袁采对后人的殷切盼望和谆谆教诲，希望后人重视自己的言行举止，不要成为一个随性所为、不对自己和他人负责的人。要时刻铭记自己作为人这个个体存在的价值和意义，时刻约束自己，这种道德是高于金钱和荣誉的，值得每个人为之不懈奋斗和努力。

【原文】信，国之宝也，民之所庇也。

【译文】诚信是国家的宝贵财富，是百姓安居乐业的重要保障。

【解读】这句话出自《左传·僖公二十五年》。以史为鉴，古人借助历史的笔墨传达了诚实守信的重要性，言为德之表，敢立言者，一言九鼎，道德高尚。为“一言”而守信，其实重如千钧。守信之人，人虽微，言却不轻，总是磊落光明，坦诚认真。保持诚信不仅是个人道德高尚的标准，更是一个国家的财富，个人、国家、社会都仰赖“信”才能维持和平稳定。

【原文】言而有信，期而必当，天下之高行也。

【译文】说话一定要讲信用，约定了就一定要遵守承诺，这是天下的高尚行为。

【解读】这句话出自《淮南子·泊论训》。在这篇《淮南子》中，淮南王刘安面对天下的“不言不信”不由得发出了这样的感慨，希望天下人都能明自身、知荣辱，以“言而有信，期而必当”为荣，并将此作为自己的行为准则，一代代传承下去。《淮南子》虽吸收了道家思想，却无时无刻不体现着民族哲学中的儒家精髓。在现代社会，在诸多剽窃、假冒等不良行为充斥的市场中，更要强调“信”的价值，只有保持“信”，才能无愧于心，才能成为大浪淘尽的那颗珍珠。

美德故事

季札挂剑徐君墓

春秋时季札挂剑徐君墓，使其诚信高风传颂千古。这个广为人知的故事，发生在今聊城市阳谷县张秋镇，现有“五体十三碑”等文物留世。

季札是吴国国君的公子。有一次，他出使鲁国时经过了徐国，于是就去拜会徐君。徐君一见到季札，就被他的气质涵养所打动，内心感到非常的亲切。徐君默视着季札端庄得体的仪容与着装，突然，被他腰间的一把祥光闪动的佩剑深深地吸引住了。在古时候，剑是一种装饰，也代表着一种礼仪，无论是士臣还是将相，身上通常都会佩戴着一把宝剑。

季札的这柄剑铸造得很有气魄，它的构思精巧，造型温厚，几颗宝石镶嵌其中，典丽而又不失庄重。只有像延陵季子这般气质的人，才配得上这把剑。徐君虽然喜欢在心，却不好意思表达出来，只是目光奕奕，不住地朝它观望。季札看在眼里，内心暗暗想道：等我办完事之后，回来一定要将这把佩剑送给徐君。为了完成出使的使命，季札暂时还无法送他。

怎料世事无常，等到季札出使返回的时候，徐君却已过世了。季札来到徐君的墓旁，内心有说不出的悲戚与感伤。他望着苍凉的天空，把那把长长的剑挂在了树上，心中默默地祝祷着："您虽然走了，我内心那曾有的许诺却常在。希望您的在天之灵，在向着这棵树遥遥而望之时，还会记得我佩着这把长长的剑向你道别的那个时候。"他默默地对着墓碑躬身而拜，然后返身离去。

季札的随从非常疑惑地问他："徐君已经过世了，您将这把剑悬在这里，又有什么用呢？"季子说："虽然他已经走了，但我的内心对他曾经有过承诺。徐君非常地喜欢这把剑，我心里想，回来之后，一定要将剑送给他。君子讲求的是诚信与道义，怎么能够因为他的过世而背弃为人应有的信与义、违弃原本的初衷呢？"

自古以来，圣贤一再地教诲我们，高迈的志节往往是表现于内心之中。就像季札，他并没有因为徐君的过世而违背做人应有的诚信，何况他的允诺只是生发于内心之中。这种"信"到极处的行为，令后人无比地崇敬与感动。

种世衡冒雪赴约

北宋年间，环州（今甘肃省环县）的羌族部落大部分都在暗中与元昊（西夏国国王）往来，这样很不利于朝廷统一大业。怎样才能招抚羌人，并使他们和宋朝联合，一起抵御西夏呢？于是，宋仁宗命德高望重的种世衡为环州知州。

种世衡是宋朝著名的将军，他率将士戍边多年，屡立大功。他对待西北各小国和部落，非常诚信，恩威并施，在羌族人中很得人心。此时，由种世衡去做环州知州，招抚羌族就会变成一件很容易的事了。

种世衡接到朝廷圣旨后，深知肩上责任重大。他长期驻守边陲，与各少数民族打交道，深知朝廷只有善待他们，他们才会善待朝廷。

由于种世衡在西北各少数民族中享有很高的威望，所以羌族部落的酋长牛奴讹听说他来当知州，便亲自率众到环州郊外迎接。要知道这位酋长平时非常倔强，对汉人的官吏也一向傲慢无礼，是从不拜见州里的长官的。

种世衡见牛奴讹亲自迎接，大喜过望，十分感动，忙朝他拱手行礼道："承蒙酋长远迎，本官明日在府邸聊备薄酒，以示答谢。"

牛奴讹边还礼边说：“能与种大人这样信义的君子打交道，我倍感荣幸。我想，还是按我们羌人待客的礼俗，请大人明日到我的营帐来，由我为大人接风洗尘。”

种世衡不假思索地回答道：“多谢酋长厚意，明日本官一定前往。”

第二天晚上，到了约定时间，风雪漫天。部下向种世衡报告说：“大人，外面狂风暴雪，道路险阻，而且牛奴讹凶狠狡诈，难以信任，为安全起见，还是别去吧。”

种世衡说：“那怎么行？本官一向以信义结交边民，牛奴讹也正是因此才与我相约，我怎可以不去呢？从我自身来说，不能违背自己做人的原则，一定要讲诚信；从国家利益考虑，现在正是以信义招抚羌族的大好时机，我岂能错过约定时间，失信于羌人？”

于是，种世衡顶风冒雪前往。到了羌族的营帐前，牛奴讹看到浑身是雪的种世衡，大为吃惊：“风雪这么大，路又滑，我以为种大人不会来了。我们羌族世世代代居住在这山上，汉人的官吏从来没有人敢到这里来，您是第一个。种大人，您难道一点儿都不疑心我吗？”种世衡笑道：“疑者不来，来者不疑嘛。”

牛奴讹动情地说：“说心里话，今天种大人要是失约，我们羌人就会怀疑换人的诚意……”种世衡说：“所以，信义乃处世之本也。”

牛奴讹叹道：“可惜，朝廷像您这样的官员不多呀！他们来到此地，不是武力镇压就是设置圈套，横征暴敛，欺压百姓，哪有信义可言！”种世衡道：“只要本官在此任上，一定严守信义，善待羌人，本官可以对天发誓！”

“若是朝廷的官员都像大人的话，一定会完成统一大业，边陲也就安宁了。”牛奴讹说着，率部落的男女老少围成一圈，按羌人的最高礼节向守信的种世衡行礼，表达对他的敬佩之情。

孙承恩诚实得状元

清朝顺治戊戌年（1658）的状元是孙承恩。说起孙承恩得状元，还有一个故事。

那年殿试时，主考官取了前十名考卷送到皇帝面前，请皇帝点前三名。

这里面有一个人叫孙承恩。顺治察看了孙承恩的试卷，卷中颂辞有“克宽克仁、止孝止慈”的句子，皇帝很欣赏，连声称好。顺治要点他做状元的时候，看见其籍贯，突然想起一件事来。前一个时期发配了一个叫孙旸的人，这个人和孙承恩是不是一家人，如果是，这事就值得考虑了。顺治拿不定主意，就让大学士王熙快去访查。大学士王熙接到顺治的指令，很快骑马到了孙承恩的寓所，把刚才的事情如实地告诉孙承恩。王熙说：“今升天沉渊就在你这一句话。”孙承恩想了想说：“孙旸和我是一家人。”王熙觉得很遗憾，这件事情只有顺治皇帝、他和本人知道，别人都不知道。这句话决定孙承恩一生的命运，他让孙承恩再慎重考虑。孙承恩说：“就这样吧，我要忠诚，要如实地报告，我和孙旸是一家的。”王熙非常惋惜，打着马就赶紧回到皇宫。

这时，顺治正秉烛等待王熙的回答，王熙回去以后给顺治如实奏报，顺治说这个人很忠诚、很正直，状元就是他了。

徐本禹守信支教

徐本禹，山东聊城人，华中农业大学1999级经济学专业学生。2003年他以优异成绩考取该校研究生，但为履行承诺，他放弃读研机会，志愿到贵州山区义务支教两年。

2002年暑期，还是大三学生的徐本禹参加社会实践活动，到贵州省大方县猫场镇狗吊岩村一所岩洞小学支教，被那里极为艰苦的生活条件、极差的办学条件以及山区孩子强烈的求知渴望深深震撼。暑期结束离开时，面对依依不舍的孩子们，徐本禹向孩子们许下了诺言：大学毕业再回来教你们。2003年，徐本禹高分考取了学校公费硕士研究生。他提出保留两年入学资格，到贵州支教。当年，团中央西部志愿者计划并没有给学校分配贵州支教的指标，他如果到贵州支教就得不到志愿者每月的生活补助，没有生活保障。学校老师和同学都提醒徐本禹慎重考虑，远在山东农村的父母也希望他能尽快完成研究生学业。面临着艰难的抉择，徐本禹经过认真思考，决心实践他阳光下的诺言，哪怕放弃读研的机会，也要返回岩洞小学。学校了解到这一情况后，认为徐本禹的选择体现了当代大学生诚实守信、自觉承担社会责任的可贵精神，决定破例为他保留两年研究生入学资格。

长达两年的义务支教，艰苦程度大大超出他原来的想象。他先后支教的大方县猫场镇狗岩洞小学和大方县大水乡大石小学，地处海拔1500多米的山区，不通电，不通公路，不通电话，没有自来水，主食是玉米渣子，气候也比较恶劣。在艰苦的支教工作中，徐本禹落下了胃病，视力在煤油灯下也急剧下降。内心的孤独和寂寞令他痛苦万分。没有人交流，没有人倾诉。在精神生活和物质生活双重匮乏的山村，他也曾动摇过。可想起自己阳光下的诺言，他决心无论多苦也要坚持下去，做一个言而有信的人。就这样，徐本禹在贵州山区义务支教整整两年，过年都没有回家。“感动中国”的颁奖词这样写道：“从繁华的城市，他走进大山深处，用一个刚刚毕业大学生稚嫩的肩膀，扛住了倾颓的教室，扛住了贫穷和孤独，扛起了本来不属于他的责任。也许一个人的力量还不能让孩子眼睛铺满阳光，爱，被期待着。徐本禹点亮了火把，刺痛了他们的眼睛。”

徐本禹一直坚守着答应别人的事情一定要做到的做人原则。支教期间，他对孩子们说：“有机会一定带大家走出大山到北京去看看。”为了实现这个诺言，他做了很多努力，获得社会各界大力支持。2006年暑期，山里的孩子们终于如愿到了北京。为了兑现他说过的要让这里的孩子们都能上学的诺言，在做好支教工作的同时，他四处奔波，为改善当地办学条件争取社会援助，在当地建成了两所希望小学，使大水乡适龄儿童入学率达到98%以上。为了兑现他承诺的每分钱都用到孩子们身上，每笔捐款都要给资助者一个交代的诺言，他给每个捐款者回复了信息，建立了华农贵州支教基金网，如实公布每笔捐款的用途。他收到的捐款上千笔、捐赠物资数十万件，笔笔有回复，件件有着落，没有出现一点差错，没有引起一点质疑，受到了捐资者和社会各界的好评。

就这样，徐本禹用自己的行动诠释和践行了诚实守信的传统美德，担负起了当代大学生的社会责任，成为广大青年学习的楷模。徐本禹先后荣获共青团中央中国青年志愿服务金奖、第十一届中国青年五四奖章等荣誉，当选“中国第十八届十大杰出青年”、中央电视台2004感动中国十大年度人物，2007年当选党的十七大代表。

敬畏

敬畏，就是又敬重又畏惧，主要是指在面对权威、庄严或崇高的事物时所产生的恐惧、尊敬及忧虑的感受，体现的是一种对人对事的人生态度。敬，指的尊重、恭敬有礼，做事严肃认真，尽量避免犯错误。畏，指“慎，谨慎，不懈怠”，心存忧惧。

儒家对敬畏的论述最早以“主敬”一词见于《礼记·少仪》，要求人们为人处世要以敬为主，以敬为根本，对自己和他人的生命怀有一颗敬畏之心。“主敬”是孔子思想的一个极其重要的方面。《论语》中“敬”字至少出现了二十多次，像“居处恭，执事敬”“貌思恭，事思敬”“敬而无失，与人恭而有礼”“敬事而信”等，也记录了孔子与人交往过程中的恭敬之态。宋明以来，“敬畏”一词广为所用，成为修身的重要范畴。古人对敬畏的论述可以概括为三点：

一是什么是敬畏。敬畏最初的含义是指敬畏生命，就是要认识到生命的伟大与崇高，生命之无穷无尽的潜能，生命之无限神奇的作用和能量。《诗经》有言：“敬之敬之，无惟显思（显是指明显，思是语气词；这四字指天理昭昭），命不易哉！”指出生命的来之不易、存之不易。以《周易》为代表的宇宙观认为，“生生之谓易”，生命的健康发育和生长，对生命的高度敬重，是符合天地之道的。敬畏还要求人们与人性的弱点作斗争，使之不断完善。儒家主张人们对自身弱点时刻保持“戒慎恐惧”。《诗经》有言，“战战兢兢，如临深渊，如履薄冰”。这句话被儒家之经典广泛引用来说明做人的方式，要求人们要像站在深渊边沿一样警惕自身的不足，像踩在薄冰上一样小心地对待人性的弱点。只有以万分的小心来呵护自己的心灵，才能保证不出问题。古人把对生命的敬畏纳入日常生活的每个角落，把对生命的敬重具体化为一整套日常生活方式。比如：孔子所说“出门如见大宾，使民如承大祭”，就是要求出门见到任何人，无论是达官贵人，还是平衣百姓，都像对待贵宾一样敬重；有朝一日若受到重任，为官一方、领导人民，不要得意忘形，要像盛大祭祀时一样严肃认真。孔子把敬畏的内容概括为“三畏”，“君子有三畏：畏天命，畏大人，畏圣人言”，就是要求人们要敬畏上天，顺应天命，同时要敬畏尊者，按先贤圣人所言去做。

二是为什么要敬畏，敬畏的意义何在。常言道，人有所畏，业有所成。古人说得好，“君子之心，常存敬畏”，敬畏有利于修身，“君子以恐慌修省”，“君子大心则敬天而道，小心则畏义而节”，“小人则不然，大心则慢而暴，小心则淫而倾”；敬畏有利于避祸，因为“酷烈之祸，多起于玩忽之人”；敬畏起作用的原理是“善怕者，必身有所正，言有所规，行有所止，偶有逾矩，亦不出大格”，“君子畏天之威，则修正其身，思省其过，咎而改之”；敬畏的具体作用和效果是，“畏则不敢肆而德以成，无畏则从其所欲而及于祸”，“有所畏者，其家必齐；无所畏者，必怠其睽”。

三是怎样实现敬畏。首先要认识到以虔敬之心待己待人，是人的安身立命之道，“立身之道何穷，只得一个敬字，便事事皆整”。实现敬畏的基本途径是“涵养须用敬”，就是以虔敬之意收敛己心，具体的方法如《周易》所说的“君子敬以直内，义以方外，敬、义立而德不孤”，就是要求人们直面自己内心深处的问题，用正直的态度加以正视和校正；同时大义凛然地待人待事，反对圆滑世故、八面玲珑。在实现敬畏的过程中，要坚决防止恃才傲物、玩世不恭、恃强凌弱，不能逞强好胜、高人一等，甚至仗势欺人。

中国共产党是传统敬畏思想的忠实继承者。邓小平说，共产党员“一怕党，二怕群众，三怕民主党派，总是好一些”。所谓“怕”，就是敬畏的意思。习近平总书记在十八届中纪委第五次会议上，明确提出要严明政治规矩，“加强纪律建设，把守纪律讲规矩摆在更加重要的位置”。如果党的政治纪律成了摆设，就会形成“破窗效应”。这就赋予敬畏以要求党员领导干部懂规矩、守规矩特别是政治规矩这一全新的内涵和要求。领导干部常怀敬畏之心是一种必须坚持的政治人格和操守，领导者要有“如履薄冰，如临深渊”的自觉，牢记人民利益高于一切，牢记责任重于泰山，不断增强忧患意识，时刻保持敬畏之心。当然，严守政治规矩，保持敬畏之心，也绝非要求领导干部畏首畏尾、不敢作为，甚至做“太平官”、当“老好人”，有担当、有作为的敬畏才有存在价值和意义。

经典名句

【原文】 君子有三畏：畏天命、畏大人、畏圣人之言。

【译文】 君子有三种敬畏：敬畏天命，敬畏居于高位的人，敬畏圣人的言语。

【解读】 本句出自《论语·季氏》。孔子说，君子有三种敬畏：一是畏天命，对自然规律，顺应不抗拒；二是畏大人，面对父母、长辈和有道德之人，心存感激；三是畏圣人之言，面对真理，敬仰且获得力量。一个人在其内心深处，总应该有所敬畏。天命、大人、圣人之言，是真、善、美的象征，是人生的终极目标和内在的良知。只有对它们心怀敬畏，才能最终通过修身与它们融为一体。

【原文】 君子敬以直内，义以方外，敬义而德不孤。

【译文】 君子以恭敬慎重的态度作为内心的正直准则，以合乎理义的行为处理外界事务，做到既严肃又正当，他的德行就不会孤单了。

【解读】 本句出自《周易·坤·文言传》，提出了君子敬与义的问题，阐述了有关个人道德修养的基本原则。“敬以直内”指内部修养，“义以方外”言外部表现。这段话清楚指出修行方法，一个人做到“敬以直内，义以方外”，有此道德就会得到众人信赖与支持不会孤立。

【原文】 故以耕则多粟，以仕则多贤，是以圣王敬畏戚农。

【译文】让他们种地，粮食就多；让他们做官，贤才就多。所以，圣王总是敬农而爱民。

【解读】本句出自《管子·小匡》。这里表达了古人对农业、农民及其劳作对象大自然的敬畏。管仲认为，农家子弟朴实而不奸恶，其优秀人才能够成为士人的，就可以信赖，让他们种地能生产出很多粮食，让他们做官能成为贤才。所以，圣王总是敬农而爱农。圣王因为害怕自己的子民没有粮食而挨饿，所以敬畏辛勤劳作的农人，并把他们中的优秀分子选拔出来为官，治理天下。

【原文】*乃命于帝庭，敷佑四方，用能定汝子孙于下地，四方之民罔不敬畏。*

【译文】周武王受命于天庭，要普济天下，而且能使你们的子孙在人世安定地生活，四方人民没有不敬畏他的。

【解读】本句出自《史记·鲁国公世家》。这句话的意思是说，四方民众对于武王治世乃受命于天帝之庭兼具敬重和畏惧的情感。民之敬畏君主、官员，是对权势的一种畏惧和对其施政的一种认可。而敬畏自然，是中国古代敬畏天命的延续。

【原文】*陛下敬畏天命，克己修身。*

【译文】帝王由于敬畏上天决定的命运，所以严格要求自己，修养身心。

【解读】本句出自唐宋八大家之一韩愈的《贺太阳不亏状》。在中国近五千年的历史中，从不缺乏敬畏之心。如果人的敬畏之心“湮灭”了，对伦常秩序不敬畏，对道德律令和人道使命感不敬畏，便“无法无天”，胆大妄为，权钱交易，锦衣玉食，花天酒地，风流淫荡，无恶不作。无法无天，是一切腐败堕落的根源，是一切犯罪之源。韩非说：“人有祸则心畏恐，心畏恐则行端直。”心有敬畏，行有所止。人生面对的诱惑很多，若无法坚持自我，那面对的就只有充满悔恨的不归路。

【原文】*君子之心，常存敬畏。*

【译文】君子内心，要常存一份敬畏。

【解读】本句出自南宋学者朱熹的《中庸注》。这句话直白地提出告诫，人生在世，应当常存敬畏之心。所谓敬畏之心，就是指人类在自然规律和社会规律面前所怀有的一种敬重与畏惧心理。怀有这种心理，它能让人懂得自警与自省，它还有助于人规范与约束自己的言行举止，促进人与人、人与社会、人与自然形成和谐关系。做人常存敬畏之心，儒家有“畏天命”“畏圣人”“敬其在已者”等敬天爱人之说；道家强调，人对自然规律、对人与自然相和谐，应怀有强烈的敬畏感。

【原文】 凡善怕者，必身有所正，言有所规，行有所止，偶有逾矩，亦不出大格。

【译文】 凡是知道畏惧的人，一定言谨身正，说话有分寸，行为不冲动，虽偶尔有出格之处，但不会出现大的过失。

【解读】 本句为明朝理学家方孝儒名言，可谓一语道破人的天性。人如不知敬畏，就会天不怕、地不怕，肆无忌惮，胆大妄为，结局往往就是自作自受、自取灭亡。有敬畏心，就会自觉约束自己，不去做出格越轨之事。这为我们每个人敲响了警钟，面对生活中的种种诱惑，要永怀敬畏之心，践行敬畏之举，任何时候、任何情况下都要自觉做到心中有法纪、言行合法度、办事合法规。

【原文】 惧则思，思则通微；惧则慎，慎则不败。

【译文】 敬畏，就会思考，思考就会通晓一切；敬畏就会谨慎，谨慎就会事事成功。

【解读】 本句出自明朝张居正的《赠毕石庵先生宰朝邑叙》。一个常怀敬畏之心的人，一定是一个谨言慎行的人。一个自然人需敬畏生命，一个社会人需敬畏历史，为官者则需敬畏百姓。畏则不敢肆，无畏则从其欲，欲望膨胀至极，各种错误就会随之而来。企业不能敬畏顾客，则会不择手段攫取最大利润；学校不能敬畏教育，则无视人的成长规律误人子弟；医院不能敬畏生命，则抛开医德为所欲为；政府不能敬畏人民，则置百姓疾苦于不顾失民所望。凡此种种，必然遭到社会和历史的唾弃。为官者应心有所畏、言有所戒、行有所止，敬畏权力、敬畏法规、敬畏群众，处理好公与私、情与法的关系。

【原文】畏则不敢肆而德以成，无畏则从其所欲而及于祸。

【译文】人只有有所敬畏，任何时候都不放任自流，才能成为有德之人；如果一个人无所敬畏，做事随心所欲，会为自己招来祸端。

【解读】本句出自明代吕坤的《呻吟语》。《呻吟语》是吕坤所著的探讨人生哲理的一部著作。作者针对明朝后期由盛转衰出现的各种社会弊病，提出了兴利除弊、励精图治的种种主张，并阐述了自己对修身养性、人情世故等方面的心得体会和见解，对当今世人颇有借鉴意义。本句告诉人们，一个人只有心存敬畏，才能按自然规律和道德准则行事，追求和谐和真善美；一个人如心无敬畏，则会肆无忌惮、随心所欲，其结局是极可怕的。

【原文】官有所畏，业有所成。

【译文】为官者有所惧怕，才能成就一番事业。

【解读】本句为古俗语，即为官者要有一个怕字。“畏”是一服清醒剂，表达的是敬畏和忧患，体现的是自律和慎独。为官者应心怀危机意识，处处有约束，时时须谨慎，经常用“怕”字来约束自己，怕违纪违规、怕失职渎职、怕沉湎于安乐，就一定会多些理智、少些冲动，多些顾虑、少些侥幸，多些谦和、少些高傲。“官有所畏”的应有之义在于“业有所成”。为官之人，只有懂得敬畏权力、敬畏法纪、敬畏群众、敬畏责任，才能“思”而出乎理智、“做”而有所顾忌、“行”而不忘法纪，才能忠于职守、不辱使命。因为有了临深渊、履薄冰的心态，方能兢兢业业、勤勤恳恳，就不敢华而不实、为政不勤，就不敢山吃海喝、奢靡铺张，就不敢搞小圈子、任人唯亲。一言以蔽之，心有所惧，行有所止，业有所成。

美德故事

公仪休嗜鱼

古代一些官员之所以能成为清官，“畏法律、保禄位而不敢取”是一个重要原因。《韩非子》讲述过关于公仪休嗜鱼的故事：

公仪休凭着卓越的领导才能和显著的工作实绩，被提拔为鲁国宰相。他身为一人之下、万人之上的高官，成为鲁国人民关注的公众人物。公仪休有一个爱吃鱼的嗜好，被人们知道，于是送鱼的人在宰相府门前排起了长队。

照理说，宰相大人既然好这一口，群众又有送鱼的愿望，收两条鱼，价值不过几十个铜板，无伤名节。但公仪休竟对所有前来送鱼的人，一概婉言谢绝。

所谓“公生明，廉生威”，号令一下，送鱼者立即作鸟兽散。

公仪休拒绝收鱼，有他自己的道理：就是因为喜欢吃鱼，才不能收别人送来的鱼。如果收了鱼，吃了人家的嘴软，拿了人家的手短，必然要看人家的脸色行事，就会徇私枉法，并因此而丢官。到那时，官没了，薪资没了，送鱼的也自然不会再来了，即使喜欢吃鱼，也弄不到鱼吃了。虽然现在我不收别人送来的鱼，但可因此而保全名节，不被免职，到退休还能领到薪俸，就不愁吃不到鱼了。

唐宗宋祖畏谏臣史官

所谓“官有所畏”，说白了就是为官要有一个“怕”字。历史上，包括风流千载的“唐宗宋祖”也有惧怕的时候。

唐朝的魏徵，是历史上有名的“诤臣”。魏徵为人耿直，且胆识过人。他对唐太宗不论是公事还是私事，只要是认为不恰当的，都会直言不讳地指出来，甚至有时在朝堂上当着大臣们的面和太宗争得面红耳赤，把太宗气得大怒，他也面不改色。

一日，太宗得到一只小鹞鹰，十分喜爱，正放在肩膀上带着玩，远远地看见魏徵走过来，怕他说自己贪玩，就赶忙把鹞鹰藏在袖子里。其实魏徵早就看见了，也不说破，故意把话题拉长，讲起来没完，太宗在一旁坐立不安他也装作没看见。好不容易魏徵走了，太宗急忙将鹞鹰拿出来，一看，鹞鹰早就闷死了。唐太宗知道魏徵的苦心，打那之后再也不玩鹞鹰了。

魏徵对太宗一片忠心，太宗对他也十分尊敬。魏徵病逝时，太宗亲自抚棺痛哭，并罢朝举哀五日，后来太宗临朝时流着泪对群臣说：“以铜为镜，可以正衣冠。以古为镜，可以知兴替。以人为镜，可以明得失。朕常常对照这三面镜子，以防自己犯过错。如今魏徵去世了，朕损失了一面镜子啊！”

宋太祖则喜欢打雀，一日玩兴正浓，一史官路过，加以劝阻，言词犀利。太祖不听，并用弹弓打掉史官的两颗牙齿，史官也不甘示弱，说要把这件事情写到正史中去。这时太祖有点怕了，忙向史官赔罪。无论唐太宗怕谏官，还是宋太祖畏史官，他们想到的是同一句话：“不自重者致辱，不自畏者招祸。”

按说贵为皇帝，高高在上，本没有什么可畏惧的。但“唐宗宋祖”却懂得玩物丧志的道理，心中有所畏惧。也正因此，他们才成为有道明君，最终能成就一番伟业，也都基于这样一种理念：“天子者，有道则人推而为主，无道则弃而不用，诚可畏也。”《汉书·贾谊传》提出，为官从政有“五畏”：“一曰上下相蒙，而毁誉不得其真；二曰政事苟且，且官人不任其责；三曰经费不足，而生财不得其道；四曰人才废缺，而教善不得其方；五曰刑赏失中，而心不知所向。”前贤醒言，当以为戒。

大师也怕贻笑后生

古今一些贤人能士把自己的敬畏之心，切切实实地落实在了自己的行动上。“盖文章经国之大业，不朽之盛事。”正因为如此，所以在写作上尤显一些文章大家的严谨、敬畏之风范。宋代文坛领袖欧阳修在改定自己过去文字时，反复推敲，“用思甚苦”。其妻不理解，说他何必如此辛苦，难道还怕先生责怪吗？欧阳修笑答：“不怕先生责怪，却怕后生笑。”这种用字有所“怕”的作风、做派，着实令人心动、心仪。

胡适先生对写文章也存有敬畏之心。他在成名之后，无论做什么事情，都格外小心谨慎，尤其对写作，更是这样。他曾对人说：“人家以为我写文章，总是下笔千言、一挥而就，其实我写文章是极慢极慢的。”李宗仁曾对胡适在写作上的极其慎重态度作了十分形象的评价：“适之先生，爱惜羽毛。”胡适先生的写作态度和行为，令人肃然起敬。

一些艺术家也尽显其在艺术上的匠心独运、敬畏之心和优秀品德。梁启超先生对自己的书法是慎之又慎的。胡适先生曾对人说起，梁启超遗墨真迹可稽考者约有 3 万件，而件件足珍，其中没有一件是“苟且落笔”的。何以故？胡适以为，“因为梁氏成名太早，他知道他的片纸只字都会有人收藏，所以他连个小纸条也不乱写。”

我国著名画家吴冠中先生历来爱惜画名，晚年几近苛求。在他看来，一个艺术家的审美判断，如果追求市场行情，则无异于艺术的自杀。虽然他的画作在市场上寸纸寸金，但他从不屈从金钱，更不附庸世俗。他把艺术看得格外神圣，他要做到“绝不让谬种流传”。他每每将“不满意之作”付之一炬。对有些画，有时连他自己都不忍心下手。于是，他就狠心地让家人去烧。就这样，数百幅浸染着他无数血汗的画，转瞬间就在他眼皮底下化为灰烬。即使如此，他也不发出一声叹息。吴冠中先生只想保留那些让明天的行家挑不出毛病的画给后人。他说：“骗得了今天的人，骗不了明天的人。”吴老对画画的虔诚和谨行，让人叹为观止。

这些先生之所以心存敬畏，是因为他们都有强烈的历史使命感和社会责任感。他们真正做到了功在当代，利在千秋，真正做到了“上对得起先人，下对得起子孙”。

知耻

羞耻心是人们基于一定的是非观、荣辱观而产生的一种自觉的求荣免辱之心，是人们珍惜、维护自身尊严而产生的情感意识。知耻是促成道德行为的心理动力，是人之所以为人最基本的道德自觉之一。知耻是各种道德素质、情感中最基本、最重要者，是个体道德得以形成的重要基础，也是社会秩序得以维护的前提之一。所以，我国古代思想家无不重耻，将教人知耻视为社会道德建设的首要任务。

古人十分看重"知耻近乎勇""宁可毁人，不可毁誉"等传统信念。中国文化从某种意义上说也是一种耻感文化。我国传统道德教育十分强调"教人以知耻"。孔子的名言是："道之以政，齐之以刑，民免而无耻；道之以德，齐之以礼，有耻且格。"在孔子看来，德治之所以有效，能起到治本的作用，是因为它能使人树立羞耻心；一旦人皆知耻，社会治理就不困难了。相比之下，《管子》的话说得更为透彻。《管子》将"耻"列为关乎国家存亡的"四维"之一，把知耻提到最高的高度。知耻为什么如此重要?《管子》作了这样的说明，"耻不从枉""不从枉，则邪事不生"。就是说，只有知耻才能远离邪妄；人皆远离邪妄，自然"邪事不生"。《管子》的"耻不从枉"说十分深刻。这是因为，人若知耻，便能因求荣免辱、维护自身尊严的内在需要而自觉约束自己，不为所不当为。正如朱熹所说："人有耻则能有所不为。"因为这种约束来自道德主体自身的内在需要，其作用、效果较之于法律等外在的强制性约束更大。所以，我国古人又有“五刑不如一耻”之说。知耻心是建立在人们内心深处的一道道德堤防。这道堤防若能稳固，则可做到“邪事不生”；反之，这道堤防如果缺口崩溃，各种丑恶就将横行于世。一个缺失了起码羞耻心的人，必将无视社会规范、道德准则，以至于肆无忌惮、无所不为。这是很可怕的。在古今中国人的话语中称他人“无耻”是非常严厉的责骂、鄙视，原因即在于此。所以，古人一再告诫人们：“人不可以无耻”“人之患莫大乎无耻”“人而无耻，果何以为人哉？”

知耻对人和社会发展都具有非常重要的作用。首先，知耻不仅能使人“不从枉”，还能激励人奋发向上。这是因为羞耻心不仅使人“免辱”，而且激发人“求荣”；不仅使人憎恶丑恶、卑劣，而且使人向慕美善、上进。所以，知耻心又是与上进心紧密联系在一起的。知耻心能使人因羞愧而奋发，因追求更高的目标而自我鞭策，激起不甘落后、积极向上的自强精神。其次，知耻心对完善个人和社会来说都十分重要。从孔孟起，我国历代思想家、政治家无不高度重视羞耻心的教育、提倡，认为“耻者，治教之大端”。顾炎武甚至认为，在礼义廉耻这“国之四维”中，“耻为尤要”，乃四维之本。中国传统文化中的重知耻思想是值得我们珍视和发扬的。

荣辱之心人皆有之；人只有知耻，方能对天、地、人有所敬畏；没有了内疚感和忏悔意识，一个人就“无所畏惧”了，这是十分可怕的事情。近些年来，由于受到不良意识、世俗文化等的冲击，一些人内心深处的耻感和罪感意识普遍淡化乃至消失，加上市场经济的“逐利”诱惑，在一些人的头脑中，是非、善恶、美丑的荣辱界限被模糊甚至被颠倒了。有的因荣辱观错位，不知何者为真荣、何者为真辱，不择手段地追逐虚荣；有的义利观颠倒，为求不当利益而不顾人格尊严。更有甚者，为达到某种目的而不惜采取种种卑劣手段，不以为耻，反以为能。这些都是羞耻心淡化、弱化、钝化、缺失造成的，必须引起高度重视。一个人皆知耻的民族是成熟的、有希望的民族，一个人皆知耻的社会是文明、健康、充满正能量的社会。今天，为了将社会主义核心价值观真正落到实处，建设文明、和谐的社会，实现民族复兴的伟大历史任务，我们必须警惕羞耻心钝化、弱化现象，每个人都有责任加固、筑牢羞耻心这道心中的道德堤防。习近平总书记强调，“在全面建设小康社会的关键时期，胡锦涛同志明确提出要牢固树立以‘八荣八耻’为主要内容的社会主义荣辱观。这是着眼当代中国发展的全局、面向中华民族的未来、紧密联系当前社会风气中存在的突出问题，向全党和全国人民提出的重大课题，具有鲜明的时代性和民族性、很强的指导性和实践性，为树立社会主义新风尚指明了方向，集中表达了广大干部群众的共同心愿。”因此，我们要自觉践行“八荣”，抵制“八耻”，要做到人人有认识、人人有责任、人人有行动、人人有贡献，以社会主义荣辱观为价值导向，以持之以恒的态度、脚踏实地的工作，去构筑社会主义精神文明大厦，谱写中国特色社会主义伟大事业新篇章。

经典名句

【原文】行己有耻，使于四方，不辱君命，可谓士矣。

【译文】做事能知道荣耻，出使外国能很好地完成君主的使命，这样的人可以称作“士”了。

【解读】这句话出自《论语·子路》。一个人做事的时候要知道什么是礼义廉耻，也就是对自己的行为要有所约束，内心有坚定的不妥协的做人标准；同时这个人要对社会有用，就是要为社会做事。也就是说，一个人有了内心的良好修养以后，不可以每天只陶醉在自我世界，一定要出去为这个社会做事，要忠于自己的使命，要做到“不辱君命”，这是孔子说的“士”的最高标准。有知耻心是一个人自尊、自爱的基本表现，如果丧失了羞耻心，就会做出有损于人格尊严的事情。

【原文】无羞恶之心，非人也。

【译文】没有羞耻之心，简直就不配做人。

【解读】这句话出自《孟子·公孙丑上》。孟子认为，无羞恶之心，非人也；无是非之心，非人也。孟子主张性善论，他认为人生来有恻隐之心、羞恶之心、辞让之心、是非之心，就是仁、义、礼、智的萌动，只有禽兽才不具备人类这些天然的善性。有“羞恶之心”，就能有所为、有所不为，在名利面前表现出高风亮节。

【原文】人必自侮，而后人侮之。

【译文】人一定是先有自取其辱的行为，别人才会侮辱他。

【解读】这句话出自《孟子·离娄上》。人必先有自取侮辱的行为，别人才侮辱他。所以，要想让别人看得起你，要想不被侮辱、不被欺负，那么最好的办法就是自己改变自己，让自己强大、成功，这样谁还会取笑你、欺负你、侮辱你？故人要有自尊。大到一个国家，小到一个家庭、一个人，没有自尊就不能自强，就不可避免地要遭受屈辱。

【原文】人不可以无耻，无耻之耻，无耻矣。

【译文】人不可以不知羞耻。从不知羞耻到知道羞耻，就可以免于羞耻了。

【解读】这句话出自于《孟子·尽心上》。在孟子看来，一个人固然不可以无耻，但若能知道自己无耻尚自犹可，还能教化。最可怕的却是，明明已经很无耻了，却根本意识不到，甚或以耻为荣。就是说敢于承认自己的耻辱是很难的。一个人知道自己的耻辱，能够有勇气改正，那还为时未晚。如果安于羞耻，而且不觉得是羞耻，反以为是荣耀，那就不可救药了。

【原文】知耻近乎勇。

【译文】有羞耻心就接近勇敢了。

【解读】这句话出自《礼记·中庸》。这是《礼记》中引用的孔子的话，意思是说一个人只有懂得羞耻，才能自省自勉、奋发图强，特别是在遭受磨难与打击后，能够在困境面前毫不气馁、决不后退、决不自暴自弃，而是保持奋发进取、迎难而上的精神状态。常怀一颗羞耻之心，不仅可正身、养浩然之气，而且可以知进取、成千秋伟业。

【原文】人必其自爱也，而后人爱诸；人必其自敬也，而后人敬诸。

【译文】人一定要自爱，然后才能被他人所爱；人一定要自尊，然后才能被他人尊敬。

【解读】这句话出自西汉扬雄的《法言·君子》。扬雄的一生，处于西汉由盛转衰之时，整个社会呈现出一种风雨飘摇、朝不保夕的动荡惶惑状态。他出于补救统治思想危机之心，写成《法言》一书。这句话强调了，人要自尊自爱。自尊自爱就要在品格、行为上严格要求自己，这样才能得到别人的尊敬。

【原文】人有耻，则能有所不为。

【译文】一个人有了羞耻心，有些不该做的事情就能够不去做了。

【解读】这句话出自南宋朱熹的《朱子语类》卷十三。就是说，人有了羞耻心，才会有志向、抱负和气节，才能意志坚定，于贫富、得失、义利之间有所取舍，而不是任凭物欲驱遣。有些事情虽然自己内心有欲望，非常想去做，但是人有了羞耻之心，就能够很好地约束自己，知道不可为的事情，就决不会去为了。

【原文】五刑不如一耻。

【译文】再严酷的刑罚，也不如让百姓懂得一个“耻”字。

【解读】这句话出自明朝学者吕坤《呻吟语·治道》。传统的“五刑”是“笞、杖、徒、流、死”。这句话告诉人们，教育人懂得廉耻，比重刑重罚更重要。人的道德水准提高了，懂得了什么叫羞耻，什么事该做，什么事不该做，就能明辨是非，这比犯了法再来处罚更有效。人之所以是非颠倒、以丑为美、以耻为荣，做出种种不道德的事，一个重要的原因就在于不知羞耻。因此，儒家一贯主张教化为先、惩罚在后。

【原文】士皆知有耻，国家永无耻矣；士不知耻，为国之大耻。

【译文】一个国家的知识分子如果知道羞耻，那么，这个国家永远也不会受到耻辱；如果连知识分子也不知道羞耻了，那就是这个国家最大的耻辱。

【解读】这句话出自清代龚自珍的《明良论二》。龚自珍是近代思想启蒙运动的先驱，他对当时中国的内忧外患有很深的忧虑，而忧虑之一就是士大夫厚颜无耻，不知道德良知为何物。在他看来，作为知识分子，应成为一个国家的道德精神的体现者。倘若知识分子不崇尚道德，国家的精神大厦就将倾塌，国将不国。龚自珍把羞耻感的问题集中到了文人知识分子的身上，非常有眼光。他把文人知识分子的羞耻感，看做是全社会的道德坐标的核心，认为世间的民众颠倒荣辱是很难避免的，而如果文人知识分子也如此，事情将非常严重。

【原文】风俗之美，在养民之耻，耻者，治教之大端。

【译文】培养民众的羞耻感是治理天下、造就良风美俗的根本之所在。

【解读】这句话出自近代思想家康有为的《孟子微·卷二》。这里把羞耻感培育作为社会治理教化的关键，认为培养民众的耻感是治理天下、造就良风美俗的根本之所在。尽管每个时代羞耻感有不同的内容选择和评价标准，但作为“治教大端”在任何时代都是需要的。耻辱感是人自我约束、躲避耻辱的动力，知耻就会有所不为。一个人真正知道什么是耻辱，就知道行为的底线，就不会干坏事。

美德故事

颜琛知耻苦读书

孔子很喜欢一个叫颜琛的弟子，因为他非常聪明，悟性极高。颜琛也很尊敬孔子，经常向孔子请教问题。

一天，颜琛又拿着书去找孔子，走到房门口听见孔子正与东门长老聊天。

东门长老说：“总听您夸颜琛聪明，我想他将来会很有出息吧？”

孔子叹了口气回答：“他的确很聪明，可惜不肯下苦功夫读书，我从没指望他能有什么大成就啊！”

颜琛听到这话，脸“腾”地一下红了，转身跑回宿舍，留下一张“三年后再见”的字条，然后打起行李就回家了。

到家后，他一头扎进书房用起功来，心里暗下决心：将来一定要让老师看看，我到底有没有出息。

转眼就是一年。

一天，颜琛的妻子跑过来说：“来客人啦！”

颜琛生气地说：“不是说过谁也不见吗？”

妻子说：“是尊敬的孔老先生啊！”颜琛不为所动：“就说我不在家。”

妻子只好按他的话回复了孔子。

第二年年底，孔子又来了，颜琛仍然拒不接见。

孔子微笑着告辞了。

很快三年期满。

这天还没等妻子开口，颜琛就问："是老师来了吗？我去迎接。"说完兴冲冲地迎到门外。

原来东门长老也一起来了。

孔子考查了颜琛的学问，他对答如流。

颜琛说："三年前我听到了你们的谈话，正是这些话激励着我努力上进。"

孔子哈哈大笑："我见你聪明，有志气，只是不爱独立思考，才跟长老定下这条计策啊。"

韩信受胯下之辱

韩信是西汉著名的军事家，淮阴（今江苏淮安）人，以其杰出的军事才能，帮助刘邦击败了项羽等诸侯，建立了西汉王朝。

韩信少年时候很贫穷，有志向但没有力气，每天游手好闲，在街上游来荡去，还经常在淮阴河畔钓鱼。不务正业的他没有稳固的经济来源，家里人又死得早，所以经常是吃了上顿愁下顿，很多时候，连续一两天都没有食物下口，因此饿得面黄肌瘦，憔悴不堪。

在淮阴河畔，韩信认识了一个专门帮人洗衣服的老婆婆。老婆婆心地善良，看到韩信一表人才却衣不遮体、食不果腹，顿起怜悯之心，每天都分饭给韩信吃，并且不时地接济他一些旧衣服。韩信十分感动，对老婆婆说："以后我一定要好好报答你。"洗衣婆婆听后，非但不高兴，反而十分生气，责备韩信道："大丈夫不能自己养活自己，我看你像王孙公子，不忍你挨饿，才给你饭吃，哪里想你重重报答！"韩信内心受到震撼，但是没过几天，又恢复了原样，照旧过他的吊儿郎当的生活。

有一天，韩信又来到淮阴集市上游来荡去。那天，天气很好，阳光明媚，天气凉爽，又碰巧不是农忙的日子，赶集的人很多，市集上十分热闹。只见韩信穿着破旧的长袍，东瞧瞧，西看看，一下蹦跶到新开的茶馆里瞅瞅，一下又盯着人家钱庄的金字招牌入神。嘴里吹着口哨，手中把玩着不知从哪里拔来的狗尾巴草，倒也是逍遥自在，快活得很。

不知不觉到了集市东头，那里有一排肉铺，屠夫们正在吆喝叫卖，讨价还价，好不热闹！可是韩信一走到那里，便马上往回走。原来前几天他和一个屠夫闹了意见，后来屠夫要打他，他一溜烟地跑了。瘦弱的韩信怎是彪悍的屠夫们的对手，于是三十六计，走为上策。

谁知那个屠夫眼尖，很快就看到了韩信，马上冲了出来，揪住了韩信，大声说："你还想跑？没那么容易。"其他屠夫看到了，也纷纷围过来看热闹，但没有一个帮韩信说话的。这个屠夫看到后，更加嚣张，调戏他道："你不怕，就拿刀杀我；如果不能，就从我胯下爬过去。"说着，从案上拿来一把雪亮的屠刀递到韩信手中。韩信哪敢下手，心想杀人可是要偿命的，无奈之下，只好俯下身从屠夫胯下爬过去，围观的人都纷纷拍掌叫好，说韩信胆小懦弱。

真是奇耻大辱！韩信边走在路上，边痛心地责怪自己：都怪自己不争气，才会被人如此戏弄。男子汉大丈夫绝不能一辈子这么懦弱无能，一定要活出个人样！韩信回到家中，含泪告别了接济他的老婆婆，背着简朴的行囊决定到外面去求师拜学，闯荡天下。工夫不负有心人，忍受胯下之辱的韩信终成一代名将。

沈劲立功雪耻

晋朝时候，东晋沈劲的父亲名叫沈充，预备谋反，给吴儒杀死了。沈劲虽年幼，但受到株连，按律当斩，危急时刻，他父亲的一个同乡把他藏起来，直到朝廷发出大赦令，他才开始正常的生活。

沈劲很想洗刷耻辱，自小就立志报国，要恢复家族名誉，但已经 30 多岁了，仍因出身问题而不能入仕。后来机会终于来了——前燕进攻中原，河洛哀鸿遍野，沈劲写了请战书，要去保卫洛阳。朝廷任命他做守城长史。他到洛阳后，看到战争形势已经十分严峻，举目四望，洛阳已经是一座孤城，没有任何外援，储备的粮食也快吃完了。当时，负责保卫洛阳的是河南太守戴施，此人惧怕燕军，不愿坐守孤城，逃往宛城（今南阳）了。留守的陈祐因兵马太少，连连向朝廷告急，但朝廷也派不出兵。瓮城歼灭战使沈劲初露锋芒，东晋军队小胜，按说可以安心守城了，但陈祐见洛阳粮草将尽，感到难以久留，便以救援许昌为名，率3000士兵东去了，仅给沈劲留下500人。这样一来，守卫洛阳的重担就落在沈劲一人身上。天下人都看得明白，以区区500人来守卫洛阳，真是连城头都站不满，而敌军后续部队可能有十几万人，谁胜谁负，已很了然，都为沈劲发愁。沈劲不但不发愁，反而高兴地说："多少年来，我常为父亲陷于不幸而遗憾，早就想为国立功，以雪父亲的羞耻。现在，有了保卫洛阳的机会，我正好做一名烈士，实现我之夙愿！"军中500士兵听了他的话，都表示愿意留下来和洛阳共存亡。沈劲又在城中招募流民1000多人，发放兵器，帮忙守城。兴宁三年（365）二月，燕军两路人马联合攻城，总计8万余人。此时洛阳粮食断绝，但数百兵士经历几个月的战斗，竟又奇迹般坚守到三月份。沈劲以区区数百将士，杀伤杀死燕兵上万人，令人震惊。但终因寡不敌众，洛阳城破，沈劲被俘。

燕军统帅慕容恪怜惜其才，劝沈劲投降。沈劲却说："我的志向就是死得其所！"慕容恪听后很佩服，想放了他，但其手下劝道："沈劲，壮士也。秉智勇，重节义，他不会为我所用，若不杀之，必为隐患，只能杀之。"慕容恪遂杀沈劲，命人厚葬。为保卫洛阳，沈劲献出生命，就义时只有40多岁。

朱起凤发愤编《辞通》

清末学者朱起凤，曾因弄不清"首施两端"和"首鼠两端"可以通用，结果误批了学生的作文，而受到人们的耻笑。从此，他奋发学习，收集了3万条词语，加以编排，博举例证，加以解释，著成了300万字的《辞通》，与《辞源》《辞海》并称"三辞"。它的出版为我国的辞书填补了一项空白，成为人们学习古文的必备工具书之一。

光绪二十一年（1895年），朱起凤在他外祖父翰林院检讨吴浚宣的提携下，任海宁安澜书院教师。在一次阅改学生的课卷时，他把学生卷中"首施两端"错认为笔误，改批为"当作首鼠"，卷子发下后，众生大哗，讥笑说："《后汉书》都没有读过，怎能批阅文章！"原来"首鼠""首施""首尾"三词是可以通假的。朱起凤受到这样的奚落，深感学业上的不足，从此发愤，潜心于训诂学的研究。

要弄通古双音词，要在大量的经、史、子、集等典籍中搜集有通假现象的词，并一一进行考订、辨析，工程是非常艰巨的。朱起凤以个人的力量花了三十个寒暑，在没有一个助手的情况下独立完成了《辞通》。这在我国辞书编纂史上是极罕见的。

朱起凤的治学态度是严谨的，在浩如瀚海的古书中，从搜集资料到研究、抄录，往往是“一字之征，博及万卷”。他对一些沿讹已久的词，不厌其烦地考订、校正，对一些解释含糊的词，经过他的类比辨析，获得明确含义。有些词一时委决不下，就把它写在小纸条上贴起来，以供时时考核、审订，书斋内的墙上、窗户上都贴满了，甚至在火车上也没有停止过编写。就这样三十年如一日地工作着，终于完成了这部巨著。

为谋求出版，他先去找犹太巨商哈同的总管姬觉弥和南浔富商、嘉业堂藏书楼主人二人。商谈的结果竟然都如出一辙，他们都可以付给朱起凤一笔巨款，条件都是必须用他们的名字出版。朱起凤毅然拒绝了这种欺世盗名的无理要求，把书稿带回。在被搁浅的六七年间，他对全书各个条目又作了一次全面的修订和增删，内容更加丰富扎实了。

后来他的儿子吴文祺（从母姓）入商务印书馆，为父亲这部书的出版而多方奔走并著文呼吁宣传。开明书店独具慧眼，买下书稿，至此《辞通》遂告正式出版。

《辞通》编上下两卷，章太炎、胡适都为它作了序，对它的学术价值作了很高的评价。

自省

“省”，“视也”。“自省”就是自我察看、自我审视、自我检查。自省，是一种自我道德修养方法。每个人每天都应该自觉不自觉地进行自省、自我检查。自省属于一种自我意识，是人自己对自己说过的、做过的，或对自己当下正在想、正在做的自我认识。这种认识，是以自己为认识对象，自己是认识客体；又是自己来认识，自己又是认识主体，是把自我与对象、主体与客体集于一身、融为一体。这种修养方法要求人们通过自我意识来省察自己的言行，辨察、剖析其中的善恶是非，进行自我批评和自我修正，从而不断提高道德修养水平，塑造理想的人格。

自孔子开始，儒家及其他学派的代表人物对自省有许多论述。孔子曰：“见贤思齐焉，见不贤而内自省也。”“见善如不及，见不善如探汤。”曾子曰：“吾日三省吾身：为人谋而不忠乎？与朋友交而不信乎？传不习乎？”孟子提出了“自反”“反求诸己”的思想。孟子曰：“爱人不亲，反其仁；治人不治，反其智；礼人不答，反其敬。行有不得者皆反求诸己，其身正而天下归之。”古人十分重视“自反”，认为“自反者，修身之本也”。孔子将道德自省的方法归结为“自讼”，亦即自己与自己打官司，“子曰：‘已矣乎！吾未见能见其过而内自讼者也。’”荀子则认为自省修身应以扬善为主：“见善，修然必自存也；见不善，愀然必以自省也。”这些经典名言，成为历代先贤修身治国的重要思想，成为中华优秀传统文化的重要组成部分。

习近平总书记多次引用“吾日三省吾身”“见贤思齐焉，见不贤而内自省也”等，提出“是非明于学习、境界升于自省、名节源于修养、腐败止于正气”，强调“我们共产党人更应该强化自我修炼、自我约束、自我塑造，在廉洁自律上作出表率”；强调“三严三实”，把“严以修身”放在首位；强调心中有党、心中有民、心中有责、心中有戒；强调自重、自省、自警、自励，经常反躬自省、自我批评；强调“心存敬畏，手握戒尺”，遵纪守法、不碰底线；强调“慎权、慎独、慎微、慎友”，防微杜渐、不弃微末；强调“祸莫大于不知足，咎莫大于欲得”，要管住自己的欲望。这些，为党员干部加强自省提出了要求，指明了方向。

自省就要勤于自我回顾。人非圣贤，孰能无过。我们进行道德修养，就要常省其身，有则改之，无则加勉。一事之后，一天下来，或每经过一个阶段，自己对自己所言、所为、所思，或正在做的和正在想的进行回顾。可以事事回顾、天天回顾，或者月月回顾、年年回顾：事事回顾、天天回顾，是最基本也是最大量的自省，回顾的内容具体，属于微观回顾；月月回顾、年年回顾，是一种阶段性的回顾，是较为宏观的回顾。“日计有余，岁计不足”，是年终回顾的发现。

自省就要勤于自我评价。自我评价就是回顾之后，自己对自己所说、所为、所想作出自我判断，即明辨是对还是错、是妥还是不妥、是该还是不该、是有价值还是没价值。评价是对还是错，以言行是否符合客观事实和客观规律为标准；评价妥还是不妥，以言行是否适合当时的时间场合为标准；评价该还是不该，以言行是否合乎一定的行为规范为标准；评价有价值还是无价值，以言行是否产生实际意义为标准。作为党员干部，当个人进行自我评价时，要特别重视来自群众和实践的反映，特别重视从世界观、权力观、政绩观上找问题。

自省就要勤于自我检查。自我检查的目的是把自我评价中感觉或认识到的自己不对、不妥、不该的言行检查出来，正视它们、重视它们，寻求补救、调整、改正的思路。自我检查是自省中最需要有勇气也是最反映一个人修养高低的环节。善于自省、自责的行为是美德，不善于自省、自责，惯于责怪别人则是不好的品行。善于自省、自责的人可以成全别人的仁善之举，相反，不善于自省、自责的人则会发展自己的不良习气。

自省就要勤于自我教育。自省是对内心世界的沐浴，是对精神灵魂的洗礼，也是自我教育的过程。自己的缺点，如懒惰、忌妒、迷妄、矛盾，有一些别人不知，只有自己最清楚。要通过自我回顾、自我评价、自我检查、自我教育，反省不理智之思、不和谐之音、不练达之举、不完美之事，要以“头顶三尺有神明，不畏人知畏己知”“举头三尺有青天，人可欺天不可欺”来自我警示、自我要求，努力做一个高尚的人、一个纯粹的人、一个有道德的人、一个脱离了低级趣味的人、一个有益于人民的人。

经典名句

【原文】 见贤思齐焉，见不贤而内自省也。

【译文】 见到贤能的人要和他看齐，见到别人做得不好的地方就要发自内心地反省自己，看有没有和他同样的缺点错误。

【解读】 这句话出自《论语·里仁》。这是孔子提出的个人道德修养的重要方法。这句话告诉我们，要取他人之长补自己之短，又要以他人的过失为鉴，不重蹈覆辙。古代就有杜甫诗中“李邕（yōng）求识面，王翰愿为邻”表达了虚心向贤人学习的态度，也有孟母三迁避不贤者的先例，这都告诉我们，在现在的生活中，我们要多向有才能的人学习，也避免犯没才能的人的错误，在点滴小事中要求自己，促使自己的进步。

【原文】 日省其身，有则改之，无则加勉。

【译文】 每天都要作自我检查，有错误就改正，没有错误就当做自我勉励。

【解读】 这句话出自宋朝朱熹的《论语集注》，是赞颂曾参能够严格要求自己，不断提高道德修养的思想和精神的表现。“有则改之，无则加勉”，这正是儒家所提倡的修身之法，是道德上更高的要求，也是为学处世的根本。在当今时代，我们只有通过自我反省，对自己的行为有一个清醒的认识，找出不足，才能防微杜渐，使自己成为一个道德完善、学识渊博的人。

【原文】吾日三省吾身：为人谋而不忠乎？与朋友交而不信乎？传不习乎？

【译文】我每天都多次自觉地省察自己：替人家谋划是否尽心尽力？和朋友交往是否诚心诚意？老师传授的知识是否经常复习？

【解读】这句话出自《论语·学而》，这是孔子的学生曾子说的话。他讲的重“孝”重“信”，备受孔子称赞。他这里提出“吾日三省吾身”是一种“反省内求”的修养方法，主张通过反省，不断完善自己。在思想多元化的今天，我们更应该每天多次反省自己，来使自己更有自信，让他人更加信服自己，为自己的更好发展做好铺垫。

【原文】言者无罪，闻者足戒。

【译文】说真话的人没有罪过，而听到的人足以引起警惕。

【解读】这句话出自唐代诗人白居易的《与元九书》，告诉我们不要苛求批评者而要严格要求自己。提意见的人没有罪过，听意见的人哪怕别人的批评不合适，也要引起足够的重视。我们应该广泛听取别人的意见，可取不可取在其次，最重要的是引起自己的重视，这样才能更好地完善自身，使自己在社会大浪的淘洗下岿然不倒！

【原文】与人不求备，检身若不及。

【译文】和人交往，不求对方完美无缺；检点自身，只怕哪里不够妥帖。

【解读】这句话出自《尚书·商书·伊训》，是伊尹教导太甲时所说的。这句话告诉人们，对别人不能求全责备，对自己要严格约束。唐代文学家韩愈在《原毁》中说：“其责己也重以周，其待人也轻以约。”清初思想家唐甄的《潜书》有言：“与人当宽，自处当严。”当今时代，我们更应发扬光大这“严于律己，宽以待人”的中华传统美德！

【原文】见人恶，即内省。有则改，无加警。

【译文】看见别人的缺点或不良的行为，要先反观自己有没有犯同样的错。假如有，要赶快修正；假如没有，要警惕自己将来不要犯。

【解读】这句话出自《弟子规》，对做人的方法进行了阐释，告诉人们在看到别人的缺点或不良行为时，要首先做到反省自身。在自身有同样问题情况下抓紧改正，没有就给自己一种警戒。孔子提出了与这相近的观点，“见贤思齐焉，见不贤而内自省也”，告诉人们在日常生活中就是多借鉴、多反思，让自己不断进步，更加优秀！

【原文】躬自厚而薄责于人，则远怨矣。

【译文】多责备自己而少责备别人，就可以避开怨恨了。

【解读】这句话出自《论语·卫灵公》，从对自己与对别人不同的角度来阐释了做人的道理。这句话告诉我们，我们不能过多地苛求别人，以免得到一些不必要的怨恨，但我们可以通过对自身的严格要求来达到预期的效果。我们应该严格要求自己，能更好地与人相处，传承严于律己的中华美德！

【原文】君子博学而日参省乎己，则知明而行无过矣。

【译文】君子广泛地学习，并且经常把学到的东西拿来检查自己的言行，（遇到事情）就可以不糊涂，行为也就没有过失。

【解读】这句话出自《荀子·劝学》，是著名思想家、教育家荀子对人生智慧的一种阐释。这句话告诉我们，通过广泛的学习并且把学来的优秀东西充分运用到对自身的检测上，这样就可以使自己在遇到事情时，不至于慌乱无主而产生过失了。曾子曾提出与其相近的观点：“吾日三省吾身：为人谋而不忠乎？与朋友交而不信乎？传不习乎？”所以我们要时刻学习，借鉴优秀的东西来不断地完备自身。

【原文】君子检身，常若有过。

【译文】君子检点自身，随时反省，就像常有过失一样。

【解读】这句话出自《亢仓子·训道篇》，告诉我们，就像常常有过失一样，时刻对自己进行反省，检点自己的过错并去改进，就有可能造就成功。生活在现代的我们，所面临的社会生活各方面较之古代更为复杂，所以更应该时常检点自身，随时反省自己，这样才能使自己距离成功更近一步，使整个中华民族距离成功更近一步！

【原文】穷则独善其身，达则兼济天下。

【译文】不得志时就洁身自好修养个人品德，得志时就使天下都能这样。

【解读】这句话出自《孟子·尽心上》，告诉我们当穷困不得志时，以“独善其身”的清高抚慰失落的心；当飞黄腾达有时机时，以“兼善天下”的豪情为做官提供坚实的心理基础。我们应该用这句话来安慰自已、鼓励自已，使自已有所突破，成就不一样的人生、不一样的精彩！

美德故事

伯启自我加压

传说夏朝时候，一个背叛朝廷的诸侯有扈氏率兵入侵夏的都城，夏禹派他的儿子伯启抵抗，结果伯启被打败了。

伯启的部下很不服气，就对伯启说：“有扈氏使用诡计，否则我们怎么会输。现在如果我们继续进攻，一定会赢。”

但是，伯启却说：“不必了，我的兵比他多，地也比他大，却被他打败了，这一定是我的原因。可能是我的德行不如他、带兵方法不如他的缘故。从今天起，我一定要努力改正过来才是。”

从此以后，伯启每天很早便起床工作，亲自操练军队。此外，他还任用有才干的人，尊敬有品德的人，为求得贤良的辅佐亲自上门求教。

过了一年，有扈氏知道了，不但不敢再来侵犯，反而自动投降了。

管仲反躬自省

春秋时期，齐国的宰相管仲是一个很善于反省的人。

有一次，齐桓公出门打猎，因追逐一头鹿而走进了一个山谷，看见一个老翁，于是就问：“这叫什么谷？”老翁回答说：“这叫愚公谷。”齐桓公问：“为什么叫愚公谷？”老翁回答说：“这是因为我而得名的。”齐桓公说：“现在看你的仪容，不像个愚人，为什么说因你而得名呢？”

老翁回答说："您听我慢慢说。从前我养了一头母牛，生了一头小牛，小牛长大后，我把它卖掉了，又买了一匹小马驹。有个不良少年看见了，对我说牛不能生马驹，于是他就牵着我的小马驹离开了。我的邻居听说这件事后，认为我很愚蠢，所以就把这个山谷叫做愚公谷。"齐桓公说："你实在太愚蠢了。你为什么让他把你的马驹牵走呢？"说完，齐桓公就回去了。

第二天，齐桓公无意中对管仲说起了这件事。出人意料的是，管仲听后非常严肃。他整了整衣襟，躬身拜了两拜，说："这是我愚蠢啊。假如尧还在位，咎繇（尧的一位官员）掌管司法，哪会出现抢人家马驹的人呢？就算是像老翁一样的人，如果遇到强横的人，也一定不会把马驹给他的。那位老翁知道司法诉讼还没有走上正轨，宁肯被别人勒索，也不愿请官员出面伸张正义。我请求现在修明政治。"

齐桓公无意中讲起的事情，让管仲产生了愧意，并反省自己的过失。正是，贤能的宰相管仲时刻反省政务偏差，竭力辅佐齐桓公，才出现了齐国雄霸天下的局面。

邹忌讽齐王纳谏

战国时期齐国谋士邹忌，身高八尺，体形容貌美丽。

有一天早上，他穿好衣服，戴上帽子，照着镜子，对他的妻子说："我跟城北的徐公（相比）谁漂亮？"他的妻子说："您漂亮极了，徐公哪里比得上你呀！"原来城北的徐公，是齐国的美男子。邹忌自己信不过，就又问他的妾说："我跟徐公（相比）谁漂亮？"妾说："徐公哪里比得上您呢！"

第二天，有位客人从外边来，邹忌跟他坐着聊天，问他道："我和徐公（相比）谁漂亮？"客人说："徐公不如你漂亮啊。"

又过了一天，徐公来了，邹忌仔细地看他，自己认为不如他漂亮；再照着镜子看自己，更觉得相差太远。

晚上躺在床上反复考虑这件事，终于明白了："我的妻子赞美我，是因为偏爱我；妾赞美我，是因为害怕我；客人赞美我，是想要向我求点什么。"

于是，邹忌上朝廷去见威王，说："我确实知道我不如徐公漂亮。可是，我妻子偏爱我，我的妾怕我，我的客人有事想求我，都说我比徐公漂亮。如今齐国的国土方圆一千多里，城池有一百二十座，王后、王妃和左右的侍从没有不偏爱大王的，朝廷上的臣子没有不害怕大王的，全国的人没有不想求得大王（恩遇）的，由此看来，您受的蒙蔽一定非常厉害的。”

威王说：“好！”于是就下了一道命令：“各级大小官员和老百姓能够当面指责我过错的，得头等奖赏；书面规劝我的，得二等奖赏；能够在公共场所评论（我的过错）让我听到的，得三等奖赏。”命令刚下达，许多大臣都来进言规劝，宫门口和院子里像个闹市；几个月后，偶尔才有人进言规劝；一年以后，有人即使想规劝，也没有什么说的了。

燕国、赵国、韩国、魏国听说了这件事，都到齐国来朝拜，这就是人们说的“在朝廷上征服了别国”，而在这一过程中，邹忌的勤于思考、善于自省，是起了关键作用。

韩延寿闭门思过

西汉昭帝时，燕人韩延寿在左冯翊担任太守。

有一次，他到高陵县巡视，碰到兄弟俩向他告状。其中一个说：“我弟弟占了我的耕地。”另一个说：“这地本来就是爹妈在世时分给我的，哥哥不讲理，硬说是分给他的。”

这件事，对韩延寿触动很大。他十分惭愧地说：“我作为太守，是一郡之长，不能教化百姓，以致今天民众间发生骨肉争讼。这既伤风化，又使贤人孝子受耻。其责任在我身上，我应退职让贤。”

这天，韩延寿推托有病，不再处理公务，独自一人待在馆舍的一间房里，闭上门，思考自己的过错。

那告状的两兄弟知道韩延寿的上述举动后，深为之感化。兄弟俩痛心疾首地流着泪，赤身前往馆舍向韩延寿请罪。

闭门思过，这一典故后来被引申为成语，比喻自我反省，改过自新。

唐太宗的“戒奢屏”

唐太宗李世民执政之初，吸取了隋炀帝贪暴奢侈而亡国的教训，认真推行了一套节俭戒奢的国策，从而为“贞观之治”打下了良好基础。但随着政权的巩固，李世民逐渐暴露出追求奢侈享受的苗头。这些都被忠臣魏徵看在眼中、急在心中。

贞观十三年，魏徵写了一份《十渐不克终疏》的奏章，在奏章中直言：“我在陛下身边做事已经十多年了，陛下又曾答应过我，要永远守着仁义之道，始终保持俭约朴素的作风。陛下说过的话至今还在我耳边回响，但是近几年来，陛下却渐渐有点有始无终的样子。现在谨向陛下分条陈述，希望有所帮助。”魏徵详细列举了唐太宗为政态度的十个变化，劝告李世民仁义节俭的政策要善始善终，决不能半途而废。

接到奏章后，李世民越看越感到言之有理，于是下令将魏徵的那份奏章写于自己室内的屏风上，以“朝夕瞻仰”，时时提醒自己要善始善终。正因为魏徵敢于提反面意见，唐太宗虚心纳谏而且勤于自省，君臣同心创造了“贞观之治”。

后人将写有这份奏章的屏风称作“戒奢屏”，这也是唐太宗注重自省的一面镜子。

慎独

“慎独”是我国古代儒家创造出来的具有我国民族特色的自我修身方法。它最先见于《礼记·中庸》：“道也者不可须臾离也，可离非道也。是故君子戒慎乎其所不睹，恐惧乎其所不闻。莫见乎隐，莫显乎微，故君子慎其独也。”“慎独”指的是人们在个人独自居处的时候，也能自觉地严于律己，谨慎地对待自己的所思所行，防止有违道德的欲念和行为发生，从而使道义时时刻刻伴随主体之身。能否做到“慎独”，以及坚持“慎独”所能达到的程度，是衡量人们是否坚持自我修身及在修身中取得成绩大小的重要标尺。

“慎独”之所以古往今来受到德育思想家们的重视，是因为它在人们修身中具有十分重要的作用：一是有利于提高道德主体修身的自觉性。《淮南子·说山训》说：“兰生幽谷，不为莫服而不芳；舟行江海，不为莫乘而不浮；君子行义，不为莫知而止休。”这里告诉我们，君子修德要努力做到“不为莫知而止休”，其突出的正是自觉性的品格。故程蒙端曰：“幽隐细微，必慎其几，是曰慎独。”（《性理字训·学力》）可见，要做到“慎独”就必须在“幽隐细微”处严格要求，毫不马虎。这也就是要做到《中庸》所要求的“戒慎乎其所不睹，恐惧乎其所不闻”。其意是说，人们在实行道德自律过程中，要把对自己的严格要求扩充到人所“不睹”之处；要把唯恐失德的心理扩充到人所“不闻”之域。只有这样，人们修身的自觉性才能达到应有的境界。二是有利于增强道德主体在修身中的真诚性。“慎独”必须以“诚意”为前提。《大学》曰：“所谓诚其意者，毋自欺也。如恶恶臭，如好好色，此之谓自谦，故君子必慎其独也。”又说：“人之视己，如见其肺肝然，……此谓诚于中，形于外，故君子必慎其独也。”可见，“慎独”离不开“诚意”。这是因为，只有诚心实意地坚持自我修身，才能把“慎独”落到实处。丢掉“诚意”，“慎独”就是一句空话。三是有利于帮助道德主体在修身中把握下手处。修身虽有种种功夫，但慎独尤为重要。明末思想家刘宗周对此有独到见解。他指出：“慎独外别无功夫。”这是说，慎独是人们修身唯一的下手之处，不可不认真对待。可见，“慎独”在修身中享有无可替代的独特地位。只有坚持慎独，人们的修身才能作出真正成效。四是为人们区分忠与奸、人与禽提供了一个评判标准。明末著名思想家李二曲认为，能不能坚持慎独，是区分忠与奸、人与禽的重要标志。他指出：“众见之过，犹易惩艾；独处之过，最足障道。何者？过在隐伏，潜而未彰。人于此时，最所易忽，且多容养爱护之意，以为鬼神不我觉也。岂知莫见乎隐，莫显乎微，舜、跖、人、禽于是乎判，故慎独要焉。”

我们民族有着“慎独”的优良传统，历史上一些清官多能以“慎独”自律。东汉清官杨震“四知”箴言拒礼，传为美谈；明朝典史曹鼎写下“曹鼎不可”自警；晚清名臣曾国藩“日课四条”，并在遗嘱中第一条说到的就是“慎独”。他们无一不是慎独之模范，为后世所颂扬。

“慎独”作为自我修身方法，在古代的道德实践中发挥过重要作用，在今天仍具有重要的现实价值。中国共产党是社会主义事业的领导核心，是无产阶级先锋队，决定着社会风气的发展方向。共产党员保持自身先进性的基本条件就是慎独。刘少奇在《论共产党员的修养》中指出：“一个共产党员即使在他独立工作、无人监督、有做各种坏事的可能的时候，他能‘慎独’不做任何坏事，他不畏惧别人的批评，同时他也能够勇敢地诚恳地批评别人。”在我党历史上，涌现出了许多能够“慎独”自律的好干部。像毕生严于律己、始终克己奉公的周恩来，于艰难竭蹶之中、经手巨量公款而个人分毫不沾的方志敏，厚德待人、把宽敞房子和高级轿车让给其他领导的项南，不拿公家一草一木、坚持不给女儿转正的谷文昌。还有党的好干部牛玉儒，曾向机关各部门宣布：有事找他，不论公事私事一律办公室谈，家门免进。这些干部为我们树立了很好的榜样。

习近平总书记谈“慎独”时强调，要不断加强自律，做到台上台下一个样，人前人后一个样，尤其是在私底下、无人时、细微处，更要如履薄冰、如临深渊，始终不放纵、不越轨、不逾矩。这一重要论述是新时期党员干部加强道德修养、提高思想境界的一面镜子。领导干部要做到“慎独”，首先要增强塑造自身高尚道德人格的自觉性和紧迫感。在修身中每日三省，自觉解剖自己。既要学习贤人的高风亮节，又要吸取贪官身败名裂的教训，做到“四常”：“常修从政之德，常怀律己之心，常思贪欲之害，常弃非分之想”。要甘于清贫、耐住寂寞，要堂堂正正做人、清清白白做官，时时处处昭示“人民公仆天下为公”的高尚情怀。其次，要做到十慎：一是慎始，把好“第一次”关口，具备果断拒绝诱惑的毅力，防止“千里之堤，溃于蚁穴”；二是慎终，做到精神支柱不倒、“59 岁”现象不出、权力期权不用，防止晚节不保；三是慎权，防止滥用权力、以权谋私、买官卖官、弄权误身；四是慎欲，不被权、钱、色、名等欲望俘获，处理好民欲与官欲的关系，做到“体民之情、遂民之欲”；五是慎内，管好自己的配偶子女，防止“一人得道，鸡犬升天”；六是慎友，交有德之朋，绝无义之友，防止被损友“拉下水”；七是慎微，做到“不以恶小而为之，不以善小而不为”，防止小节上的蜕变；八是慎言，说话要注意政治、利于团结，防止口无遮拦；九是慎断，要深入调研，科学决策，防止违背规律、主观武断、误国误民；十是慎威，领会好领导权威的实质，做到恩威并用，不滥施威，不压制民主，不压制人才。要善于纳谏，激发下属的潜能，塑造团队精神，以“厚德载物”的宽广胸怀共谋发展。

经典名句

【原文】慎易以避难，敬细以远大。

【译文】谨慎地对待容易的事，就可以避免危难；慎重地处理细小的事，就可以远离大灾。

【解读】这句话出自战国韩非子的《韩非子·喻老》。《韩非子》是中国历史上第一部对《道德经》加以论注的著作。其《喻老》篇用历史故事和民间传说分别解释了老子《道德经》，使哲学思想有了具体可感的呈现。这里韩非子举反面的例子加以论证：“千丈之堤，以蝼蚁之穴溃；百尺之室，以突隙之烟焚。”意思是，细节决定成败，只有重视小节，才能走向成功与辉煌。

【原文】故君子戒慎乎其所不睹，恐惧乎其所不闻。莫见乎隐，莫显乎微，故君子慎其独也。

【译文】君子在别人看不见的地方要谨慎小心，在别人听不到的时候要警惕注意。即使行为非常隐蔽也不可能一直隐藏下去，即使非常微小的东西也不可能永远不显露出来，所以君子在独处之时要严守本分、谨慎言行。

【解读】这句话来自西汉礼学家戴圣《礼记·中庸》第一章。《礼记·中庸》开宗明义就论及慎独。自古以来，慎独作为一种道德自律要求，一种无监督情况下的自我约束，经常为人们所提及。慎独强调从最隐蔽、最细微的言行上能看一个人的品质。

【原文】此谓诚於中，形于外。故君子必慎其独也。

【译文】一个人如果内心真诚，能在其外表中看出来。所以，品德高尚的人在一个人独处时，也一定会谨小慎微。

【解读】这句话出自《礼记·大学》。《大学》中多次强调君子一定要慎独，提出慎独的前提和重要保障就是要做到“诚其意”，即要发自肺腑地认同道德原则，嫉恶如仇，把外在的道德要求内化为自身的道德需求，把任何不良不善的行为念头都看成是对自身的一种伤害，就会本能地去摒弃它。有些人在众目睽睽之下会遵纪守法，而在无人监督之时就胡作非为，究其根源就在于意念不真诚。所以，这句话可以很好地启示我们，要想做到慎独，必须不断地修养自我的品德、审问自己的内心。当美好的品行变得像我们的本能一样自然流露的时候，也就可以达至慎独的境界了。

【原文】君子必诚其意。所谓诚其意者，毋自欺也。如恶恶臭，如好好色，此之谓自谦。故君子必慎其独也！

【译文】君子一定要内心诚实。所谓内心诚实，就是不要自己欺骗自己，就好像厌恶难闻的臭气，就好像喜欢漂亮的美色，这就叫自我满足了。所以君子必须在一人独处的时候也能严格要求自己。

【解读】这段话出自《札记·大学》。诚信是一种内在的道德修养。要做到真诚，最重要也是最考验人的一课便是“慎其独”。人前真诚，人后也真诚，一切都发自肺腑、发自内心、发自全部的感官，就像手脚长在自己身上一样自然自如，而不是谁外加于我的“思想改造”，外加于我的清规戒律。严格的道德自律，能使自己内心有一种对得起自己的满足感、成功感，这绝不是做给别人看，为了讨别人的表扬赞誉，才追求道德上的自我完善的。

【原文】君子行义，不为莫知而止休。

【译文】君子做事，不会因为没人知道而停止不做。

【解读】这句话出自汉代刘安《淮南子·说山训》，比喻君子行仁义之事不求名、不避宠。这句话的前两句是：“兰生幽谷，不为莫服而不芳；舟在江海，不为莫乘而不浮”，意思是兰花生长在无人的山谷，不会因为没人看而不芳香；船在江河上，不会因为没有人乘坐而不浮在水上。这里告诉我们，君子修德要“慎独”，要努力做到“不为莫知而止休”，其突出的正是自觉性的品格。

【原文】谨于言而慎于行。

【译文】说话要严谨，行动要慎重。

【解读】这句话出自《礼记·缁衣》：“君子道人以言而禁人以行，故言必虑其所终，而行必稽其所敝，则民谨于言而慎于行。”告诫人们，一个有修养、有道德的人应该对自己的言行负责，所以，在“言”“行”之前都要深思熟虑，切不可凭一时冲动而鲁莽行事。

【原文】祇畏神明，敬惟慎独。

【译文】让人敬畏的只有上天的“神明”和自我的道德约束。

【解读】这句话出自三国时期曹植的《卞太后诔》。以君子为修养目标的人，在无人监督的情况下，凭着高度自觉，依然按照一定道德规范或原则谨慎不苟地自我约束即慎独，其实就是因为心中有了这种“神明”。慎独之德，源于敬畏之心，人有敬畏之心，才有遵纪守法的自觉，才有自律的修养。

【原文】慎独即不自欺。

【译文】慎独就是不自欺欺人。

【解读】这句话出自宋代学人陆九渊。一个人究竟算不算是有德行，不是只看他在人前的所作所为，更应该看他一个人独处的时候是怎样的。除了德行行为，我们在其他方面也要坚持“慎独”精神。慎独就是不自欺欺人。同样，在个人追求上，要不断鞭策自己努力前进，不能放纵自己，不要做一个自欺欺人的人。成功不会伴随一个表面努力的人。一个人修养的最高境界，表现在其独处时的行为状态。

【原文】独之外别无本体，慎独之外别无功夫。

【译文】除了在个人独处时保持良知之外没有更根本的要求，除了在个人独处时保持谨慎之外没有其他修身的途径。

【解读】这句话出自明末思想家刘宗周的《刘子全书》卷八《中庸首章说》。刘宗周把“慎独”提到了很高的位置。他认为“君子之学，慎独而已矣”，“学问吃紧工夫，全在慎独，人能慎独，便为天地间完人”。他在当时历史条件下提出“慎独”，主要是针对当时的士风，希望通过内省的功夫，收拾人心，使人人向善，跻于道德之域，以解救“世道之祸”。

【原文】曾子曰：“十目所视，十手所指，其严乎！”富润屋，德润身，心广体胖，故君子必诚其意。

【译文】曾参说：“一个人若是被许多双眼睛注视着，被许多只手指点着，这难道不是严肃可怕的嘛！”财富可以修饰房屋，使房屋华丽；道德可以修养人的身心，使人思想高尚。心胸宽广开朗，身体自然安适舒坦，所以有道德修养的人一定要使自己的意念诚实。

【解读】语出西汉戴圣《礼记·大学》。“诚”有双重意思：一是对事物辨识的真切明了，意会真实；二是对他人讲述的真实无妄，信实无欺。要做到真诚，最重要、最考验人的便是“慎其独”。在一个人独处的时候也谨慎，做到人前人后一个样。人前真诚，人后也真诚，一切都发自肺腑、发自内心，就像手脚长在自己身上一样自然自如，一样真实无欺，而不是谁外加于我的“思想改造”或清规戒律。

美德故事

蘧伯玉不欺暗室

蘧（qú）伯玉，名瑗，字伯玉，春秋时蒲国人，生活的时代和孔子大致相同。他是卫灵公时著名的贤大夫，也是一位道德和操行都非常优秀的人。“卫地多君子”，历来人们都将蘧伯玉作为卫国君子的代表。

蘧伯玉非常贤德，对自己的一言一行要求非常严格，人们十分敬重他。一次，卫灵公与夫人南子在宫中夜坐，先听到辚辚的车声，可车声到宫门时却消失了，过了一会儿，辚辚的车声又响起来。

卫灵公就问夫人说：“你知道刚才过去的人是谁吗？”

夫人说：“应该是蘧伯玉。”

灵公问：“你怎么知道是他呢？”

南子说：“君子是非常注意自己的生活细节的，车走到宫门口时没了声音，那是车的主人让车夫下车，用手扶着车辕慢行，为的是怕车声打扰国君。忠臣和孝子不会在大庭广众之下信誓旦旦，也不会因在黑暗之中没有人能看到而改变自己的操守。蘧伯玉是我们卫国品行端正的大夫，仁而有智，对国家恪尽职守。他不会因为现在是黑夜，没人会看见就忘记礼节，所以我觉得是他。”

灵公派人去看，果然是蘧伯玉。

杨震暮夜却金

杨震，字伯起，东汉时期名臣。

有一年，杨震升迁为东莱郡太守，日夜兼程赶去赴任，途中路过昌邑。昌邑县令王密年轻有才学，杨震在做荆州刺史时非常赏识他，便向上举荐，王密因此得到重用。

在昌邑驿站的客房里，两鬓斑白的杨震和穿着粗布衣服的夫人正在整理随身行李，其实也就是几箱书。杨震官做到哪里，书就搬到哪里。夫人微有怨言：“又不是贵重的金银财宝，搬来搬去，真是够烦人的！”杨震道："你不知道，它们比金银财宝还重要呢！"正说着，王密来到了驿站，原来他听说恩师经过这里，便特意前来拜访。

几年不见，杨震虽然有些苍老，但仍精神矍铄，而王密红光满面，大腹便便。师生相见，仿佛有说不完的话。谈着谈着，不觉已到了深夜，夫人早已进内房就寝。这时，王密从怀里取出十斤黄金，对杨震说："我有今日，全靠恩师当年的举荐，还望今后多多提携。"杨震完全沉浸在刚才的叙旧话题里，被王密这突如其来的举动弄愣了，连声问："你这是干什么？这是干什么？"王密以为杨震怕别人知道，不好意思拿，赶快解释："我是特意赶在晚上为老师送过来的，现在夜深了，不会有人知道的。"杨震终于明白过来，想不到王密为官几年，也沾染上了官场的恶习。杨震十分气愤，正色道："天知、地知、你知、我知，怎么说没有谁知道呢？从前我举荐你是因为你有才学，并不是贪图你的钱财。唉，叫我怎么说你好呢？你太不了解我了！"王密听了恩师的话，羞愧难当，揣起金子快步离开了驿站。

杨震一生为官正直廉洁，在官场上很有名气。他从来不收受别人的财物和私下的求情。尽管一路官运畅通，平步青云，但他全家人仍过着粗茶淡饭、布衣无华的平民生活。儿女们出门都是步行，从来不允许他们搭他的车，怕他们养成贪恋奢华的生活习性。他的一个老朋友来拜访他，见他家徒四壁，想替他的儿孙购置些家产，被杨震坚决拒绝了。他对老友说："金银财宝乃身外之物，会养成他们奢侈的习惯，后人称他们为清官的子孙，这个名声不就是他的最丰厚、最宝贵的财产吗？"为了纪念杨震的一生，也为了随时自警，杨震的子孙将杨家祠堂命名为"四知堂"——天知、地知、你知、我知。

叶存仁深夜拒礼

清代河南巡抚叶存仁，一次离任时僚属派船送行，大家依依话别，难舍难分。直到夜深人静，只见一叶小舟划来，船上载有许多礼品。原来，僚属们送礼品赠他，为避人耳目，小船才特地来迟。叶存仁见此情景，当即写下了一首诗，"月明清风夜半时，扁舟相送故迟迟。感君情重还君赠，不畏人知畏己知"，拒绝了僚属的礼品和心意。诗句中"不畏人知畏己知"

一句可谓力重千钧、掷地有声。“畏人知”是被动的、被迫的，经不住考验；而“畏己知”是主动的、自觉的，是经得住考验的。

叶存仁为官30余年，甘于淡泊、毫不苟取，正是以这种“不畏人知畏己知”的自律精神，抵制住了欲望、经受住了考验，从而得以名垂青史。

“曹鼎不可”保清白

《明史》记载，万历年间有个叫曹鼎的官吏，负责维护地方治安。有一年，他在外地办案时抓获了一个美艳女贼，由于不能及时赶回县里，俩人只能在荒山野庙留宿。

是夜，女贼为逃脱惩罚，屡以色相诱惑曹鼎，曹鼎也一时心旌摇荡。为防色诱，心知“出格”后果的曹鼎取纸在上面写上“曹鼎不可”四个字贴在墙上。女贼揭下纸片用火烧了，曹鼎就又写再贴，女贼又揭再烧，如此反复数十次，挨到天明，曹鼎终于保住了自己的清白。

美色，宛若杨柳岸下散发出幽香的诱饵。倘以为遇佳人逢场作戏，殊不知稀里糊涂中了美人计，届时就悔之晚矣。抵御美色的诱惑，关键要做到慎独。

古往今来，一切有志有识有为之士之所以能够把握住自己，就在于他们心静神定，谨小慎微，以不沉醉于金钱、美色、权力为戒。否则，失去清醒认识，失去自我约束，最终等来的只能是法律的严惩。

自强

自强，就是自我奋发、勇敢顽强、不断进取。我国早在《易经》中就有“天行健，君子以自强不息”的思想。孟子曾说：“自弃者，不可与有为也。”《礼记》中讲道：“知困，然后能自强也。”几千年来，中华民族正是以自强不息的精神，自力更生、艰苦奋斗，创造了伟大的东方文明，屹立于世界民族之林。自强，是中华传统美德的精髓，是炎黄子孙的精神脊梁。

自强不息思想哺育了中华民族积极进取的人生态度，形成了刚健有为的进取精神、独立自主的自立精神、不畏艰难的创业精神、追求大同的理想精神。中国古代以儒学为主的文化典籍对自强人格的构建有很多表述，可概括为五个方面：一是志存高远，内修外治。《礼记·大学》开宗明义，提出人生追求的“三纲八目”——“明德、亲民、止于至善”，“格物、致知、诚意、正心、修身、齐家、治国、平天下”。“三纲八目”实际上是儒学为人们设计的人生奋斗自强的阶梯，它通向的是奋发有为的高远志向。两千多年来，儒学内修以“独善其身”、外治以“兼善天下”的人生追求，铸造了一代又一代中国人的自强不息人格。二是意志坚强，奋斗不止。曾子曰：“士不可以不弘毅，任重而道远。”是说，读书人不可不志向远大、意志坚强，因为他们肩负重任并要奋斗终生。精卫填海、夸父逐日、愚公移山的典故和大禹治水、司马迁忍辱负重著《史记》、越王勾践卧薪尝胆雪国耻的历史传说，颂扬的都是百折不挠、锲而不舍、生命不息、奋斗不止的坚韧意志。三是变革创新，与时俱进。《周易·随》曰：“日中则昃，月盈则食，天地盈虚，与时消息，而况于人乎？”“凡益之道，与时偕行”。意思是：自然界一切事物都在随着时间推移而发生着变化，人又有什么例外呢？人们对事物运行规律的认识，也是与时俱进的。人们要自强并不是盲目逞强，要充分发挥人的主观能动性，不断调整自身状态，遵循客观规律办事。四是自力更生，艰苦奋斗。自强不息的核心精神是艰苦奋斗的自立意识。《论语·雍也》中说：“仁者先难而后获，可谓仁矣。”意思是，人要干成有益于社会的功业，须经过一个艰苦磨炼和不断奋斗的过程。“人必自立而后人立之”。为此，人必须自己把握自己的命运，一定要自力更生，脚踏实地为实现人生目标而努力拼搏。五是厚德合群，刚柔相济。《易经·坤》曰，“地势坤，君子以厚德载物”，是说大地是柔顺、谦卑的象征，人们应该像大地一样拥有博大的胸怀、宽容的态度，能够包容承载万物。人生活在复杂纷繁的社会中，个人要实现学业长进、事业成功，离不开相互支持与配合。因此，人必须注意人际关系的协调与友善，只有这样，才能真正自强起来，才会实现自己的高远志向。

我们的祖先历来告诫年轻人“少壮不努力，老大徒伤悲”，即使对老年人也倡导“老骥伏枥，志在千里”和“不须扬鞭自奋蹄”的自强精神。在无数优秀炎黄子孙的人生轨迹中，都鲜明地印刻着矢志不渝、刻苦勤奋、拼搏向上、自立自强的精神品质。孔子从丧礼帮办到儒学的至圣先师；范仲淹从划粥苦读到宋代贤臣良将、文学名士；张海迪高位截瘫成为哲学博士、一级作家、全国残联主席；当代神农袁隆平，研究杂交水稻一干就是五十年，不怕一次次失败，终于培育出亩产过吨的超级稻，为我国乃至世界吃饭问题做出了特殊贡献……如此无数壮丽的画卷无不是自强不息精神铸造的。

中国共产党在领导人民进行革命、建设和改革的伟大实践中，使中华民族自强不息的民族精神得到进一步弘扬。井冈山精神、长征精神、延安精神等都是革命时期中华民族自强不息精神的历史见证。建设时期，两弹一星精神、大庆精神、红旗渠精神、焦裕禄精神，是中华民族自强不息精神的继承和发展。抗洪精神、抗震救灾精神、奥运精神、载人航天精神等是中华民族自强不息精神的创新。2008 年汶川地震，更是见证了中华民族自强不息的精神。面对突如其来的巨大灾难，中华民族紧紧凝聚在一起，生死与共、风雨同舟，从抗震救灾到恢复重建，十三亿中国人一同走过悲情和坚忍，一同历经劫难和新生，孕育出伟大的抗震救灾精神，即“万众一心，众志成城，不畏艰险，百折不挠，以人为本，尊重科学”，都是自强不息的中华民族的精神体现。在今天这个社会进步和科技突飞猛进的时代，只有培育和弘扬自强不息的民族精神，我们的国家才能在日趋激烈的国际竞争中屹立于世界民族之林。作为个人，只有自强不息才能为国家的富强、民族的振兴多做贡献。一个人，只有自强不息、勇往直前才能取得成功；一个社会，只有自强不息、敢于挑战才能不断进步；一个民族，只有自强不息、勇于创新才能不断开拓进取；一个国家，只有自强不息、顽强拼搏，才能在世界永远立于不败之地。祖国的强盛有赖于每一位中华儿女的自强，千千万万个自强者的力量汇聚在一起，必将开创中华民族伟大复兴的光辉未来。

经典名句

【原文】天行健，君子以自强不息。

【译文】天体运行刚健不息，有才德的人应该像天体运行那样自强不息。

【解读】这句话出自《周易》中的乾卦《象传》。古人根据对大自然的观察，发现天体的运行很有规律，周而复始，永不停息，因此以天道为榜样，激励人们自强不息。《周易》这句名言，自古以来激励着中华民族无数仁人志士为抵御外侮、保卫国土而流血牺牲、奋斗不已。正是这种自强意识，使伟大的中华民族生生不息、巍然屹立。

【原文】笃行信道，自强不息。

【译文】遵循仁义之道努力实现自己的理想，自己发愤图强永不止息。

【解读】这句话出自《孔子家语·五仪解》，是孔子在谈论“什么样的人是君子”时讲的。孔子不少言论都是围绕“人应该怎样为人”的角度来展开论述的，尤其是他所倡导的君子之道，已经在千百年的文化传承中沉淀在我们的民族意识和行为规范里，今天看来依然对我们有着深刻的借鉴意义。孔子大力张扬君子风范，严君子小人之分，实则是在塑造一种理想的人格，给人们一种品行与道德上的牵引，从而更好地塑造人性。

【原文】惩连改忿兮，抑心而自强。

【译文】抑制住心中的愤恨，求得自己的坚强。

【解读】这句话出自春秋时期屈原的《楚辞·九章·怀沙》，是说在自己遭受屈辱的情形下，仍要抑制住自己愤怒和怨恨的情绪，压抑自己的感情而自我坚强，保持自己美好的品德而坚定不移；尽管自己遭受了严重的打击，仍要坚守自己的意志，保持奋发图强的品格。屈原所提出的“自强”的思想，包含有自尊、自立、自信和自胜四个方面的意思，是中国传统道德和传统文化中的精华，应当加以继承和弘扬。

【原文】胜人者有力，自胜者强。

【译文】能够战胜别人是有力量的表现，但能够战胜自己才算是强者。

【解读】这句话出自战国初期《老子》第三十三章。老子思想中有许多辩证法。这里讲的是一种处世态度，强调个人修养的重要。在战斗中、在竞争中遇到强有力的对手，不要先被对方的强大声势所吓倒，而应当增强自己的信心。军事家孙子的名言“善胜不败，善败不亡”，就是强调首先要自强起来，充分研究敌我的优劣形势，才能调动一切有利因素，克服自身的弱点，发扬优势，百战不殆。

【原文】能胜强敌者，先自胜者也。

【译文】能够战胜强敌的人，首先应当是能够战胜自己（弱点）的人。

【解读】出自战国商鞅《商君书·画策》。这句话是关于对敌战略战术的见解，与老子的“自胜者强”的思想相近。强调与强敌战斗的人，必先要战胜自己，就是说要有充分的自信。如果面对强敌先自我气馁，则必败无疑。这一思想也适用于人们生活中的各个方面，即做事情应该首先树立坚定的信心，努力超越自己，克服自身的缺点与不足。首先战胜自己，然后才能无往而不胜。

【原文】自人君公卿至于庶人，不自强而功成者，天下未之有也。

【译文】从君主、公卿到普通百姓，不自强而能事业有成的人，在天底下还从来没有过。

【解读】这句话出自西汉刘安《淮南子·修务训》，体现出中国古代思想家对自强不息精神的诠释，认为不自强就不能成就一番事业，只有不断努力才会成功。自强是一个人立身的根基，民众的自强才是长治久安的最可靠保障。怨天尤人则将一事无成。要自强，就需要不断地改善工作和生活的品质与内涵，最佳的方法就是学习，透过学习去增加知识，通过学习去历练心智，通过学习去增长才干，在学习、思考中逐步深化认识和能力，强大自我，将个人才智发挥到极致，取得事业成功。

【原文】知不足，然后能自反也；知困，然后能自强也。

【译文】只有认识到了自己的学问不够，然后才能自我反省；只有认识到了自己对某些知识困惑不解，然后才能奋发自强。

【解读】这句话出自《礼记·学记》，强调人要正确地认识自己、估计自己。只有了解到自己的不足，才能产生学习的动力，每个人特别是青少年必须刻苦学习。如果一味妄自尊大、自满自足，就不会积极上进。

【原文】眼前多少难甘事，自古男儿多自强。

【译文】面对现实中许多不如意的事情，男子汉自古以来只有通过自强自立加以应对。

【解读】这句话出自唐朝李咸用《送人》一诗。离别是人生的悲歌，怅惘而无奈。这句诗却抛开悲伤，抒发了豪迈的情感。它激励人们：面对人生困境，不能消磨意志、丧失信心，哪怕千难万难，也要勇敢面对。自强自立，才能提升人格境界，最大限度地发挥自己的潜能和价值，大有所为。激励人们只要自强不息、奋斗不止，都可以大展宏图。

【原文】外有敌国，则其计先自强，自强者，人畏我，我不畏人。

【译文】外面有敌国，就应该谋划先让自己强大起来，能自强的人别人怕我，我不怕别人。

【解读】这句话出自《宋史·董槐传》。在我国古代，自强被赋予了两个境界：一是指自己努力向上，可见于《礼记·学记》“知困，然后能自强也”；

二是指国家自力图强。自强是中华民族的传统美德，是中华民族精神的真实写照，是中华民族前进的不竭动力。一个人需要自强的精神，一个国家、一个民族同样需要自强不息的民族精神。中国人民继承了自强不息的传统美德，在毛泽东“独立自主，自力更生”号召的鼓励下，取得了社会主义建设的伟大胜利。今天，我们也必须发扬自强美德，去适应日趋激烈的竞争。

【原文】自强为天下健，志刚为大君之道。

【译文】每个人都要学会自强，国家才能够健康向上。只有拥有了坚强的意志，这才是强大民族的生存之道，才是作为君主的治国之道。

【解读】这句话出自中国近代政治家、思想家、社会改革家康有为。第一句是由《周易》里面提出的“天行健，君子以自强不息”演化过来的，强调中华民族自强不息的精神，就是要求每个人都要有自强不息的奋斗精神。第二句则是说，每个人都要立志为君王分忧，忠君护主，反映了康有为保皇忠君的志向。从激励个人立志的角度讲，有积极意义。两句话构成了铿锵有力的励志格言。

【原文】自责之外，无胜人之术；自强之外，无上人之术。

【译文】除了自己检讨过失之外，再没有其他战胜别人的策术；除了自己增强本领之外，再没有其他超过别人的办法。

【解读】这句话出自清朝金兰生《格言联璧·持躬》。物竞天择，适者生存，要想在社会竞争中立于不败之地，进而创造出优异的成绩，最切实有效的办法就是自责自强。只有纠正自己的缺点，努力完善自我，只有增强自己的才干，不断地超越自我，才可能取得别人不可能取得的成功。

美德故事

苏秦刺股

古时候，有一个学者叫苏秦。苏秦自幼家境贫寒，连书都读不起。为了维持生计和读书，他不得不时常卖自己的头发或者帮别人打短工，后来又离乡背井到了齐国拜师学艺。经过一年的学习，苏秦认为自己已经把老师的本领都学到了，便迫不及待地告别老师和同学，去闯荡天下。

但是一年后不仅一无所获，连钱也用完了，他只能穿着破衣草鞋踏上了回家之路。到家时，苏秦已骨瘦如柴，全身破烂肮脏不堪，满脸尘土。妻子见他这个样子，摇头叹息，继续织布；嫂子见他这副样子扭头就走，不愿做饭；父母、兄弟、姐妹不但不理他，还暗暗笑他活该！

苏秦看到家人这样对待他，十分伤心。他关起房门，不愿意见人，对自己作了深刻的反省："妻子不理丈夫，嫂子不认小叔子，父母不认儿子，都是因为我不争气，没有好好学习。"

他认识到了自己的不足，又重新振作精神，发愤读书。他每天读到深夜，有时候不知不觉伏在书案上就睡着了。第二天醒来，后悔不已，但又没有什么办法不让自己睡着。有一天，读着读着实在困了，不由自主便扑倒在书案上，但他猛然惊醒——手臂被什么东西刺了一下。一看，原来是一把锥子，他马上想出了制止打瞌睡的办法：锥刺股！以后每当要打瞌睡时，就用锥子扎自己的大腿一下，让自己突然痛醒。他的大腿因此常常是鲜血淋淋，目不忍睹。

家人见到这样，有些不忍心，劝他说："你一定要成功的决心和心情我们可以理解，但不一定非要这样虐待自己啊！"苏秦回答说："不这样，就会忘记过去的耻辱！"

经过"血淋淋"的一年，苏秦已经很有学问了。他又开始出去闯荡天下，这一次终于事业有成，很有心得，开创了自己辉煌的政治生涯。

班超投笔从戎

班超是东汉时很有名气的将军，他从小就很用功，对未来也充满了理想。

公元 62 年，班固被召到洛阳，做了一名校书郎，班超和他的母亲也跟着去了。当时，因家境并不富裕，班超便找了个替官家抄书的差事挣钱养家。但是，班超是个有远大志向的人，日子久了，他再也不甘心做这种乏味的抄写工作了。

有一天，他正在抄写文件的时候，写着写着，突然觉得很闷，忍不住站起来，丢下笔说："大丈夫应该像傅介子、张骞那样，在战场上立下功劳，怎么可以在这种抄抄写写的小事中浪费生命呢！"

傅介子和张骞两个人，生在西汉，曾经出使西域，替西汉立下无数功劳。因此，班超决定学习傅介子、张骞，为国家做贡献。后来，他当上一名军官，在对匈奴的战争中，得到胜利。接着，他建议和西域各国来往，以便共同对付匈奴。

公元 73 年，朝廷采纳他的建议，就派他带着数十人出使西域。他以机智和勇敢，克服重重困难，联络了西域的几十个国家，断了匈奴的右臂，从而使汉朝的社会保持了相对的稳定，也促进了西域同内地的经济文化交流。班超一直在西域住了 31 年。其间，他靠着智慧和胆量，度过了各式各样的危机。他为边境安全和东西方人民的友好往来做出了卓越的贡献。班超出使西域，终于立了功被封了侯。

詹天佑修京张铁路

1905 年，清政府任命詹天佑为总工程师，主持修建京张铁路，1909 年全线竣工。这是近代中国人自行设计和施工的第一条铁路干线。詹天佑出任京张铁路总工程师后，国内有人讥笑他"不自量力""胆大妄为"。国外有人讥讽说："中国造此铁路之工程师尚未诞生。"詹天佑勉励职工，说："全世界的眼睛都在望着我们，必须成功！成功或失败，绝不是我们自己的成功或失败，而是我们的国家！我们要让世界知道，能够建造京张铁路的中国人，不仅已经出世，而且存在于世也。"

詹天佑不辞劳苦勘察了三条线路，然后综合考虑经济价值、资金状况和工程期限等多方面因素，最终决定采取走关沟这条线路。在复勘定线时，詹天佑"昼则茧足登山，夜则绘图记工，无一息之安"。他告诫大家："技术第一要求精密，不能有一点含糊和轻率。'大概''差不多'这一类的说法，不应该出于工程人员之口。"

詹天佑率领工程技术人员，背着标杆、经纬仪，在悬崖峭壁上定点制图。塞外经常狂风怒吼、灰尘满天，在悬崖峭壁上工作，一不小心就有坠入深谷的危险，但詹天佑始终站在第一线。开凿隧道，不仅要有经验丰富的工程师，要有精密的测量，还要有开山机、抽水机等新式机械，可这些机械，当时中国还没有。从居庸关到八达岭之间的四条隧道，全部是工人们凭着双手，用铁锤、钢钎和炸药开凿出来的。

居庸关山势高，岩层厚，詹天佑决定采取从两端向中点凿进的办法。隧道开凿到二三百米时，山顶泉水渗入洞中，当时没有抽水机，詹天佑带头用水桶、脸盆排水。他经常十天半月跟工人们一起吃、一起住、一起干。居庸关隧道终于如期竣工。八达岭隧道全长1091米，是四条隧道中最长的。詹天佑设计了新的开凿方案，在隧道通过的山坡上凿两个竖井，连同隧道两端，共六个工作面同时施工，这样大大加快了工程进度。1908年6月，八达岭隧道凿通，验工时，隧道南北直线及水平高低，与设计“未差秒黍”。西方工程师金达、柯克斯等应邀参观后，表示十分敬佩。金达写信给詹天佑，说：“你已经很经济地完成了十分完善的工作，这要归功于你和部属。”

隧道工程全部竣工，可是八达岭附近地势陡、坡度大，火车怎样才能爬上关沟的最高峰呢？这又是一个难题。

詹天佑综合分析了八达岭一带的地质情况，利用石质坚硬的山坡，设计了“人字形”展线方案。“人字形”展线是一项国际新技术，1905年才被国际线路勘测权威皮汉等人所肯定。詹天佑及时、大胆吸收外国先进经验为我所用的胆识，令人敬佩。

京张铁路的建成通车，其意义大大超出铁路事业本身，在扫除由于国势积弱而形成的民族自卑心理和振奋民族自尊心、提高民族自信力上，产生了不可低估的作用。

张海迪身残志坚

张海迪，看到这个名字，大家一定不陌生，因为她身残志坚的故事激励了许多人。

她1955年秋天在济南出生，5岁患脊髓血管瘤，导致胸腔以下全部瘫痪。从那时起，张海迪开始了她独到的人生。她无法上学，便在家自学完中学课程。15岁时，海迪跟随父母，下放聊城莘县一个贫穷的村落。但她没有惧怕艰苦的生活，而是以乐观向上的精神奉献自己的青春。给村里的孩子当教书先生，自学针灸为乡亲们无偿治疗，后来还通过自学当过无线电修理工。在残酷的命运挑战面前，张海迪没有沮丧和沉沦，她以顽强的毅力和恒心与疾病作斗争，经受了严峻的考验，对人生充满了信心。她虽然没有机会走进校门，却发奋学习。高位截瘫躺在病床上，只能用镜子反射来看书。期间得了大面积的褥疮，有时骨头都露出来了，但她还在坚持。最后以惊人的毅力学完了小学、中学全部课程，自学了大学英语、日语、德语和世界语，成功翻译了 16 本海外著作。

1983 年《中国青年报》发表《是颗流星，就要把光留给人间》。张海迪名噪中华，获得两个美誉，一个是“八十年代新雷锋”，一个是“当代保尔”。张海迪怀着“活着就要做个对社会有益的人”的信念，以保尔为榜样，勇于把自己的光和热献给人民。她以自己的言行，回答了亿万青年非常关心的人生观、价值观问题。1991 年经历诸多磨难的张海迪又罹患鼻癌。手术是在没有麻醉的情况下实施的，她清晰地感觉到刀把自己的鼻腔打开，针从自己皮肤穿过。手术后，她继续以不屈的精神与命运抗争。开始学习哲学专业研究生课程，经过不懈的努力，她写出了论文《文化哲学视野里的残疾人问题》。1993 年，她在吉林大学哲学系通过了研究生课程考试，并通过论文答辩，获得硕士学位。张海迪以自身的勇气证实着生命的力量，正像她所说的，“像所有矢志不渝的人一样，我把艰苦的探询本身当做真正的幸福”。她以自身克服障碍的精神为残疾人进入知识的海洋开拓了一条道路。

张海迪说：“我最大的快乐是死亡。”但是，她却坚强地活了下来。残疾对人类来说是巨大的痛苦。顽强的海迪不但没有退缩，反而学会了咀嚼这份痛苦，并将之付诸纸上。“我感谢生活给了我一支能说话的笔，它让我去倾诉、去抗争，我不仅活着，而且在写作中放飞了心灵。”在轮椅上生活了漫长岁月，她从未被病痛所打到，始终艰难地向上，绝不放弃每一分钟的努力。现代医学延续了她的生命，但是身残志坚的奋斗精神和乐于助人的人格魅力才真正使她的人生散发光芒，成为一代人的榜样。她的“活着就要做个对社会有益的人”“我像颗流星，要把光留给人间”等话语，至今仍像一盏盏明灯，点亮着一个个受伤的心灵。

好学

中国人重视读书、勤奋好学，是世代相传的优良传统，也是中华民族发展的力量源泉。中国民间有许多关于学习的格言，如“少壮不努力，老大徒伤悲”“书山有路勤为径，学海无涯苦作舟”“活到老，学到老”等，也流传着很多古人珍惜时间、发愤苦读的故事，像韦编三绝、凿壁偷光、囊萤映雪、悬梁刺股，都充分反映了古人渴求学习、勤奋学习的美德，教育和激励着一代又一代中华儿女。

孔子就以好学著称，他说自己“十有五而志于学”，到了“发愤忘食，乐以忘忧”的境界。孔子所谓“好学”的表现有四：一是好问。《论语·述而》中所言三好学者皆为“好问”之典范。如孔文子，能做到“不耻下问”；颜渊，能做到“以能问于不能，以多问于寡”；孔子，能做到“入太庙，每事问”。最能体现孔子“好问”倾向者乃孔子的求师思想。《论语》中有云：“子曰：‘三人行，必有我师焉：择其善者而从之，其不善者而改之。’”二是改过。能够切实纠正自身过错乃好学之重要表现。对改过之重要性，孔子曾反复强调。他讲：“德之不修，学之不讲，闻义不能徙，不善不能改，是吾犹也。”此句大意是说，好学者乃勇于改过之人。颜渊，乃“改过”之典范，最为他人所难企及者乃其能做到“不贰过”。三是足发，即善于发挥，不拘泥于从师所学之义。在此方面，颜渊及孔子本人堪称模范。如颜渊，孔子曾称道说：“吾与回言终日，不违，如愚。退而兴其私，亦足以发，回也不愚。”四是一贯。一贯是“一以贯之”的缩略语。其大意谓，人所学知识须有一中心思想，仅片断、零星知识尚不足以谓之“学”。

孔子把“学而时习之”看成是一大乐事，并主张学与思相结合，认为“学而不思则罔，思而不学则殆”。孔子强调的是，懂得学习的人不如喜爱学习的人，而喜爱学习的人不如以学习为乐趣的人。他讲了学习的三层境界：知—好—乐。其中，“知之”是学习的较低境界，相当于“要我学”；“好之”是学习的较高境界，相当于“我要学”；“乐之”是学习的最高境界，相当于“我爱学”。不同的人在同样的环境下学习效果往往是不一样的，这固然有自身资质不同的原因，但最重要的还是学习态度问题。对学习感兴趣，就会变被动为主动，以学习为乐事。在快乐中学习，既能提高学习效率，又能加深对知识的理解，这样所学的知识才能够入脑入心、灵活运用。孔子之后的儒家都很重视学习的作用，荀子还专门写了《劝学》一文加以论述，告诉我们，事有所成，必是学有所成。非学无以广才，非学无以明识，非学无以立德。

我们党历来高度重视学习。从延安整风时“改造我们的学习”，到执政之初“必须学会自己不懂的东西”，从改革开放后“认真建立学习制度”，到新世纪阶段的“在全党大兴学习之风”，在每一个重大转折时期，面对新形势新任务，我们党总是号召全党同志加强学习，而每次这样的学习热潮，都能推动党和人民事业实现大发展大进步。早在新中国成立之初，毛泽东同志看到有些干部进城后浪费时日，把宝贵的时光浪费在打牌、搓麻将上，十分痛心，也十分着急，苦口婆心地劝告大家振作精神，下苦功学习，并指出“下苦功”三个字：“下”就是要把时间放在学习上；“苦”就是学习不是一件容易的事情，要有刻苦精神；“功”就是要有办法、有能力真正学好。邓小平同志也曾告诫全党：“忙于事务，放松学习，思想就容易庸俗化。如果说变质，思想的庸俗化就是一个危险的起点。”习近平总书记强调，学习是文明传承之途、人生成长之梯、政党巩固之基、国家兴盛之要，好学才能上进等重要论述，实际上就是当代中国的“劝学篇”。现在，人们的生活条件和学习条件好多了，不必再“囊萤映雪”“凿壁偷光”，更不必模仿“刺股悬梁”的做法，但古人那种勤奋好学的精神却值得我们好好学习。面对世情、国情、党情的深刻变化，面对改革发展的艰巨性、复杂性、繁重性，学习对于我们更为重要。因此，在新的时代条件下，广大党员干部要把学习当做一种责任来履行，把学习作为一种能力来提高，把学习作为一种境界来追求，把学习作为终身任务来对待。勤奋学习不懈怠，才能适应社会变革的需要，在瞬息万变的大变革中思维敏捷、反应迅速、抢占先机、赢得主动。特别是各级领导干部更要带着执著的信念学习，带着求知的欲望学习，带着实践的需要学习，以学益智、以学修身、以学增才，才能强固立身做人之本、夯实为政做事之基。

经典名句

【原文】 学而时习之，不亦说乎？

【译文】 学了然后按时复习，不是一件令人高兴的事吗？

【解读】 这句话出自《论语 · 学而》开篇第一章。孔子把经常不断地温习作为基本的学习要领。在他看来，学习是一件快乐的事，如果渴望得到知识，全身心地投入，是一种精神享受。知识是无穷无尽的，每一次重新温习都会有更新更深的体会。所有的人都要不断温习已学的知识，才能不断有新的心得体会。宋代著名学者朱熹对此章评价极高，说它是“入道之门，积德之基”。本章提出以学习为乐事，做到人不知而不愠，反映出孔子学而不厌、诲人不倦、注重修养、严格要求自己的主张。

【原文】 知之者不如好之者，好之者不如乐之者。

【译文】 懂得学习的人不如喜爱学习的人，而喜爱学习的人不如以学习为乐趣的人。

【解读】 这句话出自《论语·雍也》，讲的是关于兴趣对于学习的重要性。学习知识重要的是培养学习的兴趣，兴趣是学习的动力，兴趣是最好的老师。在这里，孔子讲了学习的三层境界：知—好—乐。不同的人在同样的环境下学习效果往往是不一样的，这固然有自身资质不同的原因，但最重要的还是学习态度问题。

【原文】 学而不思则罔，思而不学则殆。

【译文】只学习而不思考，就会迷惑不解；只思考而不学习，就会怠惰而无所成就。

【解读】这句话出自《论语·为政》。这句话精辟地论述了“学”和“思”的关系：学而不思，只能是被动地接受知识，不能化作自己的认识，学得再多，也是一片混沌，懵懂茫然；反过来说，思而不学，就不能吸收前人的知识，也就没有了思的基础，必然流于肤浅，最终无所成就。孔子认为学习的理想境界是学与思的结合，要在学中勤于思考，在思考中努力学习。现实中，有些人既不学习也不思考，不同程度地存在学而不思和思而不学这两种现象，既罔于自己也殆于工作。我们必须高度重视思考在学习中的作用，把它作为“善读书”的重要体现。

【原文】学而不厌，诲人不倦。

【译文】努力学习而不厌烦，谆谆教诲别人从来不觉得疲倦。

【解读】这句话出自《论语·述而》。这是孔子对学生讲学时关于教与学的名言。要求学习的人和教书的人都要持之以恒，坚持不懈。学习是无止境的，需要不断创新，不断前进。学习者要有韧性，不怕困难，不能半途而废。教育者则要有耐心，循循善诱，有认真负责的精神。

【原文】博学而详说之，将以反说约也。

【译文】广博地学习，详细地解说，最后回到可以说出其要领的境界。

【解读】这句话出自《孟子·离娄下》。学习是一个由博返约的过程。“约”，即大意或要领。求学问就要博览群书，而且能够详尽地解释它，然后通过自己的深入思考，将广博的知识融会贯通，最终用简约的语言说出它的精神实质。在现代社会，这种学习能力显得更加可贵。面对浩瀚的书卷、激增的信息，汲取精华，博而能约，是每个学习者都应该具备的素质。

【原文】学者非必为仕，而仕者必为学。

【译文】读书人不一定都要做官，但为官者必须坚持读书学习。

【解读】这句话出自《荀子·大略》。荀子阐述了入仕为官和学习之间的关系。荀子认为，君子出仕做官，能通过自己的政绩让君王的声誉更好，同时也减少治下百姓的愁苦。如果做不到这点，还窃据高位，那就形同欺骗；没有做官的能力还享受丰厚的国家俸禄，则无异于盗窃。因此，为官者应通过持续学习不断提高自己的能力，为国家、百姓做实事，真正做到不负所学。荀子的这段话强调了学习是为官者的基本功课，不断学习是官员正心诚意、修齐治平的修炼方式，故成为历代为官者的箴言。

【原文】 学所以益才也，砺所以致刃也。

【译文】 要想增加才干，就要学习；要使刀刃锋利，就得勤加磨砺。

【解读】 这句话出自西汉经学家刘向的《说苑·建本》。这句话是子思关于治学的论述。子思讲了这样一个道理：本领不是天生的，是要通过学习和实践来获得的。要想增长本领，必须找对方法，方法找对，事半功倍。与其"宅"在家里空想解决办法，不如向人学习来得迅速；与其踮起脚来张望，不如登上高处看得广远。要解决"本领不够"的问题，有很多办法，其中，学习就是一种好办法，学习是增长本领的"磨刀石"。

【原文】 少而好学，如日出之阳；壮而好学，如日中之光；老而好学，如秉烛之明。

【译文】 年轻的时候好学，如同刚升起的太阳一样鲜艳、富有朝气。中年的时候学习，如同中午的太阳一样耀眼、富有活力，取得的成绩也很大。年纪大了之后再学习，学到的东西就跟蜡烛火焰一样微弱了。

【解读】 这句话出自西汉刘向《说苑·建本》，源于《说苑》中的晋平公和盲乐师师旷的一段对话。意思是说，读书最可贵的是终身坚持，无论处于哪个年龄段都必须孜孜不倦地读书。师旷用"日出""日中""炳烛"来说明学习的重要性和人生学习的三个阶段，鼓励人们要活到老、学到老。

【原文】 非学无以广才，非志无以成学。

【译文】 不学习就难以增长才干，不立志就难以学有所成。

【解读】 这句话出自三国诸葛亮《诫子书》。诸葛亮在告诫自己孩子的这封信里，留下了许多名句。纵观全篇，他着重强调"静"字。只有内心宁静，才能养成定力，有了定力，才能明确志向、安心学习、增长才干。在现代社会，物质极大丰富的同时，也在不经意间助长了享乐主义和奢靡之风，这就更需要淡泊名利、涵养心性，以浮躁的心态来为人处世终将一事无成。

【原文】 积财千万，不如薄技在身。技之易习而可贵者，无过读书也。

【译文】 积累大量财产，不如有一点小技能。学起来简单并且可贵的技能，没有什么能比得上读书了。

【解读】 语出北齐颜之推《颜氏家训·勉学》。我国历代对《颜氏家训》非常推崇，该书共有七卷计二十篇，主要是以传统儒家思想教育子弟，讲如何修身、治家、处世、为学等。书中还有许多名句一直广为流传，如“与善人居，如入芝兰之室，久而自芳也；与恶人居，如入鲍鱼之肆，久而自臭也”，“幼而学者，如日出之光；老而学者，如秉烛夜行，犹贤与瞑目而无见者也”，等等。

【原文】 书山有路勤为径，学海无涯苦作舟。

【译文】 如果你想要成功到达高耸入云的知识顶峰，勤奋就是那登顶的唯一路径；如果你想在无边无际的知识海洋里畅游，耐心、尽力、刻苦的学习态度将是一艘前行的船，能够载你驶向成功的彼岸。

【解读】 该句出自著名文学家、唐宋八大家之首的韩愈，《增广贤文》中也收录有此句。这是一句治学名言，旨在鼓励人们不怕苦、多读书。在读书、学习的道路上没有捷径可走，也没有顺风船可驶，如果你想要在广博的书山、学海中汲取更多更广的知识，“勤奋”和“刻苦”是必不可少的。哪怕天资不聪明，只要勤奋、坚持不懈，就会有所收获，走向成功。

【原文】 读万卷书，行万里路。

【译文】 多阅读（以增长才学），多游历（以增加见识）。

【解读】 这句名言出自明朝董其昌《画禅室随笔》。董其昌谈画，认为只有多读书、多游历，才能胸中有丘壑，作品成气韵。一是要多读书，诗圣杜甫说“读书破万卷，下笔如有神”；二是要多游历，现代交通发达，旅游业繁荣昌盛，不用像古代徐霞客那样苦行，但要想如徐霞客那样在游历中获得生命的宽度，却需要今人付出更多的努力。

【原文】 学如弓弩，才如箭镞，识以领之，方能中鹄。

【译文】 学习就像拉开的弓弩，才能就像箭头，还要用见识来引导，射出去的箭才能击中鹄（达成目标）。

【解读】 这句名言出自清朝袁枚《续诗品·尚识》。袁枚在短短16字中，用一个比喻讲了学习、才能和见识的关系。学习是基础，基础打得越牢，用的时候才能劲道十足，否则就会“学到用时方知少”；才能是显现出来的能力，磨砺出锋利的箭头，才能“李广射虎，中石没镞”；见识就是射箭人高明的视野和目力，如此方能射中天上飞的鸿鹄。因此，平常的学习，需要锤炼出厚实的见识，才能更好地利用自己的才能完成工作目标。

美德故事

匡衡凿壁偷光

西汉时候，有个农民的孩子，叫匡衡。他小时候很想读书，可是因为家里穷，没钱上学。后来，他跟一个亲戚学认字，才有了看书的能力。

匡衡买不起书，只好借书来读。那个时候，书是非常贵重的，有书的人不肯轻易借给别人。匡衡就在农忙的时节，给有钱的人家打短工，不要工钱，只求人家借书给他看。

过了几年，匡衡长大了，成了家里的主要劳动力。他一天到晚在地里干活，只有中午歇晌的时候，才有工夫看一点书，所以一卷书常常要十天半月才能够读完。匡衡很着急，心里想：白天种庄稼，没有时间看书，我可以多利用一些晚上的时间来看书。可是匡衡家里很穷，买不起点灯的油，怎么办呢？

有一天晚上，匡衡躺在床上背白天读过的书。背着背着，突然看到东边的墙壁上透过来一线亮光。他嚯地站起来，走到墙壁边一看，啊！原来从壁缝里透过来的是邻居的灯光。于是，匡衡想了一个办法：他拿了一把小刀，把墙缝挖大了一些。这样，透过来的光亮也大了，他就凑着透进来的灯光，读起书来。

匡衡就是这样刻苦地学习，后来成了一个很有学问的人。

李相不耻下问

李相是唐代的一位武官，但他对文学颇为偏爱，最喜欢读史书《左传》。无论公务怎样繁忙，他每天都坚持读一卷书。

李相少年时代因家贫无力拜师读书，常常引以为憾。他读《春秋左氏传》时，总是把鲁国大夫叔孙婼（chuò）的“婼”读成“若”。李相身边有个小文官侍读，每当李相把“婼”读成“若”字时，那小文官的脸色就显得极不自然。

李相对小文官的举动感到很奇怪。一天，他怎么也忍不住了，就问小文官是否也常读《左传》。小文官急忙点头。李相严肃地追问为什么自己一读叔孙婼时，他的表情就很怪异。小文官看到李相的面孔十分严肃，吓得连忙跪下解释说，自己过去随老师读《左传》时，与将军的读法不一样。现在听将军把“婼”读成“若”字，才知道老师的读法有误，故而羞愧难当……

李相听他说是老师教错了，不由得心中暗自生疑。于是，对小文官坦言说自己小时候读书没拜过老师，是按本朝陆德明先生的《经典释文》上的注音读的……说着，李相顺手从书橱上取下《经典释文》，小文官凑过去仔细一看，才知道是李相把给“婼”的注音看错了。其实，小文官做的这一切，都是在委婉地为李相纠正错误。

李相顿时脸色通红。他觉得自己身为高官，熟读《左传》，多次误读而不自知，若不是小文官给予纠正，恐怕这辈子就一直误读下去了。想到这里，李相立即离开座位，把太师椅搬到北边，要请小文官坐上去，接受礼拜。小文官说什么也不敢坐。武将出身的李相这时真的有些急了，他严肃又认真地请小文官坐了上去。

小文官见此情形，知道李相是诚心诚意的，只好尴尬而又勉强地坐在太师椅上。李相面向小文官，整了整衣冠，然后躬身施礼，并说小文官为他纠正了错误，要拜他为“一字师”。

小文官见身为高官的李相能如此虚心求教，肯于不耻下问，深为感动。从此以后，他便将自己从师所学的学问都教给了李相。这样，李相的学问也就与日俱增了。

宋濂求学

宋濂，元朝后期至明朝初期的著名学者、文学家。朱元璋广纳天下人才，授宋濂江南儒学提举，当太子朱标的老师，并让他主持撰修《元史》，后来又任命他为翰林学士。朱元璋推其为“开国文臣之首”。

宋濂小时候家境贫苦，没钱读书，非常羡慕人家的孩子能读私塾，经常不声不响地站在教室窗外听课。塾师出于怜爱，让他进屋跟着学。可是，父母没有钱给他买课本，他就跟同学借书，回家将课文抄下来。借了几次，同学就觉得不耐烦，因为他们回去也要温习功课。

后来，塾师建议他去找本村的一位秀才借书。秀才是个非常爱惜书的人，一般情况下是不肯将书借给人的，但对宋濂却破例，答应每次可以借一本，十日内归还。宋濂高兴得不知说什么好，连连鞠躬致谢。

回到家后，宋濂立即伏案抄写。时值盛夏，天气闷热，宋濂浑身汗湿也顾不得管，晚上点一盏油灯，一直抄到深夜，蚊虫叮咬得无法忍受，但仍不肯停笔，一边抄，一边将内容铭记于心。

十天期限到了，宋濂准时将书送还。秀才问他有没有不懂的地方，然后讲解给他听，成了宋濂的第二位老师。

抄书十分辛苦，比如冬天，天寒地冻，砚台里的墨汁经常结冰，手指也常被冻得僵硬难以弯曲。一转眼几年过去了，秀才的书都被宋濂抄读过了，变成了他的知识和学问。

有一天，秀才对宋濂说：“我的学识有限，不能再教你了。前些日子，我去山中拜望一位高士，这人是有大学问的。我已经向他推荐你，他也愿意收你为学生，并让我告诉你，腊月初五去他那里，他一定在家等你。”

到了腊月初五前一天，忽然下起大雪。宋濂正在整理行装，母亲说：“此时大雪封山，你迟一日动身，老师也不至于见怪。况且你病后体弱，老师即使不高兴也会原谅你的。”

宋濂说：“拜师必得要心诚，不要说下雪，就是下刀子我也要准时到哪里！”

母亲实在不放心，说：“既然你这样想，我送你去吧。”

次日一早，母子俩相互搀扶着上了路。一路上不见行人，只听见寒鸦聒噪，朔风凛冽。他们深一脚浅一脚地艰难前行……到了山里已过午时。

高士在家正燃着炭炉煨水烹茶，他估计这种天气宋濂可能不会准时赶来了。忽然听见外面有人敲门，打开窗户，只见一个中年妇人扶着一位瘦弱的青年恭敬地立于寒风之中……

宋濂晚年时有一段非常著名的散文《送东阳马生序》，是送给国子监太学生马君则的一篇劝学之作。文中记叙了宋濂自己年轻时的求学经历，从中可以看出，他从小就注意培养自己的优秀品质，这是他后来成为国家栋梁的基础。

傅以渐寺院夜读

傅以渐，今聊城东昌府区人。他博览群书，经史熟记不忘，于清政权建立之初，科场连捷，一举高中状元，位至宰辅。

傅以渐年幼时家境贫寒，可他勤奋好学的故事，却在当地广为流传。

夏天的一个夜晚，刚吃过晚饭，傅以渐就跑到屋内点灯念书，有几篇“诗经”还未背熟呢。不料，灯内油已用尽，他向娘要油，娘愁苦地对他说：“孩子，明天连粮也无钱买了，哪有钱买油呢！你早点睡吧。”

傅以渐见无钱买油点灯学习，也只好作罢。这时，他忽然想到东邻的耿大爷，每晚挎着篮子去古楼附近设摊卖花生、黧糕，篮子上挑着盏灯，何不借光夜读呢！于是便拿了本书，告别母亲，向古楼走去。

花生摊靠古楼附近东墙根摆着，耿大爷知道傅以渐平时不买零嘴，很爱学习，见他晚上跑了出来，有些蹊跷，就问傅以渐：“今天不念书了，出来散散心？”

傅以渐吱吱吾吾，有些腼腆地说：“家里没钱买油了，是来凑灯念书的。”耿大爷为这个十来岁的孩子刻苦学习的精神所感动，就满口答应下来：“我正缺个伴呢，你来了正好。”

傅以渐一阵心喜，蹲在地上，便凑灯学习起来。

还没念几页，挎烧饼篮子的王二小也来到古楼跟前。此人十八九岁，云游四方，消息灵通，巧舌如簧。他神秘地对耿大爷说：“玉皇皋闹鬼了，昨天半夜三更，院里灯火通明，鼓乐喧天，小东关有个叫李三的，扒着墙头往里瞧了瞧，不好了，一些牛头马面、像人非人的怪物正在院里狂欢乱舞呢！他正看着，砸破了头，他现在头上还箍了块白布呢！以后晚上可别再到玉皇皋去玩了！”

傅以渐听到玉皇皋内“灯火通明”几个字时，心里一动。如果到那儿去凑灯学习，莫不是件美事。他年龄虽小，并不迷信，于是插嘴说：“咱们谁见过鬼呢？”

王二小对傅以渐不屑一顾地说：“你小孩子懂得什么？你现在敢到玉皇皋去吗？要敢去，我白送你三个烧饼！”傅以渐说：“去就去，谁稀罕你的烧饼。”说着把书本一合，夹在腋下，便向东走去。

这天正是十五的夜晚，月色明亮。他出了城东门，跨过运河上的木桥，便来到了小东关街。只见路南一片苍松翠柏，一个坐东朝西的寺院立在面前。他来到那高大的山门前，门口两边站立着龇牙咧嘴、凶神恶煞的哼哈二将。往日不少游人所带的小孩们来此，都吓得躲躲藏藏。傅以渐以前跟着大人来此进香，不止一次了，因此并不害怕。他刚踏进山门，突然有青龙白虎向他扑来。那龙，张牙舞爪，那虎，腾空飞跃，跟活的一般。傅以渐大吃一惊，忙留住脚步。但那龙并没真的扑过来。他静了静神，方才放心，原来那是房梁上的浮雕。因为门内排的那个灯笼不甚明亮，这才使他产生了错觉。

这是一个四合院，两边有南北厢房，门都关着。傅以渐不看也知道，北厢房东头敬阎王爷、西头敬如来佛，南厢房供着关云长，两边侍立着关平与周仓。院子正面是三星殿，傅以渐知道，里面供的是福、禄、寿三尊神，两边是天兵天将。绕过三星殿，进入第二院落，就可看到有层飞檐，灰墙、白缝、黄沿、绿瓦的玉皇皋了，在月色中，正面那六根红漆大圆柱还看得清清楚楚。

他进入皋内，正面供桌上供的是三官：天官、地官、水官。半空中的浮雕是西天如来，南海观音。左边是八仙，右边是十二属性图。

登上第二层，只见琼香缭绕，瑞霭缤纷，正当中的神位上坐着一位丈多高的天神——玉皇大帝。尽管不少人对此神顶礼膜拜，见了要磕几个响头，以求封妻荫子、大福大寿，然而傅以渐对此并不感兴趣，他心目中憧憬的是供桌上两盏大灯，这真是念书的好地方！

傅以渐开始是默读，慢慢小声读，渐渐高声读。约莫过了一个多时辰，惊动了皋里的主持。主持心想，寺院地势高，风凉得很，每年夏季，周围一些民众都来院内乘凉、歇息，无奈一些泼皮混杂进来，经常吵吵闹闹、打架斗殴，闹得皋内不得安宁。更有甚者，无视神灵，在皋内乱写乱抹、乱刻乱画。这才买通市民李三，编造了一个皋内闹鬼的瞎话，以防止再有人进皋捣乱。不知什么人竟如此大胆，又闯了进来呢？

主持上得皋来，看到一个少年，正在灯下读书，不禁一愣，问："小施主，这里半夜闹鬼，你没听说吗？"傅以渐说："师傅在上，在下也听说了，我也听说鬼是怕人的，只要你瞪大眼睛看他，鬼是不敢近前的，你要打他，鬼就跑了。"他一边谈着，一边又念起书来。

主持看傅以渐是个文质彬彬的书生。料他也坏不了大事，劝又劝不走，只好由他读下去了。傅以渐一直读到鸡叫三遍，才扒在供桌上睡起觉来。

第二天主持起来看时，才把他叫醒。问他夜里有没有动静，傅以渐如实秉报："一夜平安无事，这真是一个读书的好地方啊！"主持见他求学心切，遂生怜悯之心，说："小施主，只要愿意，只管每天来此读书好了，但不要多带人来。"

从此，傅以渐经常来此夜读，一直读了好几年。

律己

律己，就是约束自己、要求自己。严于律己，就是从思想上、品德上、行动上从严要求自己，经常自省、自察、自我批评和自我约束，不护短、不怕丑、不怕痛，有过必改，有错必纠。律己是古人重要的修身养性之道，严于律己是衡量一个人道德修养高下的重要标准。一个有道德的人，不仅体现在道德规范的遵守，而且必然是一个严于律己而不是自我放纵的人。古人说“吾日三省吾身”“君子勿欺于暗室”等，讲的都是慎独慎微、严于律己的意思。

古人对律己的要求可以概括为以下几点：一是律人必先律己。古人认为，“善败由己”，事业的成功与失败都是由自己造成的，主观因素起主要作用，对任何事必须“归咎于身，刻己自责”，对自己严格要求。反之，“好责人者，自治必疏”，喜欢责备别人的人，要求自己必然不严格。正确的做法是，“君子责己，小人责人”，“好汉责己，懦夫怨人”，“治人者必先自治，责人者必先自责，成人者必先自成”。事情做不好要尽量从自身找原因，而不要埋怨下属和他人，所谓“尽己而不以尤人，求身而不以责下”。二是正人必先正己。古人认为，“惟正己可以化人，惟尽己可以服人”，只有自己品行端正才能教育别人，只有严格要求自己才能使人信服。孔子主张，“其身正，不令而行；其身不正，虽令而不从”，人如果不能端正自身言行，就不能要求别人，即使勉强要求了，也难以令人信从。所以，孔子要求“己所不欲，勿施于人”，“己欲立而立人，己欲达而达人”。三是律己务必从严。孔子主张“躬自厚而薄责于人”，律己必须严于待人。古人认为，“居心要宽，持身要严”，对待别人要宽厚，对待自己要严格；要求自己要如秋风一样严厉，对待别人如春天般温暖，所谓“律己宜带秋风，处事宜带春风”；人如果能真正严于律己，宽以待人，所谓“严于改己”“恕以及物”，这就体现出仁义了；“能克己，方能成己”，唯有能克己律己之人才能成为一个道德上的“成人”。

严于律己，是对古今修己正身之道的凝练和提升，也是共产党人加强党性修养的重要法则。我们党是先进文化的传承者，从诞生之日起，就把严以律己作为一条重要标准，对每一个党员提出要求。从井冈山到延安，从西柏坡到北京，90多年间，我们党之所以能始终成为国家和民族事业的坚强领导核心，带领全国人民在革命、建设、改革中取得了一个又一个胜利，离不开严明的纪律和规矩：严格按照党纪国法来要求自己，要求别人做到的则自己首先做到，要求别人不做的则自己首先不做。党纪严于国法，党的作风必须为整个社会的作风做出表率，这就是中国共产党人严于律己的具体要求和内涵。老一辈革命家毛泽东在三年自然灾害期间，和百姓一样苦，三年不知肉味；朱德委员会长因公视察时，拒收工艺美术厂送的精美雕画；万里委员长的儿子在河南当了整十年农民……都给我们做出了很好的榜样。

党员干部能否严以律己，关乎人心向背，影响政治生态与发展大局。当前，党员干部队伍中存在一些突出问题，有的丧失了共产党人应有的政治本色，有的漠视党纪国法，有的在“糖衣炮弹”前翻船落马，表现不一而足，但根子就是在理想信念上偏了方向，在严以律己上出了偏差。因此，常怀律己之心，是永葆政治本色的内在保障。习近平总书记在对党员领导干部“三严三实”的要求中，重要的一点就是律己要从严，进一步明确了领导干部的为官之道和行为准则，具有很强的思想性、针对性和指导性。首先，严以律己，就要敬畏群众、敬畏法纪、敬畏责任。对群众心存敬畏，就是要时刻为群众着想，千方百计解决群众所盼、所急、所需；对法纪心存敬畏，就是要“手握戒尺”，维护国家法律和党的纪律的权威，坚守党纪国法防线，抵制腐化堕落；对责任心存敬畏，就是要不忘使命，勇于担当，努力创造经得起考验的一流业绩。其次，严以律己，必须强化自律精神，提高自我约束能力。自省才能做到自知，自知才能达到自律。领导干部要善于自省，按照党章规范言行，对群众的批评意见“有则改之，无则加勉”。要严格执行党的政治纪律、组织纪律、经济工作纪律和群众工作纪律，守住理想信念防线和思想道德防线；要切实加强党性修养和党性锻炼，培养健康向上的生活情趣，保持高尚的精神追求，自觉抵制享乐主义和奢靡之风。第三，严以律己，必须善谋勤政之策，履职尽责推动事业发展。党员干部要把勤政作为事业追求和实践准则，对人民群众关心的事扑下身子干，对决策规划的事雷厉风行地干，对事关发展的事百折不挠地干。多到基层去，多到一线去，多到矛盾集中、环境复杂的地方去，接地气，促发展。

经典名句

【原文】君子求诸己，小人求诸人。

【译文】君子对自己要求严格，而小人喜欢苛求别人。

【解读】语出《论语·卫灵公》。这句话表明了孔子对己对人的原则和态度。只有严于律己才能成为君子，而喜欢苛求别人的人则是小人。除孔子之外，我国古代谚语“好汉责己，懦夫怨人”，宋代林逋“君子责己，小人责人”，清代魏源“君子以纲行律身，不以纲行取人”等，都表达了类似的思想。

【原文】古之君子，其责己也重以周，其待人也轻以约。重以周，故不怠；轻以约，故人乐为善。

【译文】古代的君子，要求自己严格而全面，要求别人宽厚而简约。对自己要求严格而全面，所以不会懈怠；对待别人宽厚而简约，所以人们乐于做好事。

【解读】语出唐代韩愈的《原毁》。《原毁》是韩愈的“五原”（《原性》《原道》《原毁》《原人》《原鬼》）之一，“毁”就是诽谤、诋毁，“原”就是推究、探求，“原毁”就是探求诽谤滋生的根源。作者是有感而发：安史之乱后，唐朝执政者及世族大地主结党营私，而由于上层统治者求全责备，下层地主阶层很难登上政治舞台，即使得官，也“动而得谤”，屡遭排挤。面对这样的现实，韩愈写下此文，希望引起上层统治者的重视，抑制诽谤的滋生。该句是论证古之君子“责己”“待人”的正确态度。

【原文】严于律己，出而见之事功；心乎爱民，动必关夫治道。

【译文】严格要求自己，有所作为，怀爱民之心，这都关系到治国之道。

【解读】语出宋代陈亮《谢曾察院启》。这句话被认为是“严于律己，宽以待人”的出处。中国人历来讲究“中庸”和恕道，律己宽人自然成为人们的处世哲学。律己宽人，就是要遵循一定的道德准则和行为规范严格要求自己、约束自己，修养情操、完善品格，用宽宏大量的胸怀对待他人，以责人之心责己，以恕己之心恕人。严于律己，宽以待人，不计较他人，不放纵自己，这是一种态度、一种情怀、一种境界。

【原文】人虽至愚，责人则明；虽有聪明，恕己则昏。苟能以责人之心责己，恕己之心恕人，不患不至圣贤地位也。

【译文】即使是愚笨到了极点的人，要求别人时却是明察的；即使是聪明人，宽恕自己时也是糊涂的。如果能用要求别人的心思要求自己，用宽恕自己的心思宽恕别人，不用担心自己不会达到圣贤的境界。

【解读】语出《宋史·范纯仁传》。责己与责人是儒家忠恕之道的重要内容。北宋宰相范纯仁之为人，“性夷易宽简，不以声色加人”，在教育自家子弟时说：“吾平生所学，得之忠、恕二字，一生用不尽。”善于指责别人而短于批评自己是人的本能特性，儒家的修身理想就是要改造人的这一特性，通过教化确立人道尊严，强调圣贤区别于普通人的重要之处就在于以责人之心责己、以恕己之心恕人，这样才能减少过失、保全友谊。

【原文】轻财足以聚人，律己足以服人，量宽足以得人，身先足以率人。

【译文】仗义疏财能够团结人，严于律己能够使人信服，宽以待人能够得到人心，身先士卒能够领导众人。

【解读】语出明代陈继儒的《小窗幽记·集醒》。这里讲的是为人处世之道，尤其是对待人的态度。“聚人”“服人”“得人”“率人”，归根到底是得人心，而得人心的前提是“其身正”。为官者只有不偏爱钱财，清廉自律，才能一身正气；宽以待人，以身作则，才能赢得人心；而能得人心者，便可成就事业。

【原文】 自律不严，何以服众？

【译文】 自我约束不严格，怎么能让众人心服口服呢？

【解读】 语出元朝张养浩《风宪忠告》。张养浩提出：“士而律身，故不可以不严也。然则有官守者，则当严于士焉。有言责者，又当严于官守者焉。盖执法之臣，将以纠奸绳恶，以肃中外，以正纪纲。自律不严，何以服众？”他希望为官者对自身要求严格，克己奉公，廉洁自守，不徇私枉法。律人必须先律己，正人必须先正己。只有自己过硬，才有资格管人，才具备了管好别人的条件。

【原文】 治人者必先自治，责人者必先自责，成人者必先自成。

【译文】 要想管好别人一定要先管好自己，要想批评别人的缺点一定要找出自己的不足，要想帮助别人成事一定要自己先做成事。

【解读】 语出明代政治家钱琦《钱公良测语·规世》。这句话的意思是说，“打铁还需自身硬”，正己而后可以正物，自治而后可以治人。“打铁”就是治人、责人、成人，“硬”起来就是自治、自责、自成，只有自身硬了，才能得到人们的信任，才能有号召力。为官者必须以身作则，率先垂范，说到做到，要求别人做的自己先做到，要求别人不做的自己带头不做，带头勤政廉政，先做好“自治、自责、自成”，然后才能“治人、责人、成人”。这既是一种领导方法，又是一种为官之德。

【原文】 好说己长便是短，自知己短便是长。

【译文】 喜欢说自己的长处正是一个人的短处，明白自己的短处正是一个人的长处。

【解读】 语出清代文人申居郧《西岩赘语》。“好说己长”，就是好表现自己，这当然是缺点；“自知己短”，有自知之明，谦虚谨慎，这当然是优点。“满招损，谦受益”的古训，在此得到更加通俗的阐释。这句话说明，正确认识和评价自己，是一个人心理成熟的标志之一。一个人如果只看到自己的短处和缺点，就会丧失信心、缺乏朝气；如果只看到自己的长处和优点，就会自以为是、孤芳自赏。

【原文】律己宜带秋风，处事宜带春风。

【译文】要求自己要像秋风一样严厉，对待别人应如春天般温暖。

【解读】语出清代张潮的《幽梦影》。他用“秋风”作比喻，指出对自己要严格，善于约束自己的行为，克制自己的欲望，解剖自己的灵魂，以求“心底无私天地宽”；用“春风”作比喻，指出对别人要宽容厚道，善于推功揽过，平等待人，以求“乐为善”。与人当宽，自处当严，是这句话的总体含义。从现代意义上，用雷锋的话来讲，就是“对待同志要像春天般的温暖，对待工作要像夏天一样的火热，对待个人主义要像秋风扫落叶一样无情”。

【原文】我所不能者，不敢以责人；人所不能者，不可以强人。

【译文】自己做不到的事情，不要苛求别人去做；别人办不到的事情，不要强迫他人去做。

【解读】语出清代魏禧的《日录里言》。这句话从反面讲了对人对己的原则和要求。从正面讲，对人对己的原则和要求是严于律己，宽以待人，正人先正己，律己先律人；从反面讲，对人对己的原则和要求就是，己所不欲勿施于人，自己做不到的事情则不苛求别人去做，别人办不到的事情则不强迫他人去做。做事为人，要顺势而为，自然而然，不要在条件、形势尚不具备的情况下，做一些强人所难的事，更不能自己满身毛病不去检讨，而对别人横加指责、吹毛求疵。

美德故事

诸葛亮请求降职

三国时，蜀军中有个叫马谡的人，喜欢自吹自擂。刘备对他很反感，便告诫诸葛亮说：“这个人只会夸夸其谈，实际没有什么本领，请不要重用他！”

诸葛亮对此不以为然。他认为马谡不但擅长辞令，而且很有才气，因此常与他海阔天空地彻夜长谈。

建兴六年，诸葛亮挥师北伐曹魏，向祁山进军，忽报司马懿引兵出关，前来抵挡蜀军。诸葛亮问："谁敢引兵去守街亭？""末将愿往！"马谡盛气凌人，当下立了军令状。

诸葛亮任命他为先锋，拨了二万五千精兵归他统帅，又派王平作为他的辅佐，同去守街亭。

到了街亭，王平主张在五路总口下寨。马谡自以为是，听不进王平的意见，执意要在旁边的小山上驻军。王平提醒说："在山上驻军，容易被敌人包围。"马谡却说："凭高视瞔，势如破竹！"王平争辩道："此山乃绝地也。"马谡却强词夺理说："置之死地而后生，若魏兵夺我汲水之道，蜀兵死战，以一当百。"王平拗不过他，请求分兵在山下扎一小寨。马谡分给他五千兵卒，离山十里扎下寨。

马谡守在山上，被魏兵团团围住，下山冲杀，未能解围，只好紧闭寨门。王平引军杀来，怎奈力穷势孤，被迫退去。魏兵断绝了汲水道，山上无水，蜀军大乱，纷纷下山投降。马谡带着残兵，好不容易逃了出去。于是，蜀军失了街亭重镇。

诸葛亮见到逃回的马谡，后悔不已，连声叹息道："都怪我固执己见，当初不听先主的劝告，才至于此。这完全是我的罪过啊！"

于是，他立即传令，将马谡依法处决，并向后主刘禅上书道："丢失街亭，虽然马谡有责任，但是实为卑职用人不当造成的。为此，臣请求给予降职三级的处分。"

诸葛亮上书后主刘蝉希望自贬三级，后主看后，说胜负乃兵家常事，但鉴于诸葛亮的坚持，同意了诸葛亮的请求。诸葛亮严以律己、勇于担责，由一品丞相降为三品右将军，仍尽心竭力辅佐后主刘禅，成为千古传颂的佳话。

唐太宗纳谏求真

唐太宗李世民和他的重臣们，励精求治，开创了我国封建社会历史上的一代盛世"贞观之治"，其治政要略一直为后人所赏鉴。贞观盛世的出现，有着多方面的因素，但与唐太宗的虚怀纳谏之风是密不可分的。

由于唐太宗鼓励进谏，并强调谏者无罪，因此朝廷中出现了一大批敢于直谏的大臣，贞观前期著名的如魏徵、杜如晦、房玄龄等，后期有马周、刘洎、褚遂良等。在众大臣中，最具有代表性的就是魏徵，他总是不断地向唐太宗进谏，而且经常据理力争，丝毫不相让。唐太宗对他特别敬重，经常把他召进宫中，单独听取他的意见。

那时，朝中一位大臣有个才貌双全的女儿，唐太宗一心想把她选入宫中，并已登记入册。可是，这位姑娘已与人订婚，有了婆家，但也没法，既然被选入宫中，谁敢说个不字？魏徵闻知此事后，急忙劝谏唐太宗："皇上身边嫔妃成群、美女如云，应该想想平民百姓是否都有个家。"

唐太宗一时没听明白，好奇地问道："你到底想说什么啊？"

魏徵这才挑明来意，说："人家的姑娘已许了婆家，皇上却要夺为己有，这岂是一个英明的君主所能做的事？"

唐太宗听了魏徵的话，自认不是，并立即下诏，从嫔妃名册中划掉了那个姑娘的名字。

有一次上朝，魏徵因为一件事情与唐太宗争辩起来，弄得唐太宗面红耳赤。回到后宫，唐太宗十分生气，真想一声令下，将魏徵推出去斩了。长孙皇后知道后，不声不响地走进内室，换了一套朝见皇帝的正规礼服，走到唐太宗面前，并恭恭敬敬地向唐太宗跪拜。唐太宗被弄糊涂了，问她这是干什么。

长孙皇后说："恭喜皇上，我听说有英明的君主，就有敢于直谏的大臣。如今魏徵犯颜直谏，正说明了皇上的英明，所以特以此礼向皇上表示祝贺。"

唐太宗听了长孙皇后的一席话，立即转怒为喜，也明白了皇后的良苦用心，对魏徵更加敬重了。他常常在大臣们面前夸奖魏徵说："人家都说魏徵性情暴躁，举止粗鲁，我看这正是他忠厚可爱的地方。"

魏徵病重，唐太宗每天都派人去看望他，还随时就国事向他征求意见。不久，魏徵去世，唐太宗亲自前去吊唁。过后，唐太宗在百官面前哀叹道："以铜为镜，可以照衣帽是否端正；以史为镜，可知国家兴衰；以人为镜，可知自己行事是否正确。如今魏徵去世，使我少了一面明察得失的镜子。"

当然，作为一个封建君王，唐太宗的纳谏是具有时代和阶级局限性的，他的纳谏只是迫于"覆舟"的恐惧，臣下进谏也必须以忠君为前提。然而，从治政方法和艺术的角度看，唐太宗的别具特色的纳谏之风，还是值得后人研究和借鉴的。

许衡拒不食梨

元朝许衡，博学多识，教学有方，许多人士都来追随他求学，他自己题书斋匾额叫“鲁斋”。

早年，许衡曾经跟很多人一起逃难，经过河阳（今河南省孟州市），由于行走长远路途，天气又热，个个喉干口渴。同行的人发现道路附近有一棵梨树，树上结满了梨子，大家都争先恐后地去摘梨来解渴，只有许衡一人端正坐在树下，连动也不动。大家觉得很奇怪，有人便问许衡说：“你怎么不去摘梨来吃呢？”许衡回答说：“那梨树不是我的，我怎么可以随便去摘来吃呢？”那人说：“现在时局这么乱，大家都各自逃难，这棵梨树，恐怕早已没有主人了，何必介意呢？”许衡说：“纵然梨树没有主人，难道我的心也没有主人吗？”

平日凡遇丧葬婚嫁，许衡一定遵照风俗礼仪办理，全乡人士都受感化，乡里求学的风气逐渐盛大。乡内的果树每当果实成熟，掉落在地上，乡里小孩从那边经过也不看一眼，乡民都这样教导子弟，不要有贪取的心理。

许衡的德行传遍天下，元世祖闻知，要任用许衡为宰相，但是许衡不慕荣利，以病辞谢。

许衡去世后，四方人士都聚集灵前痛哭，也有远从数千里外赶来拜祭痛哭在墓下的。皇上特赐其谥号为“文正”。

孔繁森严于律已

孔繁森（1944—1994），聊城市东昌府区人。孔繁森作为新中国成立以来的重大典型，被誉为“九十年代的雷锋”“新时期的焦裕禄”“领导干部的楷模”“民族团结的典范”。

1979 年，国家要从内地抽调一批干部到西藏工作，时任聊城地委宣传部副部长的孔繁森主动报名，并写下了“是七尺男儿生能舍己，作千秋鬼雄死不还乡”的条幅。

1988年，孔繁森在母亲年迈、3个孩子尚未成年、妻子体弱多病的情况下，仍然克服困难，再次带队进藏，任拉萨市副市长，分管文教、卫生和民政工作。这位模范干部收留了三个震灾中的孤儿，他将这3个孤儿接到家里，担负起养育责任。他的家境本来就不富裕，再加上每次下乡总要接济生活贫困的藏族群众，有时不到半个月工资就所剩无几。领养了3个孤儿后，孔繁森经济上更加拮据。为了不让孩子们跟着他受苦，他悄悄地到了西藏军区总医院血库，要求献血。护士认为他年纪已大，不适合献血，他就恳求护士："我家里孩子多，负担重，急需要钱，请帮个忙吧！"护士见孔繁森如此恳切，只好同意他的请求。1993年，他先后献血900毫升，共收取医院按规定付给的营养费900元，都用于生活补贴。

在外人眼里，一个共产党的中高级干部生活如此清贫真，难以想象。1993年，妻子到西藏探亲，去的路费由自己筹措。由于看病，妻子将返程的路费花光，只好向孔繁森要钱。孔繁森东挪西借才勉强凑了500元，而回程机票当时是每个人800元。妻子不忍心让丈夫为难，就自己找熟人借了一些。回到济南后，他妻子去看上大学的女儿，女儿一见面就对妈妈说："学校让交学杂费，我写信给爸爸，爸爸让我跟您要。"妻子一听，眼泪刷刷地流了下来——自己身上剩下的钱，连回家乡聊城的车票还不够，哪里还有钱给女儿交学费！

孔繁森把工资中相当大的一部分用于帮助有困难的群众，平时根本就没有攒下几个钱。他给群众买药，扶贫济困时出手大方，少则百十元钱，多则上千元。1994年11月29日，孔繁森完成任务返回阿里途中，不幸发生车祸以身殉职，时年50岁。他的遗物，只是几个纸箱子和仅有的八块六毛钱。他牺牲后，江泽民亲笔题词"向孔繁森同志学习"。

在孔繁森的葬礼上，悬挂着一副挽联，形象地概括了孔繁森的一生，也道出了藏族人民对他的怀念："一尘不染，两袖清风，视名利安危淡似狮泉河水；两离桑梓，独恋雪域，置民族团结重如冈底斯山。"

气节

气节是中华文化特有的道德范畴，也是华夏民族文化遗产中非常优秀的部分。气节，指人的志气和节操，对道德理想的一种坚守。气节是一种自觉自愿的行为，是道德主体的一种精神状态、一种坚持。华夏民族能傲立于世，靠的是民族气节；一个人能顶天立地，靠的也是做人的气节。气节与仁、义、礼、智、信这样一些范畴有所区别，因为它不直接构成道德理想某一方面的内容，而是对所有这些道德理想的一种坚守。这样一种对伦理理想的坚守，从个人角度看彰显人的主体意识，突出人的能力与个性，从社会角度看则能够砥砺风气、教化社会，引导和激励人们遵循和捍卫善的价值和理想，从而对社会与文化起到整合、稳定的积极作用。

中国古代文献中较早把“气”和“节”联系在一起的是司马迁。司马迁《史记·汲郑列传》描写汉初重臣汲黯，说他性傲、耿直，“然好学，游侠，任气节”。当然若从“气”和“节”两个词分别考察，则可以追溯得更早。如孟子曾对公孙丑说过：“吾善养浩然之气。”孔子说：“大节是也，小节是也，上君也。大节是也，小节一出焉，一人焉，中君也。大节非也，小节虽是也，吾观其余矣。”孔子以“三军可夺帅也，匹夫不可夺志也”赞扬不畏强暴的精神。孟子把“富贵不能淫，贫贱不能移，威武不能屈”看做为人处世不可少的气节。儒家气节观是中华气节观传统与文化的核心。孟子、荀子以后气节观逐渐深入人心，成为一代又一代志士仁人的精神支撑和价值追求。如西汉苏武尽忠守节，在被匈奴扣押的19年中，含辛茹苦，受尽折磨，宁死不屈；南宋名臣文天祥在狱中三年，受尽各种威逼利诱，在湿热、腐臭的牢房中，写下了与《过零丁洋》一样名垂千古的《正气歌》；明末民族英雄史可法率领官兵死守扬州城，被清军俘虏，不屈而死。

中华气节观有着丰富的意蕴与内涵。从其基本构成来看，包含以下要素和内容：一是自觉性。气节的彰显乃人主体自觉自愿的行为。二是原则性。表现为对外在压力的抗拒与对内在理想的执著与坚守。坚持原则，不为压力所屈服。三是道义性。这种道义从伦理角度看是应有和善，从理性角度看又是真理，与之对抗既是邪恶又是谬误。四是献身性。有气节者为捍卫心中的理想与操守，有时不得不选择献身。五是人格性。道德人格在中国文化语境中正是气节。有了气节，人格才巍然挺立。传统气节观也有糟粕的因素，其主要的价值取向——忠君、孝父和婚姻方面的贞节观都程度不同地有糟粕存在，特别是妇女必须为男子守节的节烈观更是消极的东西居多，应坚决否定。

薪火相传，生生不息。中国共产党继承了优秀的气节美德。革命战争年代，气节主要是生与死的考验，和平时期主要表现为抵御物质享受的诱惑、荣华富贵声色犬马的吸引。蔡和森被俘后四肢被钉在城门上，胸膛被刺刀刺穿，他视死如归，英勇就义。叶挺在狱中威武不屈，坚持斗争，大义凛然写下《囚歌》。国学大师季羡林淡泊名利，婉拒中国作家协会主席职务，主动摘去“国学大师”“学界泰斗”“国宝”的桂冠。人民的贴心人牛玉儒一生为老百姓办实事、好事，始终站在工作一线，可在亲戚中却“六亲不认”，公私分明，一身正气做楷模。

气节是中国人的脊梁。习近平在《从政杂谈》中曾指出：“纵观人类历史，凡有成就者，必有高风亮节。没有气节，就没有了脊梁骨。”我们要努力让民族气节成为中华民族腾飞的精神力量。第一，助人为乐，无私奉献。一方有难，八方支援。在他人遇到危难之际，毫不犹豫地施以援手，竭尽全力地倾心帮扶。在现实生活中，想他人之所想，急他人之所急，排他人之所忧，解他人之所难，真心实意多做雪中送炭的好事。第二，见义勇为，舍生忘死。在我国，英雄主义精神从未泯灭。危难时刻，方显英雄本色。要树立强烈的社会责任感和正义感，用智慧、鲜血甚至生命维护法律尊严、公平正义和社会秩序，挺身而出保护他人、集体和国家的安全及财产。第三，清正廉洁，抗拒腐蚀。每个共产党员尤其是领导干部面对投机钻营之徒的威逼利诱，要经得起考验。世界上最“安全的”就是一个道德气节，领导干部守节不移，方可德才当位、大业有成。第四，坚持正义，不屈不挠。保持权利公平、机会均等、消除特权，在压力面前不屈服，顽强保持气节。第五，捍卫原则，防止迂腐。气节的守持不能泥古不化，还要讲究策略智慧，否则有可能成为孔子学生子路为维护“君子死，冠不免”的形象而系缨而死。

经典名句

【原文】富贵不能淫，贫贱不能移，威武不能屈，此之谓大丈夫。

【译文】富贵不能使他腐化堕落，贫贱不能使他改变志向，威武不能使他意志屈服，这样的人才是大丈夫。

【解读】出自《孟子·滕文公下》，是孟子在与别人辩论什么叫作“大丈夫”时提出的做人准则。战国时期，纵横家流行，他们凭着口才和机智，朝秦暮楚，合纵连横，游说诸侯，取得高官厚禄，有人认为他们是“大丈夫”。孟子认为，真正的“大丈夫”不应以权势高低论，而是在面对富贵、贫贱、威武等境遇时，要有骨气、有气节。

【原文】石可破也，而不可夺坚；丹可磨也，而不可夺赤。

【译文】石头可以被打碎，但不可以改变它坚硬的质地；朱砂可以被研磨，但不可以改变它朱红的颜色。

【解读】此语出自战国末期吕不韦的《吕氏春秋·诚廉》，以石坚、丹赤为喻，说明具有高洁品质的人不会因外界压力改变操守，即使粉身碎骨，精神也是永存的。《吕氏春秋》还用伯夷、叔齐的故事来阐述这一观点。伯夷和叔齐是孤竹国君的儿子，父亲死后，不愿为争夺王位互相伤害，就去投奔周文王。到了周地，文王已死，武王伐纣，天下归周。他们认为这是一种以暴易暴的行为，就不食周朝粟米，去首阳山隐居，终于饿死在那里。这个故事被古人当做坚守节操的范例来歌颂。这句话表现了对气节的推崇和赞美，借以说明洁身自好的豪杰义士，其名节要像石头和朱砂一样不可玷污。

【原文】不为穷变节，不为贱易志。

【译文】不要因生活贫困而改变自己的节操，不要因地位低贱而变更志向。

【解读】这句话出自西汉时期桓宽所著的《盐铁论·地广》。桓宽是西汉著名文士，他参加汉昭帝时著名的盐铁会议，记录会上的辩论，撰成《盐铁论》，因而闻名。桓宽这句话表明，任何人在身处逆境时都要坚守自己的气节、志向和理想，不能被外物左右，要有自己的主见。这句话对当今也有警示意义，提醒人们在环境变化时，要防微杜渐，守得住气节，耐得住寂寞，做到干干净净做官、清清白白做事。

【原文】志士不饮盗泉之水，廉者不受嗟来之食。

【译文】有志气的人连以“盗泉”命名的水都不饮用，有气节的人不接受带有侮辱性的施舍。

【解读】此语出自东汉时期范晔著的《后汉书·列女传·乐羊子妻》。志士不饮盗泉之水，源自“孔子过于盗泉，渴矣而不饮，恶其名也”的典故。不饮“盗泉之水”，是对“盗”的鄙视，为了保持名节。不受“嗟来之食”典出《礼记》：齐大饥，黔敖为食於路，以待饿者而食之。有饿者，蒙袂辑履，贸贸然来。黔敖左奉食，右执饮，曰：“嗟，来食！”扬其目而视之，曰：“予唯不食嗟来之食，以至於斯也。”从而谢焉，终不食而死。两则典故是对做人气节的称颂与赞美，提倡做人要有尊严、有志气、守操节，宁可克制自然生理的、强烈的、基本的欲望，直至断送性命，也不做摧眉折腰、苟且偷生之事。

【原文】洛阳亲友如相问，一片冰心在玉壶。

【译文】如果在洛阳的亲戚朋友问到我的情况，请你转告他们，我这颗光明的心，就像放在了玉制壶里的冰块那样，晶莹透明、清澈无暇。

【解读】本句诗出自唐朝王昌龄的《芙蓉楼送辛渐》，是作者任江宁丞时送别朋友辛渐乘舟去洛阳而作。前两句是“寒雨连江夜入吴，平民送客楚山孤”。当时王昌龄被贬官，但他自认是无罪的，在亲朋面前是问心无愧的，所以他用了这样一句话，来自白于人。这里的“冰心”是比喻心地光明，冰清玉洁。“玉壶”是用玉石制成的壶，比喻高洁。诗人转用了这个引语，以“冰心玉壶”自喻，不仅文字简练，而且非常含蓄，意味深长，表明自己光明磊落、清廉自守、表里如一。现在人们有时引用“一片冰心在玉壶”表示志趣高洁，品质高尚。

【原文】 时穷节乃见，一一垂丹青。

【译文】 在艰难困苦的时候，崇高的气节才越能显示出来，这种气节永垂青史。

【解读】 此句诗摘自宋朝文天祥的《正气歌》。《正气歌》是宋末民族英雄文天祥兵败被俘后关押在元人狱中的作品。当时元朝统治者绞尽脑汁，以高官厚禄相诱，劝文天祥投降，可他丝毫不为所动，并写《正气歌》一诗以明志，表现了他不屈不挠、视死如归的浩然正气。“时穷节乃见”与鲍照的“时危见臣节”、韩愈的“士穷乃见节义”一脉相承，都是表现艰难时世对人的考验，歌颂古往今来临危不惧、为国捐躯的仁人志士的刚正气节。它告诉我们：无论遇到什么困难和考验，只要正气满腔、节操一身，就会战胜一切邪恶。因此，我们应当把气节视为崇高的人格，视为至高无上的精神瑰宝。这句诗激励了后代无数仁人志士，对铸造中华民族的性格起了很大的作用。

【原文】 千锤万凿出深山，烈火焚烧若等闲。粉身碎骨全不怕，要留清白在人间。

【译文】 石灰是经过千万次的撞击和敲打才从深山中开采出来的，它把烈火焚烧看成是平平常常的事。即使身体粉碎也不害怕，只要把高尚的节操留在人世间。

【解读】 此诗是明朝于谦所写的《石灰吟》。于谦为官廉洁正直，曾平反冤狱、救灾赈荒，深受百姓爱戴。明英宗时，瓦剌入侵，明英宗被俘。于谦议立明景帝，亲自率兵固守北京，击退瓦剌，使人民免遭蒙古贵族再次野蛮统治，但英宗复辟后却以“谋逆罪”诬杀了这位民族英雄。这首《石灰吟》可以说是于谦生平和人格的真实写照，是一首托物言志诗。作者以石灰作比喻，表达自己为国尽忠、不怕牺牲的意愿和坚守高洁情操的决心。全诗意象鲜明生动，语言铿锵有力，有一种磊落刚正的英雄之气贯注其中，具有很强的思想感染力。

【原文】 咬定青山不放松，立根原在破岩中。千磨万击还坚劲，任尔东西南北风。

【译文】 青竹抱住青山一直都不放松，原来是把根深深地扎入岩石的缝隙之中。经历千万次的折磨依旧坚硬如铁，任凭东西南北的狂风吹打。

【解读】 出自清代著名书画家郑板桥所写的《竹石》一诗。这首诗是一首寓意深刻的题画诗，画的名字叫作《竹石图》。这首诗歌颂了那种坚忍不拔的斗争精神。扎根在破岩中的竹子，任凭来自各方的狂风猛刮击打，仍然坚定强劲，保持气节。作者赞美竹石这种坚定顽强的精神，隐喻了自己的风骨强劲。“千磨万击还坚劲，任尔东西南北风”，常被用来形容革命者在斗争中的坚定立场和受到敌人打击时决不动摇的品格。这首诗激励我们，要像虚心有节的修竹，每向上挺立一段就要圆一个节，画上一个圆满的句号，在艰难困苦面前意志坚定。

【原文】 砍头不要紧，只要主义真。

【译文】 砍头没什么好畏惧的，只要坚持的是真理。

【解读】 这是夏明翰在就义前写下的诗，后两句是“杀了夏明翰，还有后来人”。1928 年初，中共中央调夏明翰到武汉参加湖北省委的领导工作，当时桂系军阀正在大肆搜捕革命者。3 月 18 日他因叛徒出卖被捕后，连续受到刑讯，他在被拷打中怒斥审判官，回到牢房，忍着伤痛用半截铅笔给母亲、妻子、大姐分别写了三封信。被捕两天后的清晨，他被带到汉口余记里刑场。执行官问他有无遗言，他挥笔写下了“砍头不要紧”的就义诗。这一正气凛然的词句，当时就被人称做热血谱写的革命战歌，激励了无数后人为革命理想英勇奋斗。

美德故事

柳下惠不惧免官

柳下惠，春秋时期鲁孝公的儿子公子展的后裔，被封在一个叫“柳下”的地方，“惠”则是他的谥号，所以后人称他为柳下惠。

柳下惠曾在鲁国担任士师。士师是掌管刑狱诉讼的官。柳下惠为人刚正不阿，不会逢迎，因而得罪了权贵，竟接连三次被罢官。因为他道德高尚，学问渊博，名满天下，各国诸侯听说后，都争着以高官厚禄礼聘他，但都被他一一谢绝了。

这样一来，柳下惠的名气更大了。

有一年，齐国的国君派人向鲁国国君索要鲁国的传世之宝——岑鼎。鲁庄公舍不得，却又怕得罪强大的齐国，便打算用一只假鼎冒充。齐国的使者说：“我们不相信你们，只相信以刚正不阿闻名天下的柳下惠。如果他说这只鼎是真的，我们才放心。”鲁庄公听了，只好派人去求柳下惠帮忙。柳下惠说：“信誉是我一生唯一的珍宝，我如果说假话，那就是自毁珍宝。这样的事我怎么能干呢？”鲁庄公无可奈何，只得将真鼎送往齐国。

柳下惠退居柳下后，招收弟子，传授文化、礼仪，深受乡人爱戴。

柳下惠死后，他的坟墓历来受到人们的保护。秦始皇攻打齐国时，秦军路过柳下惠墓地，秦始皇下令说：“有去柳下惠墓地采樵者，杀无赦。”孟子非常推崇柳下惠，把柳下惠和伯夷、伊尹、孔子并称为四大圣人，他认为像柳下惠这样刚正不阿的圣人，是可以成为百世之师的。

陶渊明不为五斗米折腰

陶渊明，又名陶潜，是东晋著名的诗人、辞赋家和散文家。

他出生在一个没落的官僚家庭中，他的曾祖父是东晋著名的大将军陶侃，但到陶渊明这代，陶家已经败落，生活贫困。尽管如此，陶渊明从小还是受到了良好的家庭教育，他博览群书，养成不爱慕虚荣、不贪富贵的高洁性格。

义熙元年（405），陶渊明在朋友的劝说下，出任彭泽县令。到任81天，碰到浔阳郡派遣督邮来检查公务。浔阳郡的督邮刘云，以凶狠贪婪闻名远近，每年两次以巡视为名向辖县索要贿赂，每次都是满载而归，否则就栽赃陷害。

县吏说："我们应当穿戴整齐、备好礼品、恭恭敬敬地去迎接督邮。"

陶渊明叹道："我岂能为五斗米向乡里小儿折腰。"意思是我怎能为了县令的五斗薪俸，就低声下气去向这些小人贿赂献殷勤。

于是，陶渊明在出任彭泽令八十多天后，就离开衙门，收拾行装，返回家乡，从此过起隐居生活。对于官场，他丝毫没有眷恋之心，反而有一种重获自由的怡然自得。他每天饮酒写诗，过着世外桃源一样的清闲生活。

宁死不屈文天祥

文天祥，宋末元初人。蒙古族侵略南宋时，他曾率领兵士保卫京城临安。临安失守后，他转移到南方，与各将领抵抗敌人，保卫国家。后来兵败被俘，在敌人面前，宁死不屈，终于壮烈牺牲。

文天祥的时代，正是蒙古族侵略南宋的时代。1271年，元朝建立，派大军攻打南宋，临安危在旦夕。文天祥虽然是个文官，但他认为自己既然是国家的一分子，就应当负起保卫祖国的责任。他毅然变卖了家产，招兵买马，购买军粮。百姓纷纷响应，加入他的抗敌队伍。由于元军势力强大，文天祥和其他将领抵抗不住，不得不退守临安。朝廷派他去和元军讲和，元军将领反而逼他投降，甚至威胁要把他杀死。文天祥说道："国家存在，我也存在；国家灭亡，我也灭亡。你们就是把刀、锯、油锅放在我面前，我也不怕！"元军将领拿他没办法，只好把他扣留起来，再押送到大都去。途中，文天祥得到一个船夫的协助，乘机逃脱。他历经许多艰险，好不容易才回到了南方，重新组织抗元救国队伍，还打了几次胜仗，收复了一些失地。

1278年，文天祥在一次战役中，被元军俘虏了。元军主帅劝文天祥投降，但被他一口拒绝，还写下了"人生自古谁无死，留取丹心照汗青"的诗句，表达他以死报国的决心。

文天祥被押送到大都，关在地牢里。元朝统治者劝文天祥说："只要你投降，为我们出力，我们就让你享尽荣华富贵。”可是，不管他们怎样威迫利诱，也无法动摇文天祥尽忠报国的决心。文天祥在地牢里，受尽了折磨。临死时，他朝南方拜了几拜，沉痛地说：“我报答国家的机会，只能到此了。”

文天祥热爱自己的国家，宁死不屈，以身殉国，表现了崇高的民族气节。他的光辉事迹和伟大精神永垂不朽！

英勇不屈八女投江

“八女投江”是指中国共产党领导的东北抗日联军8名女官兵英勇抗击日本侵略军，与日军血战到底而决不屈服、最后集体投江殉国的英勇事迹。

1938年夏天，日本关东军纠集伪蒙、伪满军在松花江下游展开了“三江大讨伐”，东北抗联第4、5军为摆脱困境决定向西转移，遭到日军多次围追堵截，牺牲了很多抗联战士。10月，东北抗日联军第5军第1师一支百余人的队伍被乌斯浑河挡住了去路，队伍中有八名女战士，她们是冷云(原名郑志民）、胡秀兰、杨贵珍、郭桂琴、黄贵清、李凤善、王惠民、安顺福。抗联队伍经过几日的奔袭，战士们又饿又累，师长决定在岸边休息一夜，次日早晨过河。10月的北方天气已经非常寒冷，部队在河畔露营后，燃起了几堆篝火取暖。日伪特务葛海禄发现了江边有篝火闪动，向日本守备队报告有抗联战士在江边休息。后半夜，日军熊本大佐集合了一千多日军与伪军将抗联战士包围。拂晓时，抗联战士们发现了日军，急忙向外冲。冷云比较冷静，命令七名女战士卧倒，敌人没有发现她们，向大部队逼近，情况十分危急。在此生死关头，冷云果断地组织女战士殿后，从背后袭击敌人，吸引日军火力，掩护大部队突围。敌人一下子慌了神，以为中了埋伏，慌忙抽出一部分兵力向她们还击，大部队乘机突出了日军的包围圈。冲出去的同志最后听到她们齐声喊：“快往外冲啊！保住手中枪，抗战到底！”日军在得知她们只有八名女兵时，变得更加猖狂，边打边叫：“乖乖投降吧！皇军不会亏待妇女！”当大部队发现还有八名女战士没有冲出日军的包围后，多次组织抗联战士营救，因日军火力强大未能成功。被包围的八名女战士投出了最后一颗手榴弹，趁敌人卧倒的机会，毁掉枪支，挽臂涉入了冰冷的乌斯浑河中……写下“八女投江”的壮丽篇章。8名女战士为中华民族的解放献出了她们年轻的生命，她们中最大的25岁，最小的只有13岁。

"八女投江"体现了中华儿女为民族解放事业敢于与日军血战到底的英雄气概。东北抗联第2路军总指挥周保中得知"八女投江"后，当即题写了"乌斯河畔牡丹江岸将来应有烈女标芳"。新中国成立后，中国共产党以"八女投江"为题材拍摄了一部电影《中华儿女》，女英雄们的高尚气节强烈地感染了千千万万中国人民。1986年9月7日，为纪念八名女烈士，建立了一座巨型"八女投江纪念碑"。全国政协副主席康克清为其亲笔题词："八女英灵，永垂不朽。"

宽容

宽容就是宽容不同于己的异人异事、异言异行。凡事与自己保持一致，是不存在宽容不宽容的。宽容一词在先秦典籍中即已出现，《庄子》说人应秉持“常宽容于物，不削于人”的人生态度，荀子说“遇贱而少者，则修告导宽容之义”。而“宽”“容”字的单独出现、使用则更早、更多。《尚书》有“宽而栗”“充宽充仁，彰信兆民”诸多论述。《老子》云：“知常容，容乃公……没身不殆。”宽容，是五千年中华文明的精髓之一，它与乐观、进取等密不可分，都是处理人际关系的传统美德和重要原则。

中华民族是一个宽容大度的民族。宽容作为一种民族精神，在中华民族史上发挥了积极作用，它使封建专制政治生活中渗入了一丝民主的气息。古代的宽容主要包括四个方面。一是“宽则得众”的政治观。开明的君主，都把宽容作为自己为政的品德，善于团结有过错者，应心纳谏，广开言路。宽容之为君德，始于西周。儒家认为宽容是天理，也是圣人之道。二是“兼容并包”的文化观。宽容表现在文化上，就是兼容并包、兼收并蓄，善于融合百家、兼采众长。中国文化先后兼容了中亚游牧文化、波斯文化、印度佛教文化、阿拉伯文化、欧洲文化，从而使自身保持了旺盛的生命力。三是“各族一家”的民族观。宽容体现在民族关系上，就是各民族平等相待、和睦共处，最后实现民族融合。李世民提出：“无间中国及四夷，皆养活之。不安者，我必令安；不乐者，我必令乐。”四是“协和万邦”的国家观。宽容在对外交往中，就是要有一种雍容的风度。《尚书·尧典》载“协和万邦”，《中庸》提出“柔远人则四方归之”。

宽容是对生活的一种乐观的态度、对生活充满自信的表现。宽容不是对罪恶的忍让和责任的放弃，而是对人权的捍卫和人性的张扬；宽容不是懦弱，不是无能，而是一种豁达、一种气量，一种将军额前能跑马、宰相肚里可撑船的宽广胸怀。我国历史上出现过许多具有包容气度的明君、贤臣。唐太宗宽容了魏征，成就了“贞观之治”；蔺相如宽容了廉颇，成就了一段“将相和”的佳话；鲍权牙宽容了管仲，成就了“九合诸侯，一匡天下”的壮举……

海纳百川，有容乃大。伴随着多元社会的到来，宽容越来越成为现代人的生活要求。一是宽容有助于社会个体成员之间形成和谐的人际关系。人与人之间的和谐相处、相互理解及心理情感上的接近、沟通，是个体融入社会、担当社会责任、实现社会和谐的基础。二是宽容能促进多元文化互动。与世界多元文化的交流与对话，需要挖掘中国“和”文化的开放性和包容性的优势。三是宽容是促进社会文明进步的重要力量。一种文明被另一种更高层次的文明所取代，必然有对旧的观念和思想的反对和更新。宽容对待推动社会文明和进步的新思想、新观念，社会才能进步。

宽容不是简单、无原则地退让。大事讲原则、小事讲风格是我们在处事过程中所要追求和达到的一种境界与高度。对涉及原则上的大事，要寸步不让，而一些生活上的小事，要对人以宽。宽容是相互的而非单方面的，只有大家共同遵守才能真正实现。一是要树立不干涉意识、尊重意识、批判意识。个人之间互不干涉他人正当自由，是宽容应有的基本态度；不仅尊重他人的人格尊严，也要尊重他人的价值选择自由；不断反思、批判不合理的认识，使各种思想在交流、讨论、互相批判中彰显自身。二是要学会理解、谅解、化解。理解是生活协奏曲中的一个乐章，你理解别人，别人也会理解你。谅解是人生必需的修养，只有经得起波折、委屈，冷静稳重地处事，才能和谐地工作。谅解是从理解走向化解的必由之路，理解、谅解的最终目的就是为了达到化解，形成合力，成为社会坚不可摧的力量。三是要容人长短、个性、功过。要能容人之过、容人有功，不能怕别人的功劳会对自己构成威胁。但宽容应力避纵容，宽容与纵容只是一个度的问题，宽容是允许别人犯错和出错，但如果是一而再、再而三地在一个问题上面犯同样的一个错误，那就万万不能去宽容和宽恕。

经典名句

【原文】 宽则得众，信则民任焉。

【译文】 做人宽厚，就会得到众人的拥护；诚实守信，就会得到民众的信任。

【解读】 这句话出自于《论语·尧曰》，强调君王要宽容对待民众。春秋末期，儒家学派产生，开启了中国历史上百家争鸣的新时期。此时，社会动荡，政治变革。为了寻求正确的治国之道，孔子对尧帝以来历代先圣先王的遗训进行研究，并对三代以来的美德善政进行了概括，总结出国以民为贵、人以信为本、“宽则得众”的执政思想。孔子认为，只有宽容，民众才会拥戴君主。孔子治国理政的观念和管理思想显然具有浓厚的人性化色彩和人文主义精神，这些治国安邦平天下的方略，对后世产生了很大的影响，至今仍有重要借鉴价值。

【原文】 地势坤，君子以厚德载物。

【译文】 大地的气势宽厚和顺，君子应增厚美德、容载万物。

【解读】 这句话出自于《易经》中的坤卦《象传》。“坤”代表地，所蕴含的主要是一种宽大包容的精神和柔顺谨慎的意识。它与代表天的“乾”卦，同为《易经》64 卦之首。这句话与“天行健，君子以自强不息”放在一起，一个是讲兼容精神，一个是讲奋斗精神。自强不息、厚德载物可以说是中华民族精神的主要表现，它强调了厚德的基本原则是直率、方正、宽大。宽大，必然体现了包容，像大地一样容得下万事万物。这句话教育我们在德行上应当效法大地，以宽厚的德行负载万物。做人也好，做官也罢，首先要宽厚为怀，要像大地一样坦荡宽广。

【原文】 人主者，温良宽厚则民爱之。

【译文】 做君主的，宽大厚道则受民爱戴。

【解读】这句话出自于《管子·形势解》。管仲所处的时代是列国并峙、互相征战不休的时代。管仲在齐国国君初亡、全国陷于一片混乱的状况下，受命于危难之中，提出“慈于民，予无财；宽政役，敬百姓”，要求国君从自身做起，“宽其政”，爱民顺民，并在社会上积极宣扬重德教民思想，形成了良好的社会伦理道德规范，三年时间便使这个边陲小国民富国强。管仲的这一思想，就是要求为官者要树立真诚待人的宽容情怀，以宽容的心胸为人处世，容人之短，用人之长。

【原文】君子能则宽容易直以开道人。

【译文】君子有才能，就能宽宏大量平易正直地来启发引导别人。

【解读】这句话出自于《荀子·不苟》。不苟，指不随便、不马虎。君子以礼义治国，以诚信养心，以自律而求同志。极力表彰君子的种种可贵品格，揭露和批判了小人的不良行径。此句的原文是：“君子能则宽容易直以开道人，不能则恭敬繜绌以畏事人。”意思是：君子有才能，就宽宏大量平易正直地来启发引导别人；没有才能，就恭恭敬敬谦虚退让来小心侍奉别人。

【原文】以德报怨，则宽身之仁也。

【译文】以恩德回报别人对自己的怨恨，这是具有宽厚品德的人。

【解读】这句话出自《礼记·表记》。“以德报怨”是儒家宣扬的礼治主义及宽容待人的思想。《礼记》作为一部儒学短篇杂编，在历史上的地位仅次于《论语》，因为它不仅记载了许多生活中实用性较大的细仪末节，而且详尽地论述了各种典礼的意义和制礼的精神。无论是古代还是现代社会，利用以礼治主义为中心的儒家思想吸引广大知识阶层，规范世人的思想和行动，都是维护统治秩序从而获得长治久安的不容忽视的大政方针。所以，我们要大力宣扬用仁爱的宽容精神对待结怨者，开阔彼此的气度与心量，相互帮助，更好地实现人生价值。

【原文】唯宽可以容人，唯厚可以载物。

【译文】只有宽容的心态才可以包容别人，只有厚重的品德才可以担当大任。

【解读】这句话出自薛宣《薛文清集》。薛宣为西汉丞相，出身于教育世家，性格细腻安静有智谋，并以知人善任著称。在学术方面，他继续程朱理学，提倡修己教人以复性，一直在强调拥有宽容的品德对个人、对国家的重要性。他一生为官赏罚分明，用法公平，对百姓宽厚仁爱，为人喜欢威仪，进退举止温文，用实际行动为后人做出了榜样。他用这句话告诫我们，要有宽容的心态和厚重的品德，才能有所担当。

【原文】以大度兼容，则万物兼济。

【译文】以宽容的胸怀包括万物，那么万物之间也都和谐了。

【解读】这句话出自《宋朝事实类苑·祖宗圣训》，强调了一个国家不管君王还是普通百姓，如果都能用宽容的心去对待他人，那么这个国家必然会安定团结、一片祥和。在中国古代历史上，历代开国者所颁布的具有本朝特色的律令规则，常被称为“祖宗故事”或者“祖宗圣训”。由于祖宗圣训对人们的行为有一定的规整作用，有助于提高个人的道德修养，所以在一定程度上维护了国家的稳定发展。在大力提倡和谐社会的今天，我们更要继承“祖宗圣训”中宽容大度的处事原则，更好地维护国家的繁荣稳定。

【原文】君子贤而能容罢，知而能容愚，博而能容浅，粹而能容杂。

【译文】君子贤能而能容纳无能的人，聪明而能容纳愚昧的人，知识渊博而能容纳孤陋寡闻的人，道德纯洁而能容纳品行驳杂的人。

【解读】这句话出自《荀子·非相》，强调贤能、聪慧、高尚的君子能容纳愚昧无知、道德低下的人。荀子作为儒家学派的集大成者，经常以孔子的继承人自居。他一生对各家都有所批评，唯独推崇孔子的思想，认为是最好的治国理念。他又从知识论的立场上批判地总结和吸收了诸子百家的理论主张，形成了富有特色的“化性起伪”的道德观，认为不管品格多么恶劣的人，只要接受了良好的教育就能成为一个品德高尚宽容的人。他要求为官者要努力让自己成为高尚贤德的人，以宽容的心对待无德无能的人，并以身作则，提高素质。

【原文】欲温温而和畅，不欲察察而明切也。

【译文】应相互宽容，不要专在细枝末节上用心，又自以为明察秋毫。

【解读】本句出自唐朝房玄龄的《晋书·皇甫谧传》，强调宽容不要去计较细枝末节。原文："若乃圣帝之创化也，参德乎二皇，齐风乎虞夏，欲温温而和畅，不欲察察而明切也。"皇甫谧出生在晋朝时期，他不趋炎附势，累官不仕，虽然朝廷多次派人来请，他就是不去，家人朋友对此很不理解。他解释说，人一旦被权力牵制，就会抛弃礼义、丧失宽容，就会变得自私自利。可见，他在生活中始终坚持为人处世要宽容大度，为了坚守自己的道德准则，宁可放弃高官厚禄的诱惑。

【原文】人之谤我也，与其能辩，不如能容。人之侮我也，与其能防，不如能化。

【译文】别人诽谤我，与其跟他争辩，不如包容他。有人侮辱我，即使你在小心防着，不如化解冲突。

【解读】这句话出自于弘一大师《格言别录》。弘一大师在《格言联璧》的基础上切合当时社会实际和道德精神所需，从敦品、处世、接物等方面入手，对所选原句文字作增减修改，手书录成《格言别录》传给后人。他强调宽容是人类生活中至高无上的美德，是人类情感中最重要的一部分，这种情感能化解矛盾、融化人心头的冰霜。当与他人产生误会时，辩解不是解决问题的唯一方法，要学会用宽容解决矛盾、化解误会。这句话也告诫我们，人与人相处时，只有用一颗宽容的心去对待周围的人，才会使人生之路越走越宽。

美德故事

吕端宰相肚里能撑船

吕端是宋朝一位名宰相。据传，他在相位的时候，曾遭奸臣陷害，被削官还乡为民。吕端得旨后二话没说，便和书童背上行囊，挑上书籍，离开京城向家乡走去。

吕端在路上行走数日，回到自家门口时，见家中正在设宴摆席大办喜事，原来是为他的弟弟结婚设宴，当地的很多官吏和豪绅都来赴宴。这些人见吕相爷回来了，又是大礼参拜，又是重上厚礼，弄得吕端哭笑不得。他见此情景只好当众言明真相："我吕端现在已被革职还乡为民了！"没想到，吕端的实言出口，竟使得那些势利眼的官吏和豪绅们个个脸色突变，有的目瞪口呆，有的斜眼相视，有的甚至拿起所送礼品离席而走。

真是无巧不成书。正在这个时候，村外传来了马蹄声，鞭声脆震长空。原来是皇上派御史来给吕端下旨让他官复原职的。而方才散去的那些官吏和豪绅，闻听吕端又官复原职了，个个面红耳赤，张目结舌，只好重新相聚，拉下脸皮，回到吕府重新送礼贺喜。吕端对于这些势利眼们的行为虽然在心中暗笑，可表面上无动于衷。

事后，吕端并没有因为他们的无礼相怪罪，而是用宽容的气量包容了他们，赢得一片赞誉。

刘宽宽恕待乡民

东汉刘宽为人有德量，涵养深厚。对待属下仁厚宽恕，有了过错，只以薄鞭轻罚，以示耻辱。推行政事有功，皆让给属下；灾殃变异出现，便引咎负责。见了父老，常慰问乡里及农田之事，对少年则勉励他们善事兄长，百姓都深受他的感化。

有一次，他乘牛车外出，遇见有人寻找丢失的牛，失牛人误认刘宽牛车的牛是自己丢失的，要将它认领，刘宽没有说话，随即下车徒步走回了家。经过片刻，失牛人找到了自己的牛，知道自己认错了，于是亲自将牛送还给刘宽，并叩头谢罪说："我很羞惭，愧对长者，愿任长者处罪。"刘宽却和颜悦色地说："世间相类之物，容易认错，幸劳你送回来，这有什么好谢罪的呢？"邻里知道了这件事，都佩服称赞他这种不与人计较的德量。

刘宽性情温良，从未发过脾气，即使在急迫匆忙时，也未曾见他容色严厉、言辞急迫。夫人也感到奇异，为了试探刘宽的度量，想激他愤怒。有一次，正当刘宽衣冠装束整齐要赴朝会时，夫人命侍婢奉肉羹进入，故意翻倒沾污了刘宽的朝服，刘宽神色不变，仍然和祥关心地慰问侍婢说："肉羹是否烫伤了你的手？"他的宽宏度量，竟然到此程度，海内闻风都尊称他为宽厚长者。

到了灵帝时，刘宽官至光禄勋，封为逯乡侯。

狄仁杰不记人过

唐朝有一位大将狄仁杰，他待人宽容大度，深得部下和民众的爱戴。

有一次，武则天皇帝派宰相张光辅到汝南去讨伐造反的李贞，由于老百姓起义反李贞，李贞很快就被打败，全家自杀。李贞的党羽有两千多人，全部被张光辅判了死刑。狄仁杰那时在豫州做刺史，听到了这件事，连忙写了一封奏章给武则天，说那两千多个李贞的党羽，不过是被李贞威胁，根本就不是存心造反，如果把他们统统杀死，实在是冤枉，也未免太残忍了，因此请求宽免。武则天听了狄仁杰的话，便把这两千多人免去死罪，改罚到边境去服役。

张光辅消灭了李贞，自以为有功，纵容他的士兵到处抢劫，闹得民间鸡犬不宁。狄仁杰看不过眼，就向张光辅提出抗议。张光辅心里很恨狄仁杰，马上向武则天进谗言，说狄仁杰的坏话。武则天误信张光辅的话，把狄仁杰贬到复州去做刺史。但是，狄仁杰毕竟是个有才能的好人，不久，武则天醒悟过来，又升狄仁杰到京城继续做官。

有一天，武则天对狄仁杰说："你在外面做官，成绩很好，因为有人讲你的坏话，我一时未察，才把你贬到复州去，你要知道讲你坏话的那个人吗？"狄仁杰答道："如果我有过失，应该把它改掉，要是没有过失，我的心已经很安乐了，何必要知道说我坏话的人呢？"从这些话中，就可以想见狄仁杰宽容待人的风度了。

孝文帝宽恕厨子

魏孝文帝拓跋宏，南北朝时期北魏第六位皇帝，杰出的政治家、改革家。魏孝文帝时期，边关定州经常发生骚乱，急需一位得力干将去镇守。孝文帝思量再三，认为赵黑是最佳人选。于是，他找来赵黑一起用餐，说了自己的心思。赵黑是个聪明人，知道这是个苦差事，因为平定骚乱绝非易事。于是，他推辞说："我的才能有限，出身又不好，恐怕难以胜任。"

说话间，厨子送来一道热菜。不巧的是，刚好一只苍蝇掉进菜里。厨子顿时吓得脸色苍白，大气都不敢出。孝文帝并没责备厨子，只是微微一笑，用筷子将苍蝇挑出去，继续用餐。

不一会儿，厨子又端来一碗热气腾腾的汤。也许是对刚才的事还心有余悸，厨子的手抖了一下，碗里的热汤洒到孝文帝的手上。孝文帝被烫得大叫一声。厨子吓了个半死，赶紧跪地求饶。谁知，孝文帝摸了摸自己的手，反倒和颜悦色地安慰厨子说："我没事，你起来吧。"

这一切都被一旁的赵黑看在眼里，被孝文帝的忠恕美德深深打动。之前还犹豫不决的他，当即向孝文帝表下决心：马上赴定州任职，一定会守好边关，平息骚乱。

忠恕是一种美德，宽容是一种魅力。与其用手中的权力去征服，不如学孝文帝用宽容来赢得他人的信任。

王旦胸襟宽厚

王旦，北宋名相，今聊城市莘县人。他不仅以严于律己、为政清廉备受后人的尊敬和赞誉，更因为人宽厚、以德服人的德操修养与人格魅力令时人叹服。

史载，和他同朝的一位重臣寇准，曾多次在皇帝面前打小报告说王旦的不是，王旦反倒常常当着皇帝的面称赞寇准的才华。宋真宗十分不解，有一次长谈时问王旦，王旦解释说："我做宰相日久，定然多有缺失。他对陛下无所隐瞒，可见他的忠正刚直。我正是因此很看重他，深觉他是难得的忠臣。"王旦的宽厚，令宋真宗感佩不已。

寇准为枢密使时，王旦为宰相，中书省有事需要与枢密院沟通。有一次，中书省所拟的文书违犯了诏令格式，寇准立即把这事报告了皇帝。真宗大为不快，对王旦严词斥责。王旦没有为自己申辩，中书省的其他官吏因此受到处罚。不过一个月，枢密院有事需要传达给中书省，其文书也不符合诏令规格。中书省的官员将文书呈送给王旦，王旦看后却让退还给枢密院。枢密院的官员把这件事告诉寇准后，寇准非常惭愧。

寇准得知将被罢去枢密使职务后，托人到王旦家私下请求出任使相，王旦听后非常吃惊："将相之任岂可求邪？吾不受私请。"寇准大失所望。

时隔不久，宋真宗任命寇准为武胜军节度使、同中书门下平章事。寇准入朝拜见，宋真宗说是王旦的推荐。寇准知此内情，既羞愧又感动，之后逢人便自叹不如王旦的度量大。

王旦虽贵为宰相十多年，从不以官谋私。他一不买土地，二不置宅屋，生活也极为俭朴。他所居宅第十分简陋，皇帝多次要为他修治，他都以种种理由婉拒。每有赐予，他都感叹说："生民膏血，安用许多。"到了晚年，他因病告退时，真宗秘赐其黄金50两，他辞曰："已恨多藏，况无用处。"最终拒绝不收。其家被服素淡粗糙，就连家人想用一些比较讲究的材料铺饰毡席，他都不允许。

他死后，仁宗特命大文学家欧阳修为其撰写碑文，后来大文豪苏轼也在文章中歌颂其功德。

改过

改过，即改正过失、错误。先贤们非常重视改过，我国传统文化一直强调人要修身、慎独、自省，正是基于要对错误时刻警醒、绝不姑息、不吝改正的态度认知。改过是一种传统美德，对于现代人来讲也是非常可贵的一种品质。

古人认为，“过而不悛，亡之本也”“过而能改，善莫大焉”。在我国历史上，有很多改过迁善的美谈。春秋时期的宋昭公曾因不修内政而众叛亲离、被迫流亡，他知过就改，以后又被人民迎回国内、重登王位；东晋时的著名爱国志士祖逖，年轻时“性豁荡，不修行检”，到十四五岁还“不知书”，但后来觉悟，发愤读书，成为“赞世才具”；唐太宗李世民以魏徵为镜，从谏如流，不惧改过，终成一代明君，开创了“贞观之治”的盛世局面。同样，过而不改、终酿大祸的例子也有很多。历史上的一些暴君，像夏桀、商纣之流，之所以身败名裂，很大的原因就在于认识不到自己的错误，也听不进忠臣的进谏，不肯改正自己的错误。所以说，出现错误不是最可怕的，最可怕的是不能改正错误。

改过是伴随每个人一生的功课。如何改过呢？古人认为，首先，改过要具备“耻”“畏”“勇”三心。“耻”，即羞耻心。对于有过之人来讲，知耻才能对自己的过错感到羞愧，才能够从内心深处觉悟，才能用羞耻之心、羞耻之感督促自己去改正错误。“畏”，即敬畏心。多行不义必自毙，人若犯下了错误而不思悔改，最终必将受到惩罚，不可逃脱。人若有敬畏之心，就不会知错犯错、错而不改。“勇”，即勇气和魄力。有了错误而认识不到错误，是愚蠢的表现；认识到错误却改正不了错误，是懦弱的表现。改过者必须要有勇德，这样才能在发现自己过错时勇于承担、敢于改正。其次，改过分为“事”“理”“心”三个层面。不同人改过的方式不同，有人是从“事”上改，有人是从“理”上改，有的人则能触及道德根源从“心”上改。这三个层次不是并列的，而是层层深入、环环相扣。不同的改过方式需要下的功夫不一样，取得的效果也大不相同。从事情本身进行改过，也就是就事论事，很可能只是知道了当前的行为不可为，而并不知道为什么不可为，所以这种方法治标不治本，很容易此消彼长。从“理”上进行改过，就是说在理性伦理规范的指引下，认识到自己行为的不合理之处，从而对自己的错误行为进行纠正。应该说，善于思考事情背后所蕴含的“理”，能够很大程度上遏制错误行为的产生或再次产生。改过的第三个层次就是从使我们产生过错的内心进行改。过失产生的原因虽然是多种多样的，但究其根源都在于人的内心。如果我们的心念不乱，则过错也无从产生。所以说，改正错误的最佳方法是正心，这里的心指的就是主体道德精神。我们自身存在的冲动易怒、刻薄计较、贪图享乐、急功近利等问题，都是因为内心的修养不够，所以才会被外物所惑，从而失去对良知的判断。因此，真正的改过需要从修身正己上下功夫，存心去欲，弃恶扬善。

改过这一传统美德，值得我们每一个人继承发扬。当前，我国正处于“四个全面”战略布局协调推进的关键时期，经济的飞速发展，改革进程的不断加快，使人们的社会生活更加丰富多彩，利益格局更加多元，同时也面对更多的新矛盾、新问题和利益诱惑。社会转型时期人犯错误的危险性更大，对每一位公民特别是党员领导干部提出了新的更高的要求，更需要我们具备不吝改过的精神。对于普通公民来讲，只有不断提高自身的道德修养，时刻注意提防、检点、反省、改正自身的错误，才能够保证在工作、生活、学习中不断进步，为全面小康社会的建成贡献一份力量；对于党员领导干部来讲，更是要勤“照镜子”“正衣冠”，不断开展批评与自我批评，“红红脸、出出汗、排排毒、治治病”，及时发现错误、改正错误，在社会上起到好的带头作用，与人民群众共同推动中国特色社会主义伟大事业的成功。

经典名句

【原文】不迁怒，不贰过。

【译文】不把自己的怒气转移到别人身上，已经犯过一次的错误绝不犯第二次。

【解读】这句话出自《论语·雍也》，是孔子赞扬颜渊时说的，它道出了改过的一个很重要的原则，就是要“不贰过”，类似的错误不能改了再犯。有些人经常“贰过”，乃至三过、四过，直至犯罪，究其原因在于，一是没有深刻认识到错误的根源与危害性，二是缺乏改过的诚心与毅力，三是改过之后没有认真总结经验教训。这些都是我们在改过的过程中要注意避免的。

【原文】过而不改，是谓过矣。

【译文】有了过错而不改正，这才是真正的过错。

【解读】这句话出自《论语·卫灵公》。有了过错并不可怕，可怕的是执迷不悟、不加改正，这样就会铸成真正的大错。清代刘宝楠在《论语正义》中注曰：“《韩诗外传》三：‘孔子曰：过而改之，是不过也。’当本此文而反言之。”也就是说，这两句话凑在一起刚好是从正反两方面来谈的同一个问题。过而能改，应该获得人们的宽容与谅解；过而不改，是最不可姑息和饶恕的行为。

【原文】君子之过也，如日月之食焉：过也，人皆见之；更也，人皆仰之。

【译文】君子的过错，如同日食月食一样：错误，别人都看得到；改正错误，大家都敬仰他。

【解读】这句话出自《论语·子张》。君子是儒家所设定的理想人格，就是这种理想中的人物，孔子认为他也是会出现过失和错误的。不过，君子光明磊落，不会偷偷摸摸去干坏事，做错了事大家都能明明白白、清清楚楚地看到；君子一旦发现了自己的错误，就会毫不吝惜地去改正，其诚心改过的态度一样会令大家敬仰。所以说，有了错误固然遗憾，但只要诚心改过就仍然不失君子之风。

【原文】 人谁无过？过而能改，善莫大焉。

【译文】 谁能不犯错误呢？犯了错误而能改正，没有比这更好的事情了。

【解读】 这句话出自《左传·宣公二年》，其源自一个历史故事。春秋时，晋灵公无道，滥杀无辜，臣下士季对他进谏。灵公当即表示："我知过了，一定要改。"士季很高兴地对他说："人谁无过？过而能改，善莫大焉。"遗憾的是，晋灵公言而无信，残暴依旧，终被臣下刺杀。所以说，人都有可能犯错误，知错就改是令人欣喜的，是可以重新被人接纳的；反之，过而不改，最终将不可收拾，自食恶果。

【原文】 过而不能知，是不智也；知而不能改，是不勇也。

【译文】 有了过错却不能发现，是不明智的表现；发现了却不能改正，是不勇敢的表现。

【解读】 这句话出自北宋时期哲学家李觏的《李觏集·易论第九》。过而不能知，一方面是人疏于反省，不善于总结经验教训；另一方面是听不到正确的意见或别人提出了好的建议自己却不采纳。知过而不能改，一方面是战胜不了自我，切不断对错误习惯的依赖或放不下自尊；另一方面是惧于外界压力，害怕改过所付出的沉重代价。无论怎样，不能及时知过改过，就是糊涂懦弱的行为。

【原文】 为人君者，固不以无过为贤，而以改过为美也。

【译文】 作为君主的人，从来不以没有犯过错误为贤明的标准，而是以知错就改为美德。

【解读】 这句话出自北宋司马光的《资治通鉴》。纵观历史上贤明的君主，他们也不是完美无缺的圣人，也会犯错误，但这并不妨碍人民对他的爱戴和后人对他们的敬仰，究其原因就在于这些贤明的君主能够从谏如流，虚心听取他人的意见，认真反思，积极改过。所以说，为政者有了错误应该勇于承认，积极改正，不应该也不需要为了面子而文过饰非。

【原文】 人有过而能自知者鲜矣，知过而能内自讼者为尤鲜。能内自讼，则其悔悟深切而能改必矣。

【译文】 有了过错而能自己意识到的人是不多见的，知道自己的过错而又能够深刻反省的人更少。能够进行自我反省，那么就会对错误有深刻的反悔醒悟，就一定能改正。

【解读】这句话出自宋代朱熹的《四书集注·论语·公冶长》注语。在《论语·公冶长》篇中，孔子曾言“吾未见能见其过而内自讼者也”，意思是他没有见到能够自己认识到自己的过失而在心中自我检讨的人。朱熹的这句话正是对孔子所言的注解。由这句话我们可以看出，改过并不是一件简单的事情，它需要人们能够发自真心地自我检讨、深刻地自我反省。

【原文】闻过则喜，知过不讳，改过不惮。

【译文】听到别人说起自己的过错就很高兴，发现自己的过错不会隐讳，改正自己的过错毫不畏惧。

【解读】这句话出自南宋思想家陆九渊的《与傅全美书》。“闻过则喜”讲的是孔子的弟子子路的典故。子路是个谦虚的人，孟子曾夸奖他说：“子路，人告之以有过，则喜。”陆九渊在这里借用这一典故，总结了改过的三个关键点：首先，不怕人指出错误；其次，知过不隐瞒遮盖；最后，改过要一往无前，不怕别人的非议，不怕丢面子，不怕改过的困难。做到以上三点，错误也就无处遁形了。

【原文】防于未萌之先，而克于方萌之际。

【译文】对于过失，应在它没有产生之前就预作防范，在它刚刚产生之时就要把它消灭。

【解读】这句话出自明代王守仁的《答陆元静》。虽然说人都有可能犯错，但我们不能以此为借口，对错误疏于防范、放任自流。只有抱着不犯错的严格，才能减少错误的发生；而一旦发现了错误的苗头，就应该马上下大力气消灭它，切不可姑息纵容，否则就会让错误变得愈发严重以至难以挽回。

【原文】能改过，则可以日新而进于善。

【译文】能够改正错误，就可以每天都获得进步而接近完善的地步。

【解读】这句话出自清代石成金《传家宝·绅瑜》。止于至善，是古代贤人的不懈追求。但是，金无足赤，人无完人，每个人自身都会存在各种各样的缺点，也会犯各种各样的错误。人的一生就是一个不断出现错误、改正错误的过程，而这一过程，也正是人不断更新自我、完善自我的必然途径。只有不断地把错误踩在脚下，才能不断提高自己的认知水平和思想境界，从而让自身趋于完善。

美德故事

晏子仆御自新

周朝时候，有一个替齐国宰相晏子驾车的人。有一天，晏子的车马正好经过车夫的家门口。车夫大摇大摆打开车盖去奉迎晏子，一副小人得志狐假虎威的样子，这一幕恰好给躲在门里的妻子看到了。

过了一会儿，驾车人回来了，他的妻子就要和他离婚。驾车人感到莫名其妙，就问他妻子你为什么要和我离婚呢？他的妻子说：“晏子身体还不到六尺长，可是在齐国里做了宰相，名声显赫传遍千里，但是我看他出来时却平易近人、谦虚和气；而你身高有八尺长，是给人家驾车的，出来的时候却趾高气扬、洋洋自得。我为你感到羞耻，这就是我和你离婚的原因。”

车夫听了妻子的话十分惭愧，决心改过自新，开始变得恭让和谦虚。晏子觉察到他的变化感到有点奇怪，就问车夫是什么缘故。驾车人如实说来，把这件事的原委告诉了晏子。晏子称赞他能够改过自新，还推荐他做了齐国的大夫。

明朝文学家、思想家吕坤为晏子仆御自新给予高度评价：“车夫的妻子，一个仆人而已，却能明察秋毫，洞察晏子和车夫的差距，这是许多士大夫都比不上的呀。”

周处悔过自新

西晋时期有个叫周处的人，由于父亲去世较早，自小缺乏管教，他成天在外惹是生非，和人打架斗殴，危害乡里。

当地山里有一只猛虎，经常出来伤人。长桥下有一条凶恶的蛟龙，经常游出水面，吞吃了很多鸡鸭，也伤害了不少人。于是人们把周处、猛虎、恶龙放在一起，统称为“三害”，其中周处最令人头疼。人们都在背地里抱怨：“三害不除，永无宁日啊！”

有人出主意：“我们想办法让周处上山杀虎，下海屠龙，这样，三害就除了两害，如果他被猛虎或恶龙吃掉，不更好吗？”于是，就有人自告奋勇去找周处，见到周处后，就夸他胆子大、功夫好，如果能上山杀虎，下水降龙，那就是真正的英雄了。

周处听后，拍着胸脯说：“那猛虎和恶龙算什么，看我怎么收拾它们！”

第二天，周处果然带着弓箭，进山找虎去了。到了森林深处，只听一阵呼啸，从树后蹿出一只很大的白额猛虎。周处闪到一棵大树后面，搭弓射箭，“嗖”的一下，射中猛虎的脑门，把猛虎射死了。

第三天，周处又带着刀剑，跳进水里去找蛟龙。那条蛟龙发现有人下水，就冲过来咬。周处闪身躲过并在蛟龙身上猛刺一剑。那蛟龙受了重伤，就往江的下游逃窜。周处紧跟在蛟龙的后面，一直追踪了几十里。三天三夜过去了，周处还没有回来。大家议论纷纷，认为这下子周处和蛟龙一定都死在水里了。这回“三害”都死了，大家奔走相告，互相庆祝。

过了几天，周处竟然安然无恙地回家来了，人们很是吃惊。原来蛟龙受伤以后，被周处一路追赶，最后流血过多，终于被周处赶上杀死。上岸后的周处看到大家正在为他的“死”而高兴，终于明白自己平时的行为是多么的遭人痛恨。于是，他痛下决心，要悔过自新。

那时，有两个很有名望的人，一个叫陆机，一个叫陆云，周处去找他们，请他们帮忙。周处见到陆云，把自己决心改过的想法诚恳地向陆云谈了。他说：“我后悔自己觉悟得太晚，把宝贵的时间白白浪费掉了。现在想干一番事业，只怕太晚了。”

陆云说：“古人重视道义，认为‘哪怕是早上明白了道理，晚上死去也便甘心’，况且你的前途还是有希望的，而且人就怕立不下志向，又何必担忧好名声得不到传扬呢？”

周处于是努力改过，终于成为一名忠臣孝子。后来，他任将军，牺牲疆场。消息传来，乡亲们非常悲伤，为纪念他，人们修建了衣冠冢和周王庙以示敬仰。

陈寔晓喻梁上君子

有一年，洪水泛滥，淹没了大片村庄和良田，成千上万的人无家可归，到处逃荒，为此盗贼四处横行，天下很不太平。

一天夜里，有个小偷溜进了陈寔（shí）家里。他刚准备动手偷东西，忽然听得几声咳嗽，不好，有人来了。慌乱间，小偷一时找不到妥善的藏身之处，急中生智，顺着屋内的柱子爬到大梁上伏下身子，大气也不敢喘。

陈寔提着灯从里屋出来拿东西，偶然间一抬头，瞥见了梁上的一片衣襟，马上心知家里进贼了。他一点都不惊慌，也不赶紧抓小偷，而是从容不迫地把晚辈们全都叫起来，将他们召集到外屋，然后十分严肃地说道："孩子们啊，品德高尚是我们为人的根本，在任何情况下，我们都应该对自己高标准、严要求，不能够因为任何借口而放纵自己、走上邪路。有些坏人，并不是一出娘胎就是天生的坏人，而是因为不能严格要求自己，慢慢地养成了不好的习惯，后来想改都改不过来了，这才沦为了坏人。比如我家梁上的那位君子，就是这种情况。我们可不能因为一时的贫困而丢掉志气、自甘堕落啊！"

听了陈寔的一番教诲，梁上的小偷吃了一惊：原来自己早就被发现了。同时他又很为陈寔的话所感动：他不但没抓自己反而耐心教育自己。小偷羞愧难当，翻身爬下梁来，向陈寔磕头请罪说："您说得太好了，我错了，以后再也不干这种勾当，求您宽恕我吧。"陈寔和蔼地回答道："看你的样子，也并不像个坏人，也是被贫穷所逼的吧。以后要好好反省一下，要改还来得及。"说完，他又吩咐家人取来几匹白绢送给小偷。

小偷感激涕零，千恩万谢地走了。

从这以后，这一带就几乎再没有偷盗之类的事情发生了。

宋祁知错即改

宋祁是北宋著名的史学家，他曾与欧阳修一起奉命编修《新唐书》。宋祁的学问非常大，但有一个小缺点，就是喜欢使用生僻的字句。

有一次，欧阳修和他谈论写文章的道理，宋祁认为文章应该写得明白易懂，欧阳修就对他说："老兄，你的文章有时就让人费解啊！"宋祁让他说说看，欧阳修就举了几例："你看，《旧唐书》中的'疾雷不及掩耳'被你改成了'震雷无暇掩聪'；再看这里，'蓬生麻中，不扶而直'被你改成了'蓬在麻中，不扶而挺'，这样不是更让人费解吗？"

宋祁听了之后，十分佩服欧阳修严谨的治学精神。他知错即改，以后再不用生僻的字眼了。经过十多年的合作，两人终于完成了《新唐书》的写作。

鲁迅铭刻"早"字

鲁迅自幼聪颖勤奋，三味书屋是清末绍兴城里一所著名的私塾，鲁迅十二岁时到三味书屋跟随寿镜吾老师学习，在那里攻读诗书近五年。鲁迅的座位在书房的东北角，使用的是一张硬木书桌。现在这张木桌还放在鲁迅纪念馆里。

鲁迅十三岁时，他的祖父因科场案被逮捕入狱，父亲长期患病，家里越来越穷，他经常到当铺卖掉家里值钱的东西，然后再在药店给父亲买药。有一次，父亲病重，鲁迅一大早就去当铺和药店，回来时老师已经开始上课了。老师看他迟到了，就生气地说："十几岁的学生，还睡懒觉，上课迟到。下次再迟到就别来了。"

鲁迅听了，点点头，没有为自己作任何辩解，低着头默默回到自己的座位上。

第二天，他早早来到学校，在书桌右上角用刀刻了一个"早"字，心里暗暗地许下诺言：以后一定要早起，不能再迟到了。

以后的日子里，父亲的病更重了，鲁迅更频繁地到当铺去卖东西，然后到药店去买药，家里很多活都落在了鲁迅的肩上。他每天天不亮就起床，料理好家里的事情，再到当铺和药店，之后又急急忙忙地跑到私塾去上课。虽然家里的负担很重，可是他再也没有迟到过。

在那些艰苦的日子里，每当他气喘吁吁地准时跑进私塾，看到课桌上的"早"字，他都会觉得开心，心想："我又一次战胜了困难，又一次实现了自己的诺言。我一定加倍努力，做一个信守诺言的人。"

后来父亲去世了，鲁迅继续在三味书屋读书。私塾里的寿镜吾老师，是一位方正、质朴和博学的人。老师的为人和治学精神，那个曾经让鲁迅留下深刻记忆的三味书屋和那个刻着“早”字的课桌，一直激励着鲁迅在人生路上继续前进。

立志

“志”是志向、志气，是一个人的独立人格和自由意志，是一种基于道德层面的自持力和自制力。立志，是指立下志愿，确定志向，也就是确定自己的人生奋斗目标或理想。立志，是中华传统美德的重要内容，是中华民族自强不息精神的基础。古往今来，志士贤人都十分重视立志，将其视为求知治学、立身处世、兴业报国的根本。

古人对立志的论述有很多，主要可归纳为三个方面：一是为学须先立志。立志是一个人健康成长、发展的关键。孔子把立志作为人生的起点，正是因为他从小“志于学”，才成为大教育家。孟子说：“夫志，气之帅也。”宋朝张载说：“凡学，官先事，士先志。”朱熹明确提出：“立志不定，如何读书。”明末教育家王守仁、王夫之等都提倡为学立志为先。二是倡导立志宜正、大、远。孔子教育学生“志于道”“志于仁”。在人应该定什么志的问题上，孔子主张立志的目标在于树立人的仁德。孔子提出，人要有远大的抱负，而不应迷恋眼前的物质生活。孔子倡导的就是正志、大志。他还强调志的坚持和有恒，提倡艰苦磨炼与终身修养。孟子认为，人要完成天降之“大任”，“必先苦其心志，劳其筋骨，饿其体肤……”长此以往，才能修养出“浩然之气”。张载说“人若志趣不远，心不在焉，虽学无成”，意在立志宜远不可近。王守仁在具体、形象叙述立志重要性的同时，着重强调志笃、为善和专一。诸葛亮也说：“夫志当存高远。”

三是立志要力行。孔子认为：志向和理想甚至比个人生命重要。他以弟子颜回为例，引导学生重视百折不挠的意志锻炼，强调“笃志”“笃行”。孟子说：“持其志，无暴其气。”他认为一个青年只有经过刻苦锻炼，做到“富贵不能淫，贫贱不能移，威武不能屈”，才能成为意志坚强的“大丈夫”。张载认为“勉力行之”必须像天道运行不息那样，才算“笃之至”。朱熹说，只有在为学、做事中把“端庄存养”和深省精察结合起来，才会逐步实现所立之志。

人生贵在立志，志向决定着人的发展方向，决定着人生道路，决定着人的杰出与平庸。古今立志成大器者甚多：孔子十五而志于学，终成为中华文化的至圣先师；王羲之自幼苦练书法，终成为“书圣”；杜甫始终坚持着自己的志向，虽然身处乱世，个人遭遇了不幸，但是仍以“安得广厦千万间，大庇天下寒士俱欢颜”无时无刻不忧国忧民；茅以升少年立志学造桥，终成为中国现代“桥梁之父”；张海迪从小身残志坚，刻苦学习，终成为大家的楷模；……可见，立志对人的发展的极端重要性。

立志，对当今来讲，实际上就是树立个人工作和生活的目标。那么应怎样立志呢？首先，立志，需要“明志”。儒家之志乃“内圣外王”。中国自古以来没有自己的主体宗教，然而儒家思想却有类似宗教的意义。内圣，就是加强自我修养、树立理想境界、磨砺坚强意志；外王，即是服务社会、管理国家、平治社会。中国传统文化有“修齐治平”的说法，即指修身、齐家、治国、平天下。其次，立志，重在高远。中国古代格言说：“非淡泊无以明志，非宁静无以致远。”所谓淡泊，就是清简素朴，少一点私欲。立志是人生价值观的选择和追求。人生价值具有两重性，一是为了个人生存和幸福，二是为社会和他人奉献。如何处理二者关系，区分着志向的积极与消极、高尚与卑微。一切奋发向上，以国家、民族、人民利益为出发点和归属的理想，都是积极、高尚的志向。立志，应立高远的鸿鹄之志，不作低矮的燕雀之飞。第三，立志，要现实可行。立志不是没有根据地胡想，不是天方夜谭般幻想。立志要与时俱进，将个人的爱好擅长、志愿与社会的发展、时代的要求统一起来，根据主客观条件制定奋斗目标，具有实现的可能性。确定志向要顺应社会发展方向——当今就是促进社会经济发展，推进“四个全面”建设，实现中华民族的伟大复兴。第四，立志，要坚贞不渝。有句话说得好，“无志之人常立志，有志之人立志长”，意思是说，有些人今天想干这个明天想干那个，其实这样的人并没有志向，真正有志向的人，他们的志向一旦确立，就会对其坚守不变，并忠贞不渝地为之奋斗。无数事实证明，朝志夕改，没有一个准确的奋斗方向，没有坚持到底的决心和锲而不舍的毅力，任何凌云壮志都会落空。许多成功人士的经验告诉我们：立志，既要从大处着眼，确立一生奋斗的长远目标，又要从小处着手，制定分步实施的阶段目标。奋斗目标确立之后，最要紧的是以坚持到底的决心、锲而不舍的毅力付诸实施。“千里之行始于足下”，做好当前的每一件事，一步一个脚印地完成好小目标，不断奔向大目标，最后必然实现自己的雄心大志。

经典名句

【原文】 三军可夺帅也，匹夫不可夺志也。

【译文】 军队的主帅可以使其丧失，但平民百姓的意志却不可强迫他放弃。

【解读】 语出《论语・子罕》。志向的确立和坚守是非常重要的，是儒家修身的基本内容之一。孔子的这句表述说明，即使是一个普通人，也是有坚定的志向的，要改变一个人的坚定意志，是很困难的，反映出孔子对于“志”的高度重视。

【原文】 志不强者智不达，言不信者行不果。

【译文】 志向不坚定的人，其聪明才智不可能得到充分发挥；言而无信的人，做事不会有什么结果。

【解读】 语出《墨子・修身》。前半句话揭示了“志”与“智”相互促进、相辅相成的辩证关系。有志向才能有智慧，有智慧才能有志向。立志，才能博学；博学，志向才能宏大。整句则强调，意志刚强，讲究信用，锲而不舍，方能聪明睿智，说到做到。

【原文】 燕雀安知鸿鹄之志哉！

【译文】燕雀怎么能知道鸿鹄的远大志向呢！

【解读】语出汉代司马迁《史记·陈涉世家》，这句话比喻平凡的人哪里会知道英雄人物的志向呢。《史记·陈涉世家》是司马迁所著《史记》中的一篇，记述秦末农民起义领袖陈胜、吴广诸人的事迹。陈胜在耕田时曾对同伴说："倘使日后能够富贵，彼此都不要忘记。"同伴讥笑，一个给人家当雇工的，哪能富贵呢？陈胜长叹一声："燕雀哪里知道鸿鹄的壮志啊！"后来陈胜、吴广在大泽乡起义，披坚执锐，伐无道，诛暴秦，席卷全国。秦国之覆亡，陈胜首义之功不可抹杀。

【原文】志当存高远。

【译文】人应当抱有高远的志向。

【解读】语出《诸葛亮集·诫外甥书》。诸葛亮勉励其外甥树立远大志向，摒弃低俗浅妄的志趣。战国时期孙膑曾言："取法其上，得乎其中；取法其中，得乎其下；取法其下，法不得也。"清代石成金亦说："志高品高，志下品下。"这都说明，伟大的目标产生伟大的毅力，胸怀大志方能成大器。

【原文】丈夫志四海，万里犹比邻。

【译文】大丈夫志在四方，虽相隔万里，却情致相通，如同近邻。

【解读】语出三国曹植《赠白马王彪》。诗句乃临别慰勉之词，亦有豪放乐观之气魄，倡言好男儿应胸怀天下、志向高远。大丈夫必有四方之志。志合者，不以山海为远；男儿不展风云志，空负天生八尺躯。将相本无种，男儿当自强。大丈夫必须志在有为。

【原文】有志者事竟成。

【译文】有志向的人，做事一定会成功。

【解读】本句出自南朝范晔的《后汉书·耿弇（yǎn）传》。耿弇是汉光武帝刘秀的大将，有一回刘秀派他去攻打地方豪强张步，耿弇把张步打得大败，刘秀前来犒劳，对耿说："将军前在南阳，建此大策，常以为落落难合，有志者事竟成也。"意思是说，将军以前在南阳时提出攻打张步、平定山东一带，当初还觉得计划太大，担心难于实现。现在我才知道，有志气的人，事情终归是能成功的。有志者事竟成，已经成为人们自励与互勉的千古名言。

【原文】 穷且益坚，不坠青云之志。

【译文】 一个人处境越艰难，就越需要坚韧不拔，不放弃凌云壮志。

【解读】 语出唐初诗人王勃的《滕王阁序》。“老当益壮，宁移白首之心；穷且益坚，不坠青云之志”，这是全文最富思想意义的警语。古往今来有多少有志之士，面对一切艰难险阻，总能执着地追求自己的理想，即使在郁郁不得志的逆境当中也不消沉放弃。王勃在此由人生的离别引发人生遇合的感慨，警示那些“失志之人”不要因年华易逝和处境困顿而自暴自弃。而此时的王勃正怀才不遇，但仍有这般情怀，确实难能可贵。

【原文】 立志在坚不在锐，成功在久不在速。

【译文】 树立志向一定要坚定而不急于求成，成功在于能持之以恒而不在于速见成效。

【解读】 语出南宋张孝祥《论治体札子·甲申二月九日》。这句话意思是说，确立志向，成就事业贵在坚韧与持久，切忌急进速就。这句话富含哲理，当为争功浮躁者戒。

【原文】 有志不在年高，无志空长百岁。

【译文】 不一定年龄大的人才有理想，一个没有远大志向的人，即使活到很大的岁数，也是虚度光阴。

【解读】 语出清代石成金《传家宝》。自古英雄出少年，有志不一定年高。如胸无大志，即使百岁，也难成器。古今中外，大凡成就事业者，在少年时就要胸怀凌云大志。少有大志，是一个人成长的重要开端。青少年只有从小树立远大志向，才能成为栋梁之材。

【原文】 志之所趋，无远弗届，穷山距海，不能限也。志之所向，无坚不入，锐兵精甲，不能御也。

【译文】 志向所趋，没有不能达到的地方，即使是山海尽头，也不能限制。意志所向，没有不能攻破的壁垒，即使是精兵坚甲，也不能抵抗。

【解读】 语出清代金缨《格言联璧》。这句话彰显了一个人的远大志向以及为理想不断求索进取精神的重要作用，强调了精神意志有着改变世界的力量。立志是事业的开始，也是基础。

【原文】有志者立长志，无志者常立志。

【译文】有志气的人会树立一个远大的志向而坚持不懈地去追求，而无志者会经常给自己树立目标，却又不去努力追求。

【解读】这是一句古代俗语。这句话把人之立志分为“立长志”“常立志”两大类。“立长志”，就是树立长远的人生奋斗目标，并为着这一目标长期努力，不懈奋斗，直至最终实现。这是真正有志气的人，立下这样远大的志向才具有实际意义，这样的立志才是真正的立志。“常立志”，就是多有志向，但朝三暮四、朝立夕改，遇到困难就转换目标。正确的立志，应当把立长志和常立志统一起来，既要树立长志，又要为实现这个长志，立下一些经常性的近期目标，通过不断完成近期目标，最终实现长期目标。

美德故事

勾践卧薪尝胆

公元前496年，吴王阖闾派兵攻打越国，被越王勾践打得大败，阖闾也受了重伤，临死前，嘱咐儿子夫差要替他报仇。夫差牢记父亲的话，日夜加紧练兵，准备攻打越国，过了两年，夫差率兵把勾践打得大败。勾践被包围，无路可走，准备自杀。这时谋臣文种劝住了他，说：“吴国大臣伯嚭贪财好色，可以派人去贿赂他。”勾践听从了文种的建议，就派他带着珍宝贿赂伯嚭，伯嚭答应和文种去见吴王。

文种见了吴王，献上珍宝，说：“越王愿意投降，做您的臣下伺候您，请您能饶恕他。”伯嚭也在一旁帮文种说话。伍子胥站出来大声反对道：“人常说‘治病要除根’，勾践深谋远虑，文种、范蠡精明强干，这次放了他们，他们回去后就会想办法报仇的！”这时的夫差以为越国已经不足为患，就不听伍子胥的劝告，答应了越国的投降，把军队撤回了吴国。

吴国撤兵后，勾践带着妻子和大夫范蠡到吴国伺候吴王，放牛牧羊，终于赢得了吴王的欢心和信任。三年后，他们被释放回国了。

勾践回国后，立志发愤图强，准备复仇。他怕自己贪图舒适的生活，消磨了报仇的志气，晚上就枕着兵器，睡在稻草堆上，他还在房子里挂上一只苦胆，每天早上起来后就尝尝苦胆，门外的士兵问他："你忘了三年的耻辱了吗？"他派文种管理国家政事，范蠡管理军事，他亲自到田里与农夫一起干活，妻子也纺线织布。勾践的这些举动感动了越国上下官民，经过十年的艰苦奋斗，越国终于兵精粮足，转弱为强。

而吴王夫差盲目力图争霸，丝毫不考虑民生疾苦。他还听信伯嚭的坏话，杀了忠臣伍子胥。最终夫差争霸成功，称霸于诸侯。但是这时的吴国，貌似强大，实际上已经在走下坡路了。

公元前 482 年，夫差亲自带领大军北上，与晋国争夺诸侯盟主，越王勾践趁吴国精兵在外，突然袭击，一举打败吴兵，杀了太子友。夫差听到这个消息后，急忙带兵回国，并派人向勾践求和。勾践估计一下子灭不了吴国，就同意了。公元前 473 年，勾践第二次亲自带兵攻打吴国。这时的吴国已经是强弩之末，根本抵挡不住越国军队的强势猛攻，屡战屡败。最后，夫差又派人向勾践求和，范蠡坚决主张要灭掉吴国。夫差见求和不成，才后悔没有听伍子胥的忠告，非常羞愧，就拔剑自杀了。

后来勾践北上中原与诸侯会盟，成为春秋时期最后一个霸主。越王勾践"卧薪尝胆"，终于使自己成就了一番伟业！

司马迁忍辱写《史记》

司马迁从小就喜爱读书，10 岁时便能诵读古文，在同龄人中出类拔萃。但司马迁并不满足，他志存高远。

20 岁时他开始出游，不仅了解了祖国的名山大川，还搜集到许多资料，丰富了见闻，印证了许多史实。司马迁游学回长安之后出任郎官，多次随从汉武帝出巡。丰富的游学和出使经历，为司马迁撰写《史记》奠定了坚实的基础。

后来，司马谈病重，司马迁答应父亲，继承他的遗志，完成父亲编撰史书的心愿。后来，司马迁继任了父亲的职位，做了太史令，开始动笔撰写《史记》。

公元前 99 年，名将李广之孙李陵率领大军迎战匈奴。虽然李陵英勇善战，但他孤军深入，与匈奴骑兵鏖战数日，终因无援兵救助而兵败投降。朝野上下对兵败之事议论纷纷，有人将兵败投降之事尽归咎于李陵一人。汉武帝询问司马迁的看法，为人正直的司马迁没有趋炎附势，设身处地地替李陵辩解，触怒了汉武帝，获罪下狱，押牢待斩。

当时汉代法律规定，犯死罪之人可用 50 万钱来赎死，或者以腐刑来免死。司马迁为官清廉，无钱赎罪，要活命，唯一的选择就是腐刑。虽然腐刑给司马迁身心带来极大的伤害，但他以古人前贤虽身处逆境，历经艰辛磨难，最终成就大业的事例来激励、鞭策自己，忍辱负重，用心血和汗水撰著《史记》。司马迁忍辱默默地耕耘，终于完成了一部空前的历史巨著《史记》，给后人留下了一笔宝贵的文化遗产。

《史记》是一部不朽的历史巨著，在史学著作中有着显赫的地位。同时，它又是传记文学的一部典范。每一历史事件，既是历史情况的真实记录，又是文学的再创作。文学巨匠鲁迅先生曾盛赞《史记》为“史家之绝唱，无韵之《离骚》”。

张仲景立志学医

张仲景，东汉末年著名医学家，被后人尊称为“医圣”。

张仲景出生在没落的官僚家庭，其父亲张宗汉是个读书人，在朝廷做官。由于家庭的特殊条件，他从小有机会接触到许多典籍。他也笃实好学，博览群书，并且酷爱医学。他从史书上看到扁鹊望诊齐桓公的故事，对扁鹊高超的医术非常钦佩，“余每览越人人虢之诊，望齐侯之色，未尝不慨然叹其才秀也”。当时社会，政治黑暗，朝政腐败，农民起义此起彼伏，兵祸绵延，到处都是战乱，黎民百姓饱受战乱之灾，加上疫病流行，很多人死于非命。官府衙门不想办法解救，却在一味地争权夺势，发动战争，欺压百姓。这使张仲景从小就厌恶官场，轻视仕途，怜悯百姓，立下了学医救民的志向。

他十几岁时，就拜同郡医生张伯祖为师，学习医术。张伯祖当时是一位有名的医家，每次给病人看病、开方，都十分精心，深思熟虑。张仲景跟他学医非常用心，无论是外出诊病、抄方抓药，还是上山采药、回家炮制，从不怕苦怕累。张伯祖非常喜欢这个学生，把自己毕生行医积累的丰富经验，毫无保留地传给他。张仲景博览医书，广泛吸收各医家的经验用于临床诊断，进步很大，很快便成了一个有名气的医生，以至“青出于蓝而胜于蓝”，超过了他的老师。人们称赞他“其识用精微过其师”。

张仲景提倡“勤求古训”，认真学习和总结前人的理论经验。他曾仔细研读过《素问》《灵枢》《难经》《阴阳大论》《胎胪药录》等古代医书。其中《素问》对他的影响最大。他认为伤寒是一切热病的总名称，也就是一切因为外感而引起的疾病，都可以叫作“伤寒”。他还对前人留下来的“辨证论治”的治病原则认真地加以研究，从而提出了“六经论伤寒”的新见解。

张仲景除了“勤求古训”，还“博采众方”，广泛搜集古今治病的有效方药，甚至民间验方也尽力搜集。他对民间喜用针刺、灸烙、温熨、药摩、坐药、洗浴、润导、浸足、灌耳、吹耳、舌下含药、人工呼吸等多种具体治法都一一加以研究广积资料，写出了《伤寒杂病论》。这部巨著的问世，使我国临床医学和方剂学发展到较为成熟的阶段，其所确立的六经辨证的治疗原则，受到历代医学家的推崇。

司马光警枕励志

司马光，北宋政治家、史学家。

司马光从小读书刻苦勤奋，他觉得自己记忆力不行，背课文、记生字总是没有别人快，就暗自说：“让我下苦功，来增强记忆力吧！”于是，他试着对课文多念多背，别人背两遍三遍，他要背五遍六遍。这样一来，时间就不够用了。放学后，也得挤出时间来读书。特别是晚上，玩耍一阵后，他便读起书来，一读就到深夜。由于晚上睡得迟，他常常睡过头，耽误了早晨读书。“用什么办法来解决这个问题呢？”他想让母亲来喊醒自己。但母亲心疼他，不想让他读书读得这么苦。

有一天，司马光看见后院一段圆木头，灵机一动，心里想：“有办法了！”司马光把圆木头擦干净，放在床上当枕头。圆木枕头放到硬邦邦的木板床上，只要稍微动一下，它就滚走了，圆木枕头跌在木板床上，发出“咚”的声音，司马光就被惊醒了，这样就不会睡过头了。为此，司马光给这个圆木枕头起了个名字叫“警枕”。

一天，妈妈在床上发现了这段圆木头，正想扔掉，司马光说：“母亲，千万不要扔，这是我的警枕。”母亲听他一解释，感动地说：“孩子，用功读书是好事，但也不要累坏了身体呀！”司马光回答：“母亲放心，孩儿不是小傻瓜，不会累坏身体的。”

司马光从此天天早早地起床读书，坚持不懈。长大后，他当上宋朝大臣，主编了著名的编年史书《资治通鉴》。

淡泊

淡泊就是对名利、得失、金钱、美色看得很淡，不花费精力和时间去刻意追求，以一种平常心处世的情怀。淡泊是一种心态，一种道德追求，一种人生境界。淡泊者不为尘嚣所扰心，不为物欲所困扰，不为世相所迷惑，不为利诱所驱动。

淡泊的思想主要源自于道家。春秋战国时期，天下大乱，出于对“窃钩者诛，窃国者为诸侯”的社会现实的不满，道家提出了超然尘上、傲倪万物的淡泊无为思想。淡泊无为的外在表现就是遁迹山林，徜徉山水，置身于大自然之中，成为“隐士”。当然，淡泊无为并非消极懒惰、浑浑噩噩，其内在本质是保持高洁的人格，不与现实同流合污。老子所讲的“圣人之道，为而不争”“见素抱朴，少思寡欲”，庄子所追求的“逍遥游”，都体现了这一思想主张。儒家思想虽然主张刚健进取，但是其中也不乏淡泊思想。孔孟在博施济众、发扬蹈厉、以平治天下为己任的入世之间，不时亦流露出山水之乐的隐逸之情。孔子在《论语》中曾发出“道不行，乘俘浮于海”的叹息，说“天下有道则见，无道则隐”，“邦有道则仕，邦无道则可卷而怀之”。孟子对此说得更明白：“古之人得志，泽加于民；不得志，修身见于世。穷则独善其身，达则兼善天下。”

传统淡泊思想的主要价值体现在对义与利关系的处理上。以儒家思想为例，孔子认为“富与贵，是人之所欲也，不以其道得之，不处也；贫与贱，是人之所恶也，不以其道得之，不去也”，“饭疏食，饮水，曲肱而枕之，乐亦在其中矣。不义而富且贵，于我如浮云”。孔子十分赞赏颜回在贫乏的物质生活条件下持有自得其乐的精神生活心态，他说：“贤哉回也，一箪食，一瓢饮，在陋巷，人不堪其忧，回也不改其乐。贤哉回也。”孟子坚决主张不接受任何不义之财，他认为不符合“义”的“利”，是为天下人所不齿的。违背“义”这个大原则，“禄之以天下，弗顾也；系马千驷，弗视也”。荀子也说：“保利弃义，谓之至贼。”

古代的淡泊思想尽管有消极保守的因素，但是其注重高尚的精神追求，淡泊名利的价值取向却不失为一种美德，值得现代人传承。

淡泊这一传统美德对于每位公民都不可或缺。有些人认为，现代社会实行的是市场经济，市场经济依赖利益驱动，倡导竞争、进取和效率，讲淡泊名利有些不合时宜。其实不然。在社会主义市场经济条件下，提倡淡泊名利既是可能的，也是必要的。淡泊名利与社会主义市场经济的竞争进取要求是一致的，淡泊名利才能够不被名利所困，将有限的精力放在知识的积累和能力的提升上，不迷失前进的方向，不失却前进的动力，游刃有余地去竞争进取。此外，市场经济条件下人与人之间的各种利益冲突凸显，更需要人们具有一种淡泊的胸怀，无论是在生活、工作上还是在社会交往中，在物质利益不好平衡时，不妨自觉自愿地吃点亏；在面对别人的误解、冷落时，“人不知而不愠”，做到大度宽容；在遇到困难挑战时，“泰山崩于前而色不变，狂涛起于前而神不乱”，百折之中不坠青云之志，困厄之中不失进取之心。

淡泊这一传统美德对于共产党员意义更加重大。我们党是靠革命理想和铁的纪律组织起来的马克思主义政党，党员干部队伍的主流始终是好的。同时，也要清醒地看到，一些领域消极腐败现象仍然易发多发，一些重大违纪违法案件影响恶劣，反腐败斗争形势依然严峻。当前，为民、务实、清廉的党风廉政建设正在深入开展，中央坚持“老虎”“苍蝇”一起打，一批贪官纷纷落马，群众无不拍手称快。细想一下，为什么有些党员干部会从青年才俊、政坛精英堕落为腐败分子呢？其中很重要的一个自身因素就是面对权力、金钱、美色等诱惑不淡定了，不能够安贫乐道了，说到底就是做不到对名利的淡泊。共产党员唯有淡泊，才能有孔繁森咽冰雪、献热血、乐与藏民同凉热的感人事迹，才能有杨善洲两袖清风、一心为民、“为当地群众做一点实事不要任何报酬”的无私之举。所以说，淡泊是一种美德，值得我们好好传承发扬。

经典名句

【原文】贤哉回也！一箪食，一瓢饮，在陋巷，人不堪其忧，回也不改其乐。贤哉回也！

【译文】颜回的品质是多么高尚啊！每天一竹盒饭，一瓢冷水，住在简陋的小屋里，别人都忍受不了这种穷困清苦，颜回却没有改变他好学的乐趣。颜回的品质是多么高尚啊！

【解读】这句话出自《论语·雍也》。孔子在这一句话里连说了两次“贤哉回也”，颜回身上所体现出的那种淡泊名利、物质条件再艰苦也不改变自身志向的品质让孔子由衷地欣赏。这也包含了一个具有普遍意义的道理，即人总是要有一点精神追求的，不能让物欲淹没了自己的理想，要懂得安贫乐道。

【原文】饭疏食，饮水，曲肱而枕之，乐亦在其中矣。不义而富且贵，于我如浮云。

【译文】吃粗粮，喝白水，弯着胳膊当枕头，乐趣也就在这中间了。用不正当的手段得来的荣华富贵，对于我就像天上的浮云一样。

【解读】这句话出自《论语·述而》。孔子认为，生活的意义不在于拥有多少财富和多高的权势，而在于不要背离道德原则。粗茶淡饭，生活简朴，也不失为一种生活乐趣。自身私欲极度膨胀，必然要与他人争夺有限的资源，正当的手段满足不了，必然要想不正当的。所以，对功名利禄看得淡然一点，才能获得安宁幸福的生活。

【原文】不诱于誉，不恐于诽。

【译文】不被名誉所诱惑，不因诽谤而害怕。

【解读】这句话出自《荀子·非十二子》。赞誉和诽谤，人生一世，谁都会碰到。如果人在面对别有用心的吹捧和溢美之词时缺乏自知之明，便很有可能被“捧杀”；在面对无端的非议和责难时，如果意志不坚定，就很有可能中了诽谤者的诡计，偏离了正确道路。由此可见，拥有一颗淡然的心多么重要。面对赞誉不被诱惑，头脑依然清醒；耳听诽谤不为所吓，更加敢作敢为，一个人涵养的深浅、意志的强弱，往往在这里得到充分表现，而事业的成败，也往往因此定局。

【原文】故官非其任不处也，禄非其功不受也；见人不正，虽贵不敬也；见人有污，虽尊不下也；得不为喜，去不为恨；非其罪也，虽累辱而不愧也。

【译文】官职不是自己所能胜任的就不担任，俸禄不是自己功劳所应得到的就不接受；看到心术不正的人，虽位居显位也不恭敬他；看到染有污点的人，虽高居尊位也不屈就他；得到荣华富贵也不以为喜，失去富贵荣华也不以为恨；如果不是他的过错，虽牵累受辱也不感到羞愧。

【解读】这句话出自西汉司马迁的《史记·日者列传第六十七》。它道出了贤者居官做事的风骨。淡泊名利，才能遵循正直之道，任何时候都不用卑躬屈膝、委曲求全，侮辱自己的人格。

【原文】非淡泊无以明志，非宁静无以致远。

【译文】不把眼前的名利看得轻淡就不会有明确的志向，不能平静安详全神贯注地学习就不能实现远大的目标。

【解读】这句话出自诸葛亮的《诫子书》，是他 54 岁时写给 8 岁的儿子诸葛瞻的。此语诸葛亮用“双重否定”的句式，以强烈而委婉的语气表达了他对儿子的谆谆教诲与无限期望。这句话语浅而意蕴深刻，充满了哲理。“淡泊”“宁静”不是求清净、不想有什么作为，而是要通过学习“明志”，树立远大的志向，待时机成熟就可以“致远”，轰轰烈烈干一番事业。

【原文】结庐在人境，而无车马喧。问君何能尔？心远地自偏。

【译文】居住在人世间，却感觉不到车马的喧嚣。问我是如何做到呢？心远离了世俗的牵绊，所处的地方自然就感觉清静偏远了。

【解读】这两句话出自东晋大诗人陶渊明创作的组诗《饮酒二十首》的第五首。陶渊明早年满怀建功立业的理想，为了实现匡时济世的抱负几度出仕，但官场的虚伪险恶、世俗的功利污浊最终使他厌倦，于是便选择了洁身自好、守道固穷的道路，隐居田园，躬耕自资。这两句话道出的正是他在精神上摆脱了世俗的干扰之后所产生的感受，虽出语平淡，却朴素自然，蕴理隽永，耐人咀嚼。

【原文】不汲汲于富贵，不戚戚于贫贱。

【译文】不迫切地追求富贵，不为贫贱而忧虑悲伤。

【解读】这句话出自东晋陶渊明的《五柳先生传》。不急切地去追求财富地位，才能做到心态淡然，富而不奢，贵而不骄；不因为贫穷低贱而自艾自怜或愤愤不平，才能够做到穷且不坠青云之志，不卖身求荣、违背道德原则。然而，作为普通人，有时很难在富贵和贫贱面前保持淡定，如果一个人没有超然物外的胸怀，没有自己做人、做事的原则，既嫌贫又爱富，这种贪心难免害人害己。

【原文】不以物喜，不以己悲。

【译文】不因外物的得失和自己的成败而或喜或悲。

【解读】这句话出自北宋范仲淹的传世名篇《岳阳楼记》。一般的人，心境都会随着外部境遇的变化而起落，从而上演一幕幕的悲喜剧。范仲淹写这篇文章的时候正值贬官在外，身处逆境的他并没有悲观失望、意志消沉，反而保持了豁达乐观的人生态度，留下了“先天下之忧而忧，后天下之乐而乐”的千古名句，为世人所敬仰。他的经历告诉我们，面对外物，重要的是保持一颗平常心，不能让外物奴役了自己；成功也好，失败也罢，都要保持一种恒定淡然的心态，这样才能进退有余，有所作为。

【原文】回首向来萧瑟处，归去，也无风雨也无晴。

【译文】回头望一眼刚才还在下雨的地方，走了，管它是刮风下雨还是天晴呢。

【解读】这句话出自北宋大词人苏轼的《定风波·三月七日》。这首词作于宋神宗元丰五年，是苏轼被贬黄州后的第三年。此句为全词的末句，道出了词人在大自然微妙的一瞬所获得的顿悟和启示：自然界的雨晴既属寻常，毫无差别，社会人生中的政治风云、荣辱得失又何足挂齿？其所表达的正是一个智者所应具备的淡泊、旷达的思想境界，饱含人生哲理。

【原文】 少欲则心静，心静则事简。

【译文】 欲望减少了心就能安静下来，心安静下来了事情也就变得简单了。

【解读】 这句话出自明代薛宣的《读书录》。欲望是影响人冷静思考和准确判断的最大的迷障，一个人在处理与自己有密切关联、切身利益的事情时，如果没有一种淡泊的心境，就往往会被感情、面子、私心等等各种因素所干扰，进而让简单的事情也变得复杂，无从选择。所以说，淡泊寡欲才能心平气和地分析问题，使纷乱的思绪回归清晰，使复杂的事物回归本源，从而让我们最大限度地发挥自身的潜能，破除问题的迷阵勇往直前。

美德故事

庄子淡泊逍遥游

庄子原系楚国贵族，楚庄王后裔，后因战乱迁至宋国。他生活贫穷困顿，却鄙弃荣华富贵、权势名利。

相传庄子和惠施是多年的好朋友。惠施在梁国做了宰相，庄子想去见见这位好朋友，有人急忙报告惠子说："庄子这次来，是想取代您的相位啊！""有这回事吗？"惠子有点怀疑，心里很恐慌，于是派人在国中搜寻了三天三夜，欲阻止庄子前来，然而却不见庄子的行踪。

有一天，庄子突然从容地来到惠子的官邸拜见惠子。惠子很有礼貌地接见了这位老朋友。相互寒暄之后，惠子开门见山地询问庄子这次来访的目的。庄子也许知道那些谣传，于是委婉地说："老朋友啊，您听说过这么一个故事吗？"庄子迷惑不解："什么故事？"庄子从容道："南方有只鸟，名叫凤凰。这凤凰展翅而起，从南海飞向北海，非梧桐不栖，非竹子的果子不食，非甜美如醴的泉水不饮。有一次，一只猫头鹰正在津津有味地吃着一只腐烂的老鼠，恰巧凤凰从头顶飞过。猫头鹰急忙护住腐鼠，仰头看着凤凰，愤怒地大喝一声：‘吓！你也想来吃鼠肉吗？’凤凰鄙视着猫头鹰，哈哈大笑，扬长而去。老朋友，现在您也想用您的梁国来吓我吗？”

惠子羞愧无语。是啊，在胸怀大志的庄子眼里，宰相——这个一人之下万人之上、位高权重、名利富贵双收的官位，不过是一只腐烂的老鼠罢了。庄子以他幽默的语言、不羁的性格、高远的境界让我们看到，有时精神可以达到的高度是物质所望尘莫及的。

介子推不言禄

春秋时候，晋国发生内乱，晋献公宠妃骊姬，欲废掉太子申生，改立骊姬之子奚齐为太子，由是引发一系列变乱。

太子申生被骊姬陷害致死，公子夷吾和重耳畏惧逃亡。

重耳避难奔狄，随行贤士多人，介子推即是其中之一。

重耳经常食不果腹、衣不蔽体。有一年逃到卫国，一个叫作头须的随从偷光了重耳的资粮，逃入深山。重耳无粮，饥饿难忍，当向田夫乞讨，可不但没要来饭，反被农夫们用土块当成饭戏谑了一番。

后来重耳都快饿晕过去了，为了让重耳活命，介子推到山沟里把腿上的肉割了一块，与采摘来的野菜同煮成汤给重耳。当重耳吃后知道是介子推腿上的肉时，大受感动，声称有朝一日做了君王，要好好报答介子推。

十九年的逃亡生涯结束后，重耳一下子由逃亡者变成了晋文公。时值周室内乱，出兵勤王未及封赏介子推。对此，介子推丝毫没有怨恨晋文公，进而隐居绵山，成了一名不食君禄的隐士。

晋文公召介子推受封时，才知道他已隐入绵山。晋文公亲带广众人马前往绵山寻访，谁知那绵山蜿蜒数十里，重峦叠嶂，谷深林密，竟无法可寻。晋文公求人心切，听小人之言，下令三面烧山。没料到大火烧了三天，介子推的影子也没见。

后来，有人在一棵枯柳树下发现了介子推母子的尸骨。晋文公悲痛万分，在那棵枯柳树上取了一段烧焦的柳木，带回宫中做了一双木屐，每天望着它叹道：“悲哉足下。”

此后，“足下”成为上级对下级或同辈之间相互尊敬的称呼，据说就是来源于此。

介子推忠君赴义、鄙弃功名利禄的气节，流芳百世、感人至深。后人不仅造了个“寒食节”来纪念他，还修建了大量的祠堂庙宇来祭奠他，文人雅士登临题咏、寓兴抒怀的更是不胜枚举，这样的讴歌绵延不绝，贯穿数千年。

周党隐居“不召寨”

在河南省渑池县城北七八公里的坡头乡境内，有一个叫“不召寨”的地方。“不召寨”因东汉一位叫周党的人拒绝召封入仕，并隐居于此而得名。

周党，字柏况，是西汉末年至东汉初期的太原广武（今山西代县）人。周党出生在富足户中，家资万贯，田地千亩。不幸的是，他自小失去双亲成为一名孤儿。由于没有依靠，周党被一宗亲抚养，其万贯家产也被族人占有。成年后，族人仍然不还其家产，为了讨回家产，周党只好向地方官府提起诉讼。胜诉后，他又将讨回的家产重新分散给那些宗族人。周党的做法令当地主管征收赋税的人员十分不理解，以为他是神经病而当众污辱他。周党面对污辱，也不以为然，他遣散了家里的仆人和丫环等，只身前往长安游学。

周党在长安求学期间，博览群书，尤以攻读《春秋》为最，最终成为一名博学多才且德高望重的名士。由于他乐于读书、专心修志，受到名人志士和邻里乡亲的称颂。公元 8 年，王莽篡汉造成社会动荡，周党对此十分不满，托疾闭门不出。不久，天下大乱，盗贼四起。据说，周党所在的附近州县皆遭劫掠，唯有他所在之地安然无恙，原因是盗贼仰其名望，都绕城而过。

汉光武帝刘秀得知周党知识渊博又具高贵的品德，有治国的才能，便征召他为朝廷议郎。然而，周党虽有一肚子才学，却对当官没有兴趣。他当议郎不久，便向朝廷称病要求辞官。获准后，周党携妻隐居在一孔窑洞里，以读书散步并与周围乡邻聊天儿度日。又过了几年，刘秀派尚书召他还朝做官。使臣带着重礼前来拜见，并选一交通便利之处郑重宴请，但周党不为所动。据说，周党见使臣时，故意身穿粗布短衣，头发蓬乱并沾满谷糠，以此回绝朝廷征召。最后，在使臣一再劝说下，他被迫前往洛阳。在皇帝面前，他伏地不起，以著书养疾为名，坚辞高官。汉光武帝只好接受了他的请求。

当时，朝中博士范升曾上书汉光武帝，以“大不敬”等罪名对周党大加诋毁。但汉光武帝深明大义，下诏曰：“自古明王圣主必有不宾之士，伯夷叔齐不食周粟，周党不受朕禄亦各有其志焉。”光武帝不但没有治其罪，还赐给他40匹帛。

自此，周党隐居于渑池，读书、著书、耕作而终。

周党拒入仕途的行为被人们广为称颂，因此，他隐居的村庄被称名为“不召寨”，他所住的窑洞被称为“周党窑”。现今的不召寨村，仍然存留着当年的古风：村前的回溪流水淙淙，满沟杨柳，环境清幽。

周党淡泊名利，高风亮节，深受后人敬仰。“不召寨”也吸引了不少达官贵人、文人墨客到此瞻仰凭吊。

鲁仲连功成身退

鲁仲连射书救聊的故事，在聊城历代流传。

战国时代，群雄相争，连年混战，民不聊生。

雄心勃勃的燕昭王，为了争霸天下，命乐毅为上将军，率兵二十万，以闪电战法进攻齐国，不到半年就攻下齐国七十二座城池。当时的聊城，也是其中之一。

燕王听信谗言，把乐毅罢免了官职。这时，齐将田单便趁此机会，用火牛龙虎阵的战术破了燕军，杀死燕上将军骑劫，乘胜追击，一气收复了齐国七十一城，可唯独聊城城池坚厚，守将负隅顽抗，齐国损兵折将，久久不能攻下。

齐国有一义士，名叫鲁仲连，智勇双全，他周游列国，专好忧国忧民释纷民难。所以，各诸侯国都久仰他的大名，对他非常敬重。鲁仲连看到聊城战事持久，双方损兵折将，白白让百姓遭殃，于是，亲自到齐军营寨面见了田单将军。他对田单分析了情势，要求修书一封，射入城中，晓以利害，使乐英三思而后行。田单久闻鲁仲连之韬略才华，当面谢过他的好意，对他射书的建议，也就一口答应了。

第二天，乐英正在东门巡察，忽见一齐将往城楼上射来一箭，上面似束着书信。他忙吩咐守城士卒拣来一看，原来是鲁仲连的亲笔，只见上面写道：“乐英将军，久闻你是有勇有智之士、大义大忠之将，但‘忠臣事贤君'，这话你不会忘记吧！今燕惠王昏庸无道，听信谗言，任用奸臣，将你叔乐毅昌国君不授以功，反目为仇。今乐老将军已怀愤回乡，不再为昏君卖命。'信而见疑，忠而别谤'。乐将军目前处境险恶，不知如何燕王又要加罪于你，与其顽抗，不如降齐。再者，现在的齐国，虽有'楚攻南阳，魏攻平陆'的侵扰，但这是区区小事，无关大局。现在齐国百姓的主要目的是攻克聊城，收复全齐。将军一味死守，置一城百姓于水深火热之中，终归失陷，名裂身殉，有何益处？其三，当今燕国，内政腐败，矛盾重重，君臣失计，国敝祸多，民心无归，难道将军不审时度势，弃暗投明？仆为将军计，有两条道路，供将军选择：一是撤兵回国，解甲归燕，燕王无可责备，君可上辅孤主，下制群臣，矫敝更俗，功名可立；二是如回国有顾忌，何不归顺齐国？齐王定会捐弃前嫌，欢迎将军，定会封官裂土，世世富贵。望君在生死荣辱、贵贱尊卑的最后决断关头，细细忖察，万勿因一朝之恨，误国误己，坐失良机！切切！兄仲连。"

乐英手持书信，再三阅读，回帐大哭三天不能决断，因而仰天叹息道："大丈夫处世，实在难呀！我守城殃民是不仁，战败身死是不勇，降人受禄是不忠，回燕受谗是不智，与人杀我，不如自杀！"说完他大吼一声，拔剑自刎而死。

守城燕军失帅，齐军很快收复了聊城。齐王念仲连射书救城之功，要封他为官，可鲁仲连坚辞不受，他说："我如果受到官职羁绊，免不了要时时向权贵折腰，那多么无聊，倒不如安贤乐俗，与世无争，求得精神上的舒适畅快呢！"后来，他隐居于民间，功成身退。

人们为了感谢鲁仲连射书救城之功，纪念他才智超群的历史壮举，曾在聊城东门外修筑了一座砖石高台。台的门洞两侧，各有石刻横额，东书"鲁仲连台"，西写"旷古高风"。

季羡林三辞"大师"

季羡林，聊城临清市人。他早年留学国外，通英、德、梵、巴利文等多种文字，尤其精于吐火罗文，是世界上仅有的精于此语言的几位学者之一。

当前，不少人为求得这样或那样的"桂冠"，用尽种种办法。但是，季羡林却视金钱为无物，视名利为负累，始终坚持"为学术而学术"，为捍卫真理而说真话。

季羡林三次公开请辞摘下“国学大师”“学界泰斗”“国宝”三项称谓，甘愿找回一介布衣的本真面目。季羡林谦虚地说：“环顾左右，朋友中国学基础胜于自己者，大有人在。在这样的情况下，我竟独占‘国学大师’的尊号，岂不折煞老身！我连‘国学小师’都不够，遑论‘大师’！……三顶桂冠一摘，还了我一个自由自在身。身上的泡沫洗掉了，露出了真面目，皆大欢喜。”季羡林的这番话并非矫柔造作、哗众取宠，而是他看透了名利背后的虚华之后所发出的肺腑之言，更是他虚怀若谷、处处虚心向人的真本性之流露。

季羡林如土地般真诚、朴实，一生淡泊名利，以德服人，只为真理而活。虽然他生前多次要求摘冠，但人们心中送给他的那顶“桂冠”是永远也摘不掉的，因为他已化作我们心中一座永远不倒的精神丰碑。

友善

友善是基于中华民族的生存环境与生存伦理而生长的一种道德范畴。在古汉语中，“友”和“善”是单独使用的。“友”的本义为朋友。在甲骨文中，“友”的字形是顺着一个方向的两只手，表示二手协同或以手相助。“善”字从言、从羊，在古代是吉祥的象征。清朝大学士张英在《聪训斋语》中指出：“与人相交，一言一行皆须有益于人，便是善。”就是说，善意味着要与人为善、关爱他人。

在中国古代社会，君子都非常重视“友”和“善”。儒家认为，善首先是一种个体的道德修养，表现在对于道德价值的自觉认同上，是自我完善的过程。孔子曾说：“见善如不及，见不善如探汤。吾见其人矣，吾闻其语矣。隐居以求其志，行义以达其道。吾闻其语矣，未见其人也。”孔子讲的善是一种发自内心的道德要求，以至于见到些许小善便去实践，见到不善的东西则要赶紧避免。这种友善在发展过程中，形成了中华民族以善为美的道德风尚。西方基督教将善视为上帝的产物，而中华文化则将善作为一种人性的天成，孔孟对此阐明得最为透彻。其次，善不仅是个体的道德修养，更主要的是推及人际关系，变成一种道德伦理关系。孔子将善作为君子与小人的区别标志：成人之美是君子所为，而小人则以损害他人为特点。因此，与人为善是君子行为的标志。孟子认为，子路闻过则喜，大禹乐于听取别人的建议，而大舜则乐善好施，与人为善，是一种更高的道德表现。与人为善原来的意思是乐于施舍，发展到后来成为一种普遍性的道德追求与行为，与成人之美一样，表现出中华民族性格中友爱善良的品质特性，升华为一种民族特质。

需要指出的是，在道家思想文化中，友善在更高的维度中得到了印证。比如老子倡导上善若水的人生道德智慧："上善若水。水善利万物而不争，处众人之所恶，故几于道。居善地，心善渊，与善仁，言善信，政善治，事善能，动善时。夫唯不争，故无尤。"与人为善既是利人也是利己的一种美德与人生智慧。相对于儒家的孔孟之道，老子更强调友善的形而上之智慧。所以，友善也可以理解为中国古代倡导的一种人生智慧。

中华民族起源于黄河与长江流域的生存环境之中，是一个农耕文明民族。自古以来，中华民族依河流生态而建的环境，聚族而居，互相团结，人们依靠血缘关系来维系种族的生存与繁衍，后来的夏商周社会的宗法制度与封君制度，也是在这种血缘关系基础之上衍生的。这种社会形态，注重人际关系，由血亲而推广到社会，由家族而扩展到国家与天下，是中华文明中道德构建的一贯思路。那种友善相处、以和为贵、以让为德、不分彼此的浓浓情意，是千百年来乡村发展的主色调，让人无限眷恋与怀念。中华民族正是因为高度重视和崇尚友善，才拥有了灿烂的古代文明。中国古代友善美德由乐于施舍发展到后来成为一种普遍性的道德追求与行为，与成人之美一样，表现出中华民族性格中友爱善良的品质特性，升华为一种民族特质，流传下许多为善美德故事。如陶渊明里仁为美、睦乃四邻，明代的麻东辉潜心医学、济世救人，清朝的马明智忠厚待人、乐善好施等等。

20 世纪 90 年代以来，我国社会进入了急剧变革的时期，传统的人际关系逐渐被瓦解，一些道德滑坡事件时有发生。人们不禁要问：曾经的友善哪里去了？没有厚德，就没有乡土中国；留住友善，才能留得住乡愁。在意识多样多变的社会转型期，重新认识友善的价值至关重要。这也正是将友善作为社会主义核心价值观并大力倡导的原因所在。而要做到友善，首先要有"善心"。一个人是否具有善良的心灵，是否具有同情和悲悯的情怀，是区别"人"与"非人"的标准，也是区别"善"与"恶"的标准。因此，培育善良仁爱之心、人道之心，继而化育天下，是做人最重要的目标之一。其次要明善理，就是每个人都要明白行善的道理，大家一起努力，共建一个有道德的社会。第三要行善事。尊重别人，关心别人，以诚待人。

诚恳地对待别人的优点和成绩，善意地对待别人的缺点和过失。第四要做善人。做善人的一个基本原则是做到一举一动有益于人。这个根本要求，往小里说是要有仁爱之心，尽可能地同情、关爱和帮助他人，能设身处地替别人着想；往大里说就是要努力守道义、守定则、利社会、利天下。只要全社会公民都认识到友善的价值，从我做起，从现在做起，积极倡导、培育和践行这一珍贵的价值，让友善这一温暖人心的太阳永驻自己心间，那我们的社会、我们的生活就会变得非常美好。

经典名句

【原文】上善若水。水善利万物而不争，处众人之所恶，故几近于道。

【译文】最高的善像水一样。水润泽万物，令它们繁盛地生长，而它却从不与万物竞高下、争长短，它总是安身立命在众人所不愿去的低洼地，这种品格才最接近于道啊。

【解读】这句话出自《道德经》，老子用水来比喻有高尚品德的人。认为他们的品格像水那样，一是柔，二是停留在卑下的地方，三是滋润万物而不与争。最完善的人格也应该具有这种心态与行为，不但做有利于众人的事情而不与争，还愿意去众人不愿去的卑下的地方，愿意做别人不愿做的事情。他可以忍辱负重，任劳任怨，能尽其所能地贡献自己的力量去帮助别人，而不会与别人争功争名争利，这就是老子“善利万物而不争”的著名思想。

【原文】见善如不及，见不善如探汤。

【译文】见到善良的，要努力追求，唯恐赶不上；见到邪恶的，要尽力避开，就像怕将手伸到开水里。

【解读】这句话出自《论语·季氏》。孔子用“探汤”这一生动形象的比喻，来说明一个人看到不好的事情时所应采取的态度。汉代韩婴在《韩诗外传》中也写道：“高比所以广德也，下比所以侠行也。”跟道德高尚的人比，就有高的奋斗目标；跟落后的人比，标准要求降低了，其所作所为就会越来越落后。孔子的这句名言，意味深长，发人深省，令人警醒。后世常用这句话来警示从政者要常修为政之德，常思贪欲之害，常怀敬畏之心。

【原文】 从善如登，从恶如崩。

【译文】 追随善如同登峰，很艰难；追随恶如同雪崩，很容易。

【解读】 语出春秋时期左秋明的《国语·周语下》，这是《国语》中收录的一句谚语，是古代先贤的劝世箴言，为后世政治家所重视。这句话比喻学好很困难，学坏极容易，多用于劝勉之语。从善难，并非难在存善念，而是难在有善举；并非难在偶尔行善，而是难在持之以恒。从恶易，乃是因为世间的奢侈享受花样繁多，常人的意志力普遍薄弱。虽然从善很难，但有利于他人和社会，人人都应该坚持。

【原文】 穷则独善其身，达则兼善天下。

【译文】 不得志时就洁身自好修养个人品德，得志显达之时就要造福天下百姓。

【解读】 这句话出自孟子的《孟子·尽心上》。“穷则独善其身，达则兼善天下”精练地表达了儒者入世与出世的政治选择和人生态度，成为古今众多知识分子立身处世的座右铭。这既蕴含了进退之间深刻的内在矛盾，也彰显了儒学通权达变的思想方法和精神气度，是中华民族始终崇尚的品德和胸怀。

【原文】 积善之家，必有余庆；积不善之家，必有余殃。

【译文】 积德行善之家，必然有多的吉庆，并会恩泽子孙；而作恶多端之家，则会经常发生灾祸，甚至连累后代。

【解读】 这句话出自《周易·坤·文言》，意思是要积累善行善德，不做不善之事，否则连累后代。所阐述的是一种事物由循序渐进、慢慢积累，最终量变引起质变的现象。同时也是警示人们，一些微小不良现象的萌生，应尽早看到任其发展下去的危害和后果，及早警惕并采取措施。

【原文】 善不积不足以成名，恶不积不足以灭身。

【译文】不坚持不懈地做大量有益于人的事，就不能成为一个名声卓著的人；而一个落得身败名裂、自我毁灭的人，是他长期做坏事的结果。

【解读】这句话出自《周易·系辞下》。善恶无论大小，都不可轻视。积小善可以成大善，积小恶可以酿大祸。不付出艰巨的劳动，不脚踏实地地工作，不作长期点点滴滴的积累，是难以成名成家的。没有平时的为非作歹、怙恶不悛，也不至于导致杀身之祸。正反两个方面的经验和教训都是值得人们吸取的。这句话蕴涵的道理就是善与恶是一对矛盾，二者相互对立，同时善与恶积累到一定程度都会发生质变，说明成名、灭身各有相应的量变前提。

【原文】知其不善，则速改以从善。最要在速改上著力。

【译文】意识到自己不善的言行，就应该立刻改正从善。最要紧的是在“速改”上下大功夫。

【解读】这句话出自宋代朱熹《朱子语类》。修身讲究缓养，如文火炖物，同时也讲究急攻，如猛火煮物。养的是善性，攻的是恶因。修养所面对的问题很多都是再普通不过的大道理，但为什么说起来简单，做起来却屡屡犯错，甚至终身犯错呢？原因就在于“知其不善”，却不能“速改”。一个错误放过了，下一个错误必然也会放过，道德惰性是自己纵容出来的，“大错误”也是从“小错误”日常积累的。

【原文】故君子莫大乎与人为善。

【译文】君子最高的德行就是同别人一道行善。

【解读】这句话出自《孟子·公孙丑上》。与人为善是中华民族的传统美德，是为人处世的重要准则。与人为善，包含着丰富的内涵。《孟子·公孙丑上》中说：“取诸人以为善，是与人为善者也。故君子莫大乎与人为善。”其意思是，君子最高的德行就是同别人一道行善。后来，与人为善的语意有所拓展，多指以善意的态度对待他人，为人着想，乐于助人。在今天，提倡与人为善，对于构建和谐社会具有重要意义。

【原文】为善者不云利，逐利者不见善。

【译文】做善事的人从来不谈利益，而追逐利益的人从来不做善事。

【解读】这句话出自北宋诗人林逋的《省心录》。好施行善的人不谈利益，追逐利益的人不做善事而一旦做了善事，不但要求回报，而且贪得无厌，永不满足。施恩与报恩不应被置于天平的两端，如同作交易一般追求等价。为善者不求回报，一心为善；报恩者心怀感激，诚心回报。双方都不在心里放一台秤，称斤掂两，算计自己的得失。事实也是这样，一心一意做有益于他人之事的人很少考虑个人利益，追名逐利的人却不肯做善事，意谓君子、小人各有所求。

【原文】交善人者道德成，存善心者家里宁，为善事者子孙兴。

【译文】交良友有利于培养自己的好品德，存心善良能使家庭和睦安宁，做好事会使子孙兴旺。

【解读】这句话出自明代方孝儒的《柱铭》。这是明代文学家方孝孺的名言警句，告诉我们道德的重要性与所获得的益处。做人必须将“善”作为道德追求，提升自己，惠及他人。道德是引导人们追求至善的良师。它教导人们认识自己，对家庭、对他人、对社会、对国家应负的责任和应尽的义务，教导人们正确地认识社会道德生活的规律和原则，从而正确地选择自己的生活道路和规范自己的行为。

美德故事

杨翥友善邻里

杨翥（zhù），字仲举，明代曾担任礼部尚书。他为人仁厚友善，对于别人所难以忍受的事物，时常处之泰然。他的许多故事，留下了千古美谈。

杨翥居住在京城，平日骑驴上朝或外出。他对驴子很喜欢，每天上朝回家，亲自为驴子喂料并经常照看。杨翥的邻居是一位老者，快六十岁的时候得了个儿子，老来得子夫妻自然非常高兴。但这个孩子一听到杨翥的驴子叫就哭个不停，搞得全家人都不得安宁。可杨翥是朝廷大官，这家人也不敢向杨翥说这个事。眼看那孩子一听到驴子叫就哭，饮食也明显减少，父母最后还是把这件事和杨翥说了。杨翥听后二话没说，随即就把自己的驴子卖了，从此外出或上朝都靠步行。

杨翥的邻居丢失一只鸡,说被姓杨的偷去了,家人告知杨翥。杨翥说:“又不是我一家姓杨，随他骂去。”又一邻居每遇下雨天，便将自家院中积水排放进杨翥家中，使杨家受脏水潮湿之苦，家人告知杨翥，他却劝解家人:“总是晴天干燥的时日多，落雨的日子少。”久而久之，邻居们被杨翥的忍让所感动。有一年，一伙贼人密谋抢杨家财宝，邻人们得知后，主动组织起来，帮杨家守夜防贼，使得杨家免去一场灾祸。

范蠡散金

范蠡,春秋楚国著名的政治家、谋士和实业家,也是一位著名的慈善家,后人尊称“商圣”。

在当时贵胄专权的楚国，范蠡并不为世人所识。因不满当时楚国政治黑暗、非贵族不得入仕而投奔越国，辅佐越国勾践。

范蠡在帮助勾践雪会稽之耻、平灭吴国之后，便辞官引退，游走各国。范蠡颇具经商才干。他在行至齐国后，便以鸱夷子皮为化名从事商业买卖。很快，范蠡就积累下千金家财，成了齐国的首富。

当时，齐王得知范蠡的才能，便拜他为相。然而，手执相印的范蠡却想到了更多生活于贫困之中的百姓。于是他将财富全部接济穷人，辞去了相职，重以布衣之身前往陶地。

陶地位于齐、宋、卫国的交界处。范蠡认为，陶地便是天下的中心，它能够与各国交通便利，在此贸易必可致富。于是他又化名为陶朱公，再次开始经商。果然，陶朱公不久后便大获其利，家产第二次累至千金。但是，他发现陶地依然有许多人贫苦不堪。于是，范蠡又一次将千金散尽，资助穷人。

范蠡“十九年之中三致千金，再分散与贫交疏昆弟”，也就是说，范蠡在十九年间，曾经三次获得过千金之富，但三次把这些钱财接济给了他身边的穷朋友与困难兄弟。史上称赞他是一位“富好行其德”的大善人、大慈善家。他的才干使他几乎每到一地都能富甲一方，然而对天下穷人的悲悯却又让范蠡每一次都将千金巨富倾囊赠出。而且，在布施财富之余，范蠡还不忘传授人们经商获利的方法，希望借此为穷人找到致富的门路。

武训行善办义学

武训，原名武七，堂邑县武庄（今属聊城市冠县柳林镇）人。他行乞三十八年，建起三处义学，教育了无数穷家子弟，是中国历史上唯一以乞丐身份被载入正史的人，被誉为“千古奇丐”，为后世留下了一个有关中国仁善精神的传奇。

武七自小家境贫穷，三岁丧父，幼时便以乞讨度日。每次讨来食物，都先侍奉母亲，因而被称为“孝乞”。七岁的时候，武七的母亲也去世了。此后，武七便一边乞讨一边为富人家做工。由于不识字，武七曾被一个雇主骗取工钱，这让武七决心兴办义学。为了积攒办学的费用，武七白天在街市上乞讨时不惜以丑态哗众以获施舍，晚上则为人纺织麻线挣钱。

几年过后，武七攒够了六千文钱。一天，他来到当地一个富人家，跪在门外要见主人。这家主人让仆人用钱把武七打发走，不料武七却说：“若见不到主人，我就在这里长跪不起。”主人无奈，只好来见武七。

武七说：“乞丐武七有求于贵人，请您一定答应我！”主人问：“你是想要钱吗？”武七答道：“不，我不是想向您讨钱，而是有钱要送到您这里！”这个富人感到非常奇怪。武七接着说：“我现在有六千文钱，想存到您这样的富贵人家里，由您经营，日后希望您能给我些利息。”这家主人见钱并不多，便答应了武七的请求。此后，武七每攒够一千文钱都存到这家，而他所获得的息金也随之增加，本息积累终至白银几百两。

光绪十四年（1888），武七出资四千余吊在堂邑柳林庄办起了第一座义塾。他高薪聘请塾师授课，并到穷人家去跪求家长把孩子送到学校免费读书。开学那天，武七拜见了每一位老师和学生，并摆下丰盛的酒宴款待他们。武七自觉身份卑微，不便入座，所以就请来了当地有声望的名人陪席，而武七本人则只吃些残羹剩饭。平日上课，武七也多到义塾去探视，见到老师勤奋授课，他便跪地拜谢；若是遇到塾师懈怠或学生贪玩，武七就长跪不起，流泪劝其勤勉。师生因此都对武七非常敬畏而不敢懒散。

后来，武七又靠乞讨所得兴办了馆陶、临清两所义塾。山东巡抚张曜得知武七乞讨兴学的义举后，赐名为“训”，并奏请朝廷赐武训“乐善好施”

匾。据说光绪帝甚至还赏武训穿黄马褂，以行表彰。

光绪二十二年（1896），59岁的武训在为家乡留下三座学堂后，长辞于临清义塾中。武训在弥留之际，还在听着学童们的诵读之声，直至含笑离去。

马明智乐善好施

清朝乾隆年间，今聊城市茌平县城西南40里处的马庄，出了个有名的大善人马明智。马明智家境富裕，却不像别的富户那样为富不仁。他为人忠厚，乐善好施，自己一家省吃俭用，经常帮助别人排忧解难。

有一年冬天，下着大雪，邻村一个贫家妇女生了孩子，而丈夫又不在家，家里缺米少柴，铺盖也很单薄，母子将要冻饿而死。马明智得知此事，立即让儿子和媳妇用小车推着柴米、被褥给这家送去，还留下媳妇帮这位产妇做饭烧炕，使母子二人平平安安地度过了满月。这个妇女感激地称马明智为救命恩人。

有一次，马明智在村外碰到一个壮汉正在上吊寻死，急忙上前解救。问其原因，那人边哭边说："我是高唐人，家里全凭我肩挑贩运养家糊口。谁知今日路遇盗贼，被抢劫一空，我一家六口怎么活啊！"马明智劝他："你死了倒是素净了，可家里的老小怎么办？这样吧，先到我家拿上几石粮食做资本，赚点钱维持你一家的生活。"壮汉感激不已。半年以后，这个壮汉拿着钱和礼物前来谢恩，马明智分文不取，说："我家里什么也不缺，你好不容易挣了点钱，拿回去扩大资本，继续好好干吧！"那人感激得洒泪而去。

这一年麦收季节，马明智的20多亩麦子都已熟了，还未来得及收割，不料傍晚天阴上来，眼看要下雨。马明智正在为麦子没割而发愁时，忽听有人敲门。开门一看，门口站着黑压压的一群人，都是庄里乡亲，他们已把他的麦子割完运到场里垛起来了。马明智见状，心里热乎乎的，一个劲地向乡亲们道谢。说话间，瓢泼大雨从天而降。村里人说，这是马明智积德行善的结果。麦子打轧以后，马明智挨家挨户地送麦子上门，以感激乡亲们的帮助。

马明智年过八旬，眼不花，耳不聋。临终前，他把子孙们叫到跟前，拿出账本当面烧掉，嘱咐借出的钱不能再要，并教育后代要忠厚待人，勤俭持家。后来他的四个儿子、七个孙子都遵照马明智老人的遗嘱而行，深得乡亲们的敬重。

因他乐善好施，名扬乡里，后人便以他的名字把村名改为马明智。

中华慈善大使牧琳爱

美国老人牧琳爱，1917 年 8 月 11 日出生在中国河北省北戴河，后来，她们全家搬到山东，在聊城修建了教堂，成立了教会。1930 年，牧琳爱的父母举家回美国定居，13 岁的牧琳爱怀着深深的眷恋告别了她中国的小朋友。在回国的轮船上，她在心里发下誓言：“我一定要回到中国。”可她没有想到，实现这一想法，竟耗去她半个多世纪的年华。

牧琳爱一家归国后居住在加利福尼亚州的圣路易斯城。1941 年，牧琳爱获得了护理学硕士学位，曾在美国北部科罗拉多州一家儿童医院任院长。丈夫去世后，1999 年，82 岁的牧琳爱卖掉了自己的 40 英亩山林和别墅、花园、汽车等家产，远渡重洋只身来到山东农村，开始在聊城市国际和平医院和阳谷县安乐镇刘庙村居住。在聊城居住期间，多次向当地小学、医院、村民捐款捐物，支持当地农村发展，捐资助学、修路植树、爱心义诊……做了数不清的好事。

牧琳爱在刘庙村居住 14 年，同村里人相处很融洽，村里都把她当做自己人，逢年过节，村里对她和其他村里人一样发一桶油和其他食品，她欣然接受。老人说，她只要求简单的生活，以自己的爱心帮助别人、爱护别人，这样就很快乐。她喜欢中国人，认为中国人对工作很有热情，对未来很乐观。她想在村里捐建一所希望小学，听说村里已经有了学校，于是她捐出 3 万美元，帮学校建起了正规的微机室，开设计算机课。她义务担任学校的英语教师。她特别喜欢孩子，常给村里幼儿园的孩子送糖果和玩具。得知村里要搞绿化，她捐出 6000 美元购买了近 10 种树木花卉，和孩子们一起植树。为帮助村民致富，她为村里引进了一种美国优质果树。她在家订阅了《中国日报》，常为村里的发展建言献策。

牧琳爱还应邀担任聊城国际和平医院的名誉院长，率领该院一个医疗小组赴刘庙村为所有老人做眼睛保健义诊，5 位患有白内障的老人的更换晶体手术费用和23位老人配眼镜的费用牧琳爱全部包了下来。每到周末，牧琳爱都要赶到聊城国际和平医院给医生护士们讲课，或讲专业知识，或教英语。她还通过自己的女儿在美国购买一种新的治疗仪赠给医院，请来研制这种仪器的博士来为医院培训专业人员。

牧琳爱有颗中国心，拥有中国“绿卡”和义捐遗体是她的夙愿。2009年7月24日，牧琳爱老人被山东省授予中国“绿卡”，获得永久居住权。老人激动地说：“我是一个美国人，我有一颗中国心，我爱你们！”牧琳爱老人一直以平静的心态来面对死亡。她心脏不好，担心出意外，经常提捐献遗体的事情。“我有心脏病，除了心脏不好外，体内其他器官都能捐给需要的患者，”2011年2月，在完成遗体捐献登记确认时，牧琳爱老人这样说。在目前聊城市已登记确认捐献遗体的人中，牧琳爱老人是年龄最高的一位。2013年4月28日，牧琳爱逝世于山东聊城市，她的遗体捐献给山东力明科技职业学院，用于学院的医学研究，牧琳爱成为山东省第二例捐献遗体的外国人。生前，她把自己最后的14年时光奉献给聊城；身后，她将遗体留在这片土地上，永远守望着她的朋友们。

14年的慈善生涯，14载与孩子们相依相伴，在牧琳爱耄耋的身体内，跳动着一颗童稚的心。老人的善举感动了中国人民，牧琳爱被评为“2006年山东年度十大新闻人物”，入选“感动山东真情故事”十大人物，被山东省政府、山东省人事厅授予“齐鲁友谊奖”，被山东省民政厅授予“山东慈善奖”最具爱心慈善行为楷模称号。2006年5月牧琳爱被评为“山东慈善大使”，2006年6月被授予“中华慈善大使”称号，2013年被评为“感动聊城2012年度人物”。

齐家

家庭是社会的基本细胞，家庭联系着个人和社会。自古以来，家庭和谐有序对于个人、社会来讲都具有非常重要的意义。在封建宗法制度下，家国同构的政治模式决定了家庭关系处理的好坏、家庭品德的高下，直接关乎一个人的政治命运。对于现代人来讲，家庭美德仍然是重要的道德建设内容。家庭由父母、夫妻、兄弟、儿女等成员组成，不同的家庭关系需要不同的处理方式，在处理这些事务的时候，也需要我们彰显多方面的品德和智慧。

本书选择了孝悌、感恩、贵和、团结、勤劳、节俭等8个条目的齐家美德加以阐述，以帮助大家营造其乐融融、积极向上的良好家庭氛围。

齐家

“齐家”就是使家族成员能够齐心协力、和睦相处。“齐家”语出《大学》：“欲治其国者，先齐其家”，即只有教育好自己的家庭成员，才能教化人民。中华民族自古以来就有重视家庭、重视亲情的传统美德。家和万事兴、天伦之乐、尊老爱幼、贤妻良母、相夫教子、勤俭持家等，都体现了中国人的这种理念。

中华传统文化蕴含了丰厚的“齐家”思想，形成了以儒家经典为基础，以家道、家训、家教、家规、家风等为载体的家庭治理体系，成为中华优秀传统文化的鲜明特色。其主要思想有三：一是家庭教育是践履社会道德的基础。孔子及其弟子讲：“其为人也孝悌，而好犯上者鲜矣，不好犯上，而好作乱者，未之有也。”这就是说，社会道德是在家庭道德教育中培养起来的。孔子十分注重家庭道德教育，他制定的家礼中有儒家的亲亲尊尊、父慈子孝、夫贤妇随的基本精神，涉及的内容包括孝亲、悌弟、事夫、守节、治家、理财、婚嫁、丧葬等，事无巨细，均有规定。二是“齐家”与“治国”的联系。儒家认为“齐家”是“治国”的前提条件。同时，一个家庭，有了好的家风、家教，可以影响社会的风尚。《大学》讲：“一家仁，一国兴仁；一家让，一国兴让。”家庭的小环境与国家的大环境有着一定的内在联系。三是注重对家庭成员进行“为人处世”“待人接物”的广泛教育。儒家伦理文化重社会整体观念，促进了个人道德品质的完善，促进了家庭伦理关系的协调，形成了中国特有的父慈子孝、兄友弟恭、敬老爱幼、团结和睦的家庭伦理关系，逐渐积淀成中华民族特有的传统美德，对中国人的道德人格及家庭伦理关系产生了积极和深远的影响。

中华民族的传统文化一直强调个人、家庭和国家的有机统一，从个人到国家到天下，“家”是最重要的纽带。历史上“齐家之道”的践行，对社会的稳定发展与国家的长治久安曾经发挥过重要作用。因此，中国自古以来就非常重视家庭教化，“齐家”被提高到治国平天下的高度。朱元璋当上皇帝的第二年，就亲自制定、颁布了包括“教训子孙，各安生理，毋做非为”在内的《教民六谕》，强调家庭教化。南北朝时期颜之推的《颜氏家训》要子孙处理好夫妇、父子、兄弟这三种家庭关系。明清之际学者孙奇逢的先祖以“谨厚补拙”传世，“孟母三迁”“岳母刺字”等也是反映注重家教的故事。当然，中国传统的家训、家规、家教既饱含道德操守和崇高人格之精华，也存在“父为子纲”“夫为妻纲”等不平等人格之糟粕，因此在传承时要注意吐故纳新、与时俱进。

毛泽东、周恩来等老一辈革命家也十分重视齐家，并为我们作出了榜样。毛泽东对其亲属要求甚为严格。《毛泽东书信选集》中记述，他对时任湖南省重要官员的王首道说，“杨开智等不要来京，在湘按其能力分配适当工作，任何无理要求不应允许。”周恩来特别强调领导干部要过“五关”：思想关、政治关、社会关、亲属关和生活关。他特别叮嘱亲属，在任何场合都不许说出与他的关系，都不许打总理亲属的牌子，不要炫耀自己、以谋私利。毛泽东、周恩来等老一辈无产阶级革命家之所以如此践行“修身、齐家、治国、平天下”古训，严正家风，就是因为家风是党风的晴雨表，家风连着党风。如果领导干部治家不力，就会在群众中造成极坏的影响，这不仅使领导干部的形象受损，还将直接影响着党风和社会风气的好转。

当前，社会的变迁深刻地影响着人们的价值观与行为方式，实用主义、拜金主义思想蔓延，个人本位强化，家庭本位式微。同时，家庭模式和家庭结构也在发生革命性变革，家庭规模小型化发展迅猛，重养轻教、重智轻德、重少轻老的现象突出。与此同时，城镇化进程的加快，大批流动人口的家庭生活分离，出现了留守儿童、留守老人，导致家风影响越来越弱化。这要引起我们的高度重视。家庭是社会的细胞，家风整肃、作风端正，向下能带动家庭成员和睦有序，向上能推进我们的党和国家安定繁荣；相反，家风不正、家教不严，家属亲属相互影响、恶性循环，最终会突破法治的底线、走向罪恶的深渊。现实社会中，“家族式”腐败现象不容小觑，父子上阵、夫妻串通、兄弟勾结，一些领导干部的奢靡享乐正是从家风变坏开始的，进而演变为公权力“家族化”，为小家敛财而罔顾党纪国法，走上犯罪道路。要警钟长鸣，引以为戒。因此，不论时代发生多大变化，不论生活格局发生多大变化，我们都要重视家庭建设，注重家庭、注重家教、注重家风，发扬光大中华传统家庭美德，促进家庭和睦，促进亲人相亲相爱，促进下一代健康成长，促进老年人老有所养，使千千万万个家庭成为国家发展、民族进步、社会和谐的重要基点。这就要求我们要发扬齐家传统美德，并在传承中纳入新的价值理念，这也是践行社会主义核心价值观的内在要求和具体体现。齐家是我们的必修课，每个人都要做到清清白白持家、勤勤恳恳奉献，从古代先贤、历史长河中传承精华，形成自家的清廉正派的风气，成为立身之本、齐家之范，让良好的家风一脉相承，进而成就振兴中华、实现伟大中国梦的宏图大业。

经典名句

【原文】教先从家始，正家而天下定矣。

【译文】对人进行道德教化先从家庭内部开始，如果通过教育能够使家道端正，那么就能实现国家安定、天下大治了。

【解读】语句出自《周易·家人》的卦辞中。这种家庭教化的力量支撑了中国数千年的发展。中国古代的教育，主要是指德育，“教”即是德育的意思。《周易·家人》这一卦辞提出教先从家始，说明中国古代就已十分重视家庭教育在治国平天下中的地位与作用了。

【原文】桃之夭夭，其叶蓁蓁，之子於归，宜其家人。宜其家人，而后可以教国人。

【译文】美丽的桃花，又嫩又美，它的叶子茂密而可爱。这个姑娘就要出嫁了，她使得全家老小都十分愉快。（这里比喻）一个有能力先使家族愉快和乐的人，然后才能有资格去治理好国家和人民。

【解读】这句话出自《礼记·大学》治国先齐家这一章。这一章反复强调以身作则，要求“君子有诸己而后求诸人，无诸己而后非诸人”，指出“其所令反其所好，而民不从”，“所藏乎身不恕，而能喻诸人者，未之有也”。这些思想并不因为社会时代的变迁而失去光彩，它既是对“欲治其国者”的告诫，也是对儒学“恕道”原则的阐发，可广泛应用于生活的各个方面，作为我们立身处世、待人接物的有益参照。

【原文】一家仁，一国兴仁；一家让，一国兴让；一人贪戾，一国作乱。其机如此，此谓一言偾事，一人定国。

【译文】一家仁爱，一国也会兴起仁爱；一家礼让，一国也会兴起礼让；一人贪婪暴戾，一国就会犯上作乱。其联系就是这样紧密，这就叫做：一句话就会坏事，一个人就能安定国家。

【解读】这句话出自《礼记·大学》，说明国、家、人是相互联系的，人和家的发展变化影响到整个国家，部分影响整体。因此，家庭作为社会的基本单位，在国家、社会的兴衰治乱方面发挥着非常重要的作用。

【原文】所谓治国必先齐其家者，其家不可教而能教人者无之。故君子不出家而成教于国：孝者，所以事君也；悌者，所以事长也；慈者，所以使众也。

【译文】之所以说治理国家必须先管理好自己的家庭和家族，是因为不能管教好家人而能管教好别人的人，是没有的。所以，有修养的人在家里就受到了治理国家方面的教育：对父母的孝顺可以用于侍奉君主，对兄长的恭敬可以用于侍奉官长，对子女的慈爱可以用于统治民众。

【解读】这句话出自《礼记·大学》。国家，从语词关系看，国和家就密不可分。尤其是在以家族为中心的宗法制社会时代，家是一个小小的国，国是一个大大的家，因此有君君、臣臣、父父、子子的规范贯穿国与家。也正因为如此，我们才能理解“治国必先齐其家”。家与家之间虽然有大小之别，财有贫富、人有多寡、位有贵贱、地有僻壤等等的不同，但是齐家的道理却是古今中外不可违背的。

【原文】昔三代明王，必敬妻子也，盖有道焉。妻也者，亲之主也；子也者，亲之后也，敢不敬与？是故君子无不敬。

【译文】往古夏、商、周三代明王，一定尊重、爱护自己的妻与子，这是有道理的。因为妻乃家内之主，子乃祖先之后，岂敢不敬呢？因而，君子无不敬重的。

【解读】这句话出自《孔子家语·大婚解第四》。这是孔子和鲁哀公讨论婚礼意义时的对话，其中涉及许多孔子的政治思想。对话先从人道谈起，孔子认为，人道中政治是第一位的。如何为政，要做到三点：夫妇别，男女亲，君臣信。然后提出“爱与敬”是“政之本”，而婚礼正是爱与敬的体现。夫妻、子女可以说是家庭的核心组成，夫妻、子女互敬互爱，才能够做到家齐。

【原文】内事不和，不得言外。细事不察，不得言大。

【译文】内部的事有不和的，不得对外言说。细小的事情不明察，不能言说大事。

【解读】这句话出自《黄帝书》，强调君主要重视家庭内部的管理和和谐。君主如果连自己家庭内部的事情都不能理顺，就没有资格来讨论国家的事情；小事不明，大事也就谈不上了。说明要从细微之处修养自己，这样才能成就爱国爱民的大事业。

【原文】修道于家，父慈子孝，兄友弟顺，夫信妻正，其德如是，乃有余庆于来世子孙也。

【译文】在家庭之中贯穿道德原则，父亲慈爱，儿子孝顺，兄长友善，弟弟恭顺，丈夫信守承诺，妻子人品端正，如果具备了这些品德，就是对于子孙万代也是有好处的。

【解读】语出《老子河上公章句》。河上公，西汉时期黄老哲学的集大成者，其为老子作注的《老子河上公章句》流传广泛，影响深远。这句话是河上公对老子“修之于身，其德乃真；修之于家，其德乃余；修之于乡，其德乃长；修之于国，其德乃丰；修之于天下，其德乃普”一句的注解。身、家、乡、国、天下，可以说是老子关于“个人与社会”系统的五个层次。老子所表达的这种观点，与儒家所说的“修身、齐家、治国、平天下”可以说是完全相通的。河上公的这句话非常恰当地阐释了老子的观点，强调了在家庭之中贯穿道德原则的重要性，在今天读来仍然能够给人以启示。

【原文】为人母者，不患不慈，患于知爱而不知教也。

【译文】做母亲的，不担心她不慈爱自己的子女，担心的是她只懂得疼爱子女而不懂得教育子女。

【解读】这句话出自司马光《家范》，提醒为人父母者不可溺爱子女，而要注重对子女做人道德的教育。司马光认为慈母之所以出败儿，关键在爱而不教。母亲对待孩子，仅仅有满腔的爱是远远不够的，最重要的是要教育好他们。这句话也为当今社会为人父母者如何教育子女提供了很好的参考。

【原文】勤俭，治家之本。和顺，齐家之本。谨慎，保家之本。诗书，起家之本。忠孝，传家之本。

【译文】勤俭是治家的根本，和顺是齐家的根本，保家的根本是谨慎，起家的根本是诗书，传家的根本是忠孝。

【解读】这句话出自清朝学者金兰生《格言联璧》，要求我们要珍视自己的家庭和家族，并指出了治家、齐家、保家、起家和传家的方法途径，这就是：勤劳节俭才能把家治好，家和万事兴旺；谨慎用心才能把家保住，要知创业难守业更难，文化知识是起家的根本所在，忠于国家，孝敬父母尊长，才可以世代传承、生生不息。

【原文】未有和气萃焉，而家不吉昌者。未有戾气结焉，而家不衰败者。

【译文】从来没有家庭和睦而不兴旺发达的，从来没有家庭不和而不衰败的。

【解读】这句话出自清朝学者金兰生《格言联璧》。俗话说：家和万事兴。这是我们今天仍然需要提倡的家庭伦常之道，大至国家之强盛、社会之祥和，小至个人生活之幸福、事业之兴旺、身体之健康，均有赖于和谐的家庭为基础。这为我们今天的中国特色社会主义道德建设提供了积极有益的参考。

【原文】一家之中要看得尊长尊，则家治。若看得尊长不尊，如何齐他得？其要在尊长自修。

【译文】在一个家庭之中，要看到家长为人尊贵，那么这个家庭就会治理得好。家长如果不尊敬长辈，那怎么能够治理得好这个家庭呢？这其中的关键就在于家长的修养。

【解读】这句话出自明朝晚期著名思想家、哲学家吕坤所著的《呻吟语》。古人要求修身、齐家、治国、平天下，齐家是很重要的人生功课。家庭也像国家一样，它的领袖就是这个家的家长。家长有了威信，大家才有榜样，才有主心骨。所以，家长的地位很重要，作用也很关键，家长的一言一行会深深地影响到家风，所以说，齐家必须注重家长的修养。

美德故事

吴氏兄弟勤俭持家

从前，在中原的伏牛山下，住着一个叫吴成的农民，他一生勤俭持家，日子过得十分美满。相传他临终前，曾把一块写有“勤俭”两字的横匾交给两个儿子，告诫他们说：“你们要想一辈子不忍饥挨饿，就一定要照这两个字去做。”

后来，兄弟俩分家时，将匾一锯两半，老大分得了一个“勤”字，老二分得了一个“俭”字。老大把“勤”字恭恭敬敬高悬家中，每天“日出而作，日入而息”，年年五谷丰登。然而他的妻子过日子却大手大脚，孩子也常将馍馍吃了两口后便随手扔掉，久而久之，家里就没有一点余粮。老二把“俭”字供放中堂，却把“勤”字忘到九霄云外，他疏于农事，每年收获的粮食不多，尽管省吃俭用，毕竟也难以持久。一年遇上大旱，老大、老二家都早已是空空如也。情急之下，兄弟扯下牌匾，将“勤”“俭”二字踩碎在地。这时突然有纸条从窗外飞进屋内，兄弟俩拾起一看，上面写道：“只勤不俭，好比端个没底的碗，总也盛不满！“只俭不勤，坐吃山空，一定要受穷挨饿！”

兄弟俩恍然大悟，“勤”“俭”二字原来不能分家，于是，他俩将“勤俭持家”四个字写成匾额贴在自家门上，全家践行，此后两家的日子过得一天比一天好。

孟光梁鸿举案齐眉

东汉时，有个名叫梁鸿的穷书生，依靠勤奋进入当时最高学府——太学。梁鸿完成学业后，回到了家乡，他一点儿也没有太学生的架子，还是像农民一样下地干农活。

县里有个孟大爷非常有钱，他什么都满意，就是女儿不肯出嫁。有一次，孟大爷生气地问道："你已经30岁了，难道一辈子不嫁人？"

女儿回答说："除非像梁鸿那样的人，我才会嫁给他！"

孟大爷听了，赶紧托人去向梁鸿传达女儿的心意。梁鸿觉得孟小姐很合适，就央人去求婚，孟家自然马上答应。

不久，梁鸿便和孟小姐成了亲，可是一连七天，梁鸿却不与新娘子说一句话。孟小姐十分奇怪，猜不透他为什么这样，便跪着问他这是为什么。

梁鸿不能不开口了，开诚布公地说："我想娶的是生活俭朴的妻子，这样才能跟我一起种庄稼，过隐居生活。现在你穿的是绫罗绸缎，戴的是金银珠宝，这哪里是我所希望的呢？"孟小姐说："我身上穿的是婚礼服。但我知道你的心思，所以，早就准备了粗布衣服麻布鞋，何必为此操心呢？"说完，她退到内室，摘去首饰，换上粗布衣服，挎一只筐子出来。梁鸿见了，高兴地说："这才是我的好妻子！"说罢，他高兴地给妻子起了个名字：孟光。

后来，他们搬到了吴中，故意投奔到富翁皋伯通那里，向他借了一间房子住了下来。梁鸿天天出去给人家舂米或者种地，孟光在家里纺纱织布。每天当梁鸿回家的时候，孟光就托着放有饭菜的盘子，恭恭敬敬地送到梁鸿的面前。为了表示对丈夫的尊敬，她不仰视他，并且每次总是把盘子托得跟眉头平齐。梁鸿也总是很有礼貌地双手接过盘子。皋伯通看到了他们两个互敬互爱的情景，知道梁鸿不是平常的庄稼人，就把他一家接到自己家院里，供给他们吃的和穿的，让梁鸿安心读书做文章。不久，梁鸿病死了，孟光才带着儿子回到老家去。

这就是举案齐眉的故事，就是说把端饭的盘子举得高高的与眉毛齐平，形容夫妻互敬互爱。

张公艺以忍治家

张公艺，寿张县（今聊城市阳谷县）人。他一生正德修身，重礼重义，忍让齐家，自北齐至隋朝九代未曾分家，阖家九百余人，家道和睦仁善，被世人誉成“九世同居”。

唐高宗去泰山封禅，路经寿张县，听说张公艺一家九世同居，每朝都对其表彰，因此慕名造访张公艺家。唐高宗问张公艺为何能九世同居。当时已经88岁的张公艺答道：“老夫自幼接受家训，慈爱宽仁，无殊能，仅诚意待人，一‘忍’字而已。”随即请纸笔，书写了一百个“忍”字呈给皇上，并讲述了“百”的具体内容：“父子不忍失慈孝，兄弟不忍外人欺，姑娌不忍闹分居，婆媳不忍失孝心……”当时张公艺还对高宗说：“我家不光人义气，我家的狗也与别家不同。”他又领着高宗参观了喂狗的情形。全家一百只狗，有一只狗不到，这九十九只都不吃食，直等到齐了才吃，高宗也很惊奇。后来，有句俗语“张公艺的狗缺一个也不吃食”便源于此。

据说，唐王想试一试张公艺这个“当家”的本领，就送给他两个梨，看他怎么处理，张公艺就让家人用石臼把梨捣碎放在水缸里，叫全家人来喝。唐高宗连连称好，赐给他缣帛以示表彰，当即封张公艺为“醉乡侯”，封张公艺的长子张希达为司仪大夫，并敕修百忍义门。唐高宗亲书“百忍义门”四个大字。

张公艺99岁去世。后来，张家后裔在阳谷县寿张镇东街修建了一座祠堂，叫百忍堂，正中供奉张公艺，墙上还描述这些感人的故事。张氏的后人也以“百忍”作堂号，以相互勉励。

崇明老人一家和睦

清代康熙年间，江苏崇明县有一位姓吴的年近百岁的老人，儿孙满堂，全家人非常和睦。

老人有四个儿子，因壮年时家境贫困，所以卖了儿子来活命，四个儿子都做了有钱人家的奴仆。等到四个儿子长大自立，个人赎了身，娶了媳妇，便一同居住供养父母。

他们全家居住在县衙门的西面，房屋共五间：最大的开花布店，第二个开布店，第三个开腌腊店，第四个开南北杂货店，四个铺子并列着。当中一间，是进出的地方。四个儿子奉养父母，极尽孝道。

最初打算每一月一轮，轮流着供养膳食。媳妇们说："公公婆婆年纪大了！如果一月一轮，那必须经过三个月，才可以再服侍他们，未免太疏远了。"后来，想每天一家轮流着。媳妇们又说："公公婆婆老了！如果一天一轮，必须三天后才可再服侍他们，也觉疏远了。"于是限定一餐轮流一家。譬如早饭在大儿子家吃，那中午在二儿子家吃，晚饭在三儿子家吃，明天的早饭便在四儿子家吃，这样轮流着。如果逢到五和十那天，那就四个儿子一同把酒食放在中堂上，父母向南坐，东面是四个儿子和许多孙子坐，西面四个媳妇和孙子媳妇坐，依据长辈小辈的辈分分左右坐定，然后逐一劝酒祝寿，这样已成了习惯了。

在吃饭的屋里，放一个壁橱，壁橱里每家各放一串五十文的钱。老人吃罢了饭，手伸过去在壁橱里随便拿一串钱，就到街上去游玩，买些水果糕饼吃。壁橱中缺少了钱，儿子们便私自补足，不让老人知道。有时，老人到朋友家去下棋，或赌钱，四个儿子知道了，便派人私自拿了二三百文钱，放在老人所游玩的人家，并且告诉那人家，假装输给了老人。老人胜后，常常很快乐地回来，自己并不知道为何总是赢，这样也成了习惯。

两位老人都近百岁了还很健康，孙子和曾孙共有二十多人，家庭非常和睦。为此，崇明总兵刘兆题一副对联表彰在他家门上道："百龄夫妇齐眉，五世儿孙绕膝。"

曾国藩治家教子

自古以来，多少名臣名将治国济世堪称奇才高手，而治家却少方无能。然而被清代称为"中兴第一臣"的曾国藩，治家教子都被公认为中华第一能人。那时天下风云变幻，几番改朝换代，可曾家始终保持了谨严的家风，名人辈出，延续五代不衰。

曾家一直保持了早起床的习惯，不准家人睡懒觉。曾国藩和夫人以身垂范，每天黎明即起，强调适当参加体力劳动。曾家男子每天的主要任务是读书、写字、作文章，但必须参加一些诸如打扫卫生、喂鱼、养猪、种菜之类的体力劳动。曾国藩将其归纳为“书、蔬、鱼、猪、早、扫、考、宝”的治家八事，其中除“考、宝、书”讲的是祭祀、待邻、读书外，其他五事都是讲的劳作。

曾家日用家具，“但求结实，不求华贵”。文房四宝，“但求为寒士所能备者，不求珍异也”。每月生活所需银两，“限一成数，另封称出。本月用毕，只准盈余，不准亏欠”。吃饭方面，他自己经常“夜饭不用荤菜，以肉汤炖蔬菜一二种”，“后辈则夜饭不荤，专食蔬菜而不用肉汤”。穿衣方面，他自己“忝为将相，而所有衣服不值三百金”，要求子女“衣服不可多制，尤不宜大镶大缘，过于绚烂”。婚丧喜庆则“一切皆从俭约”，就连他母亲的丧事，也照一般人家开席用菜，“不用海菜”。

曾家生活水平虽比一般人家高，但与富豪人家相比算是俭朴的。

同治二年八月，儿子纪泽坐父亲的官船从长沙去金陵办公事。曾国藩想到：“船上有大帅字旗，余未在船，不可误挂。”还提醒说，“经过府县各城，可避者略为避开，不可惊动官长，烦人应酬也”，“以后凡有亲属外出，不要叨扰官府，更不准接受沿途官长的礼物酒席和让府县支付应由自家开支的经费”。

重读轻仕是曾国藩教子的第五招。他明确表示：“凡人多望子孙为大官，余不愿为大官，但愿为读书明理之君子。”究其原因有二：一是“天下多难”，“虽大福大贵亦靠不住”，选择做官并非好前程；二是“官场险恶，祸福无常”。他自己就心怀疑虑，几次欲辞官归隐，当然也就不希望子孙再走官宦之路。他所希望的是子孙读书明理，具有真本事。这样，不做官也不愁没出息。

为了把子孙都培养成为读书明理的君子，曾国藩在儿孙们的学习上下了极大的功夫。他不置田产，“不积银钱留与儿孙，惟书籍尚思添买耳”。凡是子女弟侄想要的书，他总是照买不误，一买就是好几套。他还专门在家里建了藏书楼，藏书超过 10 万册，为后人创造了良好的学习条件。

他规定，家中男子每天必须做四件事，即“看”“读”“写”“作”，缺一不可。“看”“读”要上 5 页纸，写字要写 100 个，三八日作一文一诗。在学习过程中，尽管父子间经常相隔千里之遥，他总是怀着深深的父爱，用自己渊博的知识和人生阅历，用书信给予细心指导。

毋庸置疑，曾国藩之所以花这么大气力治家教子，根本目的还是为维护封建统治，培养“修身、齐家、治国、平天下”的“有用之才”，但他成功的治家教子之法还是很值得后人借鉴和深思的。

牛玉儒的清廉家风

呼和浩特市原市委书记牛玉儒同志的事迹传遍了长城内外，他的思想和行动令人深受感动，尤其是他清正廉洁、不享特权的高尚行为更是体现了一个共产党员大公无私的高尚情怀。

很多同志在学习牛玉儒先进事迹时深有体会地说，牛玉儒能勤政为民、鞠躬尽瘁，成为党的好干部、人民的贴心人，与他的清廉家风是分不开的。

牛玉儒的父亲是一位正直的老党员，儿子当了“大官”还不忘提醒儿子。一次，老人看了京剧《铡包勉》，心有感触，忙给牛玉儒写了一封信：“我们家世世代代都是农民，只有你当了领导，一定要清廉，像包公一样，堂堂正正！”

在父亲的教育和影响下，牛玉儒为民谋利、清正廉洁的信念更坚定了。多少年来，牛玉儒为与他素不相识的老百姓办过无数实事、好事，可在亲戚中却“六亲不认”。但身为老党员的父亲理解他，听说牛玉儒果断拒绝了亲人们的相求，老人却感到欣慰，他在电话中劝道：“玉儒，亲戚越骂你，老百姓就会越信任你……”

清廉家风源于做好亲人的思想工作。牛玉儒的5个兄妹，至今全是普通百姓。妹夫几年前下岗，妹妹打来电话求助，牛玉儒说：“这事三哥我不能管，下岗是个普遍问题，你们要自己多想想办法，给别人带个头。”

二哥的孩子想找份工作，有人说：“你叔叔在自治区当领导，让他说句话不就行了？”二嫂千里迢迢找来。牛玉儒把二嫂接到家，热情款待。但一听这事，一口回绝：“这样的事不要找我！”二嫂当时就哭了。事情最终还是没办成。最后，孩子靠自己努力，进了一家企业工作。牛玉儒得知后非常高兴。

不少老家的亲戚朋友听说牛玉儒当大官了，去找他办事，他总是婉言拒绝，然后让妻子好好招待，领他们上街逛逛，带上路费，送他们上车。

牛玉儒对每一个亲朋都一视同仁，大家也就逐渐理解了，不难为他了。

清廉家风源于家人的支持。对家人，牛玉儒约法三章：不准开门，不准收礼，不准说情。无论任自治区副主席，还是做市委书记，牛玉儒家门前总是“访客”不断。倘是送礼的，家人劝其把礼品拿走，有事到办公室说；若是上访户在家门口等，牛玉儒就让爱人把他们让进来，沏茶倒水。妻子谢莉佩服丈夫那投入的工作热情，从不理解到理解。别人谈起焦裕禄、孔繁森这些公而忘私、忘我工作的典型，认为生活中不可能有这样的人时，她就会在心中默默地辩解：“有的，有的，真的有这样的人！”

家庭是每一个人的“港湾”，也是社会的“细胞”。父母的言谈举止、思想品行，随时都影响着子女。牛玉儒成长为党的好干部、人民的贴心人，固然与他个人的主观努力密不可分，但与父辈的教育、亲人的理解、家人的支持也是分不开的。任何一个家庭都要受社会制约，又反过来影响社会。所以对一个领导干部来说，家风与工作作风紧密相关，家风如何也是表现一个领导干部党性的一个侧面。

经验教训向人们警示，家风不正，带来的后果不堪设想，以权谋私、贪赃枉法、徇私舞弊、索贿受贿、欲壑难填，如胡长清、成克杰、李嘉廷、慕绥新、王怀忠之流，都与家风不正有直接关联。时代和人民要求我们广大党员特别是党员领导干部，不但要有为人民服务的过硬本领，还要有清廉的家风。牛玉儒同志的清廉家风是留给我们的一笔宝贵的精神财富。

孝悌

孝，指善事父母。悌，指兄弟姊妹的友爱，也包括与朋友之间的友爱。“孝悌”作为整词首见于《论语·学而》：“其为人也孝弟，而好犯上者鲜矣。”“弟”即为“悌”。自此，孝悌理念作为一个完整的术语被传承下来。孟子对孔子孝悌合一思想作了更深刻的阐发，认为，敬兄即敬长。敬长是广义的长上，并将这一原则称为“义”。宋代朱熹注解为“善事父母为孝，善事兄长为弟”，成为南宋以来对“孝悌”的标准释义。因此，中国传统的“孝悌”主要是指孝顺父母，敬爱兄长，但又可泛指对长辈的奉养、顺从和尊敬。孝悌是做人、做学问的根本，是“仁”之基础。“孝悌忠信礼义廉耻”是中华优秀传统文化的精髓，也称人生八德，孝悌是八德之首。

孝悌作为中国社会的传统美德，在不同的历史时期具有不同的内涵，但其基本内容和思想精髓却一脉相传，绵亘不绝。悌的广义就是尊上敬长，已蕴含在孝中，所以古代孝悌传统偏重孝的内容。其主要内涵：一是敬老奉亲。孝悌是基于人类血亲之情天然生成的情感，是人类反哺报恩意识的体现。《礼记·祭统》说：“孝子之事亲也，有三道焉，生则养，没则丧，丧毕则祭。”因此，孝悌首先是要“能养”，关键还是要“敬”，态度恭谨侍奉父母，还要尊敬其他长辈。二是顺从长辈。古人从穿衣、吃饭到婚姻大事，凡事谨遵父母之命，即使违背子女意愿，子女也须服从。古代妇女的“七出”中，就把“不顺父母”列为“七出”之首。“顺”的对象不限于“父”，还包括兄和长。三是无违于礼。父母在世，依礼侍奉；父母去世，按礼安葬和祭祀。观看孝子的祭祀就可知道他对父母的孝敬之情。四是忠孝一体。《礼记·祭义》曰：“居处不庄，非孝也；事君不忠，非孝也。”“忠君”也被纳入了孝悌的范围。忠孝一原，并行不悖。孝的普化会使天下之人尊老敬长、忠君爱民。

孝悌文化随着中华文化源远流长。从汉代开始，各朝各代统治者就以政治的力量对孝悌之道大力提倡和推广。在这种传统下，中华民族许多家庭里形成了父慈、子孝、兄友、弟恭的正常习俗和美好道德风尚。例如，晋代王祥在冬天卧冰求鲤为生病的继母捕鱼；汉朝黄香与父亲相依为命，夏天扇凉蒲席，冬天温热被窝让父亲睡；孔融让梨，尊老爱幼，兄弟情深；等等。

孝悌文化作为中华传统文化的重要组成部分，固然有“父为子纲”“不孝有三，无后为大”等需要批判和摒弃的东西，但其积极方面仍然具有重要价值。其一，孝悌思想是人们日常伦理关系中最基本的道德准则。父慈子孝、夫妻恩爱、家庭和睦，有助于家庭的稳定。孝悌思想是人们接受其他道德规范的基础。其二，孝悌思想有助于整个社会的稳定。现代社会是所谓的“陌生人社会”，传统社会中那种邻里守望相助的局面发生了很大改变，要合理借鉴和弘扬传统社会中由近及远、由已及人的“大孝”“大悌”精神，将其升华到整个社会中，体现出博大的仁爱之义。第三，孝悌思想助推家庭养老。我国社会老龄化愈益突出，机构养老并非多数老年人的首选，同时，机构养老与社会需求相比还存在不小差距。因此，弘扬传统孝悌文化，对于促进家庭养老具有重要意义。

中国共产党继承和发展了优秀的孝悌文化，始终坚持在全社会大力开展以孝悌为主要内容的优秀传统美德教育，并将孝悌发扬光大，把广大老百姓视作衣食父母，全心全意为人民服务。习近平总书记所提出的实现中华民族伟大复兴的中国梦，施行的就是广义的孝悌。山东淄博的陈思浩带领全家老小照顾瘫痪在床的母亲 31 年，被当地群众称为“三十一年床前孝子心”；聊城王静捐肾救父感动齐鲁；阳谷敬老院院长贾秀兰像女儿一样无微不至照顾 400 多位孤寡老人，被评为“中国好人”。

孝悌是人的天职，也是最基本的道德标准。传统孝悌思想要想适应现代社会而长盛不衰，需要政府、社会和个人的共同努力，进行现代转型，创新发展。一是弃等级观念，融入平等意识。倡导不分老幼，不论辈分，人人平等，没有绝对的权威，也没有任何的委曲求全，拥有平等的话语权，在平等的基础上构建敬养父母、尊重长辈的孝悌观。二是“理”为准绳，杜绝愚孝愚忠。传统孝悌观发展至明清被异化为“君要臣死，臣不得不死；父要子亡，子不得不亡”的愚忠愚孝，与文明理性的现代社会背道而驰，理应摒弃。要以法理、理性、正义和道义等“理”为价值准绳实现对父母的“孝”，对兄长的“悌”。三是合公民意识，倡行大孝报国。现代孝悌需要融合公民意识，承担起对国家和社会的责任，以热爱祖国、报效国家为最大的孝。四是创新孝悌形式，实现财富共享。新型孝悌不能再局限于父母身边鞍前马后等传统形式，可以用一些适应现代生活的崭新形式，譬如一个电话、一束鲜花、一则短信等等。在社会上也可通过对老人的热心服务、无私捐赠等来体现孝悌，在财富共享上，要充分考虑老人利益，使他们老有所养、住有所居、病有所医、学有所教，充分享受到改革开放的成果。

经典名句

【原文】 *弟子入则孝，出则弟。*

【译文】 弟子在家里要孝敬父母，出门在外要敬爱师长。

【解读】 语出《论语·学而》，强调弟子们要遵守孝悌美德。该句后面几句是“谨而信，泛爱众，而亲仁。行有余力，则以学文”，孔子要求弟子们首先要致力于孝悌、谨信、爱众、亲仁，培养良好的道德观念和道德行为，如果还有闲暇时间和余力，则用以学习。这表明，孔子的教育是以道德教育为中心，重在培养学生的德行修养，而对于书本知识的学习，则摆在其次。德行修养排在最前面的就是孝悌，说明孝悌是各种品德形成的前提。这就告诫我们，一个人立身处事，只有把孝悌放在第一位，然后才能成为一个道德高尚的人。

【原文】父母在，不远游，游必有方。

【译文】父母在世，不远离家乡；如果不得已要出远门，也必须要告诉确实的去处。

【解读】摘自《论语·里仁》。“父母在，不远游”是先秦儒家关于“孝”的具体内容之一，表明远离父母如何尽孝的问题。因为古代交通不便，每次远行都会花费很长的时间，不能照顾父母。现在看来，并非是父母健在，儿女就不能离家求学、创业，只是说，父母年迈没人照应，应当在出远门时安顿好父母，并时时刻刻牵挂着父母，将对父母的爱心与孝心深系于怀。

【原文】事父母几谏，见志不从，又敬不违，劳而不怨。

【译文】侍奉父母，他们若有过失，要婉言劝告。话说清楚了，却没有被接纳，仍然尊敬他们，不要违逆对抗，继续操劳而不怨恨。

【解读】出自《论语·里仁》，说明了父母有过失时，儿女们应具有的态度，这也是孝的一种形式。无论是子女还是父母都会犯一些小的过错。作为一个孝子，对父母的过错要努力劝阻，如果父母不听开导，即使是他们的错，子女也不应该口不择言地说一些损害父母的话，而应以感恩的心去谅解父母，容纳父母的过错。

【原文】人人亲其亲，长其长，而天下平。

【译文】只要人人各自亲爱自己的双亲，各自尊敬自己的长辈，那么，天下自然就可以太平了。

【解读】出自《孟子·离娄上》，说明了孝悌长辈是天下太平的基础。孟子认为，只有家庭和顺，社会才能稳定。亲爱父母亲便是仁，尊敬兄长便是义，把孝悌作为仁义的重要表现。家庭是社会的细胞，维持家庭关系的和睦稳定，对于整个社会的安定有极其重要的意义。所以，古人极重“齐家”，强调亲亲、长长。

【原文】世俗所谓不孝者五：惰其四支，不顾父母之养，一不孝也；博弈好饮酒，不顾父母之养，二不孝也；好货财，私妻子，不顾父母之养，三不孝也；从耳目之欲，以为父母戮，四不孝也；好勇斗狠，以危父母，五不孝也。

【译文】通常认为不孝的情况有五种：四肢懒惰，不赡养父母，这是第一种；酗酒聚赌，不赡养父母，这是第二种；贪吝钱财，只顾老婆孩子，不赡养父母，这是第三种；放纵声色享乐，使父母感到羞辱，这是第四种；逞勇好斗，连累父母，这是第五种。

【解读】摘自《孟子·离娄下》，从反面列举了不孝顺父母的五种行为。孟子认为，不能四肢懒惰、酗酒聚赌、贪吝钱财、放纵声色、逞勇好斗，否则，就会羞辱父母、连累父母、不孝父母。今天，这些行为仍是判断不孝的重要标准。不少贪官正因为贪财、纵欲，违法犯罪，不仅使自己身败名裂，而且使父母因此蒙受耻辱。他们身陷囹圄之时，每思及父母养育的恩德，就会痛哭流涕，悔不当初。

【原文】孝有三：大尊尊亲，其次弗辱，其下能养。

【译文】孝顺父母有三条，第一是尊敬父母，第二是不让父母受到羞辱，第三是能养老送终。

【解读】此句出自《礼记·孝经》，说明了孝顺父母的三个层次，启示我们要尊敬关爱父母双亲。许多人认为，对父母尽孝，多赚些钱给父母就行了，其实不然。能奉养父母、养老善终只是孝行里面最下层的一种，多给他们一些情感和尊重是第二个层次，从言语、行为和内心都能尊敬父母才是最高层次的孝。有时候，一句简单的问候，能让父母的心灵倍感满足。这教育启示我们，有事要征求父母的意见，主动与父母交流沟通，做错了事要主动认错。如果在这些方面做得很好，那才算是真正尽了孝道。

【原文】子欲养而亲不待。

【译文】儿女想赡养父母，但双亲都不在人世了。

【解读】此语出自西汉韩婴所著的《韩诗外传》，前一句是“树欲静而风不止”。这里强调要趁父母健在时，及早行孝。在这个世界上，什么事情都可以等待，只有孝顺是不能等待的。时间如流水，年少时每个人都在忙，忙学习、忙作业……成人后，还要忙工作、忙事业。当我们认为真正拥有了可以孝顺父母的能力的时候，可能已为时晚矣，因为此时的父母已经吃不动也穿不了了，甚至有的父母已离开了人世，因此孝敬父母要趁早。趁父母还健在的时候多为父母做点事，用自己的实际行动来表达我们对他们的爱和感激，而不是将这种爱深埋在心底。

【原文】 孝在于质实，不在于饰貌。

【译文】 孝敬父母在于内心充满敬意与爱心，不在于礼节上做得十分周全。

【解读】 出自西汉桓宽所著的《盐铁论·孝养》，表明一个人孝敬与否，关键看他是否有真诚的心意，不能光看他的外在表现。如果只为了博得美名而去孝敬父母，那就与孝的精神完全背离了。这句话今天仍具有现实意义。在物质上，可以给父母一幢别墅、一笔财富、一些精美的礼物，但父母最需要的却是陪伴与关爱。孝敬，要做到由内而外，心中孝、态度敬，才能算是真正的孝。

【原文】 兄之所贵者，友也；弟之所贵者，恭也。

【译文】 当兄长所珍贵的是“友”，爱护弟弟。当弟弟所珍贵的是“恭”，尊敬兄长。

【解读】 这句话出自南宋朱熹《家训》，强调了悌也即兄友弟恭对家庭和睦的重要性。朱熹认为，父慈、子孝、兄友、弟恭、夫和、妇柔，是“和顺”的基本含义，兄友弟恭是重要内容。家和万事兴，家庭和睦是事业成功的基础。兄弟之间要友爱、互相帮助、彼此谦恭、和睦相处，不能因为一些小事而大动干戈、反目成仇。“友”“恭”是兄弟姐妹之间团结的根基，如果连自己的同胞手足都不友爱、不团结，谈何友爱、团结其他人呢？

【原文】 百善孝为先。

【译文】 所有好行为中，孝是前提。

【解读】 该句出自明代《增广贤文》，前面一句是“万恶淫为首”，反映了中华民族极为重视孝的观念。有孝心的人，在做任何事之前，都会想到会不会使父母蒙羞，怎样才能让父母以自己的行为骄傲，这样，既断了恶念，又开启了善行之端，孝成了一切行为的根本。所以人生天地间，是以人伦人道人理立在天地之间，孝是最基本的人伦，一个人如果都不知道孝敬父母，就很难想象他会热爱祖国和人民。

美德故事

虞舜孝感天地

舜十几岁的时候，他的母亲就去世了，双目失明的父亲瞽叟（gǔ sǒu）又娶了一个女人。舜年龄小，可十分懂事，经常帮着家里做些力所能及的事情，可是后妈总是看不惯舜，经常在瞽叟面前说舜的坏话。慢慢地，瞽叟也觉得舜不是一个乖孩子。舜默默承受着后妈无来由的辱骂和殴打，对待父母还是恭恭敬敬。后来，后妈又生了个孩子，叫象。象非常顽劣，仗着父母的娇宠，十分傲慢无礼，从来不把舜当哥哥看待。舜长大了，他的后妈、弟弟为了得到全部家产，甚至伙同瞽叟多次密谋害死舜。

有一次，家里的谷仓仓顶漏了，他们让舜上去修补。舜刚上去，后妈就从谷仓下面点火，要烧死舜。火势越来越大，幸好谷仓上有两个斗笠，舜拿着斗笠像降落伞一样，平安地跳到了地上，一根毫毛都没有被烧到。后来他们又让舜去挖井，当舜到达井底的时候，象和瞽叟在上面撒土填井，舜掘出一个地道又一次逃脱了。

发生这些事以后，舜并没有怨恨，仍对父亲恭顺，对弟弟友爱。他这样孝顺的行为及宽大的胸襟，连上天都感动了。他在山东的历山耕种时，动物们都纷纷跑来帮忙，靠着大家的努力合作，舜把历山开发经营得非常好。就这样，舜的名声也不胫而走，以致无人不晓了。

当时的天子是尧。他年纪不小了，眼看着儿子丹朱不成器，希望找一个贤良的人来接替自己的位置。尧早听说过舜的名字，于是就把舜招到自己的王廷，帮他管理天下，同时考察一下他的能力。

为了进一步考察舜是不是能够担当大任，尧把九个儿子安排在舜周围，让儿子们观察舜的言行，还把两个女儿娥皇、女英嫁给舜，让两个女儿观察舜的品德。三年后，舜的品行和能力让尧十分满意，尧终于放心地让舜代其行天子之政。

最后，尧把天下也传给舜。舜从此以“虞”为国号，后人称之为“虞舜”，尊为五帝之一。虞舜孝感天地的故事也万古流芳了。

子路百里负米

聊城市莘县古城镇是春秋时的古城邑，历史悠久，孔子的弟子子路在这一带留下了遗迹。最让人乐道的是早已列入“二十四孝”的子路“百里负米奉亲”故事，就发生在这里。

子路从小家境贫寒，天天只能吃些藜、藿等野菜。为了能让爹娘吃到米饭，常常要到百里以外背米回来给爹娘吃，一年四季从不间断。

后来子路的父母双双过世，他南下到了楚国，楚王聘他做了官，给他很优厚的待遇，每天吃的是山珍海味，一出门就有上百辆的马车跟随，过着富足的生活，但他并没有因为物质条件的改善感到欢喜，反而时常感叹、哀伤父母早早过世不能和他一起过这样的生活。

孔子赞叹子路是一位非常尽孝的人。孔子说，仲由侍奉双亲，可以说是父母活着的时候尽了最大的孝心；父母亡故后，又能时时怀念他们，真可以说是个大孝子了。后人有诗云：“负米供旨甘，宁辞百里遥。身荣亲已殁，犹念旧劬劳。”

这则故事警示今人：孝子的尽孝要及时，在父母还在的时候要尽心尽力。自己荣华富贵了，但是亲人已经去世，即使念念不忘旧时亲人养育的种种“劬劳”，要孝敬父母却已不可能了。我们经常看到，很多人往往在失去了父母以后，心想再尽孝，但是已经不可再得，特别是自己生活条件好了、地位高了后，想再报答父母之恩情，却已经成为一生的遗憾了。人们都熟知一句话：“树欲静而风不止，子欲养而亲不待。”从古至今，不知道有多少人重复着这句名言，表露出深深的、不可重新再来一次的巨大遗憾。这一则故事中子路的感叹，也便是这样的心绪。

子路35岁时，因鲁国大乱，到了现在的莘县、阳谷县这一带讲学。他的二儿子启，也随着来到这里居住，把家安下了。古时候这里有个书院，是子路教书的地方。因当地多水患，子路率众筑堤，以防御洪水。现在莘县、范县至阳谷一带，堤形蜿蜒，名曰子路堤。现在的金堤就是在子路堤的基础上加宽加高的，至今仍然发挥着御洪和灌溉作用。

赵孝争死

汉朝的时候有一对兄弟，哥哥叫赵孝，字常平，弟弟叫赵礼，兄弟两人相依为命十分友爱。

有一年，由于年景不好，粮食减产歉收，天下饥荒，社会动荡不安，一伙强盗就占据了宜秋山，四处抢掠。一天，强盗突然闯入赵孝所在的村子，进行抢掠，村中百姓个个慌忙逃命。因为灾年且村子早已被各路强盗劫掠多次，所以村里的粮食已所剩无几了。这时赵氏兄弟两个正在家中，一伙强盗破门而入，翻箱倒柜，欲搜刮粮食钱财，然而赵家已经是家徒四壁，没有一点的油水，没有一点粮食。兄弟俩一看强盗冲进来了，他俩岁数都不大，吓得就直往门外跑，弟弟赵礼身体弱小，跑得慢，就被强盗一把抓住，饥饿早已使盗贼失去了理智和人性，他们想把赵礼吃掉。

哥哥赵孝是先跑出来的，回头一看弟弟没有跟上来，四处询问，得知弟弟被强人掳去，便立即只身跑去强盗的据点，正见到五花大绑的弟弟被系在树上，树下已经支起一口铁锅，锅中的水也已经煮沸。见此情形，赵孝跪在凶恶的强盗面前，哀求说："我弟弟有病，身体瘦弱，身上也没有多少肉，他的肉自然也不好吃，你们还是把他放了，由我替他，我身体好，我身体胖，你们就吃我吧。"

强盗们听到赵孝的这番话，当场都愣住了，面面相觑，他们哪里见过这样甘愿送死的人。这时只见弟弟赵礼在旁边喊道："是我被你们抓住了，我如果被你们吃了，那是我命中注定的，我哥哥已经跑了，他有什么罪过？没有吃我哥哥的道理！应该吃我！"听罢此言，赵孝扑向弟弟，兄弟俩抱在一起痛哭。

强盗看到赵氏兄弟互相争死的场面，也被这兄弟俩友爱之情震慑感动了，他们那早已抛弃的良知此刻也被这人间手足的情意所唤醒，有几个强盗甚至掉下了眼泪。随即强盗头目吩咐放了两兄弟，不得为难他俩，让他们回村。

这件事情后来被当朝皇帝知道了，不仅下令褒奖，封了兄弟二人相应的官职，还下诏书将事情昭示天下：赵氏兄弟以德感化强盗的善行义举，是兄友弟恭的最好的典范，让全国百姓效仿学习。

孝悌许武

汉朝许武，弟兄三人，父亲很早就过世了，两个弟弟年纪还非常小。在过去传统的家庭里长兄如父，父亲过世了，身为长兄的许武必须肩负家庭的重任，不但要负责生计，更要提携照顾两个弟弟。

许武知道他的责任非常重大，白天到田里劳作时，教两个弟弟学习如何耕种；晚上回家时教两个弟弟读书，非常辛劳。如果两个弟弟不肯受教，他就跑到家庙，在祖先面前告罪，向祖先禀明是自己教导不利，所以两个弟弟才不受教，把所有的责任自己承担下来。直到两个弟弟哭泣着来请罪，许武才起来，而且他始终没有严声厉色地对待弟弟。

后来许武被推荐为孝廉。为了让两个弟弟也能够成名，跟他一样被举孝廉，就故意把家产分为三份，自己取最好的，让弟弟得到的又少又不好，让所有亲朋好友、邻里都骂这个哥哥贪婪，推崇两个弟弟谦让。等到弟弟在品德、学问和产业上有了成就，也被推举为孝廉时，才把亲朋好友聚集在一块，把他成就两个弟弟的苦心表露了出来，当场的人都非常惊讶。

从此以后，乡里的人都称他“孝悌许武”。郡守和州刺史推荐许武出来为民服务，并且请他担任“议郎”的官职。

孝老敬亲孔繁森

领导干部的楷模孔繁森，不仅以他的理想、信念、人格、情操使千万人的心灵为之震撼，他孝老敬亲的事迹也同样令人感动。无情未必真豪杰。为了党的事业，孔繁森把对家乡、对亲人的爱深深地埋在心底，把博大无私的爱献给了祖国和人民。

1988 年，组织上基于工作需要，选派孔繁森第二次进藏。可这时，孔繁森的母亲已经 87 岁了，因为生病瘫痪在床，生活不能自理，妻子儿女希望他留在山东工作。孔繁森心里也渴望能留在老母亲身边照料老人家，但想到西藏地区更需要党的干部，他毅然表示服从组织安排。

临走那天，孔繁森默默地走到老母亲床边，望着母亲那头稀疏的白发，沉默了好久才轻声地说：“娘，儿又要出远门了，到很远很远的地方去，要翻好几座山，过很多条河。”“不去不行吗？”年迈的母亲拉着他的手，舍不得他走。“不行啊，娘，咱是党的人。”“那就去吧，公家的事误了不行。多带些衣服，干粮……”想到这一去可能再也见不到年迈多病的母亲的面了，孔繁森抑制不住内心的感情，“娘，您多保重！”说着，孔繁森跪在地上，给母亲深深地磕了个头。

挥泪告别老母亲，孔繁森到了西藏，后又担任了中共阿里地委书记。在那些日子里，每当夜深人静，孔繁森总会想起远在千里之外的家人。为了党的事业，孔繁森把对亲人的感情深埋在心底，把藏族人民当做自己的亲人。一次，他冒着刺骨的寒风到一所敬老院看望那里的老人，他拉着老人们的手，热情地问寒问暖。他走到一位叫琼宗的老人面前时，发现老人脚上穿的鞋子破了。孔繁森弯下腰去，脱下老人脚上的鞋子，发现老人的脚被冻得又红又肿，孔繁森心痛地把老人的脚放在自己的怀里，敞开一个共产党员的炽热胸怀，用体温去焐热老人冻僵的双脚，在场的人无不感动得热泪盈眶。一天，孔繁森在雪花纷飞的野外看到一位藏族老阿妈把外衣脱下，盖住在风雪中哀号的小羊羔，单薄的身子却在摄氏零下 20 多度的严寒中瑟瑟发抖。刹那间，孔繁森的眼泪涌了上来，他用手捂着脸，猛地转身回到越野车上脱下自己的毛衣毛裤，把还带着体温的毛衣披在老阿妈身上，老阿妈激动得久久说不出话来。

孔繁森曾经说过，只要看见藏族的老人，就会想起自己的老人。他把对父母的“孝敬”，转化成对人民的“大爱”，这就是共产党人的“孝道”。

感恩

感恩，是指人们感激他人对自己所施的恩惠并设法报答的内在心理要求，是一种普遍存在于人类社会中的行为规范。感恩是中华民族的传统美德，儒家文化的“仁义礼智信，温良恭俭让”就包含着“感恩”情结。感恩作为一种根本的道德原则和道德规范，千百年来一直为人们所信奉，成为中华传统文化的基本元素流淌在民族的血脉中，对规范人们的社会伦理道德建设起着十分重要的作用。

感恩可分为四种类型。一是人情型的感恩，即做人要“知人情冷暖”“懂人情世故”，也就是现实生活中的“还情”现象，这是最浅层次的感恩行为。二是亲情型的感恩。亲情是维系家庭、维系社会的基础，它以“孝顺”“孝敬”为核心，表现为祖孙情、父子情、兄弟情、姐妹情等。三是友情型的感恩。友情更多的是来自精神上的关照和鼓励，通常有师生情、朋友情、战友情、同学情、乡邻情等。四是责任型的感恩。一定意义上说，感恩就是责任，每一个人在享受社会给予的同时，就承担了回报社会的责任。这个层次的感恩已上升到一种“博爱”境界，它超乎一一对应的“还情”，也超越了一般的亲情和友情，这时的感恩同时又是施恩，因为有爱就会有感恩，有感恩就会有责任，有责任就要付诸行动。这种感恩境界是我们这个民族千百年来孜孜不倦的追求，对整个社会的价值体系有着极大的维系作用，它不断地修复和增强着人们的凝聚力。

感恩不仅是一种美德，更应是做人的基本道德准则。在中华民族五千年灿烂辉煌的文化中，感恩作为一种精神财富，自古就既有“知恩不报非君子”的古训，也有“鸦有反哺之义，羊有跪乳之恩”的名句，更有“饮水思源，知恩图报”“受人滴水之恩，当以涌泉相报”“投我以木桃，报之以琼瑶”和“吃水不忘打井人”的处世信条。对于今天来说，感恩意识绝对不是简单的回报父母的养育之恩，它更是一种责任意识和自主意识的体现。我们每天享受着清洁的环境时，我们要感谢那些早出晚归的保洁工作者；我们乔迁新居时，我们要感谢那些战寒斗暑的建筑工人；我们坐车出行时，要感谢辛苦奔波的司机师傅……懂得感谢，就会以平等的眼光看待每一个生命，看待我们身边的每个人，尊重每一位平凡普通的劳动者，也使自己更加受到尊重。感动中国十大人物之一的徐本禹，这个原本该走入研究生院的大学生，义无反顾地从繁华的城市走进了大山支教。让他做出这一抉择的理由很简单：怀着一颗感恩的心。徐本禹用他感恩的心，为大山里的孩子铺就了一条爱的道路，点燃了贫穷和希望，完成了他的职责，实现了他的人生价值。

懂得感恩，学会感恩，既是对中华传统美德的传承和弘扬，也是构建社会主义核心价值体系的重要方面。但在现实中，金钱至上、拜金主义吞噬着一些人的灵魂，使他们忘却了中华民族的传统美德。这些人不懂感恩、不会感恩，甚至忘恩不报、情感冷漠，事事以自我为中心，对别人的关心也是无动于衷，把父母和他人的付出看成是理所当然，表现出某种程度的精神“真空”。这是十分可悲和可怕的，任其发展将会给国家社会带来严重的后果。因此，懂得感恩、学会感恩，是每个人都要认真对待的问题。正如习近平总书记强调的那样：“有一颗感恩的心很重要，所有的人都要有感恩的心。”这就要求每一个人都要从现在做起，从身边的每一件事情做起，常说感恩的话、常读感恩的书、勤做孝敬的事、积极宣传感恩的美德，用一颗感恩的心，做一些力所能及的事来回报社会、感恩时代。习近平总书记强调的“所有的人都要有感恩的心”，不仅是要在全社会弘扬一种人心向善的风气，而且对领导干部提出了更高的要求，也就是只有把感恩的心作为为人处世的基本品质，才能更好地做一名党和人民需要的好干部。作为党员干部，一要感恩父母不忘孝，堂堂正正做人。百善孝为先，孝系德之始。从古至今，以仁承孝，以和促谐，以德图治，知恩、行孝、报国是为官做人之本。每个党员干部要恪守孝道，孝敬父母，做个好人、当个好官，为父母增光彩，为群众做表率，为社会树美德。二要感恩组织不忘忠，干干净净干事。感恩组织，是一种党性觉悟、品格锤炼、奋发动力。要常怀忧党之心，恪尽兴党之责，切实为党分忧、为民解难，在知恩中荡涤心灵污秽、升华人生境界。要怀着对党和人民的感激与忠诚，时刻听从党的召唤，服从组织的需要和安排，自觉为人民掌好权、用好权。三要感恩人民不忘本，清清白白从政。始终把实现好、维护好、发展好最广大人民的根本利益作为一切工作的出发点和落脚点，切实解决群众最关心、最直接、最现实的利益问题，真正做到发展为了人民、发展依靠人民、发展成果由人民共享。要带头讲党性、重品行、作表率，清廉、为民、务实，才能成为为民造福、得民拥护、受民称赞的好干部。

经典名句

【原文】颜回问朋友之际如何。孔子曰："君子之于朋友也，心必有非焉，而弗能谓吾不知。其仁人也，不忘久德，不思久怨，仁矣夫。"

【译文】颜回问朋友之间的关系应怎么处理。孔子说："君子对于朋友，心里一定有认为做得不对的地方，但是他不能说他不知道。如果是有仁德的人，就不会忘记别人给你的恩德，也不会考虑别人对你的怨恨，这才是仁德呀。"

【解读】语出《孔子家语·颜回第十八》。孔子在这里告诉我们，交朋友有两条原则。一是友直。与朋友交往，是则是，非则非，明知不对而曲意回避，不是正直的交往方式。朋友相处，不管关系多好，决不能丧失原则。对于朋友的德，我们以德报之；对于朋友的怨，我们以直报之。二是友仁。对朋友，要有感恩的心，不计较怨恨，敢于真心指出朋友的错误。同时，不要在朋友面前戴上面具来掩饰自己。假意、虚伪是朋友相处的大敌，只说漂亮话，做出取悦于人的样子，不是真正的仁者，也不是真正的朋友。

【原文】哀哀父母，生我劬劳。

【译文】可怜的父母，生我养我是多么辛劳。

【解读】语出《诗经·小雅·蓼（lù）莪（é）》。《蓼莪》是《诗经》中悼念父母的千古名作。20世纪40年代之前，在悼念父母的礼仪祭祀活动中，往往作为表达孝思的一种唱词。“哀哀父母，生我劬劳”之后，又接生我、鞠我、拊我、畜我、长我、育我、顾我、复我、腹我等九句，如泣如诉，情悲意切。

【原文】人之有德于我也，不可忘也；吾之有德于人也，不可不忘也。

【译文】别人对自己有恩德，不可忘记；自己对别人有恩惠，不可不忘。

【解读】语出西汉刘向《战国策·魏策四》。公元前260年，秦军歼灭赵国主力后，将邯郸团团围住。赵王急派人向魏王求救，魏王派大将晋鄙驰援。晋鄙畏惧秦军，驻兵边境，逡巡不前。魏信陵君在魏王宠妃如姬的帮助下，盗得兵符，杀了晋鄙，率军击退了秦军。赵王亲自到郊外迎接信陵君。老臣唐雎对信陵君说：“我听说，‘事有不可知者，有不可不知者；有不可忘者，有不可不忘者。’”信陵君问：“什么意思？”唐雎回答说：“人之有德于我也，不可忘也；吾有德于人也，不可不忘也。”这几句浅显平易的话虽然表达的是古人的一种感恩观念，但对今人仍有一定的借鉴意义。

【原文】慈母手中线，游子身上衣。临行密密缝，意恐迟迟归。谁言寸草心，报得三春晖。

【译文】慈祥的母亲手里拿着针线，正为将要出外远游的孩子缝制衣服。在孩子远游之前，妈妈还在细心地一针一线缝着，心里担心孩子很迟才能回家。谁说孩子幼小的心灵能够了解慈祥妈妈的一片苦心，能报答得了妈妈像春天阳光一样的慈爱呢？

【解读】诗出唐朝孟郊《游子吟》。这是一首歌颂慈母恩情、历代传颂的诗歌。全诗用白描的手法刻画了慈母爱子的深情，充分表现了母爱的伟大和人性的光辉，也道出了千千万万人心中的那份真情，表达了游子对母爱的无限感激之情。

【原文】丈夫不感恩，感恩宁有泪。心头感恩血，一滴染天地。

【译文】大丈夫并不是不知感恩，感恩落下的不只是眼泪。心头凝聚的是感恩的血，一滴就能够染红天地。

【解读】语出唐代著名诗人白居易的外祖父陈润的《阙题》诗。这首诗把大丈夫的感恩情怀写到了极致，代表了中国人的感恩理念，表达了中国人平时感恩行为虽然含蓄，但是，到了关键时刻，也会轰轰烈烈、惊天动地。感恩是一种处世哲学，也是生活中的大智慧。同时，感恩不仅仅是为了报恩，因为有些恩泽是无法回报的，有些恩情更不是等量回报就能一笔还清的，唯有用纯真的心灵去感动、去铭记、去永记，才能真正对得起对你恩惠的人！

【原文】羊有跪乳之恩，鸦有反哺之意。

【译文】小羊羔跪下吮乳，以感谢母羊的哺乳之恩；小乌鸦成年后反过来哺育老乌鸦，以报答养育之情。

【解读】语出明代《增广贤文》。羊跪乳、鸦反哺，连动物都知道回报父母的养育之恩，人若不孝敬父母，简直禽兽不如。父母之爱，是人世间最真挚和无私的情感，值得每个做儿女的感恩一生、回报一生。对人类来说，感恩意识绝不是简单地回报父母的养育之恩，它更是一种责任意识、自尊意识和事亲向善的高尚品德。

【原文】滴水之恩，涌泉相报。

【译文】即使接受别人一点小小的恩惠，也应当在行动上加倍报答。

【解读】语出明代《增广贤文》。人生每时每地都要感恩，但难就难在受到帮助之后，能不能有感激之情，有没有涌泉相报之举。假如恩人处于窘境之中，即使本人能力有限，也要全力以赴，以实际举动告诉他，再艰苦，自己也要与他共进退；如果恩人施恩不图回报，也要将这份感情时常牵挂于心中，不能忘记。记住并努力回报别人的“滴水之恩”，心胸自然开阔，能记得朋友的信任，虚心学习他人的优点，人际吸引力会越来越强，朋友会越来越多，生存空间会无限宽广。

【原文】恩欲报，怨欲忘；报怨短，报恩长。

【译文】受人恩惠要时时想着报答，别人有对不起自己的事，应该宽大为怀把它忘掉，怨恨不平的事，过去就算了，不要老放在心上，别人对我们的恩德，要感恩在心、常记不忘，常思报答。

【解读】 语出清代李毓秀《弟子规》。人要生活在感恩的世界里，别人的恩情要常常记在心里，常常要想着知恩报恩；别人如果对不起自己，有怨恨不可以记在心里，要把它忘掉，这是一种海阔天空的心境。人与人相处难免会发生冲突，如果我们把别人的过失每天都放在心上，长此以往，只能给自己带来无穷的烦恼和痛苦。

【原文】 知恩图报，善莫大焉。

【译文】 牢记别人给予自己的恩惠，在有能力的时候尽力报答，没有比这样的行动更大的善良了。

【解读】 中国古代谚语。在中华民族的传统文化中，流传着许多感恩的动人故事、名言警句，比如：前人栽树，后人乘凉；投之以桃，报之以李；赠人玫瑰，手有余香；执子之手，与子偕老；吃水不忘挖井人等。这些讲的都是要知恩图报，并将其作为人性之善加以提倡，使得人们对感恩的尊崇成为中华民族文化的精髓。

美德故事

韩信知恩报漂母

秦朝末年，淮阴城下流淌着一条清冽的小河，晨曦中的河水倒映着岸上婆娑的柳枝和韩信舞剑的身影。

那时，天下已不太平。韩信夜读兵书，晨练剑术，希望有朝一日实现大志。这天，他收起剑，拿起鱼竿坐在河边钓鱼。他企求鱼儿上钩做他的早餐。

下游的不远处传来搅水声、杵棉声和阵阵爽朗的笑声，是几位老婆婆结伴来河边漂洗棉絮。韩信的鱼钓不成了，收起鱼竿，凝望着洗棉絮的婆婆。

他很小就失去了父母亲，贫困无依，常为衣食忧愁。他曾寄食于亲朋家，时间一长，便遭人白眼，于是他想出了钓鱼充饥的办法。

太阳升起来了，婆婆们收起棉絮，到柳荫下准备吃早饭。她们也开始注意这个望着她们笑的年轻人。

“哎，看那个小伙子总看着你。”一个婆婆对梳着高髻的婆婆说。

“他为什么不吃饭？我刚才还看到他在舞剑。舞剑的人怎能不吃早饭呢？”

“一定是没有吃的。”高髻婆婆说着起身拎着食篮向韩信走去。

梳高髻婆婆走到韩信面前：“孩子，为什么不吃早饭？母亲呢？母亲应该给你准备早饭。”

韩信低声回答：“死了。”

婆婆一惊，叹息到：“真可怜啊。”于是将食篮递给韩信。“孩子，吃吧。”

韩信接过食篮，眼睛湿润了。他觉得眼前的高髻婆婆就像是他的母亲。

以后连续数十天，那位婆婆每天都来漂洗，每天都匀饭给韩信吃。韩信感激地对婆婆说：“您真像我的母亲，我将来一定报答您。”

婆婆生气了：“谁要你报答。我是可怜你啊！好男儿志在四方，可你连肚子都混不饱。我只希望你活得像个顶天立地的男人。”

婆婆的话震撼了韩信。不久，他收拾起宝剑兵书，投奔了反秦的起义军。

在辅佐刘邦同西楚霸王项羽争夺天下的战争中，韩信立下赫赫战功。戎马倥偬，他不能忘怀的是那位高髻婆婆和对他的教诲。

刘邦做了皇帝，韩信被策封为王侯，衣锦还乡。回到淮阴，韩信便将婆婆接到府上，扶她坐到上座，向她行跪礼，然后奉送上一千两黄金。

“我不能收你这么重的礼物。”高髻婆婆说。

韩信诚挚地说：“在我最饥饿的时候，您给我吃的；在我最彷徨的时候，您教诲了我。是您使我有了今天啊。您要我做一个好男儿，好男儿就要信守诺言，这也是您的教诲啊！”

漂母（古人对漂洗棉絮婆婆的称谓）匀饭给韩信是件小事，可在韩信眼里却是情深似海的大事，他在大富大贵之后也没有忘记报答漂母的恩情。“滴水之恩，涌泉相报”，这种知恩图报的品德是中华民族重要的优良品德。

王祥卧冰求鲤

在晋朝的时候，有一个孩子叫王祥。王祥身世十分可怜，在他很小的时候，他的生母去世了。后来，他的父亲又娶了一个朱性女子。后母朱氏很不喜欢王祥，经常在王祥的父亲面前说王祥不听话，是个坏孩子，时间久了，王祥的父亲也变得不喜欢王祥了。但是王祥并没有因此怨恨后母，他很听后母的话，不管后母叫他做什么事，他都尽力做好，感谢后母的养育。

有一年冬天，后母朱氏特别想吃鱼，就让王祥去抓鱼来给她吃，但当时天寒地冻，江河全都结冰了，哪还有鱼呢？

王祥左思右想，终于想到一个办法，他决定用体温把冰融化来抓鱼，他脱掉衣服，卧倒在冰上，虽然冻得瑟瑟发抖，但是他仍然强忍着……忽然，冰裂开了，两条鲤鱼跳出来，王祥高兴地抱着鲤鱼回家烹调好，让后母朱氏吃。随着时日渐长，后母朱氏慢慢被王祥的孝心感动，对王祥也像对待亲生儿子一般了，从此以后，一家人开心地生活在一起。

为了给父母养老送终，王祥隐居了20余年，守完孝后，才应邀出外做官，并从温县县令做到大司农、司空、太尉，并被封为睢陵侯。后人为了纪念他，还专门编了一首诗：继母人间有，王祥天下无。至今河水上，一片卧冰模。

王祥卧冰求鲤的故事被推为“二十四孝”之首，影响最为深远。王祥以孝事亲的行为，规范了几千年来人们的思想和行为，成为历史上的一段佳话。

史可法不忘师恩

明朝名臣史可法，年轻时进京考试，住在寺庙里。有一位贤臣叫左光斗，刚好是此次考试的主考官，他到寺庙里面去微服私访，看一看有没有懂得忧国忧民的读书人来参加这次考试。

左光斗刚走入寺庙，就看到一个年轻的考生，写完文章太累睡着了，案上放着刚写成的一篇文稿。左光斗拿起一读，非常赞赏他的远大理想和刻苦精神，再看书生衣衫单薄，左光斗怕他受风寒，便把自己的貂裘脱下来，盖在他身上。出来问寺僧，方知书生名叫史可法，因此留下了深刻印象。

后来阅卷的时候看到一篇文章，他感到字里行间有一种气节、一种志向，马上就知道作者是史可法，所以就批了他为状元。史可法考上状元之后，按照礼节到左光斗家拜老师和师母。左光斗可怜他家贫，收做弟子。此后，他愈加发愤苦学，立志以身报君许国。

后来，左光斗、史可法同朝为官。明朝末年宦官当道，左光斗被陷害，关进监狱之后惨遭酷刑。史可法知道老师在狱中的情况，十分焦急，通过各种关系，终于感动监狱里的士兵，士兵们建议史可法装扮成捡垃圾的，进监狱去看望老师。史可法见到老师时，抱着老师的腿放声大哭。左光斗看到史可法，却说："你是国家栋梁，国家正是危难之际，你怎么可以把自己的生命陷在这么危险的境地！"史可法看到老师这么生气，就马上离开监狱。他知道，老师这么做也是为了保护他啊。后来左光斗被宦官杀害。

史可法在边境带兵防守。每个晚上，士兵们分三批背靠背守夜，但史可法坚持一夜不休息，士兵劝他休息一会儿，史可法回答说："假如我去睡觉，国家在这时陷入危难中，我对不起老师，对不起国家。"史可法念念不忘老师的恩德和教诲，不敢有丝毫的松懈。

后来清兵入关打到江南时，史可法到江南重镇扬州督师。他誓死坚守扬州城。清军下令用大炮轰城。史可法誓死与扬州城共存亡，最后壮烈牺牲。

吃水不忘打井人

江西瑞金城外有个村子叫沙洲坝。毛泽东主席在江西领导革命的时候，在那儿住过。

一天，毛主席看见一个老乡挑着浑浊的水往家里走，就问："老乡，这水挑来做什么用呀？"老乡回答说："吃呀！"毛主席疑惑地问："水这么脏，能吃吗？"老乡苦笑着说："没法子，再脏的水也得吃呀！"毛主席又问："是从哪里挑的？"老乡回答："从塘里挑的。"毛主席请老乡带他去看看。走了一阵，只见一个不大的水塘，杂草丛生，池水污浊。全村人洗衣、洗菜、吃水全在这里。毛主席关切地问："能不能到别处挑水吃？"老乡摇摇头，说："我们沙洲坝就是缺水呀！挑担水要走好几里路。"毛主席皱了皱眉头，若有所思地走了。

第二天，毛主席找来村里人一起商量挖水井的事。大家一起勘察水源，选择井位。当井位确定后，毛主席挽起衣袖，卷起裤腿，带头挖了起来。于是，大伙挖的挖，铲的铲，干得热火朝天。在挖井的日子里，毛主席和临时中央政府的其他领导人，一有空就到工地参加劳动。经过十几天的奋战，水井挖成了，沙洲坝的人民终于喝上了清澈甘甜的井水。群众激动地说："我们从来没有喝过这么甜的水，毛主席真是我们的大恩人哪！"

新中国成立以后，沙洲坝人民在井旁立了一块石碑，上面刻着：吃水不忘挖井人，时刻想念毛主席。

贵和

我国“和”文化源远流长、内涵丰富。“和”在甲骨文中就已经出现，其本义是吹奏类的乐器，后来引申为乐调及乐调的调和。贵和，即以和为贵，在处理各种社会关系时注重平衡协调、和睦和谐。中国古代的一些成语、俗语，如和气生财、和气致祥、和衷共济、和善为邻、和以处众、内和外顺、协和万邦等，都体现了人们对“和”的推崇。贵和是一种传统美德，也是当代核心价值观的重要思想源泉。

在我国传统文化中，“和”有以下四个方面的内涵：一是中庸中和。孔子认为“中庸之为德也，甚至矣乎”，中庸是“山之静”与“水之动”的和谐统一，追求适中、恰当，避免“过”与“不及”。《易经》强调“中”是最好的位置，“中”是天下之大本，“和”是天下之大道，中和意味着事物处于一种最佳的对立统一关系中，不偏不倚、无过不及。中庸、中和要求人们在待人处事的社会实践中，要坚持适度的原则，恰到好处，以实现人格完善、社会和谐。二是和生万物。《吕氏春秋》认为“天地和合，生之大经也”，天地和合是万物生存的根本，是天地自然和人类社会发展的客观规律，它既深刻反映了人生天地间的自我创造使命，又讲明了天地自然与人事活动相互依存、相互统一的辩证关系。三是和而不同。孔子强调“君子和而不同，小人同而不和”，“和”并不是无原则地混同，而是在承认差别性、相异性的基础上讲和谐、和睦。君子尚义，无乖戾之心，虽所见各异，各不苟同，然能和谐统一；小人尚利，专同于嗜欲，然各有争心，故不和。由此可见，和与不和，还是分辨两种道德人格——君子与小人的标准。四是天人合一。天人合一是《周易》的核心理念，也是万物和谐的前提和基础。中国传统文化中“天人合一”之“天”，既指精神上的信仰，同时又指客观存在的自然界。“天人合一”既指明了人和精神信仰之间不可分离的关系，又说明人与大自然之间相互依存的一种太和境界。

通过对“和”的内涵的分析可以看出，在思想观念层面，“和”意味着对不同意见的承认和宽容；在社会结构层面，“和”则是指不同的个体、集团之间建立协调的社会交往关系。贵和思想为保证中华民族几千年来生生不息、繁荣昌盛做出了重要贡献。两千多年前，秦国蜀郡太守李冰父子修筑都江堰，化水害为水利，造就了人与自然和谐相处的伟大工程；昭君出塞、文成公主入藏，谱写了民族和谐的千古佳话；传奇般的丝绸之路、郑和七下西洋的壮举，更是打通了东西方文化交流的枢纽，将中华民族以和为贵的价值理念传播到世界各地。“和”文化对于古代中国社会的发展起到过重要作用，最根本的一点是，在社会历史条件允许的范围内，它促进了社会的安定，从而为人民安居乐业、经济发展、文化繁荣提供了必不可少的前提。

在构建社会主义和谐社会的今天，贵和思想仍然具有重要的积极意义，为我们处理人与人、人与社会以及人与自然之间的关系提供了重要参考。一是有助于我们融洽地处理人际关系。和谐社会离不开人与人之间的和谐，现代社会是一个多元性的社会，社会的成员之间和各类群体之间既存在着矛盾对立又互相依存。传统“和”文化所倡导的中庸中和、和而不同的理念，有助于我们正确理解、处理“同”与“异”的关系，做到既坚持自己的独立思考，坚守自己的行事原则，同时又尊重他人的意见，包容他人的不足，不苛求他人，注重协商解决冲突，求同存异，和而不同，从而实现人际和谐、社会和谐。二是有助于我们更好地把握社会发展的基本目标。现代社会普遍追求富强，但富强不应该是唯一目标，和谐同样重要。一个国家，如果人与人之间的关系高度紧张，自然环境破坏严重，人的内心或者焦虑不安，或者空虚无聊，那么，即使经济再发达、物质再富足，也算不上是一个健康、理想的社会。传统“和”文化所蕴含的天人合一的思想，可以说为现代社会的可持续发展提供了一个源远流长、底蕴丰厚的理论基础和价值标准。

三是有助于我们正确认识、处理与世界不同国家、不同文化之间的关系。西方国家热衷于把自己的制度强加于包括中国在内的非西方国家，也有西方学者大肆宣扬不同文明间的冲突，这些都对世界和平构成了严重威胁。中国传统的贵和思想所揭示的“和而不同”的价值理念，能够有力地回应各种谬见，在反对霸权主义、实现各国各民族的和平共处上发挥积极作用。

经典名句

【原文】礼之用，和为贵。先王之道，斯为美。小大由之，有所不行。知和而和，不以礼节，亦不可行也。

【译文】礼的应用，以和为贵。古代君王的治国方法，可宝贵的地方就在这里。但不论大事小事，只顾求和，有的时候是行不通的。只知一味地为和而和，不以礼来节制，也是不可行的。

【解读】这句话出自《论语·学而》。“和”是儒家所特别倡导的伦理、政治和社会原则，礼的推行和应用要以达到和睦和谐的境界为目的。但是，凡事都一味地讲究和气，不受道德原则、礼仪制度的约束也是不可行的。由此可见，古人所强调的和并不是无原则地“和稀泥”，而是一种合乎道义原则的有序状态。

【原文】君子和而不同，小人同而不和。

【译文】君子在人际交往中能够与他人保持一种和谐友善的关系，但在对具体问题的看法上却不必苟同于对方。小人习惯于在对问题的看法上迎合别人的心理、附和别人的言论，但在内心深处却并不抱有一种和谐友善的态度。

【解读】这句话出自《论语·子路》。“和”“同”之辩是中国传统文化中一个非常重要的命题。孔子将对“和”与“同”的思考引入到人际关系的领域，于是便有了这句名言。在孔子看来，真正的君子追求和睦和谐，但绝不讲求无原则的一团和气，人云亦云、见风使舵是小人所为，而这种行为恰恰是对和谐理念的背离。

【原文】 丘也闻有国有家者，不患寡而患不均，不患贫而患不安。盖均无贫，和无寡，安无倾。夫如是，故远人不服，则修文德以来之。既来之，则安之。

【译文】 我听说，不管是诸侯还是大夫，不担心财富少，就担心财富分配不均；不担心人口少，就担心境内不安定。因为财富平均，就无所谓贫困；国内上下和谐，人民就不会流散减少；境内安定，国家就不会倾覆。因为这样，所以如果远方的人还不归服，就用仁、义、礼、乐招徕他们；已经来了，就让他们安心住下去。

【解读】 这句话出自《论语·季氏》，反映出孔子的反战思想，不主张通过军事手段解决国际、国内的问题，而希望采用礼、义、仁、乐的方式解决问题，这是孔子的一贯思想。这种思想对后代人的影响很大，甚至成为人们的社会心理。对现代社会而言，它仍有积极价值。

【原文】 君子有三戒，少之时，血气未定，戒之在色；及其壮也，血气方刚，戒之在斗；及其老也，血气已衰，戒之在得。

【译文】 君子有三件事要引以为戒：少年时，血气不定，不能沉迷女色；等到壮年，血气最充足，需要避免争斗；等到老年时，血气衰弱，要防止患得患失。

【解读】 这句话出自《论语·季氏》。在传统的贵和理念中，古人关注的不仅仅是人与人、人与外物之间的和谐，还包括人自身的身心和谐。孔子针对人生中的三个关键阶段，提出了需要戒除的三方面主要问题，可谓是鞭辟入里、正中要害，是保持人身心和谐的警世名言。

【原文】 若以水济水，谁能食之？若琴瑟之专壹，谁能听之？同之不可也如是。

【译文】 如果用清水来给清水增加味道，谁能喝得下去？如果只是一琴或一瑟，谁能听得下去？一味求同不可以，道理就在这里。

【解读】 这句话出自春秋时期左丘明的《左传·昭公二十年》。春秋时期齐国的大夫梁丘据十分善于揣摩齐景公的心思，因此深受齐景公的赏识。但齐国宰相晏子却视其为“社鼠”，批评梁丘据能同而不能和。晏子用了两个十分形象的比喻来启示我们，贵和绝不是一味求同。

【原文】夫物之不齐，物之情也。或相倍蓰，或相什百，或相千万。子比而同之，是乱天下也。

【译文】物品千差万别，这是客观情形、自然规律。物品的价值有的相差一倍、五倍，有的相差十倍、百倍，有的甚至千倍万倍。倘若你把它们放在一起等同看待，就是扰乱天下。

【解读】这句话出自《孟子·滕文公上》。孟子的这段话主要强调了事物的差异性。天下万物没有完全相同的，它们都有属于自己的独特个性和特定价值。和而不同是一切事物发生发展的规律，物质世界如此，人的精神世界亦然，所以我们要善于在承认差异性的前提下寻求和谐。

【原文】天地与我并生，而万物与我为一。

【译文】天地与我一起生存发展，万事万物都与我合而为一。

【解读】这句话出自《庄子·齐物论》。庄子主张“齐物论”，这句话正是“齐物论”的核心思想。庄子认为世界万事万物虽然看起来千差万别，但归根结底却又是齐一的，所以“听其不齐而自齐”。庄子的思想启示我们，人不应该被外物不同的表象所迷惑，没必要为事物间的差异而苦恼，要善于发现问题的本质、把握事物的规律，与世间万物和谐相处。

【原文】草木荣华滋硕之时，则斧斤不入山林，不夭其生，不绝其长也；鼋龟鱼鳖鳅鳝孕别之时，网罟毒药不入泽，不夭其生，不绝其长也。

【译文】草木正在开花长大的时候，砍伐的斧头不准进入山林，这是为了使它们不夭折，能够不断生长；鼋、龟、鱼、鳖、泥鳅、鳝鱼等怀孕产卵的时候，渔网、毒药不准投入湖泽，这是为了不侵害它们的生命，使它们能够不断发育生长。

【解读】这句话出自《荀子·王制》。面对大自然中的花草树木、飞鸟走兽，荀子主张不要在其发育的关键时期去人为破坏它们的生长，体现了古人天人合一、人与自然和谐相处的理念。荀子的“不夭其生，不绝其长”，就是要求人们尊重自然规律，不能“赶尽杀绝”，不能无度索取，这样人类才能与自然和谐相处。

【原文】选贤与能，讲信修睦，故人不独亲其亲，不独子其子，使老有所终，壮有所用，幼有所长，矜寡孤独废疾者，皆有所养。

【译文】把品德高尚、能干的人选拔出来为大家服务，人人都讲求诚信，追求和睦，所以人们不仅仅以自己的亲人为亲人，以自己的子女为子女，而是使每个老年人都能安享晚年，每个壮年人都能为社会效力，每个孩子都能健康成长，老而无妻的人、老而无夫的人、幼而无父的人、老而无子的人、残疾人都有人供养。

【解读】这句话出自《礼记·礼运》。在"天下为公"的社会里，由人民选举贤能者执政，社会讲究信义和睦，实现自由、平等、博爱，视别人的老人（长辈）为自己的老人（长辈），视别人的孩子为自己的孩子，人人都有所养，人人幸福生活……这是多么美好的社会啊！这句话为我们描绘了一幅宏伟瑰丽的社会蓝图，描绘了古人理想中的大同社会。尽管这个理想社会在小生产的基础上不可能成为现实，但两千多年来它一直是许多进步思想家和社会改革家心中永不磨灭的梦想。

【原文】喜怒哀乐之未发，谓之中；发而皆中节，谓之和。中也者，天下之大本也；和也者，天下之达道也。致中和，天地位焉，万物育焉。

【译文】喜怒哀乐没有表现出来的时候，叫做"中"；表现出来以后符合节度，叫做"和"。"中"，是人人都有的本性；"和"，是大家都应遵循的原则。达到"中和"的境界，天地便各在其位了，万物便能生长繁育了。

【解读】这句话出自《礼记·中庸》。"中"是指对喜怒哀乐的持中状态，就是说对喜怒哀乐等情欲要有一个适中的度的控制，过度的喜不叫喜，过度的乐也不叫乐。内在能持中，外在表现出来，这就叫和。这句话强调的是人在表达自身的各种情绪时，要符合中庸之道，不能没有节制地狂喜或狂悲，以致引发许多不必要的矛盾和冲突。其实，万事万物的道理也都是这样，能够贵和守中，一切也就安定有序、自然和谐了。

美德故事

里革断罟

里革是春秋时代鲁宣王的大臣，鲁宣王好捕鱼，经常到泗水河中捕鱼。

一年夏天，鲁宣王照例又在泗水的深潭旁拿网捕鱼。当时，专门管理水产狩猎的官吏不在场，太史里革大胆地站了出来，把鲁宣王的渔网当面撕毁，扔进水里。

鲁宣王满面怒色，但是里革却毫不畏惧地说："古时候，大寒以后，冬眠的动物便开始活动，水虞这时才计划用渔网、鱼篓捕大鱼、捉龟鳖等，拿这些到寝庙里祭祀祖宗，同时这种办法也在百姓中间施行，这是为了帮助散发地下的阳气。当鸟兽开始孕育、鱼鳖已经长大的时候，兽虞这时便禁止用网捕捉鸟兽，只准刺取鱼鳖，并把它们制成夏天吃的鱼干，这是为了帮助鸟兽生长。当鸟兽已经长大、鱼鳖开始孕育的时候，水虞便禁止用小鱼网捕捉鱼鳖，只准设下陷井捕兽，用来供应宗庙和庖厨的需要，这是为了储存物产，以备享用。而且，到山上不能砍伐新生的树枝，在水边也不能割取幼嫩的草木，捕鱼时禁止捕小鱼，捕兽时要留下小鹿和小驼鹿，捕鸟时要保护雏鸟和鸟卵，捕虫时要避免伤害蚂蚁和蝗虫的幼虫，这是为了使万物繁殖生长。这是古人的教导。现在正当鱼类孕育的时候，却不让它长大，还下网捕捉，真是贪心不足啊！"

宣王听了这番话，心悦诚服。

这个故事，情节虽简，却蕴含着深刻的道理，充分体现了古人注重与大自然和谐相处的思想，具有很强的现实价值。

郑和下西洋

为了进一步加强明朝同海外的联系，明成祖曾先后七次派遣郑和出使"西洋"。

永乐四年（1406）六月，郑和第一次下西洋，顺风南下，到达爪哇岛上的麻喏八歇国。当时，这个国家的东王、西王正在打内战。东王战败，其属地被西王的军队占领。郑和船队的人员上岸到集市上做生意，被占领军误认为是来援助东王的，被西王麻喏八歇王误杀，计 170 人。郑和部下的军官纷纷请战，说将士的血不能白流，急于向麻喏八歇国进行宣战，给以报复。

“爪哇事件”发生后，西王十分惧怕，派使者谢罪，要赔偿六万两黄金以赎罪。郑和第一次下西洋就出师不利，又无辜损失了 170 名将士，按常情必然会引发一场大规模战斗。

然而，郑和得知这是一场误杀，又鉴于西王诚惶诚恐，请罪受罚，于是禀明皇朝，化干戈为玉帛，和平处理这一事件。

明王朝决定放弃对麻喏八歇国的赔偿要求，西王知道这件事后，十分感动，两国从此和睦相处。

郑和舰队是当时世界上最强大的海上特混舰队，在郑和七下西洋的 28 年中，真正意义上的对外战争仅有锡兰（今斯里兰卡）一次，而且是在被迫无奈的情况下的防卫性作战。郑和在处理“爪哇事件”中，不但不动用武力，而且不要赔偿，充分体现了郑和是传播和平的使者，他传播的是“以和为贵”的中国传统礼仪，以及“四海一家”“天下为公”的中华文明。

团结

团结是由多种情感聚集在一起而产生的一种精神。它通常是指在同一目标下，人们互相支持、帮助，保持思想和行动上的一致性。团结是形成民族自强力、凝聚力和向心力的美好风尚，是以优秀传统文化和民族心理为内涵实质的崇高的境界情操。

我国古代著名的思想家荀子曾说过，人，力不若牛，走不若马，而牛马为用何也？曰：人能群，彼不能群也。因此，他强调：人不能无群。也就是说，人没有野兽的爪牙之利，也没有飞禽的翱翔之便，却能够成为“宇宙之精华，万物之灵长”，正是因为能够结成强有力的群体。中国古代有个吐谷浑的首领阿豺，让其二十个儿子各取一箭，折之即断，合之则不能折。他告诉儿子们，“孤单容易折断，众多则难摧毁”，以此来说明团结互助的重要性。“单丝不成线，独木不成林”“人心齐，泰山移”“二人同心，其利断金”等脍炙人口的谚语、格言都反复说明，团结作为一种源远流长的优良传统，是中华民族人际关系的重要伦理规范，是华夏社会和炎黄子孙繁衍不息、繁荣昌盛、稳定统一的固有精神力量和伦理道德支柱。团结作为一种社会公德和人们应该遵守的行为准则，在几千年前就已经出现在中华民族历史发展的进程之中。早在春秋时期，孔子就提出了“仁”即“爱人”的道德学说，强调“仁者爱人，泛爱众”，奠定了中华民族几千年来友爱互助、精诚团结的伦理思想基础。同一时期，墨子也提出了“尚贤”“尚同”“兼爱”“非攻”的思想，主张人们要“兼相爱、交相利”。在中华民族形成和发展的历史长河中，先后涌现出来的名家大师和诸多代表人物，又从不同的角度对仁爱互助伦理道德思想进行了补充、丰富和发展：春秋时期孟子的“仁者无敌”“得道多助”“天时不如地利，地利不如人和”，三国时期诸葛亮的“集众思、广忠益”，唐朝魏徵的“爱出者爱反，福往者福来”，宋代郭茂倩“独柯不成树，独树不成林”，等等。经过历代统治者的不断倡导、强化，经过一代又一代炎黄子孙的身体力行，仁爱、互助、团结、协作逐渐成为维系社会发展与稳定的道德规范和行为准则，成为中华民族不可或缺的传统美德。在中国历史上，团结的故事不胜枚举。如《史记·廉颇蔺相如列传》中的蔺相如靠善于团结的大智慧，争取了廉颇将军的支持，最终“卒相与欢，为刎颈之交”，换来了国家安定稳定，留下了千古佳话。

团结是做好一切工作的基础。大到一个国家、一个民族，小到一个公司、一个企业甚至是一个家庭，只有同心协力，才可以创造丰功伟绩。1938 年 5 月，毛泽东在《论持久战》中就提出：“军民团结如一人，试看天下谁能敌。”1943 年，为加强军政、军民的大团结，夺取对敌斗争的胜利，我党在延安领导开展了双拥运动。时至今日，黄土地上那充满深情的歌声——“猪呀、羊呀，送到哪里去？送给亲人解放军！”仍唱遍大江南北，唱响在一代代人的心头。新中国成立初期的百废待兴，是中国人民的团结使我们摆脱了贫穷的境况；2003 年的非典，是中国人民的团结使我们战胜了这恐怖的病魔；汶川的大地震，是中国人民的团结使我们一步一步地重建家园……中华民族的团结使许多不可能的事情都奇迹般地实现了。

团结作为一种社会公德和准则，表现在社会历史生活各个方面、各个层次、各个领域。有的是兄弟之间，骨肉相依；有的是朋友之间，亲如手足；有的是君臣之间，同心同德；有的是民族之间，和睦相处；有的是国家之间，共同发展。习近平在《之江新语》“打好团结牌”一文中说：“懂团结是真聪明，会团结是真本领。团结出凝聚力，出战斗力，出新的生产力，也出干部。”在实现中华民族伟大复兴的中国梦的征程上，每个党员、每个公民、每个同胞、每个中华儿女都要做团结的有心人，努力做到善与人处、谦恭礼让、顾全大局、诚信待人，自觉在构建社会主义和谐社会的实践中，强化团结互助的道德意识，提倡团结互助的道德行为，营造人与人之间和谐共处的社会环境。当然，我们讲的团结，是维护国家利益下的团结，是在党章党纪之下的团结，是为完成党和人民事业而凝聚人心和力量的团结。这就要求广大党员干部既要旗帜鲜明地与破坏团结的行为作斗争，坚决反对拉帮结派、团团伙伙、搬弄是非、挑拨离间等行为，也要反对没有原则、一团和气、当老好人、回避矛盾的作派。只有人人自觉维护团结互助的好风尚，才能巩固发展当前团结稳定的大好形势，不断开创我们国家的美好未来。

经典名句

【原文】二人同心，其利断金；同心之言，其臭如兰。

【译文】两个人同心协力，那形成的合力似有斩断金属之巨效；同心同德的思想意见，那美好的感觉如同使人嗅到幽兰芬芳。

【解读】这句话出自《周易·系辞上》，它主要强调了团结的作用。两个人心往一处想，劲儿往一处使，让彼此都感受到来自对方的支持，会让每个个体都增强信心和力量，从而产生一加一大于二的效应。志同道合，同心协力，如同利器足可断金；有共同语言，彼此默契，如同兰花清香宜人。此句旨在说明凡事贵在团结一致，同心同德，增强凝聚力、亲和力、向心力，就会无坚不摧。原句里的“二人”，后来逐渐发展为俗语中的“兄弟”，这句话也演变为更加为人熟知的“兄弟同心，其利断金”。

【原文】民齐者强，民不齐者弱。

【译文】民众齐心协力就强大，民众不齐心就弱小。

【解读】此语引自《荀子·议兵》，强调了民众团结与否与国家强弱的关系。《议兵》篇阐述的是荀子的军事思想，是孝成王、临武君与荀子关于军事的对话。孝成王、临武君问荀子：“请问王者之兵设何道、何行而可？”荀子说了其中这两句话，表明了民众团结与否决定着国家的强弱。荀子告诉我们一个非常浅显的道理：国家若要强大，则需要以人为本，加强民众团结，得人心者得天下。这是历代政府的治国之要，而每个国民的爱国之情，就体现为与各民族友好相处的同胞之情、团结之谊。

【原文】故虽有尧之智而无众人之助，大功不立。

【译文】所以即使有尧的智慧，却没有众人的辅佐，大功就建立不起来。

【解读】此语出自《韩非子·观行》。前两句是“天下有信数三：一曰智有所不能立，二曰力有所不能举，三曰强有所不能胜”，也就是说，智者也有办不成的事情，力士也有举不起的物件，勇士也有战不胜的对手，从而说明了君主如果没有众人的帮助，就会成为孤家寡人、一事无成，强调了君民团结的重要性。

【原文】夫吴人与越人相恶也，当其同舟共济而遇风，其相救也如左右手。

【译文】吴国人与越国人虽互相仇视，当他们同船渡河时，如遇大风，也能互相救援，犹如一个人的左右手一样。

【解读】此语出自《孙子·九地》，强调了患难与共的思想。成语“风雨同舟”就从此处得来。有人问孙武：“请问军队可以像‘率然’（常山的一种蛇）一样吗？”孙子以吴越同船共渡进行了巧妙回答，并指出：“想用系住马匹、埋住车轮的办法来稳定军队，那是靠不住的。要使士卒整齐一致，奋勇杀敌，就要靠组织指挥得法。”也就是说，在战争中，团结协作是一项重要的军事组织方法和原则。后来，这句话经常用来比喻团结互助，同心协力，战胜困难。

【原文】夫乘众人之智，则无不任也；用众人之力，则无不胜也。千钧之重，乌获不能举也；众人相一，则百人有余力矣。是故任一人之力者，则乌获不足恃；乘众人之制者，则天下不足有也。

【译文】利用众人的智慧就没有什么不能成功的；利用众人的力量就没有什么不能胜任的。千钧的力量，大力士乌获一人无法举起来；众人齐心协力，那么上百人的力量还有剩余。所以，只用一个人的力量，那么像乌获这样的大力士也不值得去炫耀；而借用众人的力量，那么天下也就小到不值得你去治理。

【解读】此语出自《淮南子·主术训》，强调了运用众人智慧和力量的重要性。这句话之前还举了两个例子：周文王聪明而且好向别人请教，所以他圣明；周武王英勇而且好向他人讨教，所以他能取得胜利。从而引申出这句话，强调了团结利用众人的智慧和力量的重要性，说明了运用众人的才智才能使天下得到治理，而靠个人的才能连自身都难以保存。只有众人结合在一起才能产生无穷的力量，事业才能获得成功，社会才能拥有真正的和谐。

【原文】块土不能障狂澜，匹夫不能正颓俗。

【译文】一块泥土阻挡不住汹涌的波涛，一个人不可能把颓败的风气扭转过来。

【解读】语出北宋著名诗人林逋所著的《省心录》，强调了团结互助与社会风气的关系。林逋通晓经史百家，终生不仕不娶，唯喜植梅养鹤，自谓“以梅为妻，以鹤为子”，人称“梅妻鹤子”。《省心录》阐述了立身处世、立志成才、处理家庭关系及人际关系的一系列准则，更涉及为官、治国、治学、修身、养性各方面内容和对社会、自然、人生的思考。这句话主要说明了个人的力量不能挡住邪恶势力和不良风气，证明了团结的重要性，从而进一步强调了实现社会风气的好转，人人有责，需要大家共同努力、共同维护。这对于当今精神文明和道德规范建设仍具有借鉴意义。

【原文】明堂所赖者唯一柱，然众材附之乃立；大勋所任者唯一人，然群谋济之乃成。

【译文】房屋厅堂赖以支撑的是柱子，但是这柱子要有其他很多材料附上才能立住；大的功勋只给予一个人，但功勋要靠群众的谋划和努力才能建立。

【解读】语出宋代石介所著的《上范经略书》。这句话既强调个人的栋梁作用又形象地说明了凡事只有团结互助，依靠群体智慧才能成就大业，说明个人的力量再大，没有众人的帮助，也不能把事情办好。这句话对处理英雄和人民、领导和群众的关系具有重要指导意义。英雄的形成、领导的权力，都是人民群众给予的，没有群众的支持，所谓的英雄、领导就成了无源之水、无本之木。无论在任何时候，都不要忘记人民群众的重要地位，都要时刻保持与人民群众的血肉联系。

【原文】一花独放不是春，百花齐放春满园。

【译文】只有一支花朵开放，不能算是春天，只有百花齐放的时候，满园都是春天。

【解读】出自明清时期的道家儿童启蒙读物《增广贤文》。这句民谚告诉我们个体之间团结共进的重要性，蕴含了丰富的哲理：一是阐述了整体和部分的关系，“一花”是部分，“百花”是整体，部分的功能是较小的，要以整体发展带动部分发展；二是体现了联系的观点，“一花”是特殊性，只有“百花齐放”才会发挥重大作用；三是说明了事物是客观的和变化发展的，“百花齐放”是必然的，因此我们要顺应历史潮流；四是要用矛盾的观点看问题，矛盾是普遍存在的，“一花”和“百花”也是有矛盾的。这句话告诉我们，世界上的万事万物，都不是孤立地存在，需要共同进步，才能形成社会大团结、世界共和谐的局面。

【原文】善相劝，德皆建。过不规，道两亏。

【译文】朋友之间应该互相劝善，共同建立良好的品德修养。如果有错不能互相规劝，两个人的品德都会有缺陷。

【解读】这句话出自清朝李毓秀所著的《弟子规·泛爱众》，指出了朋友之间交往要注意分寸和态度，这样，才能促进朋友之间的友谊和团结。指出别人的过错，是一种美德。会采用一定的技巧指出别人的过错使其能愉快地接受，是一种本领。人常说：忠言逆耳利于行。其实，如果能做到忠言不逆耳，也许更利于行。

【原文】孤举者难起，众行者易趋。

【译文】独自一个人高飞，难以起飞；许多人一块行走，则容易走得快。

【解读】此语出自清代魏源的《默觚·治篇八》。魏源是近代中国“睁眼看世界”的首批知识分子的优秀代表，《默觚》一书包含了其哲学思想。这两句诗强调的是群众的力量、团结的力量，喻指单枪匹马不能成事，只有大家齐心协力才可以把事情办好。后两句是“倾厦非一木之支也，决河非捧土之障也”。该诗告诉我们，处理同事之间、朋友之间、兄妹之间、国家之间的关系时，都要重视团结，加强互利合作，只有这样，才能产生一加一大于二的积极效应。

美德故事

阿豺折箭教子

吐谷（yù）浑，亦称吐浑，中国古代西北民族及其所建国名。本为辽东鲜卑慕容部的一支，藏族人称之为阿柴，是西晋至唐朝时期位于祁连山脉和黄河上游谷地的一个古代国家。

吐谷浑国的国王阿豺有20个儿子。他这20个儿子个个都很有本领，难分上下。可是他们自恃本领高强，都不把别人放在眼里，认为只有自己最有才能。平时20个儿子常常明争暗斗，见面就互相讥讽，在背后也总爱说对方的坏话。阿豺见到儿子们这种互不相容的情况，很是担心，他明白敌人很容易利用这种不睦的局面来各个击破，那样国家的安危就悬于一线了。

阿豺常常利用各种机会和场合苦口婆心地教导儿子们停止互相攻击、倾轧，要相互团结友爱。可是儿子们对父亲的话都是左耳朵进、右耳朵出，表面上装作遵从教诲，实际上并没放在心上，还是依然我行我素。阿豺的年纪一天天老了，他明白自己在位的日子不会很久了，可是自己死后，儿子们怎么办呢？再没有人能教诲他们、调解他们之间的矛盾了，那国家不是要四分五裂了吗？究竟用什么办法才能让他们懂得要团结起来呢？阿豺越来越忧心忡忡。

有一天，久病在床的阿豺预感到死神就要降临了，他也终于有了主意。他把儿子们召集到病榻跟前，吩咐他们说：“你们每个人都放一支箭在地上。”儿子们不知何故，但还是照办了。阿豺又叫过自己的弟弟慕利延说：“你随便拾一支箭折断它。”慕利延顺手捡起身边的一支箭，稍一用力，箭就断了。阿豺又说：“现在你把剩下的19支箭全都拾起来，把它们捆在一起，再试着折断。”慕利延抓住箭捆，使出了吃奶的力气，咬牙弯腰，脖子上青筋直冒，折腾得满头大汗，始终也没能将箭捆折断。

阿豺缓缓地转向儿子们，语重心长地开口说道：“你们也都看得很明白了，一支箭，轻轻一折就断了，可是合在一起的时候，就怎么也折不断。你们兄弟也是如此，如果互相斗气，单独行动，很容易遭到失败，只有20

个人联合起来，齐心协力，才会产生无比巨大的力量，可以战胜一切，保障国家的安全。这就是团结的力量啊！”

儿子们终于领悟了父亲的良苦用心，想起自己以往的行为，都悔恨地流着泪说：“父亲，我们明白了，您就放心吧！”阿豺见儿子们真的懂了，欣慰地点了下头，闭上眼睛安然去世了。

廉颇蔺相如将相和

春秋战国时期赵国大臣蔺相如，很有见识和才能。在“完璧归赵”“渑池相会”两次外交斗争中，捍卫了赵国的尊严，地位在名将廉颇之上。这使廉颇很不服气，他对别人说：“我廉颇攻无不克，战无不胜，为赵国立下了赫赫战功。蔺相如不过是凭一张嘴巴，说说而已，有什么了不起，反而爬到我的头上。一定要侮辱他一番。”蔺相如听说后，尽量不跟廉颇会面，每次出门，避开廉颇，有时甚至装病不去上朝。有一次蔺相如外出，远远看见廉颇的车马迎面而来，连忙叫车夫绕小路而行。

蔺相如手下的人对他这样卑躬让步的做法感到委屈，纷纷要求告辞还乡。蔺相如执意挽留，并耐心地向他们解释说：“诸位认为廉将军和秦王相比，哪个厉害？”众人都说：“当然廉将军不及秦王了。”蔺相如说：“对啦，天下的诸侯个个都怕秦王，可是为了赵国，我敢在秦国的朝廷上斥责他，怎么会见到廉将军倒反而害怕了呢？你们的心情我是理解的，可是，你们想过没有，强大的秦国之所以不敢攻打赵国，就是因为赵国有我和廉将军两人的缘故。如果两虎相斗，势必两败俱伤。我不计个人恩怨，处处让着廉将军，是从国家的利益着想啊。”听了这番话，大家都消了气，打消了告辞还乡的念头，反而更加尊敬蔺相如了。

后来，有人把蔺相如的话告诉了廉颇，廉颇大受感动，惭愧万分，觉得自己心胸竟然如此狭窄，实在对不起蔺相如，决心当面请罪。一天，他脱下战袍，赤身背着荆条，来到蔺相如的府第，“扑”地跪在地上，老泪纵横，泣不成声地对蔺相如说：“我是一鄙陋的粗人，见识浅薄，气量短小，没想到您对我竟这么宽容大量，我实在无脸见您，请您用力责打我吧！就是把我打死了，也心甘情愿。”蔺相如见到这情景，急忙扶起廉颇，两人紧抱在一起。从此两人消除了隔阂，加强了团结，同心协力，保卫赵国，强大的秦国更加不敢轻易地侵犯赵国了。

昭君出塞汉匈一家

西汉时期的王昭君，因聪慧丽质，汉元帝时入宫为“待诏”。北方的匈奴由于内部相互争斗，最后分裂为五个单于势力。其中有一个单于，名叫呼韩邪，一直和汉朝交好。汉宣帝死后，元帝即位，呼韩邪于公元前33年再次到长安，要求同汉朝和亲。元帝同意了，决定挑选一个宫女当公主嫁给呼韩邪单于。

后宫里有很多从民间选来的宫女，整天被关在皇宫里，很想出宫，却不愿意嫁到匈奴去。管事的大臣很着急。这时，有一个宫女毅然表示愿意去匈奴和亲。她名叫王嫱（qiáng），又叫昭君，长得十分美丽，又很有见识。管事的大臣听到王昭君肯去，急忙上报元帝。元帝就吩咐大臣选择吉日，让呼韩邪和昭君在长安成了亲。单于得到了这样年轻美丽的妻子，又高兴又激动。

王昭君在汉朝和匈奴官员的护送下，骑着马，离开了长安。昭君慢慢地习惯了匈奴的生活，和匈奴人相处得很好。她一面劝单于不要打仗，一面把中原的文化传给匈奴，使匈奴和汉朝和睦相处了60年，出现了“牛马布野人民炽盛”的繁荣景象。昭君出塞和亲，播下了汉匈和平睦邻的种子，这颗种子生根、发芽、开花、结果，对以后汉族与北方各兄弟民族的团结友好产生了深远的影响。饱经战乱之苦后享受了60年和平生活的汉匈各族人民，深深地爱戴着王昭君。王昭君成为民族团结友好的使者，去世后葬在匈奴人控制的大青山，匈奴人民为她修了坟墓，并奉为神仙。

田氏兄弟复活紫荆

在民国时的《德育课本》中曾有“田真叹荆”的故事：

隋朝时候，朝城县（即今聊城市莘县朝城镇）有一家姓田的人家，他家里同胞弟兄三个：田真、田庆、田广。弟兄三个人一直在一起居住。三个媳妇想分家了，家里的钱财产业都已经议定平均分派。但是堂前有一棵紫荆花树，长得非常茂盛，因此议定把这棵紫荆花树也均匀分作三份。哪里晓得这棵紫荆树，还没有等他们来分，第二天就枯死了。大哥田真见了，很吃惊，叹口气说道，树木呢，原来是同株连根的，一知道将要分砍了，所以顷刻憔悴。照这样看起来，那么我们的人还不及这株树木呢！因此悲伤得了不得。兄弟们都受感动，决定仍旧同住不分。三个媳妇听了，也都不再多言。从此，大家更加友爱了，那棵紫荆树竟依旧像从前一样荣茂起来。

经过此事，紫荆花不死成了家和的象征，世人则喻其为兄弟花。田氏族人就将宗祠称“紫荆堂”，以教育宗族子孙后代永远亲睦团结，不辱紫荆，弘扬先祖美德，务使紫荆更繁更茂，遍地花开，永世昌盛。

这个故事源于旧朝城县苗头村，今属莘县大王寨乡。明初，田氏建一家庙，在周围村庄中此庙最大，人称“庙头”，后演变为“苗头”。

田氏兄弟复活紫荆的故事为人传颂。朝城县的东邻阳谷也有遗迹纪念此事。明万历间，阳谷县知县李荫于阳谷县城老南门内建“紫荆祠”，又称紫荆堂，并将“紫荆余韵”列入古阳谷八景。对此，阳谷县旧志多有记载。后人为效法田氏三兄弟的家风，在紫荆树旁修了一座祠堂，取名“紫荆堂”，并在堂前立了一块石碑，上刻“紫荆堂”三个大字。碑的背面还刻有诗文，歌颂田氏三兄弟的好家风。诗曰：

田氏家风莫更论，芳名漾溢满乾坤。
紫荆此日经风雨，错认当年遗泪痕。

三兄弟哭活紫荆的故事普及于天下，还得益于明代冯梦龙的《三言》。他在《醒世恒言》一书的开篇，就写了《三孝廉让产立高名》，其崇尚之情不言自明。后来，《今古奇观》将此篇收入。

勤劳

勤劳是中华民族最基本的传统美德，也是家国兴旺、民族发展最基本的条件。勤乃为人之根本。勤，即勤劳、勤奋、勤恳、不惰。《说文解字》云，“勤，劳也，从力”，“执劳辱之事”。可见勤与劳在古代意思是相通的。它反映了人们对待劳动的态度，要求人们在劳作中勤勤恳恳、不畏辛苦、孜孜以求，以自己的劳动创造价值，“农人有勤，则五谷丰登；肆工有勤，则物器多多；官人有勤，则政通人和；商贾有勤，则市肆繁荣；士人有勤，则立功立言”。勤劳是创造之源、财富之母，人们生存和发展所必需的生活资料和生产资料无一不是辛勤劳动的创造，一切物质和精神的财富无一不来源于辛勤的劳动。

中华民族以吃苦耐劳著称于世，勤劳智慧的中国人民正是靠着超人的辛勤劳作，创造了一砖一瓦、血肉之躯铸成的万里长城和贯穿大江南北、人工开凿的京杭大运河等世界为之惊叹的文明奇迹。

历代文人留下了许多普通劳动者辛勤劳作的生活场景。有“锄禾日当午，汗滴禾下土”、烈日当头挥汗如雨辛苦劳作的农民形象；有苏秦刺股发奋读书的描写；有花木兰“唧唧复唧唧”在家织布、女扮男装替父从军的故事；有“满面尘灰烟火色”、在山中烧炭糊口的卖炭老翁“心忧炭贱愿天寒”的真情实感；有对艺人“大珠小珠落玉盘”精彩表演的再现……可谓数不胜数。

简要说来，古人的勤劳主要体现在：一是“民生在勤，勤则不匮”，农民只有辛苦劳作才能保障生计和温饱；二是“书山有路勤为径，学海无涯苦作舟”，知识分子必须勤奋力学，“业精于勤而荒于嬉”；三是“富贵本无根，尽从勤思得”，无论经商还是持家，勤劳才能致富；四是官员必须“克勤于邦”，为政者只有心系百姓，勤勉于政，才能治理好国家。

改革开放近四十年来，勤劳的中国人民创造了新的令人惊叹的奇迹。国民经济每年以近 10% 的增速增长，经济总量已跃居世界第二位；中国制造享誉世界，外国人穿的鞋子、玩的玩具七成以上源自中国；历经十余年建设的长江三峡大坝投产发电，成为水利发电的巨无霸；号称“天路”的青藏铁路跨越“世界屋脊”顺利通车，京沪高铁实现早发夕至；嫦娥上天、蛟龙入海、航母巡弋……这一个个奇迹，都是靠我国人民勤劳的双手创造的。靠的是勤于思考，靠的是勇于创造，靠的是下手快所谓“笨鸟先飞早入林”，靠的是实干兴邦。正如鲁迅先生所说：“哪里有什么天才，我是把别人喝咖啡的时间都用在工作上的。”正是海外华人经商率先周日节假日照常辛苦营业，才冲破了外国人周日节假日不营业的传统，带动形成了新的营商模式。

“功广惟志，业广惟勤”，习近平总书记多次引用这句古语，要求广大干部群众必须依靠辛勤劳动实现国家的发展目标和个人人生规划。习总书记还以“樱桃好吃树难栽”比喻“两个一百年”目标的实现，明确提出，“幸福不会从天降，而是靠辛勤劳动换来的”。

未来的中国，实现两个一百年的目标，落实“一带一路”的畅想，实现中华民族复兴的中国梦，需要中国人民以更大勇气，辛勤工作，脚踏实地，用汗水泪水血水浇灌出甜蜜的幸福生活。

经典名句

【原文】民生在勤，勤则不匮，是勤可以免饥寒也。

【译文】民众的生计在于勤劳；勤劳，生活就不会匮乏；勤劳就会使人丰衣足食，不会陷入饥寒交迫的窘境。

【解读】 本句出自《左传·宣公十二年》。民生在勤是朴素的美德和道理，千百年来中国的老百姓延续了劳动致富和创业致富的传统美德。人勤则物丰。只要勤劳，一个国家、一个民族、一个家族就不会物资匮乏，都能过上幸福的生活。

【原文】 天道酬勤。

【译文】 上天会酬报勤奋的人。

【解读】 天道酬勤这一成语是指，下了苦功夫必然会有成就，说明了机遇、灵感和硕果往往只垂青于孜孜以求的勤勉者。它告诫人们成功来自于勤奋，多一分耕耘，多一分收获，只要付出了努力一定会得到回报。

【原文】 克勤于邦，克俭于家。

【译文】 既能够为国家辛劳，又能够勤俭持家。

【解读】 本句出自《尚书·虞书·大禹谟》。这句话是舜帝对禹功德的歌颂，成语“克勤克俭”就出自于此。勤是通过长期艰苦的生产劳动创造财富，俭是细水长流、节约使用财富和资源；勤是开源，俭是节流。明朝王相专门论述了勤与俭对于修身齐家的意义，“勤而不俭，枉劳其身；俭而不勤，甘受其苦。俭以益勤之有余，勤以补俭之不足。若夫贵而能勤，则身劳而教以成；富而能俭，则守约而家日兴”。勤俭好似一对孪生姐妹，密不可分，缺一不可。

【原文】 功广惟志，业广惟勤。

【译文】 取得伟大的功绩，在于志向远大；完成伟大的事业，在于工作勤奋。

【解读】 本句出自《尚书·周书·周官》，是周成王向群臣说明设官用人的法则时讲的，告诫“有官君子”：要忠于职守，勤于政务；认真对待职责，不能怠惰疏忽；要知道“功崇惟志，业广惟勤”的道理。国家要实现振兴，个人要成就事业，条件有两个：一个是立志，这是前提；另一个是勤勉，这是保障。无志不足以远行，无勤则难以成事。

【原文】 人生在勤，不索何获？

【译文】人生的根本在于勤劳，如果不积极地探索研究，哪会有收获和成就呢？

【解读】本句出自东汉张衡的《应闲》。这句话告诫人们，人生应该努力求索，勤奋做事，不然就不会有收获，也表现出张衡勤奋努力、积极进取的人生追求。正是通过勤奋不懈的探索研究，张衡成为我国东汉时期伟大的天文学家，发明了地震仪，为我国天文学的发展做出了不可磨灭的贡献。

【原文】业精于勤而荒于嬉，行成于思而毁于随。

【译文】学业由于勤奋而精通，但它却荒废在嬉笑声中；做事由于反复思考而成功，但它却能由于随随便便而失败。

【解读】本句出自唐朝韩愈的《进学解》。这句话提醒告诫世人：做人要勤奋，做事要思考，更要持之以恒。韩愈的“书山有路勤为径，学海无涯苦作舟”也是劝学上进的名句。韩愈个人的人生经历为他的名言作了生动的注释。韩愈3岁时父母双亡，由兄嫂把他养大。他命运坎坷，却坚持刻苦自学、好学不倦，正是靠着超人的努力，终于成为“唐宋八大家”之一。

【原文】锄禾日当午，汗滴禾下土。谁知盘中餐，粒粒皆辛苦。

【译文】农民在正午烈日的暴晒下锄禾，汗水从身上滴在禾苗生长的土地上。有谁知道盘中的饭食，每颗每粒都是农民用辛勤的劳动换来的呢？

【解读】本诗选自唐代诗人李绅的《悯农二首》组诗。这组诗深刻地反映了中国封建社会农民的生存状态。第一首诗李绅写道：“春种一粒粟，秋收万颗子。四海无闲田，农夫犹饿死。”这首诗具体形象地描绘了到处硕果累累的景象，突出了农民辛勤劳动、获得丰收却两手空空、惨遭饿死的现实问题。既然风调雨顺、五谷丰登，那么丰收的粮食都到哪里去了呢？“苛政猛于虎也！”诗人委婉而深刻地揭露了统治者残酷剥夺农民劳动果实的罪恶。这里引用的组诗的第二首诗，描绘了在烈日当空的正午农民田里劳作的景象，概括地表现了农民终年辛勤劳动的生活，表达了诗人对农民真挚的同情之心，道出了劳动的艰辛、丰收的不易，警醒人们要珍惜来之不易的劳动果实。

【原文】历览前贤国与家，成由勤俭败由奢。

【译文】纵观历史，大到邦国，小到家庭，无不是兴于勤俭，亡于奢靡。

【解读】诗句引自唐朝李商隐《咏史》。诗人针对当时官僚腐败之风盛行的社会现实，以独特的视角，概括总结了历代盛衰的原因，强调了勤俭对于国家兴衰成败的重要性。这句诗论理深邃、精辟，成为警示激励以勤俭治国治家的千古绝唱。

【原文】富贵本无根，尽从勤里得。

【译文】富与贵，本来就没有固定的根本来由，不是固定地专属于某些人的，全都是人们在辛苦勤劳中得到的。

【解读】本句出自明朝冯梦龙《醒世恒言》卷三十五。这句话以普通的语言，说明了深刻的道理。它赞美勤俭致富的人，劝勉人们一定要靠自己的勤奋努力发家致富，靠施舍、靠继承、靠其他不正当手段获取的富贵都是不牢固的、靠不住的。“将相本无种，男儿当自强”，人生的幸福全都掌握在自己的手中，只要努力上进、不断奋斗，人生目标就一定能实现。

【原文】百尺竿头立不难，一勤天下无难事。

【译文】只要勤奋，天下就没有难做的事情，即使百尺竿头也能昂然挺立。

【解读】本句出自清朝钱德苍《解人颐·勤懒歌》。《解人颐》收录的这首《勤懒歌》，是对古代“四民”——士、农、工、商的劝勤戒懒，结语提出了这句话，强调了勤奋努力的重要作用。

【原文】勤能补拙，俭以养廉。

【译文】勤奋能弥补人的天性愚笨，节俭可以培养廉洁的操守。

【解读】本句出自清朝金缨的《格言联璧》。勤奋、节俭是中华民族用以律己的传统美德。勤能补拙是良训，一分辛劳一分才。勤能补拙，是古人对后人的训诫，它告诫后人，勤劳学习可以弥补人先天的不足、笨拙及缺陷，即所谓“笨鸟先飞早入林”。俭则少欲，培养节俭的品德，“见素抱朴，少私寡欲”，使人们不为物欲所惑，这是防腐助廉的重要途径。

【原文】廉不言贫，勤不道苦。

【译文】真正廉洁的人，不会讲自己如何清贫；真正勤政的人，不会抱怨自己如何辛苦。

【解读】这是在河南内乡县衙东账户悬挂的一副楹联，出自《河南内乡县衙楹联》。这副楹联集中体现了中国古代的官德思想和执政理念，就是廉洁奉公、勤于政事。廉字打底、勤字当头，是历代为官从政者应具备的品德。真廉洁者，从不言贫；真勤政者，从不言苦。知行合一，行胜于言，才是为官之道。

美德故事

大禹三过家门而不入

在四五千年前，中国发生了一次特大的洪水灾害。部落联盟推举鲧的儿子禹来继续治水。

大禹是个精明能干、大公无私的人。他接受治水任务时，刚刚和涂山氏的一个姑娘结婚，然而意志坚强的大禹，看到群众深受水害之苦，便毅然告别妻子，到了治水的工地。他经过实地考察，制定了切实可行的方案：一方面继续修筑和加固堤坝，另一方面改变鲧过去“堵塞”的办法为“疏导”来根治水患。大禹亲自率领20多万治水群众，展开了疏导洪水的艰苦卓绝劳动。由于辛勤劳作，他手上长满老茧，小腿上的汗毛被磨光了，长期泡在水中，脚指甲也脱落了。

在治水过程中，大禹曾三次路过自己家门口，第一次他的妻子刚刚生下儿子没几天，恰好从家里传来婴儿哇哇的哭声，大禹怕延误治水，没有进去；第二次他路过家门，抱在妻子怀里的儿子已经会叫爸爸了，但工程正是紧张的时候，他还是没有进去；第三次过家门，儿子已长到10多岁了，使劲把他往家里拽。大禹深情地抚摸着儿子的头，告诉他，治水工作还是很忙，又匆忙离开，没进家门。大禹“三过家门而不入”的故事被传为美谈，至今仍为人们所传颂。

在大禹领导下，广大群众经过十多年的艰苦劳动，终于疏通了9条大河，使洪水沿着新开的河道服服帖帖地流入大海，从而制服了灾害，使大家过上了安居乐业的生活。

辛公义勤政爱民

在我国历史上，有不少勤政爱民、廉洁奉公的官员，隋朝的辛公义就是其中一位杰出代表。

隋开皇九年（589），辛公义被任命为岷州（今甘肃岷县）刺史。岷州地处我国西北边远地区，当时那里经济文化比较落后，有一种极为愚昧的风俗：人们十分害怕疾病，家中一旦有人患病，全家人都躲避他，就连父子之间、夫妻之间也不看护照料，致使病人忍受着病痛的煎熬，活活等死。辛公义上任后，对这种情况感到很是担忧，认为如不改变这种习俗，将有碍百姓的生产生活和社会安定。于是分别派遣官员巡行观察管辖地，凡是患病的人，都用床运来，把他们安置在处理政务的大厅里。夏天流行瘟病时，病人有时候达到几百人，厅堂内外都放满了病床。辛公义亲自摆放一张床，独自坐在上面，从白天到黑夜，面对病人处理政务。他自己的俸禄，全部用来买药，用来请医生为他们治病，他还亲自劝说和照料病人进食，做病人家属的工作。病人病愈了，辛公义就叫他们的亲人来，并对他们说：死是由天决定的，不会相互传染。过去病人死了，是因为家人抛弃他们，不照料他们。现在我将患病的人聚集起来，并在他们中间办事睡觉，不仅我没有患病而死，病人也都恢复健康了。以后，你们不要再相信传染这件事了。

那些病人家属们既惭愧而又高兴。惭愧的是不该抛弃病人，高兴的是岷州百姓有幸有辛公义这样的好父母官，使自己患病的亲人得以痊愈，使家人重新团聚。他们频频向辛公义叩头致谢，然后领着痊愈的亲人回家。后来，百姓家里再有人患病，能够得到家人的照料，而不被抛弃。对于孤寡病人，辛公义就收留下来帮助其治疗疾病。一时间，辛公义收留病人使病人获愈的事迹传开了，当地畏避病人、抛弃病人的愚昧习俗得以改变。老百姓感激地称辛公义为“慈母”。

辛公义办案认真负责，从不马虎草率。他调任牟州刺史，刚到任，就先到监狱里去，坐在牢房外的露天场地，亲自审问案情。连续十多天，直到把案件全部审理完，才迈进官府大堂。受领的新案子，不论案件大小，他都认真审理，一丝不苟。当日有审理不完的案件，他就住宿于公堂，直到审理完毕才回到自己的住处。有人劝他说："案子这事需要有一定的时间，你何必折磨自己呢！"辛公义回答说："我做刺史无德无才，不能教化百姓，仍让百姓蒙受牢狱之灾，哪里有百姓被关在狱中而刺史心安理得的呢？"罪犯听到这话后，深受感动，诚心服罪。后来有想打官司的，百姓们就纷纷劝阻："这是小事，怎么能忍心让刺史大人辛苦劳累呢？"在辛公义品行的感化下，打官司的人大多双方相让而止。

齐白石础石成泥

齐白石，是近代中国著名的画家，与张大千并称"南张北齐"。

齐白石幼年时就热爱学习，但是因为家里穷，需要劳动力，所以只念了一年的书就被迫停止了上学，在家帮助父亲放牛、砍柴。当他 12 岁的时候，父亲把他送到叔祖父家里去当木匠学徒，15 岁以后转学雕花木工，雕刻家具上精细的花纹。

从此，齐白石对篆刻产生了浓厚的兴趣，决心要好好学习这门技术。有一天，他向一位老篆刻家求教。老篆刻家说："学习篆刻需要很大耐心，必须要有分分秒秒的付出，才能有点点滴滴的收获。现在你回家去，找一担础石练习，刻了磨、磨了刻，等到这一担石头都成了泥浆，那时你的印就刻好了。"

齐白石真的去挑了一担础石回家，夜以继日地用心刻着，一边刻，一边拿古代的篆刻艺术品来对照，琢磨对照之间，他看到了自己的不足，也明白了要想成为一个成功的篆刻家，前面的道路还很漫长，而且并不平坦。于是，他更加坚定决心要把这担础石全部"刻"成泥浆。

刻了磨平，磨平了再刻，手上起了血泡，他也不顾，鲜血流进了他在础石上刻画下的纹路里，洁白的石头上仿佛开出了一朵艳红的花，他仍专心致志地刻呀刻。

日子一天一天地过去，础石越来越少，地上淤积的泥浆却越来越厚，齐白石手上的血泡也起了一茬又一茬，直到他的双手布满厚厚的茧子。最后，一担础石终于统统化为泥浆了，他的篆刻艺术也渐渐达到了炉火纯青的境地，成了中国著名的书法篆刻家。

梅兰芳勤练苦功

著名京剧艺术家梅兰芳，小时候相貌很平常，眼神还有些呆板，见人不大会说话。在他八岁那年，家里请来了一位有名的朱素云先生教他学戏。第一出开蒙戏《二进宫》，老师反复教他，还不能上口。朱先生见他进步太慢，认为他不是学戏的材料，再不教他了。朱先生临走时，将梅兰芳叫到跟前斥责说："祖师爷没给你这碗饭吃，我也没办法。"说完就拂袖而去。

梅兰芳是个有志气有毅力的孩子，朱先生的话像一根针刺疼了他的心。他想，难道别人能学会的戏，我就学不会？难道我比别人少点啥？他暗下决心，非闯出个样子来不可。

不久，梅兰芳入了"云和堂"学戏，拜吴菱仙老先生为师。吴先生对梅兰芳要求很严，有时还采取十分严苛的训练方法，但梅兰芳总是按老师要求的那样，努力完成练功任务。当时，吴先生最厉害的一手是跷功。他搬来一条板凳，上面放着一块砖头，让梅兰芳脚踏两根半米多长的高跷站在砖头上，并要求站一炷香的工夫。起初，梅兰芳站上去总是战战兢兢，不到三分钟，就腰酸脚疼支撑不住了。可他刚跳下来，又必须马上再站上去，因为一炷香烧不完，是不准下来休息的。为了练出过硬功夫，梅兰芳的腿都站肿了。

经过一段基本功训练，梅兰芳的跷功有了很大长进。但他没有满足，又积极主动地设法增加训练难度。秋去冬来，他在庭院里找块地方浇了一个冰场，冰面光洁如镜，人走上去都免不了摔跤。可梅兰芳偏偏要踏上高跷，到冰场上去跑圆场。高跷本来重心就高，支撑面又很小，再加上冰滑，梅兰芳经常摔得身上青一块紫一块的。吴先生看了有些怜惜和心疼，就对梅兰芳说："休息几天再练吧！"梅兰芳却坚决地说："先生，您不是常常说，练功练功，一日不练三日空吗？"先生无奈，只好让他继续练下去。

喜爱梅兰芳先生京剧的人都知道，梅先生的眼睛是"一笑千古春"，不过，很少有人知道，他眼睛的先天条件并不好——他天生长着一双下垂的眼皮。梅兰芳的姑母就曾对梅兰芳学戏十分不看好，说他"言不出众，貌不惊人"。那么，梅先生是如何练就了万人迷的眼神呢？原来梅兰芳 17 岁时养了几对鸽子，一开始他只是喜爱，可后来他逐渐迷恋起来，因为他发现，看天空中的鸽子能把下垂的眼皮练好——是鸽子让梅先生有了更完美的舞台形象。从此以后，梅兰芳一有时间，就抬头看天空中飞翔的鸽子，鸽子“改变”了梅兰芳的眼神。

冰上踩跷、勤看鸽子的功夫，使梅兰芳受益甚大。他晚年时曾多次说过：“幼年练跷功、看鸽子，颇以为苦，但使我腰腿力量倍增，眼神极好。我在六十多岁时仍然演出《醉酒》《穆柯寨》一类刀马花旦戏，就不能不说是当年严格训练的好处。真可谓‘不受一番冰霜苦，哪得梅花放清香’啊！”可见，勤劳是梅兰芳成功的重要原因。

季羡林勤奋一生

国学大师季羡林，聊城临清市人。纵观季羡林先生近百年的人生风雨可以看出，他的一生是勤奋的一生——勤奋学习、勤奋思考、勤奋工作。他生前曾多次总结：天资、机遇加勤奋等于成功。其中最关键、最重要的一条是勤奋。季羡林的勤奋是出了名的，勤奋成就了他辉煌的业绩和巨大成就。

早年在新育小学就读的他，就利用业余点滴时间自学英语。当时正规小学并没有英语课，他就坚持勤奋自学英语知识，后被正谊中学录取。在正谊中学，他除了上好正式的课程外，还参加课外补习班，读了大量的旧小说。他的勤勉好学一点一滴积累，奠定了他深厚的文化底蕴和宽博的知识基础。在山东大学附属高中读书期间，他对古文产生了浓厚的兴趣，认真钻研《韩昌黎集》《柳宗元集》以及欧阳修、三苏等的文集，并且在已经有扎实英文底子的基础上，学习了另一门外语——德文，同时仍苦心坚持钻研中国旧籍。正是由于他的苦心研读，厚积薄发，在考大学时，他同时被清华大学和北京大学录取，但他却缘定清华西洋系，专修方向为德文，并利用课余时间继续写作散文，发表在当时有权威的报刊上。正是他的笔耕不辍，使这个23岁的西洋文学系学生，在毕业之时，靠一部《辞源》和过去日积月累的文化功底一变而为国文教员。任教一年后，又远渡重洋，留学德国十载。当时恰逢世界二次大战烽火，物资匮乏，他经常忍受空前的饥饿和对祖国及家乡人民的思念之痛，勤学苦读，在异常困苦的条件下以全优成绩获得哲学博士学位。

1946年金秋，他结束了留学生涯，回到祖国怀抱，到北京大学任教，并担任东方语言文学系主任。之后他的各种本职和兼职，有人统计过，大约有90个，比较重要的也有十几项。没有完整的时间从事科学研究，勤奋的他挖空心思摸索出了一套对付会议的办法——利用时间的“边角废料”，在会前、会后甚至会中，构思或动笔写文章。当然，在飞机上、火车上、汽车上甚至自行车上，特别是步行的时候，他的脑海里也是思维不断。有时候走着路，忽然停下来，从口袋里掏出小纸片记上几句，有时在等车的空当儿，也会在小报的空白处写写画画，回家稍一加工，便点墨成金，编织出脍炙人口的优美华章了。这就是他说的利用时间的“边角废料”。

边角废料的时间，季羡林只能出一些小品、杂想、短文，进行系统的学术研究没有完整的时间是不行的。因此，他清晨4点起床，擦一把脸就往桌旁一坐，打开书，铺上纸，一下子进入角色，拿起笔来，文思如泉水喷涌。几十年来，季先生养成了早起的习惯。有人说他闻鸡起舞，他说：“不是我闻鸡起舞，是鸡闻我起舞。如果4点钟我还不起，就好像有鞭子抽我。”他不允许自己有半点懈怠。

“文化大革命”期间，季羡林被安排到学生宿舍看大门。在那种环境下，他悄悄翻译了闻名世界的印度史诗《罗摩衍那》，完成了《牛棚杂忆》一书。1983年，将已经几十年没有再接触的吐火罗文再次“拣”起来，用十多年时间完成了对残卷——吐火罗文抄写的《弥勒会见记》的破解。他每天坚持走七八里路，去北大图书馆翻阅图书，最后写成80万字的巨著《糖史》。正如他说的：“北宋欧阳修写文章多在‘三上’——马上、枕上、厕上。我写文章，则多在会上、飞机上、路上（散步），也可以叫三上吧。”季羡林说，他的经验压缩成两个字是勤奋，再多说两句就是：争分夺秒，念念不忘。灵感这东西不能说没有，但是，它不是从天上掉下来的，而是勤奋出灵感。

节俭

中华民族自古崇尚节俭，视节俭节约为美德善行，视铺张浪费为败德丑行。节就是节约、节制，俭就是俭朴、俭约、不奢。《说文解字》云："俭，约也"，"去奢崇约谓之俭"。所谓节俭，指的是人们对待个人生活欲望的态度，它要求人们尊重劳动，珍惜劳动成果，节制自身的生活欲望，约束自己的消费行为，量入为出，精打细算，生活简朴，节约财用。

中国古代的节俭思想有多层含义：一是劳动充满艰辛，要求人们牢记稼穑之艰难，自觉珍惜来之不易的劳动果实。"每一食，便念稼穑之艰难；每一衣，则思纺绩之辛苦。"二是俭以修身，"俭，德之其也；侈，恶之大也"，俭可以对"欲""贪心"起到一定的制约作用，德由俭生，善于克制、谨身节用就有了道德自律的基础。三是以俭持家。南宋叶梦得将俭视为持家的第一原则，"夫俭者，守家第一法也"。勤俭是治家之本，因为"俭则足用，俭则寡求，俭则可以传子孙，俭则可以成家"，"俭则用不足，奢则贪求，奢则不可以传子孙，奢则破家"，必须理性消费，节衣缩食，量入为出。四是以俭富国安邦。节俭所要求的"节欲""寡欲"可以促使官员廉洁奉公，治国之道在于强本节用、爱惜民力、不尚奢靡，忌过度搜刮民财，"聚敛者，召寇、肥敌、亡国、危身之道也，故明君不蹈也。"五是不吝不奢。节俭也要讲究中庸之道，节俭过度，当用不用，节俭就会转化为吝啬，这同奢侈一样，是走向了极端。古人倡导的节俭，不是不用，而是当用则用、当节方节。

中国共产党继承和发扬了中华民族节俭的美德，使节俭成为党的优良作风，成为党凝聚民心民力、成就事业的一股伟大力量。1936 年美国作家埃德加·斯诺在采访延安时，从毛泽东、朱德、周恩来等革命家住土窑洞、吃小米饭、穿补丁衣的俭朴生活中，发现了这股伟大的力量，并把它称为“东方魔力”。正是靠着艰苦奋斗、勤俭节约的精神，共产党人吃草根、啃树皮，在物质条件极其恶劣的条件下走完了二万五千里长征，靠小米加步枪打败了武装到牙齿的凶残的日本侵略者，取得了解放战争的胜利，解放了全中国。新中国成立后，毛泽东把艰苦创业、勤俭建国定为一项基本国策，邓小平、江泽民、胡锦涛、习近平等领导人积极倡导勤俭节约、艰苦奋斗的优良传统。习近平总书记号召全党：要大力弘扬中华民族勤俭节约的优良传统，大力宣传节约光荣、浪费可耻的思想观念，努力使厉行节约、反对浪费在全社会蔚然成风。

当前和今后一个时期，艰苦奋斗、勤俭节约精神并没有过时。我国人口多，底子薄，人均资源少，发展不平衡，人民生活还不富裕，国家建设需要办的事情还很多。无论是物质短缺的过去，初步富裕的现在，还是全面建成小康社会的将来，我们都要一如既往地大力倡导和弘扬艰苦奋斗、勤俭节约、勤俭办一切事业的精神，靠一整套行之有效的制度和体制、机制使这种精神落实到各个领域、各个方面，努力消除奢靡之风，使勤俭节约在全国上下成为一种精神境界、一种道德追求、一种生活与工作习惯、一种生活方式，使勤俭节约蔚成风气，不断发扬光大。

经典名句

【原文】 *君子以俭德辟难，不可荣以禄。*

【译文】 君子以俭约的品德消除灾患，躲避祸难，不可追求荣华而谋取禄位。

【解读】 本句出自《周易·否》。《周易》的“否”卦告示人们，当处在“否”（不利、不好）之时，要“以俭德辟难，不可荣以禄”。其实，当处在“泰”

（通泰、顺利）之时，也应居安思危，保持清醒的头脑，也要“以俭德辟难，不可荣以禄”。因为处在“泰”之时，会经常面对各种诱惑，稍有不慎，一纵贪欲，就会为权所趋、为利所惑、为色所迷，陷入贪婪的泥沼而不能自拔。勤俭可以兴业，玩物必然丧志。

【原文】 俭，德之共也。侈，恶之大也。

【译文】 俭是最大的美德，奢侈浪费是最大的恶行。

【解读】 本句出自《左传·庄公二十四年》。司马光在其《训俭示康》中对这句话作了阐释：节俭是各种好品德共有的特点，有好品德的人都是由节俭而来的。因为如果节俭就少贪欲，有地位的人如果少贪欲，就不为外物所役使，不受外物的牵制，可以走正直的道路。没有地位的人如果少贪欲，就能约束自己，节约费用，避免犯罪，丰裕家室。所以说，节俭是各种好品德的共有特点。为官者奢侈必然贪赃受贿，为平民者如果奢侈就可能盗窃他人财物，所以说奢侈是各种罪恶中的大罪。

【原文】 奢则不孙，俭则固。与其不孙，宁固。

【译文】 一个人奢侈了就显得不谦逊，太节俭朴素就显得寒酸。与其显得不谦逊，不如宁可显得寒酸。

【解读】 本句出自《论语·述而》。孙：通“逊”。固：固陋，寒酸。孔子主张发扬俭德，为政清廉。他对当时权贵们豪华奢侈、铺张浪费、财大气粗、气势逼人深为不满，对子路“车马轻裘，与朋友共”的德行极为赞扬。他主张过一种勤俭朴素的生活。在他看来，勤俭朴素能看出一个人的志向和操守，也能看出其为官之德。

【原文】 足国之道，节用裕民，而善臧其余。

【译文】 使国家富足的办法途径是，节约用度，使百姓富裕，并且善于储备那些节余的东西。

【解读】 本句出自荀况《荀子·富国》。足国，使国家丰足。裕民：使人民富裕。臧：通“藏”，收藏。这句话阐明了节约、积贮的重要性。富国必先富民，但在人民富裕了之后，还要注意引导他们勤俭节约、积蓄储备，这样才能增加社会财富，使国家繁荣昌盛。荀子认为，节俭消费是富民的重要手段，奢侈浪费则会民贫国亡。今日之节俭是明日消费之储备，有备才能无患。

【原文】 俭节则昌，淫佚则亡。

【译文】 勤俭节俭，国家就会昌盛；骄奢淫逸，国家就会败亡。

【解读】 本句出自《墨子·辞过》。淫佚：纵欲放荡。佚：同“逸”。墨子站在小生产劳动者的立场，崇尚俭约，提倡节用、节葬、非乐。这句话进一步从治国的角度论述了节俭的重要性。他认为，如果统治者能够做到节俭，民众受到影响也就懂得节俭，“民俭而易治”；节俭又可使国库得到积蓄，奢侈必然导致国库的空虚，造成储备不足，长此以往，国力衰退，就会导致国家败亡。

【原文】 奢者富不足，俭者贫有余；奢者心常贫，俭者心常富。

【译文】 奢侈的人，即使富有仍不富足，节俭的人虽然贫穷却有余剩；奢侈的人心里常常觉得经济短缺，节俭的人心里常常感到已经富裕。

【解读】 本句出自先秦慎到《慎子》外篇。奢者挥霍无度，因此虽富而不足；俭者省食节用，因此贫而有余。奢者贪得无厌，总觉得财富不够；俭者知足常乐，总觉得已经宽裕。这句话在对比中反映了事理心态，入木三分，具有戒奢倡俭的教育作用。古人将节俭作为持家的重要原则。南宋叶梦得提出：“夫俭者，守家第一法也。”清人金缨亦称：“勤俭，治家之本。”只要做到以俭持家，则贫不足惧，通过节制开支，仍可勉强度日，这就是所谓“俭者贫有余”。

【原文】 夫君子之行，静以修身，俭以养德。

【译文】 有道德修养的人，他们以静思反省来使自己尽善尽美，以俭朴节约财物来培养自己高尚的品德。

【解读】 本句出自三国时期诸葛亮《诫子书》。《诫子书》是诸葛亮临终前写给8岁儿子诸葛瞻的一封家书，成为后世历代学子修身立志的名篇，是古代家训中的精品。他提出了“俭以养德”的修身之道，主张以节俭来培养人的道德、涵养人的心志。他一生实践着“俭以养德”，同时，要求蜀汉各级官吏“清心寡欲，为政清廉”。

【原文】施而不奢，俭而不吝，可矣。

【译文】如果能够做到施舍却不奢华，节俭却不吝啬，就可以了。

【解读】本句出自南北朝时期颜之推所著的《颜氏家训·治家》。在《治家》篇中，颜之推主张量入为出，节俭适度，并引用孔子的话加以说明。他要求后世子孙要做到俭省，但不可以吝啬。俭省，是适度的节俭；吝啬，是过度的节俭。即使要给别人施舍也不能奢华，即使节约用度也不能吝啬。这句话提倡俭约有度，不吝不奢，赞扬平时节约、灾荒时周济贫民。

【原文】由俭入奢易，由奢入俭难。

【译文】从俭朴的生活过渡为奢侈的生活容易适应，但是从奢侈的生活过渡为俭朴的生活却很难适应。

【解读】本句出自宋代司马光《训俭示康》。这是司马光引述他人的话，用来训诫子孙。他提出，吃饭和穿衣只要做到肚子不饿、身体不冷就足够了，在生活中必须“常将有日思无日，莫待无时思有时”。这句话强调要自觉保持俭朴，防止奢侈，含有自勉、警世之意。

【原文】地力之生物有大限，取之有度，用之有节，则常足。

【译文】自然界所创造的资源是有限的，由人来加工成品的资源也有限，而取时有量，用时节约，则常常能满足人类所需。

【解读】本句出自司马光《资治通鉴》卷二百三十四。这句话告诉我们，人类要想与大自然和睦相处、共生共荣，应该珍惜每一项来之不易的资源，切莫以为资源无处不在而大肆浪费。

【原文】一粥一饭，当思来之不易；半丝半缕，恒念物力维艰。

【译文】吃每一碗粥、每一碗饭时，应该想想粥饭里有多少人的付出、多少能源的消耗，真的是来之不易；用我们生活所需的每半根丝、每半缕线，都要常想想其中包含几多物质和几多人的心血，应该好好珍惜。

【解读】本句出自清代朱柏庐《朱子治家格言》。这句话告诫人们，养成勤俭节约的美德要从日常生活、穿衣吃饭做起，要知道每一样东西得来不易，千万不要铺张浪费。

【原文】俭则约，约则百善俱兴；侈则肆，肆则百恶俱纵。

【译文】节俭就会有节制，有节制则百善都会兴起；奢侈就会放肆，放肆则百恶都会爆发。

【解读】本句出自清代金缨《格言联璧·持躬》。这句话表明，“俭”与“侈”对一个人修身养性的影响，在“百善俱兴”与“百恶俱纵”的强烈对比中呈现得淋漓尽致。

美德故事

季子文一生节俭

春秋时期的鲁国宰相季子文从政时间长、官位高，却十分注意俭朴律己。

鲁国有个叫孟献之的大臣，其儿子仲孙不懂得节俭是一种美德。一次，仲孙见季文子出入朝廷时常穿布衣，坐的马车也十分寒酸，就对季文子耻笑说：“大人做宰相这么多年了，出出入入连件像样的丝绸衣裳也没有，坐的是瘦马拉的破车，不怕别人笑话吗？”季文子心平气和地说：“我以为仲孙先生没有真正懂得什么是光荣、什么是气派。我觉得，一个人身处恶劣环境，懂得节俭还容易办到；若身处高位，物质丰厚，还能注重节俭，就不那么容易了。因为一般人很容易为自己的贪欲所支配，但一个真正有道德的人却能克制贪欲，因为他懂得俭朴能使人向上，这样的人才真正有修养、有气派，这个国家百姓会很快形成一种节俭、奋斗的风气。你能说节俭是丢脸的事吗？”一席话，说得仲孙满脸通红。

季文子一生节俭，从不占国家一分钱，临死入殓的时候竟没有一件值钱的东西陪葬，国君前往探视时大为震撼。百姓也都齐声夸赞季文子的节俭美德。

司马光以俭养德

宋代的司马光，是中国历史上著名的史学家。他“以俭养德”的作风，在当时是朝野闻名的。

司马光从不经营产业，在洛阳买了一座住宅，仅仅能够用来躲风雨。他有田三顷，在他夫人去世时还卖掉了，用来作为丧葬费用的开销。他一生只穿很普通的衣服，吃很一般的饭食。司马光好友范镇曾送给司马光一床布被子，司马光就把他平时喜爱的《布衾铭》用隶书写在上边，其中有“君子以俭为德，小人以侈丧躯”之句。司马光临去世时，还嘱人将这床布被盖在他身上随葬。司马光的平生所为同他在《训俭示康》一文中所言“吾性不喜华靡”“平生衣取蔽，食取充腹”是相一致的，同时也证实了他“吾心独以俭素为美”的观点，并非只是一句空话。

熙宁元丰年间，司马光在洛阳潜心著书。一年，适逢隆冬大雪，北风呼啸，天寒地冻，一般人家都得围火取暖。那时，一位客人拜访司马光，走进茅草舍，惊奇地发现司马光家中竟无炭火，冷如冰窟，此人感慨不已。洛阳当时为北宋西京，王公贵族错居其中，这里深门大院到处可见，而司马光的家却在城西北的偏僻陋巷中。三九寒天室内寒气袭人，炎炎夏日酷热难熬，司马光只好请人在家中挖了一个地下室，以避寒暑，以至于当地人流传一句口头禅：“王家钻天，司马入地”。

左宗棠余不肥家

左宗棠任清朝高官20余年，每年养廉金两三万两银子，还有例规等灰色收入。按理，他死时留给儿孙的财产不会少。

不过，左宗棠68岁时便立下遗嘱：“我廉余不以肥家，有余辄随手散去。”

同治元年（1862），他给儿子写信：“念家中拮据，未尝不思多寄，然时局方艰，军中欠饷七个月有奇，吾不忍多寄也。尔曹年少无能，正宜多历艰辛，练成财器，境遇以清苦淡泊为妙，不在多钱也。”

光绪三年（1877），山西、河南大旱，陕西及甘肃庆阳也发生饥荒，左宗棠倡捐养廉银万两。左宗棠不仅教导子弟俭朴度日，自己也过着俭朴的生活。当了督抚以后，仍然是“非宴客不用海菜，穷冬犹衣缊袍”。

他将多余的钱随手散去，除救济灾民和贫苦族人外，做了许多公益事业，如修城墙、办书局和书院、资助西征军粮饷等。

左宗棠常以“不欲以一丝一粟自污素节”告诫自己。传说有一次，有位下属拜见，临走时留下了一坛泡菜，他见礼物不贵重，也就收了。客人走后，家人打开坛子一看，原来是一坛金子。左宗棠立即命人追回客人，将“礼物”退回，还批评了一顿。

红顶商人胡雪岩在上海送给他一份礼物，其中有一架金座珊瑚顶和两支人参，他将这两件贵重礼品退还给胡雪岩，只收了一些食品。他经手西征军饷逾几千万两银，但不贪不占，连按官场例规应享受的补贴也一概不受。

治军、治家甚严的左宗棠死后留给儿孙的财产有多少？据曾孙左景伊《我的曾祖左宗棠》一书记载，左宗棠死后，他留给儿孙的财产出人意料得少，4 个儿子每人只分到 5 千两银子，合计 2 万两，只相当于他一年的薪水。

曾广福厉行节俭

曾广福，聊城市莘县董杜庄人，全国劳动模范。曾广福一生保持着爱劳动、爱帮人的淳朴本色，是中国农民的典型代表。他一生厉行节俭、朴实勤俭的作风，至今让人肃然起敬。

莘县董杜庄曾广福的故居，是几间破旧的砖房。房子家具残破，摆着劳模生前穿的破旧衣服和其他生活用品。

当年，曾广福每个月的工资除了留给自己的生活费外，大部分给了别人，自己连件像样的衣服也没有，每次去开会就换上一件备用的衣服，怕人家笑话。他一生俭朴，穿上新衣服也觉得别扭，临出门前还往身上抹点土。

有一次，曾广福外出开会，吃饭的时候，会议主办单位发了红薯面馍馍，他在手里攥了好长时间也没舍得吃，带回来分给大家伙吃了。1955 年 7 月，曾广福接到一张 350 元的汇票，寄款单位是全国人大常委会办公厅，说明栏中写的是“全国人大代表津贴”。当时，350 元可以盖几间新房，有些人劝他盖房子，也有的说他“你整天为公事跑腿，鞋不知磨破了多少双，应该买辆自行车”；还有的劝他“把钱存到银行里，以后给儿子办喜事”。曾广福谁的话也没有听，他说：“我的房子还能住几年，不用翻修；自行车是个新式玩意儿，现在还不是咱庄稼人骑的，等日子过好了，大家都骑上了自行车，你们不让我买我也买；儿女还小，结婚成家还早哩。这几百元钱虽说是汇给我的，实际上是人民的钱，应该用在公事上。”于是，他把350元钱原封不动地交给了合作社的会计，算作集体收入。后来，全国人大又陆续寄来2000多元，曾广福除外出开会花去300元外，其余全部交给了集体。其实，这不是他交的第一笔款。1949年，他当选为全省劳模时，就把奖给他的200斤小米都分给了大伙儿，自己一粒没留。1954年，他出席第一届全国人民代表大会，发给他一条毛毯，他给了村里的贫困户。

节俭之星吴仁广

吴仁广17岁离开山东阳谷老家参军。1996年转业后，他成为济南铁路局聊城工务段的一名维修工。近20年来，节俭意识体现在其工作中的一点一滴。2015年，51岁的他获得了山东首批“齐鲁节俭之星”，嵌入了其名字的颁奖词，这样评价他：……千里铁道仁（嵌字）者勤俭立身。抑奢成家，铭记学高为师，一言一行，身正为范，革新坦途广（嵌字）布厚德载物。

轨道维修现场、维修车间是吴仁广平时工作的主要场所。在铁路工务段，吴仁广能娴熟地掌握维修车间各项技术：机械维修、车床、刨铣、气焊、电焊等。吴仁广爱琢磨也是出了名的。为此，吴仁广还编了顺口溜：劳保齐全戴眼镜，人身位置侧面站；双手拿稳钻头柄，轻轻接触砂轮面；角度掌握要准确，中心轴呈一条线；用心研磨多练习，磨耗钻孔要实践；互帮互学多交流，勤俭节约当争先。

他爱公如私，一椽一卯敝帚自珍。工完料净，是吴仁广的口头禅，每一次施工完毕后，材料、机械都要收集起来，不落不丢不浪费。平时，吴仁广随身带着一个工具包，不仅装工具，还装捡拾的废料：看到一个钉子一个螺丝，发现一个铁块一段铁丝，他都要捡起来放到包里。在吴仁广看来，这些废弃下脚料都能派上用场。

道轨打眼用的钻头，有的一个就价值数百元，使用中磨损很大。这些钻头往往用上几次便钝了，常被丢弃在一边。如何最大限度地延长这些钻头的使用寿命？吴仁广发现，有些废钻头经过打磨是可以重复使用的。因此，他将收集到的废钻头，根据用途、磨损程度进行整理分类，分别进行研磨处理。平时维修不像轨道现场要求得那么急，这些重磨的钻头便可派上用场了。

在铁路轨道维修施工中，冲击捣镐是使用率、磨损均较高的工具，其中有一个部件——缸体，磨耗尤其快。为此，吴仁广带领车间人员，研究出加缸套的办法，解决了缸体磨耗导致浪费大的难题。仅此一项，车间每年便可节约 2 万余元。

维修车间，离不开各类维修机械。达到一定使用寿命，维修机械报废是正常的。这时，吴仁广总是把报废的机械收集起来，把能用的零部件全部拆下来分类保管。针对维修机械损坏的问题，吴仁广接手了一个又一个维修课题，集中进行攻关。多年来，经他之手维修好的机械有 600 多台次，为单位节约 10 多万元，他因此被大家称为“最美维修工”。

“大家都知道铁路‘家大业大’，但如果不节俭，浪费也很大。”吴仁广说，每个人出家门时都知道看看灯是否关了、水管是否关了，在单位为什么不节约呢？吴仁广对待单位公物的态度，就像在自家节俭过日子一样，从不浪费一分一毫。

忠恕

“忠”，尽力为人谋，中人之心，故为忠；“恕”，推己及人，如人之心，故为恕。“忠恕”，就是以待自己的态度对待人。最早将“忠”“恕”联系起来的是中国春秋时代的曾子。他在解释孔子“吾道一以贯之”时说：“夫子之道，忠恕而已矣。”忠恕之道是孔子仁学思想体系的重要组成部分，也是儒家伦理思想的精髓。忠恕之道包含的丰富的伦理内涵，在当代构建社会主义和谐社会仍有着极为重要的意义。

忠恕是儒家处理人际关系的基本原则之一。其主要内涵：第一，“忠”的伦理内涵。《论语》里孔子论“忠”主要有三种不同的意义。首先，在人和人的关系中，对其他人所承担的义务应当尽心去做，这叫作“忠”。其次，“忠”还有忠于自己言行的意思，说到做到，诚实无欺。“忠”主要表达的是一种负责任和守信用的态度和精神。“忠”的第三层意义指臣子对君王所应尽的责任和义务。孔子认为，忠心地侍奉君主，这应当是臣子所必须遵守的一个道德原则。在秦汉以后的封建时代，忠成为表示臣对君的道德的专门名词。第二，“恕”的伦理内涵。孔子对“恕”的定义是“己所不欲，勿施于人”，即凡事应该力求将心比心，自己所不愿意做的事情、所不喜欢的东西，决不强加于人。对己而言，“恕”就是在做事前充分考虑别人的感受而随时变换自己的想法和做法，达到人己合一。对人而言，“恕”重在“关心”二字，即将心比心，以心换心，对他人应尊重，少一些苛求，多一些理解和宽容，对自己应时刻反省、严格要求。第三，“忠”与“恕”的关系。忠恕之道的“忠”与“恕”不是孤立的，二者是相互联系、“一以贯之”的，它们表达的都是做人、待人和处世的一种方式，也是求仁、行仁的基本途径。从道德境界上看，“己所不欲，勿施于人”具有普遍适用性，是较低层次的道德要求和道德境界。“己欲立而立人，己欲达而达人”，只有仁者或圣贤才能达到这种道德要求和道德境界，因而是较高水平的道德境界。第四，忠和恕作用的对象不同。“忠”是对自己的要求，而“恕”是自己对待别人的方式。“忠”是人自己内心一种对人对事的真诚态度，以及由此态度去用心地为他人做事的行为。而“恕”则是以自己的仁爱之心去推及别人的心，从而正确地处理人际关系和谅解别人的不妥之处。“忠恕”是儒家处理人际关系的基本道德原则，也是社会关系和谐的润滑剂。

中国儒家学者二千多年来对忠恕之道坚持不懈的探讨和深化，积淀了许多超越时空的文明因素，并深入到中华民族的文化心理结构之中，成为中华民族优良文化传统的重要组成部分。如，大禹治水推己及人，把洪水引入大海，虽然费工费力，但这样做既消除了本国人民的灾害，又消除了邻国人民的灾害。孟子“老吾老以及人之老，幼吾幼以及人之幼”、宋代的范仲淹“先天下之忧而忧，后天下之乐而乐”、杜甫在草堂推己及人的“安得广厦千万间，大庇天下寒士俱欢颜，风雨不动安如山！呜呼，何时眼前突兀见此屋，吾庐独破受冻死亦足”思想和行为等都是忠恕之道的反映和体现。

忠恕之道在今天，无论是在人自身的和谐，人与人之间的和谐，还是社会的和谐，甚至于延伸到人与自然的和谐方面，都有重要的现实意义。首先，忠恕之道有利于充实个体道德精神。遵循忠恕之道，以良好的心态对待外界的人和事，注意照顾群体利益和他人利益，这样才能协调自己与周围的各种关系。其次，忠恕之道有利于加强社会成员的社会道德责任感。社会成员的心理属性不同，在德性修养方面的差异导致他们遭遇到道德与利益博弈时往往做出不同的选择，而最佳的选择是在公平程序中，让“己所不欲，勿施于人”成为社会成员协定的道德规范。第三，忠恕之道有利于构建现代社会的时代精神。对于大多数社会成员来说，通过社会群体有意识地培育“忠恕之道”，就会有一个良好的社会环境和道德氛围，从而体现出一个时代所具有的良好道德精神风貌。当前，就党员干部而言，最关键的是要把“忠恕之道”贯穿到其思想和行动之中，善于用“忠恕之道”摆正自己与群众之间的关系，以自己的带头示范给群众做好正面积极的榜样；用自己的严于律己让群众消除负面消极的认识。只有长此以往，“四风”顽疾才会在党员干部队伍中销声匿迹，从而在中华民族的伟大复兴中汇聚起亿万基层群众的正能量。

经典名句

【原文】夫子之道，忠恕而已矣。

【译文】老师的学说，用“忠恕”二字可以概括了。

【解读】这句话出自于《论语·里仁》。“忠恕”二字是孔子思想的精髓，是对“吾道一以贯之”的概括。孔子所处的年代是典型的“乱世”，社会伦理和国家秩序发生了巨大变革，原有的社会价值观念面临瓦解。社会的进步虽然带来了新的物质文明，但也造成了严重的精神危机。在这个时候，孔子看到外在的约束不足以约束百姓，人本身的内在力量才是自觉约束行为的根本动力。孔子的忠恕思想也在这个特定的社会背景下应运而生。

【原文】己欲立而立人，己欲达而达人。

【译文】自己想要在社会上立足，也要使别人能够在社会上立足；自己想要事事通达，也要使别人能够事事通达。

【解读】这句话出自于《论语·雍也》，体现的是忠恕之道的“忠”的思想。孔子与子贡讨论“仁”的问题时，孔子认为“仁”简单来说就是立人、达人、推己及人。孔子这样说是为了教育子贡，如果要成为仁人君子，在立身行事当中，必须要奉行“忠恕”之道。而“仁”特指的就是“忠恕”的“忠”，把“忠”字拆开看就是“中人之心”，尽心待人、忠于本心，也就是以己之心去关照他人。这句话告诉我们，在与人相处的过程中要做到将心比心，换位思考，待人处事之时应宽宏大量、宽恕待人。

【原文】己所不欲，勿施于人。

【译文】 自己不愿意做的事情，就不要强加到别人身上。

【解读】 这句话出自于《论语·卫灵公》。子贡问曰："有一言而可以终身行之者乎？"子曰："其恕乎！己所不欲，勿施于人。"子贡是孔子的得意弟子之一，他的才华很高，不但能够经商，在政治、外交方面也很出色。孔子担心他有时会犯不饶恕人、不体谅人的毛病，因此把一个"恕"字和一句"己所不欲，勿施于人"单单送给他，让他克服自己的缺点。"己所不欲，勿施于人"就是孔子所强调和提倡的"忠恕"思想中的"恕"道。这句话是中国传统理论中的"道德黄金律"，也是处理人际关系的重要原则。人与人之间的交往应该坚持这种原则，这不仅是尊重他人、平等待人的体现，也是中华文明内在品格的体现。

【原文】 我不欲人之加诸我也，吾亦欲无加诸人。

【译文】 我不愿意别人强加在我身上的事，我也不愿把它强加在别人身上。

【解读】 这句话出自于《论语·公冶长》，是对孔子"己所不欲，勿施于人"的补充。本章是孔子与子贡在谈论恕道。纵观《论语》，类似的讨论还有很多，由此可见，"忠恕"思想在孔子的学说中占有十分重要的位置。不仅如此，"忠恕"思想流传至今，已成为做人的基本准则。

【原文】 如富贵康宁，人之所欲；死亡贫苦，人之所恶。所欲者必以同于人，所恶者不以加于人。

【译文】 就像幸福、长寿、健康、安宁，是人们所想要的；死亡、贫穷、困苦，是人们所厌恶的。自己想要的一定要考虑到别人有同样的需求，自己所厌恶的则不要强加给别人。

【解读】 这句话出自于《朱子语类》卷九十五，更加详细地对"己所不欲，勿施于人"进行了解释。同样是在讲"忠恕"之道，相比于孔孟，朱熹的忠恕观既体现了原始儒家主张力行、注重社会生活实践的特色，又充满形而上学的高远气象。他认为只要内心是忠的，应物应事时的表现就自然是恕的。由于他的用词较为简洁理性，因此更容易获得当代人的理解和认同，他的忠恕观对于帮助人们正确处理人与人之间的关系有着不可替代的作用。

【原文】善莫大于恕，德莫凶于妒。

【译文】善没有比宽恕更大的，行为没有比妒忌更凶的。

【解读】这句话出自曾国藩的《忮求诗》。曾国藩对于恕道颇多研析，体验尤深，宣讲更是不遗余力。他一生特别推崇恕道，到晚年更是奉行不悖，“常以恕字自惕”。曾国藩所奉行的这种反求诸己、推己及人、不忮不求的恕道，的确不失为一项重要的待人原则，而适应于人类社会的诸多方面。因为，在人类社会，人与人之间难免摩擦冲突乃至激烈的矛盾斗争，而恕道则在很大程度上能够减缓乃至消除这一矛盾冲突。这句话要求我们在与他人交往中，把对方和自己放在平等的地位上，待人接物谦让诚信，遇到矛盾冲突反求诸己，律己恕人。

【原文】尽己之谓忠，推己之谓恕。

【译文】尽自己的心是忠，用自己的心推及他人就是恕。

【解读】这句话出自于朱熹《四书章句集注·中庸章句》。朱熹在继承儒家学说的同时，对其中许多哲学概念做了创造性的阐发，使它们既没有远离原始儒家的基本立场，同时又具有原始儒家没有的新含义。“忠恕”是这些哲学概念之一，朱熹在阐明“忠恕”的含义时，既继承了儒家初始的精神，又有他自己的独到见解。他始终认为忠与恕是一本而万殊的关系，万殊虽然各有不同，但都以一本为源。

【原文】忠恕既尽，己私乃克。

【译文】尽了忠恕之道，自己的私欲才能得到克制。

【解读】这句话出自于顾炎武的《日知录·忠恕》。顾炎武在以清代明的历史条件下，满怀深挚的爱国主义热情，认真总结明王朝覆灭的历史教训，并加以合乎时代要求的发挥，来建构未来民族复兴的蓝图。因此，他没有从“至善”的道德理念出发，而是从现实存在的人性的实际和社会生活的实际出发，来探讨最合乎人性的实际和社会生活发展的实际的切实可行的道德伦理规范。他的道德伦理思想，借鉴了孔子“忠恕”之道的恕，肯定了人们的“私”和“欲”的存在都有其一定程度的合理性，认为忠恕能克制私欲。这句话对现代仍具有借鉴意义。

【原文】和以处众，宽以待下，恕以待人，君子人也。

【译文】对待民众要和气，对待下属要厚道，对待别人要宽容，这样的人才是君子。

【解读】语出宋代林逋《省心录》，强调了君子要以宽容的心对待民众和下属。林逋受儒家思想的影响，喜恬淡，勿趋荣利。因此，在他的作品中我们不难看出他待人宽恕、设身处地为他人着想的高尚品格。《省心录》作为民间流传下来的训诲劝诫类文献，全面周详地阐述了立身处世、立志成才和处理家庭关系以及人际关系的一系列准则，更涉及为官、治国、治学、修身、养性各方面内容和对社会、自然、人生的思考。林逋的这句话要求人们和善地与众人相处，宽容地对待下属、晚辈。当你宽容地对待别人的时候，你给对方留了余地，别人就能够一团和气地与你和谐相处。

【原文】以责人之心责己，则寡过；以恕己之心恕人，则全交。

【译文】用责求他人之心责求自己，就很少有过失；用宽恕自己之心宽恕别人，就会保全友谊。

【解读】语出宋代林逋《省心录》，强调了如何以宽恕之心对待过失和友谊。林逋在道德修养上受儒家忠恕思想的影响，严格要求自己，遵守仁义礼智等准则，并以此为标准来规范自己的言行，提出人之所以为人所必备的基本素质是“仁义礼智，忠信廉洁”，并时刻谨记忠恕之道，处处与人为善，还把这种为人处世之道整理成书，流传至今。这句话说明，责求自己要像对待别人一样严格，宽恕别人要和宽恕自己使用同一个标准，这样才能减少过失、友谊长存。这也是为人处世所必须遵守的一个重要准则。

美德故事

潘承佑忠恕善谏

五代末宋初名臣潘承佑，曾为吏部尚书、宰相。其为官期间，正直清廉，敢于以死进谏，是封建社会不多见的清官之一。史书赞他“举大体而不论小事，务实效而不为虚名”。

王延政为富沙王时领镇武节度使，潘承佑为度支判官。王延政与哥哥闽景宗王延曦之间矛盾尖锐，各自整顿军队，相互攻伐，互有损失，百姓流离失所，路有白骨。潘承佑屡谏息兵，王延政不从。闽景宗使者来，王延政大言不惭，气益悖慢。潘承佑长跪强谏不起，王延政大怒，斥：“潘判官之肉可食乎？”潘承佑面不改色，以死进谏：“与其不义偷生，孰若抱义而死。事势如此，早死为幸！”王延政无奈，群臣也十分钦佩。

至天德元年（943），王延政于建州称帝，国号殷。潘承佑晋升为吏部尚书，不久加同平章事。针对佞臣杨思恭为官不为情况，潘承佑陈奏大事，针砭时弊，切中要害：“兄弟相攻，逆伤天理，一也。赋敛烦重，力役无节，二也。发民为兵，羁旅愁怨，三也。杨思恭夺人衣食，使归怨于上，群臣莫敢言，四也。疆土狭隘，多置州县，增吏困民，五也。除道裹粮，将攻临汀，曾不忧金陵、钱塘乘虚相袭，六也。括高赀户，财多者补官，逋负者被刑，七也。延平诸津，征果菜鱼米，获利至微，敛怨甚大，八也。与唐、吴越为邻，即位以来，未尝通使，九也。宫室台榭，崇饰无度，十也。”受蒙蔽的王延政却不听潘承佑的善谏，将其削职为民，勒令他归私第居住。

开运元年（944），闽景宗被大臣所杀，闽国内大乱。王延政到福州后改殷为闽国，称闽帝。这时，南唐主李璟利用王延政刚刚进入福州的混乱时机，派查文徽率兵攻破建州，闽国至此灭亡。

李璟听闻潘承佑正直清廉，就任命潘承佑为卫尉少卿，兼管理南方之事。南唐的国事多采纳他的意见，潘承佑升至礼部尚书退休。

作为吏部尚书、位同宰相的潘承佑，他为官期间敢于直言进谏，针砭时弊，尤其是他并陈十事，切中要害，有誓死忠君报国之志。曾有潘姓传承下来的联句“胸中唯存忠恕，县里遍栽桃花”，其上联就是指潘承佑的忠恕善谏这件史实。但官场诸多陈规暗例及同僚种种私心杂念，常使忠臣壮志难酬空悲叹。

侯可急他人之难

侯可，北宋贤臣。年轻时风流倜傥放荡不羁，拿讲义气自许。成年之后，改变以前的爱好，专心致志地学习。他到京城，怀里揣着筹来的用于赠别的银子就出发了。等到科举回来，银子都散给了别的一同考科举的人，说："这些钱，是乡里用来资助应诏的人的，不能用来谋取别的利益。"在动身回家时，听说一个同乡的人病了，侯可留下来没有离开，心里想："我要是回去的话，那么他就死定了！"直到照顾病人痊愈为止，侯可舍弃自己的马给他骑，自己徒步回家。

侯可轻视财物，讲义气，急人之所急，忧人之所忧。他有个至交好友叫田颜。田颜病重，侯可千里去求医，他还没回来田颜就死了，田颜死后眼睛都闭不上。人都说："难道在等侯可吗？"将要入殓时侯可到了，用手抚他的眼睛才闭上。田颜没有儿子，不能送葬，侯可不辞辛苦想尽各种办法，卖掉自己的衣物为他雇人入了葬。天正冷，他穿单衣生活，有人赠送他白金，但是他没有留给自己，他看到田颜的妹妹房里什么都没有，就全都拿出来帮她置办了嫁妆。

有一天从远处回来，家里人把相当穷困的情况告诉了他，正赶上友人郭行来访。郭行对他说："我的父亲病了，花了很多钱，为筹钱，想卖我家的房子，但现在却卖不出去。"侯可非常怜悯同情好友的遭遇，计算自己的财物大致和看病所花的钱款数目相当，全给了他。认识侯可的人都称赞他是忠恕好人。

苏东坡焚券退宅

北宋文豪苏轼不但诗文、书法造诣很深、无与伦比、世代留传，还以忠恕宽厚、和蔼可亲的形象留在人们心目中。

有一次，苏轼从海南儋州回来，居住在江苏宜兴。他的好友邵民瞻为他买了一座房子，花了500缗。后来苏轼选了一个好日子搬入新居。有一次，与邵民瞻月下散步，偶然到达一个村落，听到一个妇人哭得很哀伤，于是推门进去。这位老妇人见到东坡依然哭泣。东坡问她哭泣的原因，老妇人说："我有一间房子，已家传百年，但是我儿子不肖，把它卖给别人了。"于是东坡问她原来的房子在什么地方，仔细一问，才知道老妇的房子竟然是自己买的那座房子。苏东坡再三地安慰她，说："你的老房子是我买的，不要太过悲伤，现在我就把它还给你。"于是让人取来房契当着老妇人的面把房契烧了，并且叫老妇人的儿子第二天把母亲接回老房子，也不索要买房子的钱。

“己所不欲，勿施于人”是待人处事的黄金法则，即自己不愿意接受的，绝不施加给别人。苏轼面对花尽毕生积蓄买来的房子，闻得心酸老妇的悲泣，不待思索举以与之，将心比心，设身处地为别人着想，正如他所说的“物与我皆无尽也，何必去在乎一时的得失呢”，充分体现了苏东坡的处世豁达、善待他人的特点。

处世

在传统文化中，一个人所要达至的最高境界是“内圣外王”，也就是我们常说的不仅要“独善其身”，还要“兼济天下”。修身、齐家所探讨的更多的是倾向于私人领域的品德，如果我们想要为社会做出更多的贡献，取得更大的事业成就，还需要能够正确地处理各种社会关系，即具备处世美德。我国自古就非常重视处世美德的培养，因为只有各种社会关系都处理得当了，社会才能够和谐稳定，人民才能够安居乐业，国家才能够繁荣富强。处世美德包括职业美德、公共美德等方面，在此我们选取了爱国、廉洁、奉公、务实、求新、尊师、敬业等13个条目加以阐述，以期对大家有所帮助。

爱国

天下兴亡，匹夫有责。爱国，即热爱自己的祖国，是中华民族最基本、最主要的传统美德，也是每个公民必须遵守的道德准则、必须履行的神圣义务。

“国”起源于中国封建社会的封地观念。“祖国”是指祖先开辟的生存之地、祖籍所在的地方，并为一定民族提供了繁衍子孙后代的自然环境和社会条件。爱祖国就像爱母亲，爱养育自己的风土人情、自然文化、人文环境等。在实际生活中，要对一个人的行为是否爱国进行评价，就是要看其行为是否把祖国的利益置于个人利益之上，是否自觉维护祖国的尊严、荣誉。

中华民族自古以来就有光荣的爱国传统。爱国早在秦统一中国之前就已产生。《战国策》中有“周君岂能无爱国哉”的论述，《诗经》中“修我戈予，与子同仇”表达了先秦战士参军卫国的情怀，汉朝《汉纪》中提出了“爱国如家”的要求，宋朝曾巩留下了“爱国忧民有古风”的诗句。

中国古代爱国传统的主要表现：一是热爱、改造和开发祖国山河。在《山海经》《淮南子》等古籍中记载的远古神话传说，成为古代爱国情感萌发的主要因素之一。二是维护国家的统一。反对国家的分裂，抵抗外来侵略，维护国家的完整，是中华民族爱国传统的突出表现。历史上涌现出了许多保家卫国的民族英雄，像“以身许国，何事不可为”的岳飞，“人生自古谁无死，留取丹心照汗青”的文天祥，“头可断，身不可辱”的史可法等。三是为祖国统一和社会进步做出贡献。秦始皇、成吉思汗等开国君主，为祖国统一大业和开疆拓土而戎马征战；一些开明的有作为的政治家，采取轻徭薄赋、与民休养生息的政策，造就了历史上的“文景之治”“贞观之治”“康乾盛世”等；孔子、孟子、屈原、李白、杜甫、白居易、关汉卿、曹雪芹等一批世界级文化名人，留下了丰富的文化遗产，为祖国赢得了历史的尊严和光荣；指南针、印刷术、造纸术、火药作为中国古代的四大发明，惠及当今世界；陈胜、吴广、张角、黄巢、李自成等农民起义领袖，为反抗封建王朝的残酷剥削和压迫揭竿而起，有力地打击了封建统治，推动了改朝换代和社会的文明进步。四是中国古代的爱国主义往往与忠君思想联系在一起。忠君必然爱国，爱国一定忠君，忠君与爱国密不可分，“三纲实系命，道义为之根”，“三纲”之一是君为臣纲，忠君爱国成为古代爱国主义思想的一个重要特征。

近代中国的爱国思想和行为，紧紧围绕“反侵略以救亡，反封建需启蒙变革”的主题展开。近代中国人民救亡图存的忧患意识、英勇献身和自强不息的奋斗精神，是爱国思想的构成要素；中华传统文化中的尚变意识与变革精神，“师夷长技以制夷”的学习外国意识，在近代得以发扬光大；近代的爱国还与革命民主主义相结合，从康有为变法维新到孙中山“推覆专制”“振兴中华”，再到中国共产党领导的新民主主义革命，爱国发挥了激励人心、改造社会、推动历史前进的伟大作用。

爱国主义在社会主义时期具有了新的内涵。与新中国建立前相比较，爱国主义发生了两大变化：一是中华民族已经拥有自己新的独立国家——中华人民共和国。以前主要任务是挽救民族危亡，争取民族独立和人民解放。现在则主要是保卫和建设祖国，使国家富强和人民幸福，独立自主，不受外侮。二是中华民族已经走上了社会主义道路。以爱国主义为核心的民族精神，已经成为社会主义核心价值体系的重要内容。增强对伟大祖国的认同、对中华民族的认同、对中国特色社会主义的认同，成为中华各族儿女热爱祖国的共同道德追求。

党的十八大以来，习近平总书记在系列重要讲话中，提出了实现中华民族伟大复兴的中国梦。他明确提出，全面建成小康社会，实现中华民族伟大复兴的中国梦，必须弘扬以爱国主义为核心的民族精神，使其成为全国各族人民团结一心、共同奋斗的价值取向。国家富强、民族振兴、人民幸福的中国梦，已经成为中华爱国主义的总命题、新篇章。中国梦，是国家的梦、民族的梦，也是每个中华儿女的梦，爱国主义把每个人的梦与国家民族的梦紧密地联系在一起，凝聚成为实现梦想的强大力量。

经典名句

【原文】 临患不忘国，忠也。

【译文】 面对灾祸和忧患，时刻不忘自己的国家，这就是忠。

【解读】 该句引自春秋末年鲁国史官左丘明所撰《左传》。俗话说得好：患难见真情。在祖国面临天灾人祸甚至外敌入侵、亡国灭种的灾难时，每一个炎黄子孙，都要以子不嫌母丑、儿不嫌家贫的爱国情怀，前赴后继、尽忠竭力，救祖国出水火。但是，对祖国之忠、对君主之忠，不是封建统治者倡导的所谓愚忠，这是当代倡导忠于党、忠于国家、忠于人民应该加以注意的。

【原文】 国耳忘家，公耳忘私。

【译文】 为了国家利益而舍弃自己的小家，为了公众利益而舍弃个人利益。

【解读】 语句出自汉朝贾谊《治安策》。《治安策》是贾谊呈给汉文帝的奏章，论述如何使国家得到长治久安。文中提出“国耳忘家，公耳忘私，利不苟就，害不苟去，惟义所生”，意思是说，忠于国家而忘掉自家，为公而忘私，见到利益不随便谋取，见到危害不苟且逃避，完全按照道义的要求行事。这句话强调了国家利益大于天，与之相较，个人小家利益不足挂齿，一切必须以国家利益、公共利益为依归，而不应只照顾自家的蝇头私利，在国家利益与公共利益面前不能因小失大。

【原文】 捐躯赴国难，视死忽如归。

【译文】 慷慨赴死，为国解难，视死亡仿佛像回家一样。

【解读】诗句出自三国时期曹植《白马篇》。曹植是建安文学的杰出代表，《白马篇》是他前期的代表作。诗句气壮山河，大义凛然；忠勇爱国，光照日月。成语“视死如归”得于此。

【原文】先天下之忧而忧，后天下之乐而乐。

【译文】应当在天下人忧愁思虑之前先忧愁思虑，在天下人都享乐之后才享乐。

【解读】这一脍炙人口的千古名句，出自宋代文学家范仲淹的《岳阳楼记》。北宋庆历六年（1046），一代名臣范仲淹应朋友之约，为重修的岳阳楼作记，写下了《岳阳楼记》。该文描述了洞庭湖波澜壮阔的景色，并借景抒情，劝勉失意志士不要为个人的不幸遭遇而忧伤，要“不以物喜，不以己悲”，摆脱个人得失，做到“先天下之忧而忧，后天下之乐而乐”。这句话概括了范仲淹一生所追求的人生境界，是他忧国忧民爱国思想的集中体现。

【原文】一寸山河一寸金。

【译文】祖国的每一寸土地，都像一寸金子一样珍贵。

【解读】语出宋朝《宣和遗事》。这句话极言国土山河之珍贵。宋徽宗时，投降派蔡京等想接受金国割让燕云州郡的无理要求，主战派特向宋徽宗进言，提出“一寸河山一寸金”的严正忠告，宋徽宗不予采纳。至靖康二年（1127），宋徽宗为金人所俘，后死于五国城（今黑龙江省依兰）。《金史·左企弓传》中亦有“一寸山河一寸金”之句，黄遵宪《赠梁任父同年》作“寸寸山河寸寸金”，一字之易，爱国之忧溢于言表。

【原文】位卑未敢忘忧国。

【译文】不论个人地位如何卑微，都从未忘却忧国忧民的责任。

【解读】诗句出自南宋著名爱国诗人陆游的《病起书怀》。南宋孝宗淳熙三年（1176）四月，陆游被免官后，移居成都西南浣花村，病愈后作《病起抒怀》二首，此句引自第一首。诗人的一生屡遭挫折，年过半百仍壮志难酬。诗中说“事定犹须待阖棺”，表明他对前途依然充满希望。其中“位卑未敢忘忧国”是本首诗的“诗眼”，表明作者虽然地位卑微，但从未忘却忧国忧民的责任。这句话也成为后世许多忧国忧民之士用以自勉自励的座右铭。

【原文】人生自古谁无死，留取丹心照汗青。

【译文】自古以来，有谁不会死呢？倘若能为国尽忠而死，可以留下一颗红心光照千秋，永垂史册。

【解读】诗句出自南宋杰出的民族英雄文天祥的《过零丁洋》。祥兴元年（1278）十二月初，元军大举南进粤东，文天祥率南宋抗元义军向广东海丰撤退途中，兵败被俘。当押解文天祥的元军船队出珠江口过零丁洋时，文天祥写下了千古绝唱《过零丁洋》。其中，“人生自古谁无死，留取丹心照汗青”一句，表达了诗人以死殉国的决心和信念，表现出了高度的爱国热情，令后人感怀不已。

【原文】天下兴亡，匹夫有责。

【译文】国家的兴旺与衰亡，即使是普通人也负有责任。

【解读】诗句出自明清交替之际顾炎武的《日知录·正始》。顾炎武具有强烈的爱国思想和崇高的民族气节，他提出了“天下兴亡，匹夫有责”的口号，认为“保天下者，匹夫之贱有责焉耳”。“天下兴亡，匹夫有责”是中国人民爱国精神的高度概括。在整个国家中，个人是弱小的，却不能因此而放弃自己的一份责任，一旦国家和民族处于大敌当前、生死存亡的关头，更应该以天下为己任，奉献个人的力量乃至生命。只有每一个人都承担起为国分忧的重担，才能救祖国于危难之中。

【原文】苟利国家生死以，岂因祸福避趋之？

【译文】只要对国家民族有利，即使牺牲生命也心甘情愿，绝不会因为自己可能遭受灾祸而躲避。

【解读】诗句出自清朝林则徐的《赴戍登程口占示人家》。林则徐禁烟抗英有功，却反遭革职发配，当他与妻子在古城西安告别时，不顾个人命运多舛，以忧国忧民之心写下了此诗。“苟利国家生死以，岂因祸福避趋之？”是广为传颂的名句，表现了作者以国事为重、不顾个人安危的高贵品质和报国情怀。

【原文】 拼将十万头颅血，须把乾坤力挽回。

【译文】 哪怕是拼死十万人，也要把失去的国土夺回来。

【解读】 诗句出自中国近代杰出的女革命家秋瑾的诗作《黄海舟中日人索句并见日俄战争地图》。1905 年 7 月，秋瑾赴日本，时值日、俄为争夺中国东北在中国土地上交战期间，在黄海赴日船上，秋瑾看到一幅日俄战争一览图，愤然写下了这首诗。全诗深沉悲壮，抒发了对祖国的热爱和对敌人的痛恨，表达了以身殉国的坚强决心。

美德故事

岳飞精忠报国

岳飞，宋朝著名的抗金将领，祖籍聊城市东昌府区。岳飞童年时，家境清贫，少时便同父母一起下地耕作，当过地主家的佃客。岳飞生性刚直，深沉宽厚，勤奋好学，苦练武功，曾求师于本地箭师周侗和枪手陈广，成为“一县无敌”。他还特别爱读《左氏春秋传》和孙、吴兵法，读起来常通宵不眠。

宋高宗赵构即位后，岳飞经人介绍参加了赵构统帅的军队，因作战勇敢，升为秉义郎。因赵构重用黄潜善、汪伯彦等人，企图避地东南，岳飞不顾自己位卑言轻，上书赵构，反对南逃，力请赵构返回京城，亲率六军北渡黄河。这触怒了赵构及黄、汪等人，以“小臣越职，非所宜言”的罪名将岳飞革职。三个月后，岳飞投奔河北路招抚使张所，不久升为统制，随都统制王彦渡河收复新乡，在太行山刺杀金将。后来归宗泽，为留守司统制。

1129 年冬，金兀术率军大举南侵，攻入建康（今南京）。第二年，岳飞率军北进，在清水亭、静安等地袭击北撤金军，连连获胜，并一举收复建康，升为通泰镇抚使兼知泰州。接着，他受命领兵救援楚州（今江苏淮安），在承州三次大败金军。岳飞的部队军纪严明，英勇善战，称“岳家军”，深得百姓爱戴。1134 年，岳家军大破伪齐刘豫军队，收复了襄阳府及唐、邓、随、郢州、信阳六郡，岳飞被提升为清远军节度使，湖北路荆襄潭州制置使，兼管襄阳府路，不久进封武展郡开国侯，时年 32 岁。是年冬，金齐联军攻陷滁州，进逼庐州（今安徽合肥）。庐州告急，岳飞接旨率军东下，又一次大败金军。

1138年，秦桧以宰相身份接受了金朝的议和诏书，向金称臣，每年进贡银子25万两、绢25万匹。岳飞向朝廷再次申述他一贯反对“和议”、坚持抗敌的主张，坚决表示愿制定方略，收复河东、河北，直捣燕云，为国复仇。赵构为了取得武臣对和议的支持，授予刘光世、张俊、韩世忠三位大将新的封号和官爵，提升岳飞为开府议同三司。岳飞连上四次奏折，表示不受提升。他指出，现今的形势只可引以为危而不可引以为安，只足以使人忧虑而不足以使人祝贺，应加紧训练士兵，以备不测，要求朝廷追回成命，以便“保全臣节”。岳飞屡次反对“议和”，引起赵构的不满和秦桧的痛恨。

1140年，金撕毁“和议”，大举伐宋。岳飞接到赵构“乘机取胜”的亲笔诏书，立刻调兵遣将，挺进中原，在河南郾城大破兀术的“铁浮图”和“拐子马”，金军全线崩溃。此后，又乘胜进军朱仙镇，以猛将带领骑兵五百名出击，杀退金军。朱仙镇大捷，更增强了岳飞乘胜渡河收复河北的决心。他再次上书赵构，要求深入敌境，收复失去的疆土，报亡国之耻。北方忠义军纷纷来归顺，岳家军士气高涨，以“直抵黄龙府”相激励。赵构、秦桧一天之内用金字牌发出12道诏书，催岳飞回师。岳飞气愤地说“十年之力，废于一旦”，“社稷江山，难以中兴；乾坤世界，无由再复”，被迫下令撤军。岳飞在撤军前，故意放出风声，说明天渡河攻打金军，兀术害怕城内百姓作岳家军内应，连夜弃城，北逃一百余里。岳家军班师后，金兵乘机夺占了郑州、陈州、蔡州等地。

岳飞回到临安（今浙江杭州）后，兵权被夺。之后，秦桧忙唆使岳飞手下的副统制王俊出面诬告，说岳飞部将张宪准备谋反。朝廷张榜，说张宪一案牵连岳飞，遂将岳飞及儿子岳云逮捕入狱。赵构下旨：“岳飞特赐死，张宪、岳云并依军法施行。”当天，大理寺执法官遵旨逼岳飞在供状上画押。一生光明磊落的岳飞在供状上写下八个字：“天日昭昭，天日昭昭！”即服毒酒身亡，时年仅39岁。

岳飞一生出入疆场，英勇抗击侵掠，坚决反对外族压迫，其精忠报国的爱国主义情怀和坚贞不屈的民族气节为历代人们所敬仰。

范筑先浴血东昌

抗日战争初期，国民党山东省第六区行政督察专员、保安司令兼聊城县县长范筑先将军，与中国共产党结成抗日民族统一战线，广泛动员民众，建立抗日政权和武装力量，开展游击战争，创建抗日根据地，打开了鲁西北生动活泼的政治局面，在中国抗日战争史上写下了光辉的一页。

范筑先出身于一个贫苦农民家庭，9 岁入私塾读书，13 岁丧父辍学。因生活所迫，离家从军。辛亥革命后，历任中央陆军第四师连、营、团、旅等职。1929 年后，任冯玉祥部第一路军参谋长。九一八事变后，到山东韩复榘的第三路军中任少将参议，先后担任沂水县、临沂县县长，1936 年 11 月升任山东省第六区行政督察专员、保安司令兼聊城县县长。范筑先虽然长期在旧军政界任职，但一直保持着正直廉明、爱国爱民的好品质，很受部下和群众的尊敬和信赖。在日军入侵的紧要关头，他积极寻求救亡图存的道路。在中共鲁西北地方组织的努力推动下，范筑先真诚地和共产党合作，走上了共同抗日的道路。

日寇入侵山东后，国民党山东省政府主席兼第三集团军总司令韩复榘为保存实力，向范筑先下达了南撤的命令。范筑先率领专署机关人员撤至黄河北岸的齐河县官庄渡口坐观形势，共产党员姚第鸿等人反复劝说其拒绝韩复榘的南撤命令。范筑先立即召开部属会议，经过激烈争论，决心返回聊城。

1937 年 11 月初，日军侵入鲁西北，临清、高唐等城镇相继失守，形势骤然危急。韩复榘复命范筑先迅速撤退到黄河以南。在此紧要关头，共产党员姚第鸿、张维翰向范筑先反复阐明抗战形势，再次劝说坚持敌后抗战。范筑先看到国民党军队纷纷南撤，依靠国民党抗战已不可能，经过反复考虑，他再次拒绝了韩复榘要其南撤的命令，并向全国通电，通电中说："裂眦北视，决不南渡。誓率我游击健儿及武装民众，以与倭奴相周旋。成败利钝，在所不计，鞠躬尽瘁，亦所不惜。"

通电发表后，在全国引起很大震动，极大地鼓舞了鲁西北民众的抗日热情，先后建起了 30 多个抗日县政权，并委派张维翰等 11 名共产党员任县长，抗日武装发展到 35 个支队、3 路民军，6 万人左右。

1938 年 10 月，黎玉和张经武带领中共中央派往山东的 200 名干部路经聊城，范筑先亲切接见了他们，黎玉转交了毛泽东给范筑先的亲笔信及《论持久战》一书。毛泽东在信中赞扬范筑先在敌后坚持抗战的贡献和作用，勉励其坚持抗战到底。范筑先看了毛泽东的亲笔信深受鼓舞，激动地说："当今之世，要救中国，要想不当亡国奴，唯有听共产党的话。"

在创建鲁西北抗日根据地的斗争中，范筑先将军指挥所属部队主动出击，英勇杀敌，在一年多的时间里，进行大小战役、战斗近百次，歼灭了大量的日伪军。1938 年夏天，鲁西北境内基本上肃清了日伪军，政令达 30 余县，军事势力范围更广，开辟了广阔的鲁西北抗日根据地，支持共产党人办起了《抗日战报》等 30 多种抗日报刊，建起了 20 多万人的群众组织，经济得到恢复，群众生活得到改善，抗战事业蓬勃发展，有"山东红了半边天"的说法。

鲁西北抗日根据地的发展，引起了敌人的恐慌。1938 年 11 月 11 日，日军由济南、德州、禹城分三路进攻鲁西北，中心目标是聊城。

14 日上午 9 时，日军的先头部队步炮兵 300 余人、汽车坦克 10 余辆，在飞机配合下，逼近聊城近郊。此时，各机关、学校的一些人员已陆续撤出聊城，范筑先布置完战斗任务，正准备和已经撤出城外又返回城内催他出城的共产党员张郁光、姚第鸿撤退时，国民党山东省民政厅厅长兼鲁西行辕主任李树春突然乘车从临清赶来，与范筑先商谈起整编部队的问题来，一直到下午 4 点方才离开。这时日军的火力封锁了出路，范筑先已经无法出城指挥作战，遂留在城内和张郁光、姚第鸿指挥游击营、卫队营、手枪连、传令队等少数部队守城作战，以待外援。但在城东关布防的民军第一路在日军还未攻打聊城时就放弃阵地逃走，范筑先的参谋长王金祥也趁机以追赶民军第一路和调集部队为名，从北门带着游击营的一个连溜出城外，整座城池陷入日军包围中。下午 4 时，日军首先从南门攻城，游击营同日军在南门展开激战。在日军爬城的危急时刻，范筑先、姚第鸿、张郁光率 50 余人赶来增援，连续打退日军数次进攻，毙伤日军数十人，守城部队也伤亡 30 余人。

14 日黄昏，日军攻占聊城东关，随后在猛烈炮火配合下，由三个方向爬城。范筑先、姚第鸿急率传令队赶到东门，经过两个多小时的激战，打退日军三次进攻。此时通往各县的电话线尚未被日军切断，范筑先用电话令各县派部队火速支援，但由于种种原因增援未到。当夜12时通往各县的电话线被日军切断，东关的敌人又开始进攻。

15日拂晓，范筑先把司令部转移到光岳楼下，指挥部队四门防守。此时，攻城日军增至700余人，在飞机配合下，再次向东门守军发起猛攻。范筑先和姚第鸿再次赶到东门督战。经过激战，打退日军三次进攻。战斗中，范筑先左臂被炮弹炸伤，30余人壮烈牺牲。上午9时，日军用大炮平射，将东门轰开后，蜂拥入城。范筑先由东城门退至光岳楼下，继续组织部队同日军展开血战。在日军飞机扫射时，范筑先的腿骨被打断，在送往天主教堂医院的路上，范筑先自戕殉国。随后，守城部队出现混乱，130余人从西门突围失败，伤亡惨重，剩下的30余人退至西门瓮城里和日军展开肉搏战，最后全部战死。下午5时左右，聊城完全被日军占领。

在这次聊城保卫战中，范筑先将军和共产党员张郁光、姚第鸿及城防副司令郑佐衡、警察局局长林金堂等守城健儿700余人壮烈殉国。

范筑先将军壮烈殉国的消息传出后，举国痛悼。12月13日，重庆举行追悼大会，朱德、彭德怀、吴玉章、董必武及蒋介石分别送了挽联。朱德、彭德怀送的挽联是“战事方酣，忍看多士伤亡，显其忠勇；吾侪尚在，势必长期抵抗，还我河山。”吴玉章、董必武送的挽联是“三友见精神，松道遒，竹身直，梅花亦自清高，格老气苍，直到岁寒全晚节；一门尽忠义，夫殉职，妻为民，子女都称勇武，顽廉懦立，共纾国难绍遗风”。蒋介石送的挽联是“碧血为山河，百里危城留与社会树模范；浩气存天地，千秋青史合为民族表英雄”。国民政府还“特令褒扬”，“通令全国下半旗三天”。

1988年，为纪念范筑先将军殉国50周年，聊城市在范筑先殉国的地方修建了范筑先纪念馆，邓小平为范筑先殉国处纪念碑题写了“民族英雄范筑先殉国处”，徐向前元帅挥笔写下了“范筑先与鲁西北抗战”的题词。

抗日爱国傅斯年

傅斯年，字孟真，聊城市东昌府区人。蔡元培出任北京大学校长时，任用具有新思想的知识分子到北大任教，深刻影响并培养了一大批青年学子，傅斯年就是代表人物之一。

1919年，中国在巴黎和会外交失败的消息传到国内。蔡元培在西斋大饭厅召集学生代表一百多人开会，讲述了巴黎和会上帝国主义相互勾结、牺牲中国权益的情况，指出这是国家存亡的关键时刻，号召同学们奋起救国。傅斯年具有强烈的爱国思想和激情，5月4日，学生们高举“外抗强权，内惩国贼”的标语在校园集结，傅斯年亲自扛着大旗率领北大学生在天安门与其他院校学生会合，向各国驻华使馆示威，又转向赵家楼曹汝霖等人的住宅，火烧了赵家楼，痛打了藏在曹氏住宅的章宗祥。

1931年九一八事变后，他走向社会，为救国图存而奔走呼吁，提出“书生何以报国”的命题，号召大家以不同的方式投身抗日救国的斗争中去。李顿调查团赴东北进行调查时，为驳斥日本进行侵略的借口和谬论，傅斯年组织史学界人士撰写了《东北史纲》，并送交李顿调查团，为证明东北自古是中国领土提供了有力的证据。1932年春，傅斯年与胡适、蒋廷黻、丁文江等人创办《独立评论》周刊，讨论国际、国内局势，呼吁各界人士“根据自己的知识，用公平的态度研究中国当前的问题”。傅斯年在该刊发表了大量的政论文章，揭露日本帝国主义的侵略野心，呼吁全民族团结抗战，反对任何形式的妥协投降。抗战胜利后，傅斯年任北京大学代理校长，为北大复原和教育呕心沥血。

总结傅斯年的一生，可以说他是一位具有强烈民族意识的爱国者，是一位认真负责的教育家和学者，在现代历史学研究上有很高的地位，被誉为一代学人、国学大师。1993年聊城市政府决定建立“傅斯年陈列馆”，1994年程思远副委员长题词“傅公高风亮节，足为后世楷模”，季羡林先生为陈列馆题写了匾额。

张自忠尽忠报国

张自忠，山东聊城临清市人。1911年在天津法政学校求学时秘密加入同盟会。1914年投笔从戎。1917年入冯玉祥部。1930年中原大战后，冯玉祥军事集团被瓦解，张自忠所部被蒋介石收编。1931年后，张自忠曾任第二十九军第三十八师师长、第五十九军军长、第三十三集团军总司令兼第五战区右翼兵团司令等职。

1937年，上海、南京相继沦陷后，日本侵略者又把兵锋直指徐州，志在夺取这一战略要地。1938年3月，日军投入七八万兵力，分两路向徐州东北的台儿庄进发，行至临沂、滕县时，同中国军队发生了激烈的战斗。当时守卫临沂的是庞炳勋的第三军团。由于实力过于悬殊，伤亡惨重，庞部急待援军。张自忠奉调率第五十九军以一昼夜 180 里的速度及时赶来增援。张自忠与庞炳勋原是宿仇，但他以国家、民族利益为重，摈弃个人恩怨，率部与庞部协力作战。敌军在飞机大炮掩护下，配合坦克、装甲车向茶叶山阵地发起进攻。张自忠以“拼死杀敌”“报祖国于万一”的决心，与敌激战，反复肉搏。茶叶山下崖头，刘家湖阵地失而复得三四次，战况极其惨烈。经过数天鏖战，敌军受到重创，节节败退。中国军队相继收复蒙阴、莒县，共歼敌4000余人。不久，日军再派坂本旅团向临沂、三官庙发起攻势，妄图有所突破。张自忠和庞炳勋部两军奋力拼杀，经彻夜激战，日军受到沉重打击，其向台儿庄前线增援的战略企图被完全粉碎，保证了台儿庄大战的胜利。

1940 年 5 月，日军为控制长江水上交通线，调集 15 万精锐部队发起了攻占枣阳、襄阳、宜昌等地的枣宜会战。张自忠将军本来率部防守襄河以西，当日军攻破第五战区第一道防线，直扑襄阳、枣阳时，身为集团军总司令的张自忠将军，毅然率领预备七十四师和军部特务营东渡襄河，抗击来犯之敌。他写信给河东的第五十九军，“只要敌来犯，兄即到河东与弟等共同去牺牲”，“为国家民族死之决心，海不枯，石不烂，决不半点改变！”渡河后，张自忠将军率部在南瓜店附近顽强抗击日军，重创日军，并截断了日军后方补给线。在日军以重兵对张自忠将军进行合围后，为牵制日军主力造成外线我军对日军实施反包围，张将军力战不退，与敌搏杀，最后身中 7 弹。弥留之际，张自忠将军留下最后一句话：“我力战而死，自问对国家、对民族、对长官可告无愧，良心平安！”旋即拔佩剑自戕，一代名将张自忠壮烈殉国。张自忠将军率部截敌后路并阻敌西进，彻底粉碎了日军进攻襄樊、威胁老河口的企图，使整个战局转危为安。

张自忠将军壮烈殉国后，重庆成千上万的人们哭拜英灵，为其送葬。他的部下悲愤地唱着复仇之歌：“海可枯，石可烂，死也忘不了南瓜店！”表示要坚决为张自忠将军报仇。第二年 5 月，其部在当阳地区将围攻张自忠将军的日军酋首横山武彦击毙。1940 年 8 月 15 日，延安各界 1000 余人隆重举行张自忠将军追悼大会，毛泽东同志亲笔为张自忠题写“尽忠报国”的挽联。

新中国成立后，人民政府追认张自忠将军为革命烈士，将张自忠烈士墓扩建为张自忠烈士陵园，并于1986年10月，由民政部批准为第一批全国重点烈士纪念建筑物保护单位。北京、天津、武汉等大城市相继恢复了“张自忠路”的名称，以示对这位抗日烈士的永远纪念。

为弘扬张自忠将军的伟大爱国精神，中共临清市委、市政府于2008年8月筹建张自忠将军纪念馆，2010年10月1日开馆，目前，张自忠将军纪念馆是重要的爱国主义教育基地。

廉洁

廉洁指不贪污，不奢侈浪费，不以权谋取私利，不损公肥私，是与腐败相对的一种高尚的道德品格。廉是清廉，是指不贪取不应得的钱财；洁是洁白，是指人生光明磊落的态度。东汉著名学者王逸说，不接受他人馈赠的钱财礼物，不让自己清白的人品受到玷污，就是廉洁。清正廉洁是中国传统道德的一个基本规范，被视为“国之四维”之一，又被视为“仕者之德”。廉洁是我们中华民族的传统美德。

廉洁是我国传统社会的执政理念和基本要求。古往今来，许多贤能圣哲、志士仁人对廉洁有精辟的见解，给后人留下许多宝贵箴言。古人云，“廉，清也”，“临大利而不易其义，可谓廉矣”，“吏不畏吾严而畏吾廉，民不服吾能而服吾公。公则民不敢慢，廉则吏不敢欺。公生明，廉生威”。可以看出，廉洁内涵丰富、思想深刻、寓意深邃，主要有清白高洁、节俭不贪、自我约束等含义，核心是廉耻意识和不贪行为。人的思想境界不同，廉洁的动因则异。古人将廉洁者分为三种层次，“有见理明而不妄取者，有尚名节而不苟取者，有畏法律、保禄位而不敢取者”。见理明而后行者，是在理想信念和伦理道德指导下的廉洁，他们明白修身治国的道理，能自觉做到廉洁，是不想贪污受贿。保名节的廉洁者，注重维护个人的名声、形象和节操，不肯同流合污，能管住自己，不能贪污受贿。害怕惩处的廉洁者，是怕丢掉官位、怕坐牢，而不敢贪污受贿。低于第三层次，就是不廉洁，应引以为耻。

中国是一个有着深厚廉洁传统的国家，在中国廉洁传统中，不仅形成了深厚的倡廉反腐文化，而且诞生了无数可供学习的廉洁榜样。在中华民族的历史上，有许多杰出的先人把廉洁二字看得像生命一样，甘为廉洁奉献终生，不仅留下了千秋万世的美名，也留下了如“两袖清风”“高风亮节”等等始终激励后人的高尚品德，是我们明白做人的崇高境界，从而有了做人的更高追求。如宋代廉吏包拯，权势不屈，富贵不淫；明代海瑞一身正气，直言进谏；清代于成龙甘守清贫，一生为民。现代周恩来毕生严于律己，清正廉洁，不求索取，但求奉献，把一切献给党和人民；朱自清至死不食美国面粉，守贫贱而不移；王瑛大爱无私，修身养性，体察民情。他们的廉洁故事被千古传唱，成为中国廉洁传统的经典范例。

中国共产党从建党之初，就将廉洁奉公、为天下劳苦大众谋利益作为每个党员的神圣职责。在抗战初期的艰苦岁月中，延安是中国共产党领导全国人民民族革命和民主革命斗争的心脏。美国记者斯诺于 1936 年秘密访问了延安。当他看到毛泽东住的是简陋窑洞，四壁黄土，一盏油灯，穿的是打补丁的衣服，吃的是小米饭南瓜汤，看到周恩来睡的土炕，彭德怀穿的是用缴获的降落伞做的背心时，他被共产党领袖的廉洁节俭感动了。他断言，这种廉洁节俭作风会产生一种伟大力量——“东方魔力”。1949 年，蒋介石政权行将崩溃之时，美国驻华大使司徒雷登对国民党的军官们说：“共产党战胜你们的不是飞机大炮，而是廉洁，以及廉洁换得的民心。”

习近平总书记强调指出，为政清廉才能取信于民，秉公用权才能赢得人心。始终保持清正廉洁的政治本色，既是共产党人赢得人民群众信赖和支持的宝贵经验，也是全面建成小康社会、实现中华民族伟大复兴的中国梦的有力保证。党的十八大提出了建设廉洁政治的重大任务，要求做到干部清正、政府清廉、政治清明。作为一名党员干部，要按照“三严三实”和“忠诚、干净、担当”要求，不断改造主观世界、加强党性修养、加强品格陶冶，老老实实做人、踏踏实实干事、清清白白为官，自觉提高防腐拒变的能力，筑牢拒腐防变的思想道德防线，始终保持高度警惕和良好心态。要正确对待名声、名节，正确对待各种利益，把握好对物质财富、经济利益追求的度，从自身的生活作风抓起，从细处着眼，从司空见惯的小事和小节抓起，加强世界观改造，抵制拜金主义、享乐主义、个人主义等不良思想的侵蚀。要树立民主意识，自觉主动地接受组织监督、社会监督、舆论监督和群众监督，积极参与监督。要自觉遵守廉洁自律各项规定，坚持做到自警、自醒、自励、自勉、自珍、自爱，常修为政之德，常思贪欲之害，常怀律己之心，把清正廉洁转化为行为习惯，做廉洁自律的表率。

经典名句

【原文】 顽闻伯夷之风者，顽夫廉，懦夫有立志。

【译文】 只要听说了伯夷高风亮节的行事风格，贪婪的人也会变得廉洁，软弱的人也会变得意志坚强。

【解读】 语出《孟子·尽心下》，这是孟子赞扬伯夷的一句话。伯夷是商末周初的一个追求道德至上的理想主义者。他先是在王权和理想之间，舍弃了前者，放着高高在上的王位不坐，辞去归隐；后来又因为不满周武王依靠血腥暴力夺取天下，抱定“不食周粟”的道德底线，饿死在首阳山。伯夷一生清正廉洁，气节为后人敬仰。几千年来伯夷之风的传承告诉我们，高尚的道德品行不仅会为自身赢得尊重，更是会带动良好的社会风气的形成。

【原文】 廉者长乐无求，贪者常忧不足。

【译文】 居官清廉的人一心为公，于己无所求取，因而常感快乐；为官贪婪的人欲壑难填，物欲永不满足，因而常感忧虑。

【解读】 这句话出自隋代著名思想家王通的《中说·王道篇》。一“廉”一“贪”，一“无求”一“不足”，一“常乐”一“常忧”，两句对仗整齐，勾勒出两种为官者的形象和两种忧乐观，作者述而不评却褒贬自见。在现实生活中这两种人时时可见，可用这两句名言为之画像。

【原文】 惟俭可以助廉，惟恕可以成德。

【译文】 只有节俭可以使人廉洁奉公，只有宽容可以使人养成好的品德。

【解读】 这句话出自《宋史·范纯仁列传》。范纯仁是北宋名臣范仲淹之次子，自幼与范仲淹友人胡瑗、孙复、石介、李观等游处，耳濡目染，完全继承了范仲淹俭朴的家风。虽然古人所谓的“四维”“八德”中并没有“俭”之德，但其中“廉”德的培养与保持却离不开“节俭”二字。心慕奢华之人，必然想方设法满足自己的欲望，很难坚守廉洁奉公的操守。只有节俭成习，才会降低物欲，抵御贪欲的侵蚀。

【原文】功废于贪，行成于廉。

【译文】官吏的事功荒废于贪行，德行完成于廉洁。

【解读】这句话出自北宋苏轼《六事廉为本赋》，意喻为贪欲会毁掉功业，恪守清廉就能养成高尚品行。苏东坡不仅一生节俭，清廉从政、廉洁为官，提出了“功废于贪，行成于廉”的从政为官以廉为首的廉政思想，形成了“非我所有，一毫莫取”的人格品行，升华成为一种为政做人以廉为首、恪守自洁自廉的人格文化，令后人仰慕。

【原文】宁可清贫自乐，不作浊富多忧。

【译文】宁愿清白而遭受贫困，决不做污浊之事而享受富贵。

【解读】这句话出自宋朝释道元《景德传灯录》。时时以清贫砥砺青云之志，就能淡泊名利、远离喧哗，不被世俗所淹没，不被诱惑所击倒，堂堂正正做人，清清白白为官，廉洁清正做事。清官，廉洁公正的官吏；清廉，清白廉洁。清贫，它绝不是一般意义上的穷困潦倒，而是主观上因人们甘于清正、清白而致的一种生存状态。“宁可清贫自乐，不作浊富多忧”，说的就是这种境界。

【原文】廉者，民之表也；贪者，民之贼也。

【译文】廉洁的官吏是民众的表率，贪官是侵害民众的盗贼。

【解读】这句话出自北宋包拯《孝肃奏议集·乞不用赃吏》。作为官吏，应该清正廉洁、艰苦朴素，做民众的表率。为官贪污受贿、贪赃枉法，是民众所不齿的。包拯这句话，是对北宋政坛廉者的热切呼唤，也是对贪官的强烈斥责。贪官把本来属于人民群众的财富据为己有，性质上与做贼、做强盗一样。所以，对于贪官污吏是绝对不能心慈手软、网开一面的，而应该像包拯一样，视贪官如蠹贼，高高举起法律的“铡刀”，严惩不贷。

【原文】吏不畏吾严而畏吾廉，民不服吾能而服吾公。公则民不敢慢，廉则吏不能欺。公生明，廉生威。

【译文】下属敬畏我，不在于我严厉而在于我廉洁；百姓信服我，不在于我有才干而在于我办事公正。廉洁则下属不敢轻慢，公正则百姓不敢欺蒙。处事公正才能明辨是非，做人廉洁才能树立威信。

【解读】这句话出自明朝年富《官箴》。“公生明，廉生威”，这是一则明清官吏引以为戒的座右铭。《官箴》之言最早出自明初学者曹端之口，后山东巡抚年富对其词句稍作改动，增加了“公生明，廉生威”，并用恭楷书写，作为自己的为官座右铭。这三十六字《官箴》，可谓字字警策，句句药石。它诠释为官之本最重要的莫过于两点：一是公，二是廉。

【原文】官能清则冤抑渐消，吏能廉则风俗自厚。

【译文】做大官能够清正廉洁，那么冤案就会渐渐消失；为小官能够廉洁，那么风俗自然醇厚。

【解读】这句话出自清代文人钱泳《履园丛话·不可少》。清廉是对所有公职人员的基本要求和工作准则，是公职人员固守其他道德品质的根基和屏障。廉者，民之表也；贪者，民之贼也。人民最恨贪官污吏，最恨瘦人以肥己者。党员干部，一身正就不会沾染邪气，一身廉就会有一身威。反之，则会失威、失信于民。

【原文】知足天地宽，贪得宇宙隘。

【译文】知足就会觉得心中像天地一样宽广，贪得无厌会觉得宇宙也十分狭小。

【解读】语出曾国藩的《曾文正公家训》。《曾文正公家训》是曾国藩写给兄弟子侄的书信汇编。它运用中国古代封建士大夫以家书教育子女的方式，对于女“爱之以其道，教之以其方子”，涤除达官贵人之家的骄奢陋习，在教育子女方面取得了成功。《曾文正公家训》可以说是中国封建社会末期的一部很有影响的家庭教育著作。本句意思是告诫人要知足常乐。唯有知足才能杜绝因贪欲而获得的不幸，只要知足就会感到满意和快乐。

【原文】 君子爱财，取之有道。

【译文】 君子喜欢钱财，会以正当的途径去获取。

【解读】 这句话出自明代《增广贤文》，源自孔子“富与贵，是人之所欲也，不以其道得之，不处也；贫与贱，是人之所恶也，不以其道得之，不去也”的论述。对财富的渴求，是人的正常欲望。但是，君子和小人的区别在于：君子即使是追求财富，也是在合乎道义的原则下，以正大光明的方式去获得，就算是获得不了，也会安贫乐道，绝不会做出有违道德原则之事；而小人为了获得荣华富贵往往会不择手段，为人所不齿。古人所倡导的这种财富观启示我们，在面对物质利益的时候，需要发扬君子之风，避免误入追名逐利的歧途。

美德故事

子罕不贪为宝

春秋时期，宋国有一个人上山采石时，采到一块宝玉，他担心别人会来抢，想拿出去卖，又怕被商人占了便宜。想来想去，他决定把这块宝玉送给京城里的大官。

于是，他带着宝玉，来到京城掌管工程的大官子罕府中，献上宝玉。子罕觉得很奇怪，便问道：“我和你素不相识，你为什么要献宝玉给我？我可从来不收别人任何礼物的。”那人以为子罕怀疑这是一块假玉，就答道：“这块玉我请玉匠看过，确实是一块真玉，价值连城，所以我才送给你的。”子罕说：“我把不贪的品格当做珍宝，你把这块玉石当做珍宝，如果你把玉给了我，我们俩人都丧失了珍宝，不如你我还是各自保存自己的珍宝吧！”那人跪下恳求道：“我们小百姓，拿着这样珍贵的东西，是不敢出门的，我把它献给你，是为了免于祸患。”

子罕就让那人暂时留下，请玉匠把那块宝玉雕琢加工好，然后帮他把玉卖掉，把所得的钱全部交给那人，并派人送他回家。后来，人们就用“不贪为宝”这句成语来形容清正廉洁的高尚品质。

包拯不取一方端砚

北宋包拯，以清廉公正闻名于世。

包拯在端州（今广东肇庆）做知州时，端州有全国著名的特产——端砚。端砚在唐代就是宫廷贡品，到了宋代端砚更精美。凡是到端州做官的人，总是想方设法多弄一些端砚，他们在贡品之外总是加征数十倍的端砚，以中饱私囊，并用这些名贵的砚台去贿赂朝廷权贵，作为升官发财的“敲门砖”。而包拯叫砚工只要做到进贡的砚数就够了。等到他离任的时候，也不曾拿一块砚石回去。

包拯做开封知府时，为官公正，执法严明。他处处以身作则，从不为自己谋私利。有一次，他的舅舅犯了罪，他照样依法论处。此后他的亲戚朋友再没有人敢依仗他的权势为非作歹了。当时的百姓都非常尊敬、爱戴他，称他为“包青天”。

包拯平生没有私下的积蓄，曾经警诫子孙们说：“我的后代做官，若犯了贪赃之罪，这个人就不准回到自己家里来；死的时候，也不准葬在祖坟里。倘若不照着我的志向做，就不是我的子孙了。”

张养浩居“四知堂”

张养浩，字希孟，号云庄，济南人。1305 年，张养浩做了丞相掾，随后被选授堂邑县尹。堂邑县在元代属中书省东昌路（今山东聊城），地处山东西北部，与河北相邻。张养浩初到堂邑，就听说这里的官舍是一座凶宅，前任诸官居此皆不利，但是他不相信这一套，依然在这里住了下来。

堂邑是一个小县，风气不正。迎来送往，多有所闻。为此，他想出一个办法：一上任就在住室的门上挂一块“四知堂”的匾额。

“四知堂”命名，源于后汉杨震的故事。杨震为官清廉，不谋私利，始终以“清白吏”为座右铭，严格要求自己，“不受私谒”，这不但在古代是十分可贵的品德，就是在现代也是人们十分欢迎和敬仰的品质。张养浩将自己的居室题名为“四知堂”，一是见贤思齐，挂上这样一个匾额，即是他内心崇尚杨震高风的真实写照；二是他要廉洁从政的公开承诺，更是他反对当时就存在的官场歪风的实际行动，因为这样下来，实际上是把那些送礼人的路给堵死了！

有了“四知堂”这个杜绝受礼的牌子，他轻装上阵，工作开展得很好。他一到堂邑，就对堂邑百姓减免赋税杂役，并奖励垦荒，号召发展生产。他上任之初，就折毁了淫祠30余所，废除了让过去的“盗贼”每逢初一、十五到县衙参拜的规定。他说：“那些所谓的‘盗贼’都是良民，只不过为饥寒所迫，不得已而为盗。现在已经对他们进行过处罚，如果仍然把他们视为‘盗贼’，就等于断绝了他们的自新之路。”那些“盗贼”听到这一番话都感动得哭了，并互相告诫说：“我们千万不要辜负了张公的恩德呀！”堂邑县有一个叫李虎的家伙，曾经杀过人，而且纠集了一伙歹徒为害一方，尽管百姓们已经忍受不了他们的暴戾，但是过去的县尹却不敢把他们怎么样。张养浩到堂邑之后，很快依法处置了他，民心大快。

张养浩治理这个小县三年，使它由贫变富，民俗变好。他卸任时，写了一首诗《题四知堂》：

邑壮怜才弱，官微虑患深。
韦弦千古意，冰檗一片心。
袖有归来赋，囊无暮夜金。
三年何所得，憔悴雪盈簪。

这首诗中，他谈了命名“四知堂”的本意：自己年轻官小，不正之风盛行，但面对寒苦艰辛的处境，决心以四知来警戒自己。坚持下来后：“袖有归来赋”，你看他两袖清风，归去来兮，多么潇洒；“囊无暮夜金”，你看他心无愧怍，襟怀坦白，坦荡荡有君子之风！

《元史》中说张养浩：“去官十年，犹为立碑颂德。”直到清康熙七年，堂邑知县张茂节，对张养浩故居“四知堂”还做了重修。客观说，在当时有“达鲁花赤”（监县官，位置在县尹之上，由色目人担任）存在的情况下，张养浩作为县尹能做到这样的成就，确实是少见的。

张养浩在堂邑任上度过了三个年头。堂邑县任满后，张养浩又调任博平代理县令。不久被召回京师成为皇太子（即后来的元仁宗）的老师。

张养浩除曾在堂邑、博平两县任职外，还曾到过高唐县。张养浩有《过东方朔庙诗》一首：

先生高识过当时，谁道偷桃旧小儿。
揖让不逢三代盛，滑稽聊免一身危。
草荒汉构去承宇，苔蚀颜收雨涩碑。
我亦从来恶苟礼，斜阳遥望酹空卮。

光绪《高唐州志》还收入了一篇张养浩撰写的《静斋记》。

张养浩是元代有名的政治家。他先后做过地方官员，曾任县令；做过监察官员，做过中央官员，曾在中书省（相当于国务院）任右司郎中，参议中书省事，以及礼部尚书等职。张养浩遵循儒家学说，始终言行一致。他根据自己的经验体会，任堂邑县令时撰写了《牧民忠告》一书，共10篇74条，内容包括从受命上任到离职休养共10个方面、74项做事做人的方法，是我国牧令中较为完整的述职报告。他强调“治官如治家”，“盖一家之事，无缓急巨细，皆所当知；有所不知，则有所不治也”。可见，深入基层，扎根实践是多么重要。他又说，“民病如己病”，“民之有讼，如己有讼……民陷水火，如己陷水火。凡民疾苦，皆如己疾苦也”，强调与人民同甘共苦。在提出“戒贪”同时，他还主张：“禁家人侵渔”“守公廉之心”是“自爱”；“一身之微，所享能几？”一旦贪污了，便“上孤国恩，中贻亲辱，下使乡邻朋友蒙诟包羞，虽任累千金，不足以偿一夕缧绁之苦”，所以必须“深戒”之啊！而“居官所以不能清白者，率由家人喜奢好侈使然也”，妻儿的正派也是为官者必须慎重对待之事。这些“忠告”，是他历年为官经验的总结，也是张养浩从政的正直人格的写照。

张养浩在聊城三年，不但留下了四知堂的美名，还给我们留下了治理县政的经验总结，《牧民忠告》这本带着聊城气息的执政著作，会使读到它的人有特殊的收获。

笪一顺车去留犊

山东聊城阳谷县城中心广场东南角，有一座建于明朝的老石桥，名叫博济桥，是过去北通东昌、南达寿张、东去张秋的必经之路。因桥南西数第二块栏板上雕有一幅“石牛拉石车”的画面，当地的老百姓于是称它为“石牛拉石车”桥。“石牛拉石车”石刻正式名称为“石牛流芳”，这里面有一个感人至深的动人故事。

县丞笪公叫笪一顺，江西德兴人，明万历年间到阳谷任县丞，驾一牛车来到阳谷。在任数年，清廉俭朴，政有惠德。卸任之日，牛生下一犊，亦留在阳谷不复带去。他说：小牛犊是在阳谷生的，吃的是阳谷的草料，应该是阳谷的财产，我怎么能据为私有呢？两袖清风，一车简素，感人至深，使阳谷人不能忘怀。

从历史上看来，笪一顺到阳谷任县丞时，明朝的腐败已是十分普遍，一个突出的事实是：神宗万历皇帝为满足自己的穷奢极侈的欲望，派出大批亲信宦官到民间搜刮民脂民膏。宦官贪赃渔利，地方官员也竞相鱼肉百姓。就在这种背景下，笪公赶着一头牝牛，驾着一辆牛车，从江西到阳谷，任满后又从阳谷回江西。可想而知，一路千里迢迢，沐雨栉风，笪一顺要走多少日子，路上会遇到多少骑马坐轿的达官贵人呀！傲视无数官宦轻蔑的目光，自身泰然处之，昂然而去。笪一顺车去留犊，留给了我们许多思考。“石牛流芳”，虽不是他的本意，却值得我们永远敬仰。

“石牛流芳”石雕感人的内容，透出了一股撼人心魂的力量。画面中，笪公驾车而去，老农牵犊而回，驾车人、牵犊人、母牛、小牛犊均回头相望，难舍难分。此石刻成为阳谷倡导清正廉洁的一座标志性的丰碑。“车去留犊”堪称廉洁自律、执政为民的经典之举。

“草帽书记”杨善洲

杨善洲 30 岁担任县级领导，39 岁担任地委副书记，50 岁担任地委书记，他在地方党委部门工作的 40 多年间，牢记党的宗旨，一身正气，两袖清风，保持平民干部本色，戴草帽，穿草鞋，当地群众亲切地称呼他为“草帽书记”。

在杨善洲的家乡保山市施甸县流传着这样一首民谣：“杨善洲，杨善洲，老牛拉车不回头，当官一场手空空，退休又钻山沟沟，拼了老命建林场，创造资产几个亿，分文不取乐悠悠……”金钱是检验一个人品质的最好的试金石。杨善洲创办林场，一下把价值 3 亿多元的林场经营管理权全部无偿地交给国家，自己却很坦然。

1985 年 5 月，秘书段兴华陪同杨善洲到龙陵县出差，龙陵县委在食堂招待杨善洲吃饭。饭后，段兴华去结账，县委书记说这顿饭他请了，就没让杨善洲的秘书段兴华付账。他们驱车返回保山途中，杨善洲问段兴华伙食费结了没有，段兴华如实回答了杨善洲。杨善洲立即叫驾驶员停下车，然后拿给段兴华 30 元钱，叫他拦客车返回龙陵县去结账。段兴华返回龙陵后，总共结了 6 元 5 角的伙食费，来回两百多公里的车费就花了 22 元。

1986 年，保山地委下派到施甸县姚关乡任副乡长的一个年轻干部了解到杨善洲在老家的母亲已经 80 多岁，全家 8 口人只有两个劳动力，家里的生活实在困难，便和民政部门的同志商量，买了两百斤粮食送去接济杨善洲的家人。杨善洲知道这件事情后，狠狠地批评了那个下派的年轻干部，还叫家里的人把粮食送了回去。

退休后在施甸县大亮山林场植树造林期间，有一天杨善洲到保山市去办事。好心的驾驶员对他说“你老了我不要你的钱”。杨善洲不肯，坚决把钱塞给驾驶员。驾驶员跟杨善洲解释说所有坐他车的老人他都不收钱。杨善洲急了，他对驾驶员说：“你不要钱，我就不坐你的车。”说完，杨善洲真的下了车。驾驶员见状，大吃一惊，赶忙下车去请杨善洲上车。付了车费，杨善洲才重新走上了客车。

杨善洲的老伴一直是农民，组织上多次提出把杨善洲的家人转为城镇户口，杨善洲坚决不同意；杨善洲的二女儿想参加工作，叫父亲和有关单位的领导打一下招呼，杨善洲关心女儿、心疼女儿，却没有因为女儿参加工作的事跟有关单位的领导打招呼……

也许有的人会认为杨善洲这样做太不近人情，也许有的人还会认为杨善洲这样做太过分，甚至有的人还会认为杨善洲的所作所为简直就是自讨苦吃。然而，杨善洲就是这样一个人，他就是这样做的。作为一名共产党员，杨善洲同志60年如一日，始终坚定共产主义理想信念，牢记党的宗旨，时时处处以共产党员的标准来衡量和要求自己。他不仅是一位好党员、好干部，更是我们党的领导干部队伍中一身正气、清正廉洁的好楷模。

奉公

奉公，是指秉公办事，不徇私情。《尚书·周》中说："以公灭私，民其允怀。"奉公是对官吏作风的较高要求，它与守法相关联，又与廉洁不可分。守法，就要严格自律，不执法犯法；廉洁，就要克制私欲，清白不污。在现代社会，奉公更多地表现为爱护集体事业，以国家和人民的利益为重。

中华民族由于家族本位的社会结构和礼教文化的传统，培育了一种整体主义的精神，并在此基础上形成克己奉公的美德。中国伦理道德历来强调公私之辨，把"公义胜私欲"作为道德的根本要求，乃至把"公"作为道德的标准。朱熹曾说："凡事便有两端，是底即天理之公，非底即人欲之私。""公"之核心是去私意，"背私之谓公"。因而奉公就必须克己，克尽己私便是公，亦即是天理。克己奉公的精神，本质上是先公后私、个人私利服从社会公利的精神。中国文化中的大同境界，其基本精神就是一个"公"字。"大道之行也，天下为公，选贤与能，讲信修睦。故人不独亲其亲，不独子其子，使老有所终，壮有所用，幼有所长，鳏寡孤独废疾者皆有所养……是谓大同。"这种"公"的精神培育是强化对社会、民族的义务感和历史责任感。如"先天下之忧而忧，后天下之乐而乐"的高尚襟怀、"天下兴亡，匹夫有责"思想、"苟利国家生死以，岂因祸福避趋之"的诗句，都体现着强烈的为国家、为民族、为整体而献身的精神和情操。当然，奉公并不完全反对私利，关键看它是否合乎道德。

中国人历来以“廓然大公”“天下为公”作为价值理想。奉公，于公利于江山社稷，利于社会的安定与长久治安；于私利于个人道德修养的完善，利于个人事业的成功。我国历史上出现过无数爱国爱民、为民族为社会舍小家顾大家的杰出人物，他们创造了无数可歌可泣、克己奉公的事迹，成为中华民族的骄傲。诸葛孔明，“奉命于危难之际”，鞠躬尽瘁，死而后已；廉颇、蔺相如，为公为国克制了自己的虚荣心和功利心，团结一致捍卫了国家的主权；包拯，不徇私情、秉公执法，被人们尊称为“包公”“包青天”；武训，节俭朴素，乞讨攒钱，兴办义学，以自己清贫的生活来换取众多孩童受教育。这些都是克己奉公的范例。

中国共产党坚持党和人民的利益高于一切，个人利益服从党和人民的利益，吃苦在前，享受在后。中国共产党的历史，就是忠实地为人民利益奋斗的历史。许多党员干部用自己的一生践行入党誓言，克己奉公，严于律己，赢得了人民的信任和爱戴。周恩来，身为一国总理，但生活低调不张扬，淡泊名利、廉洁自律，一心为人民着想，以国家利益为中心，将自己全部的热情投到国家建设中。彭德怀，戎马一生，战功卓著，不居功自傲，不贪图名利，不脱离群众，克己奉公。焦裕禄，心中有党、情系百姓、大公无私、克己奉公，是所有领导干部学习的榜样。牛玉儒，一身正气、两袖清风，无论身居何职，无论权力大小，他都宠辱不惊，“进不失廉，退不失行”，始终保持了一个共产党员克己奉公、清正廉洁的本色。

在为中华民族伟大复兴的中国梦不懈奋斗的新的历史时期，广大党员干部更要铭记大公无私、克己奉公的工作理念，内修于品，外律于行，踏实做事，清白做人。习近平总书记明确指出，一切国家机关工作人员，都要克己奉公，廉政勤政，关心人民疾苦，为人民办实事。这是对全体国家机关工作人员提出的高标准和严要求。要常怀律己之心，克制不正当的欲望，放弃非分之想，常思贪欲之害，老老实实做人，踏踏实实做事。要处以公心，秉公办事，不徇私情。当国家、集体利益与个人利益发生矛盾和冲突时，以国家、集体利益为重，先公后私，以至公而忘私。保持高尚的精神追求，永葆共产党人的浩然正气，时刻把党和人民的利益放在首位，真心实意地为广大人民谋利造福。

经典名句

【原文】以公灭私，民其允怀。

【译文】以公心灭私情，民众才会心悦诚服。

【解读】这句话出自儒家经典之一的《尚书·周官》。周成王平定殷商叛乱后，颁布了诰令《周官》，“以公灭私，民其允怀”就是其中的一句，旨在号召百官以公平之心除去私欲，赢得民众的信任。要做到这一点是很不容易的，所以这句话的后面又说，“议事以制，政乃不迷”，也就是说，如果按照典章制度行事，政治就不会迷乱。这一开明的为政思想，具有“民本”和“遵制”的双重内涵，出于公元前 11 世纪的西周初年，不能不令人赞叹。

【原文】公生明，偏生暗。

【译文】公正就政治清明，偏私则政治黑暗。

【解读】此句出自战国时期荀况的著作《荀子·不苟》。公正廉明是儒家提倡的一种政治理想，它是建立在仁爱诚信基础上的，强调作为一国之君，首先要以德服天下，这样才能处事公正，明辨是非。这句话的寓意：公正就耳聪目明，偏私就昏暗愚昧，谓公正便能明察事理。

【原文】大道之行也，天下为公。

【译文】在大道施行的时候，天下是人们所共有的。

【解读】语出《礼记·礼运》。《礼运》是《礼记》中一篇重要文献，大约是战国末年或秦汉之际儒家学者托名孔子答问的著作。全文借孔子对弟子子游“喟然而叹”，论述了礼的起源、运行与作用等内容，反映了儒家的政治思想和历史观。其是书中“大道之行也，天下为公”一段，详细描绘了“天下大同”的理想世界，“大同”也成为中国代最高的政治理想，对历代政治家、改革家等都有深远的影响。比如，清末康有为就曾为《礼运》作注，在注解中发挥了有关变法维新的政治主张。

【原文】以私胜公，衰国之政也。

【译文】将个人利益放在国家利益之上，这是国家衰亡的政治原因。

【解读】这句话出自《吕氏春秋·举难》。《吕氏春秋》是中国战国末期政治理论散文的汇编，为秦代丞相吕不韦及其门人集体编纂而成。这句话阐明，纵观古今，王朝兴替，一个繁荣昌盛的王朝，必然会有一群将国家利益放在首位，克己奉公、勤勤恳恳的忠臣良将，而一个王朝走向衰亡，也必然是从政风腐败、人人损公肥私，将个人利益凌驾于国家利益开始的。这句古语对今天仍有很强的警示意义。

【原文】公正无私，一言而万民齐。

【译文】为官若能做到公正无私，口出一言百姓都会听从，齐心合力把事情办好。

【解读】语出西汉皇族淮南王刘安主持撰写的《淮南子·修务训》。这句话强调指出了奉公对于为政者的重要意义。为政者自身具备高尚的品行才能在百姓之间树立崇高的威信，赢得百姓发自内心的尊重爱戴，做到一呼百应。对于今天的为政者来讲同样如此，唯有一心奉公，全心全意为人民服务，才能得到人民的支持，从而令行禁止，事半功倍。只求一己私利的为政者，必将被人民抛弃。

【原文】有公心必有公道，有公道必有公制。

【译文】有公心必然会有公道，而有公道则必然会形成公正的制度。

【解读】出自晋朝哲学家、文学家傅玄《傅子·通志》。这句话论述了公心、公道和公制之间的关系，就是说有公心必然有公道，而有公道则必然会形成公正的制度。推出了“公”的几个层面，构成一个递进的逻辑关系。其中，“公心”是基础，“公道”是中坚，“公制”是目的。一个社会要想在“公制”上运行，必然要有“公心”和“公道”的支持。作者列举了尧、舜不立子嗣为继承人的例子，认为那时尊贤让贤的做法是公道的。

【原文】大明无偏照，至公无私亲。

【译文】日月的光明不会偏照一隅，秉公办事而不私自照顾亲属。

【解读】这句话出自唐代张蕴古的《大宝箴》。张蕴古是唐初为数不多的敢于犯颜直谏的诤臣之一，《大宝箴》是在贞观二年张蕴古任幽州总管府记室兼中书省的职务时向太宗呈奏的。当时大唐江山初定，李世民骄横跋扈奢侈之态开始显露，在这种情况下张蕴古呈奏了《大宝箴》，希望能够规劝警戒君主。这句话在今天读来也有很强的教育意义。

【原文】 人人好公，则天下太平；人人营私，则天下大乱。

【译文】 天下人如果都能出于公心，那么天下就会太平无事；如果人人都谋求私利，那么天下就会陷入混乱。

【解读】 这句话出自清末刘鹗著的小说《老残游记》第九回，这句话概括了“好公”和“营私”的不同后果，从中可以引申出做任何事情都要有公心的结论。如果人人都能以公心对待别人、对待工作，就会创造一个良好的社会环境，从而促进各项事业的发展。

美德故事

赵奢秉公办事

赵奢，战国时赵国将领。赵奢以出奇制胜闻名，与廉颇、蔺相如同位，赐号马服君。汉族“马”姓起源。

赵奢年轻的时候，曾担任赵国征收田税的小官。官职虽小，可赵奢忠于职守，秉公办事，不畏权势。

一次，赵奢带着几名手下到平原君家去征收田税。平原君名叫赵胜，是赵国的相国，又是赵王的弟弟，位尊一时。平原君的管家见赵奢前来收税，根本就不把他放在眼里。管家态度十分骄横，蛮不讲理，召来一伙家丁，把赵奢和几个手下人围了起来，不但拒交田税，还无理取闹。赵奢十分气愤，他大喝道:“谁敢聚众闹事，拒交国家税收，我就按国法从事，不论他是谁！”管家仗着自己是平原君家的要人，对赵奢的话不以为然，结果，赵奢真的依照当时的国家法律，严肃地处理了这件事，杀了平原君家包括管家在内的9个参与闹事的人。

平原君知道这件事后，大发雷霆，扬言要杀掉赵奢。有很多人都劝赵奢赶快逃到别国去躲一躲，免遭杀身之祸。

可是赵奢一点也不害怕，他说："我以国家利益为重，依法办事，为什么要逃避？"他主动上门到平原君家去，用道理规劝平原君说："您是赵国的王公贵族，不应该放纵家人违反国家法令。如果大家都不遵守国家法律，都拒不交纳国家田税，那国家的力量就会遭到削弱。国家一削弱，就会遭到别国的侵犯，甚至还会把我们赵国灭掉。如果到了那一天，您平原君还能保住现在这样的富贵吗？像您这样身处高位的人，如果能带头遵守国家各项法令制度，带头交纳田税，那么上上下下的事情就可以得到公平合理的解决，天下人也会心悦诚服地交租纳税，那么，国家也就会强盛起来。国家强盛，这其实也是平原君您所希望的呀。您身为王族贵公子，又担当相国重任，怎么可以带头轻视国家法令呢？"

一席话，说得平原君心服口服，也对赵奢以国家利益为重、秉公办事的态度十分赞赏。他认定赵奢是个贤能的人才，就把赵奢推荐给赵王，赵王命赵奢统管全国赋税。

从此以后，赵国的税赋公正合理，适时按量收缴，谁也不徇私情，国库得到充实，老百姓也富裕起来。

唐太宗论功行赏

唐朝贞观元年（627），唐太宗在论功行赏时，将谋士房玄龄、杜如晦的功劳列为第一，并任为宰相，执掌朝政，引起了他的叔父淮安王李神通和骁将尉迟敬德的不满。他们自恃战功显赫，资深位高，口出怨言，扰乱庆功秩序，甚至挥拳打伤前来劝解的任城王李道宗的眼睛。于是，诸将争功，大吵大闹。

对此，唐太宗声色俱厉地对李神通说："叔父虽在义旗初起之时，有首倡之功，但后来却在同窦建德和刘黑闼的两次作战中，一次全军覆没，一次望风逃窜。玄龄、如晦运筹帷幄，安定社稷，论功行赏，理当第一。你虽是我的叔父，国家贵戚，却决不能以私恩滥与功勋之臣同赏！"

接着，他又对尉迟敬德说："我以前在读《汉书》时，看到汉高祖时的有功将领很少有保全性命的，常对高祖心怀不满，因而想引以为鉴，有意保护功臣，不使其子孙断绝。但你却经常居功自傲，触犯法律。我今天才明白，汉初大将韩信和彭越等人的受戮被杀，家破人亡，并非是汉高祖的过失。国家大事，只有赏罚两种。非分之恩，不可兼行，你要自珍自爱，免得将来后悔。”

李神通和尉迟敬德听了这番警告以后，当即表示悔过自新。这场争功风波很快便得到平息。

铁面无私包青天

包拯，北宋名臣，是中国历史上一位以清廉公正、秉公执法而闻名的大清官，人称包青天，后世之人甚至以“关节不到，有阎罗老包”为歌谣，把他与掌管地狱的阎罗王相提并论。

包拯每到一个地方，都要为当地老百姓办一些实事，清理一些积压的冤案，于是他的名声越来越大。庐州是包拯的老家，有一年，包拯回乡做了州官，他的一些亲戚以为这一下有了靠山，就开始胆大妄为起来。

有一次，包拯的亲舅舅犯了案，被人告到包拯那里，包拯在了解了案情之后非常恼火，立即命令手下把犯案的亲舅舅捉拿归案。包拯的亲舅舅开始以为自己的外甥不会拿自己怎么样，但是当看到包拯拉下脸来边训斥边责问就有点害怕了，便把犯罪的实情全招了。包拯见证据确凿，就命令堂役先将包拯的亲舅舅重打二十大板！包拯的亲舅舅一听要真打，吓得跪在地上一个劲地求饶，其他亲戚也都替他求情。但是包拯对此一概不理，并冷冷地说：“不是我不讲情义，谁叫他犯法了呢？”说完，就令堂役执法，把亲舅舅结结实实地打了二十大板，然后又根据案情做了判处。

宋仁宗想用包拯的铁面无私来治理开封的秩序，于是就调包拯去开封府任知府。有一年，黄河泛滥，发了大水，老百姓流离失所死亡无数。包拯一调查，发现原来是因为一些官宦权贵侵占河道，在河道内修建花园、亭台，引起了河道阻塞，至使洪水不能清排，导致了黄河决堤。包拯当即下令把河道内的建筑全部拆除。但是官宦权贵们依靠自己的权势就是不肯拆除，并且伪造地契说这是合法产业。为弄清事实，包拯亲自登门查验，发现地契原来是伪造的，包拯十分恼火，亲自监督拆除了河道内的建筑，并上书仁宗，揭发那些官宦权贵的恶行。

包拯一生与贪官污吏作斗争，留下了千古美名。他在临死之前还立下遗嘱：后世子孙若有贪官污吏，不得回老家，死后不得入包家祖坟。

千百年来，包拯的言行影响了一代又一代为官之人，若干个“赵青天”“李青天”如雨后春笋般崛起，包拯也成为人们世代传诵的楷模。

海瑞执法不徇私

海瑞，明朝著名清官。

嘉靖年间，海瑞任应天巡抚，他所到之处，告状的百姓特别多，主要集中在地主豪强仗势强夺民田，其中很多涉及前任首辅徐阶。

徐阶在做首辅时，对海瑞赏识有加，关怀备至。海瑞上万言书被关押时，徐阶曾一再出力保他。他被释放之后，徐阶又尽力举荐。此时的海瑞很清楚自己的处境，如果顾念旧情，对徐家占田的事睁一只眼闭一只眼，轻轻放过，百姓难以心服，国家法令无法贯彻；如果自己铁面无情，依法办事，就会违背官场规则，从此在官场孤立无援，今后将成为众多官员群起而攻之的异类。

面临抉择，海瑞当机立断，先去徐府拜望徐阶，感谢当年的救助之恩。然后向徐阶告罪，说明退田之事必须依法办理，难以徇私。最终处理结果是勒令徐家退还所有侵占的田产，徐阶的三个儿子因为横行乡里，都被惩治。海瑞还如实地向皇上报告了他所知道的情况，并向皇上警告百姓失田的重大弊端。

如此处理后，所有人都很佩服他秉公执法，不讲私情，因此，在他管辖内的很多百姓纷纷写了海青天的牌位供在家里，朝夕焚香膜拜。

务实

“务实”就是讲究实际、实事求是。东汉思想家王符把“务实”作为君子之德，在《潜夫论》中提出“大人不华，君子务实”，意思是卓越的人不慕浮华、不虚有其表，有修养的人注重实际、注重实干。东汉思想家荀悦在《申鉴》中进一步对“务实”作了诠释：“不受虚言，不听浮术，不采华名，不兴伪事。”后来著名文学家苏东坡也谈到务实，一语以蔽之曰：“务实效而不为虚名”。务实，是中华传统文化底蕴的一个重要特点，是中华民族的传统美德，正是秉承了这种精神，中华民族创造了举世瞩目的灿烂文明。时至今日，务实精神仍在生活中熠熠生辉。

务实是中国农耕文化较早形成的一种民族精神。崇尚务实，摒弃浮夸，一直存在于中国传统文化基因之中。务实有两层涵义，一是实事求是，二是真抓实干。早在东汉时代，班固在他所著的《汉书·河间献王传》中就提出了“实事求是”的原则。如女娲补天、精卫填海、后羿射日、愚公移山、大禹治水的故事传说，都极其生动地体现了中国初民自强不息、勇于探索的实践精神。中国共产党始终倡导务实精神。求真务实，是我们党一以贯之的优良传统和作风，是党的思想路线的核心内容。毛泽东曾指出，没有调查就没有发言权。实事求是是毛泽东思想的精髓，也是毛泽东思想的根本出发点，是中国革命和建设事业不断取得胜利的根本思想保证。毛泽东解释道：“实事，就是客观存在着的一切事物；是，就是客观事物的内部联系，即规律性；求，就是我们去研究。”邓小平大力倡导求真务实的作风，恢复党实事求是的思想路线。江泽民领导全党求真务实，立足中国实际，提出“三个代表”重要思想。胡锦涛大力弘扬求真务实精神、大兴求真务实之风，坚持科学发展观，倡导作为民务实清廉的干部。习近平强调各级领导干部要做到“三严三实”，即严以修身、严以用权、严于律己，谋事要实、创业要实、做人要实。他提出好干部“五条标准”，即“信念坚定、为民服务、勤政务实、敢于担当、清正廉洁”，不仅是进一步对党员干部提出了明确要求，也是对我国传统务实精神的升华。

务实是党的活力之所在，也是党和人民事业兴旺发达的关键之所在。在中国的革命、建设、改革进程中，有许多党员干部用他们自己一系列实际行动诠释了“务实”，为我们做出了榜样。县委书记的好榜样焦裕禄，从踏上兰考土地的那一天起，就深入基层调查研究。他拖着患有慢性肝病的身体，在一年多的时间里，跑遍了全县140多个大队中的120多个，掌握了水、沙、碱发生发展的规律，从而制定出了切实可行的改造兰考大自然的规划。通过一年的艰苦奋战，兰考的除“三害”工作取得了明显的成效。这就是他全心全意为群众服务的“务实”精神。但是，在现实生活中，一些地方、部门、单位或某些领导干部远离了“务实”，或多或少存在着作风飘浮、好大喜功、急功近利、心态浮躁、追名逐利、弄虚作假、欺上瞒下、高高在上、脱离群众等形式主义和官僚主义现象，违背了我们党实事求是的优良传统，严重影响了党在广大群众中的威信，影响了党群关系、干群关系。这是摆在执政者面前的一个非常严峻的现实问题，必须坚决予以杜绝和克服。

空谈误国，实干兴邦。我们每一个人都要发扬务实精神，立足实际，脚踏实地，勇于实践，敢于担当。特别是党员干部，要深入基层、深入实际，努力做到：第一，说实话。做到有话可说、言之有物；做到心口如一、言之有信；做到顾全大局、言之有利。要说真话，说符合实际的话，说管用的话，说能解决问题的话，说有利于发展的话。第二，办实事。就是要办群众看得见、摸得着、实实在在的事，办好打基础促长远的大事，办好上级部署的中心工作，办好大多数人受益和群众急需的好事；要勤政为民，恪尽职守，兢兢业业，不做懒官、太平官，不搞政绩工程、形象工程。第三，出实招。要少说空话、多干实事，在真抓实干中出实招；要吃透上情、摸清下情，在抓好结合中出实招；要解放思想、大胆实践，在创新突破中出实招，以“先人一步”“高人一招”的改革创新精神和胆略，化挑战为机遇，转潜力为实力。第四，求实效。要体察乡情民意，倾听群众呼声，关心群众疾苦，真正把好的思路和决策付诸实践、见诸行动，取得实实在在的成效，让老百姓得到实实在在的好处。

经典名句

【原文】天下难事，必作于易；天下大事，必作于细。

【译文】天下的难事，必须从容易时做起；天下的大事，必须从细微处着手。

【解读】这句话出自《道德经》，说的是要在容易之时谋求难事，在细微之处成就大事，告诉我们做大事、难事要从小事、易事做起。老子主张“无为”，就是要顺应自然规律去“为”，所以叫“为无为”。同时，老子又强调“图难于其易，为大于其细”，提醒人们处理艰难的事情，必须先从细易处着手。但面对细易的事情，切不可掉以轻心。这段话体现了朴素辩证法的方法论，暗合着对立统一的法则，隐含着由量变到质变的飞跃，这对于我们无论行事还是求学，都是不移的至理。

【原文】合抱之木，生于毫末；九层之台，起于累土。

【译文】合抱的大树由细小的幼苗长成，九层的高台由一筐一筐的泥土堆成。

【解读】语出《道德经》，说明了务实要从小事做起。春秋时期，道家学派创始人老子根据事物的发展规律提出谨小慎微和慎终如始的主张。该经典形象地论证了大事都是由小事逐渐发展演变而来的道理。后面是“千里之行，始于足下”。老子“大生于小”的思想对荀子产生了影响。荀子提出了“积土成山”“积水成渊”观点和“锲而不舍，金石可镂”的积极进取的主张。这句话充满了大与小、多与少、成与始的辩证思考，揭示了量变与质变的深刻道理，从而告诫人们，无论做什么事情，只有从实际出发，一步一个脚印往前走，才能成功。

【原文】博学之，审问之，慎思之，明辨之，笃行之。

【译文】广泛地学习各种知识，详细地向别人询问，缜密地进行思考，明确地分辨是非，踏踏实实地去践行。

【解读】这句话出自《礼记·中庸》，强调了学、问、思、辨、行的关系，说明了笃行的重要性。句中的五个“之”字指的都是学习对象——各种知识。这段话把做学问分成紧密相连的五个环节，或者说是五个递进的阶段。“博学”强调学习首先要广泛涉猎各种知识。“审问”是第二个阶段，即对知识要详细地询问，彻底搞懂，有所不明就要追问到底。问过之后还须通过认真缜密的思考来消化，使所学知识真正变成自己的东西，这就是“慎思”。“明辨”为第四阶段，对所学知识要加以分辨，去粗取精，去伪存真。“笃行”为最后阶段，就是要学以致用，使所学知识最终得到很好的落实。这句话告诉我们，要扎扎实实干事、踏踏实实做人。道不可坐论，德不能空谈，必须于实处用力，从知行合一上下功夫。

【原文】实事求是。

【译文】从客观事实中去研究，得出规律。

【解读】此语摘自东汉班固《汉书·河间献王刘德传》。刘德是汉武帝的弟弟，最大嗜好是收藏古书，遇到民间送上善本书，都找人来誊写一遍，把抄好的书给人家，自己保留原本。唐朝人颜师古评论这种行为“务得事实，每求真是也”，这就是“实事求是”的原意。后人引申为对一切事都应当尊重事实，从实际出发，凭事实说话。

【原文】耳闻之不如目见之，目见之不如足践之。

【译文】从别人那里听来的事情，没有亲眼所见的可靠；亲眼所见，又不如亲自尝试去做。

【解读】语出西汉刘向所著的《说苑·政理》。这句话告诉我们，无论为学还是为政，实践都是非常重要的。只有在实际的学习和工作中探索，才能发现真问题，也才能找到解决问题的办法。做官为政更是如此，仅仅坐在办公室里听汇报、看文件是不可靠的，拍脑袋做决定更是会贻误大事的。

为政者要真正了解社情民意，必须深入到基层，亲自到社区村庄和群众交流交心，只有深入开展调查研究，才能做出切实可行的决策方案。

【原文】 大人不华，君子务实。

【译文】 优秀的人不慕浮华，不徒有其表；有修养的人注重实际，注重实干。

【解读】 该语出自东汉王符的《潜夫论·叙录》，主要说明了立身做人不追求虚有其表，而要崇尚实干、讲究实际。从古至今，是否务实不但被视为人品高下的评判标准，也是鉴定一个官员从政能力和为官态度的重要依据。在现代社会，务实是一种能力，是领导干部素质的集中体现。所以，看一个领导干部务不务实，就是要看他是不是身体力行、踏实肯干，而不是只会停留在口头上夸夸其谈。想得再好，说得再多，而不去深入实际摸实情、办实事、求实效，只能是一个现代版的赵括和马谡。

【原文】 临渊羡鱼，不如退而结网。

【译文】 站在深潭边上希望得到里面的鱼，还不如回去赶快编织渔网。

【解读】 这句话摘自东汉班固所著的《汉书·董仲舒传》，强调了务实的重要性。班固认为，汉朝希望国家得到很好的治理，却没有达到，原因在于“当更化而不更化”，于是他借“临渊羡鱼，不如退而结网”这句话来告诫统治者，要治理好国家，必须抓住观念、制度这个根本。退而织网，才能得到鱼。“退”的意思就是把目的暂时搁置起来，先去努力找办法，最好的办法就是从小事做起，从现在做起，脚踏实地去争取，最终才能达到目的。这句话告诫人们，在目的与手段之间，有明确的目的固然重要，但如果没有实现这一目的的行为，目的将是空幻而不切实际的。

【原文】 纸上得来终觉浅，绝知此事要躬行。

【译文】 从书本上学到的东西总感觉浅近，要想真正弄懂还要靠自己亲身实践。

【解读】 此句摘自南宋陆游的《冬夜读书示子聿》。陆游读书有感，写了八首诗给他的小儿子，这是第三首，前两句是“古人学问无遗力，少壮工夫老始成”。他从书本知识和社会实践的关系着笔，强调实践的重要性。

“要躬行”包含两层意思：一是学习过程中要“躬行”，做到“心到、眼到、口到”；二是获取知识后还要“躬行”，通过亲身实践化为己有，转为己用。陆游激励儿子坚持读书与运用相结合，在实践中夯实和升华所学的知识。陆游的真知灼见，不仅在古代是做学问、求知识的宝贵经验，即使在科技日新月异的今天，仍具有很强的启迪和借鉴意义。

【原文】知之愈明，则行之愈笃；行之愈笃，则知之益明。

【译文】理解得越清楚，实践就越扎实；实践越扎实，认识就会更加清晰。

【解读】这句话摘自南宋朱熹的《朱子语类》卷十四，说明了认识与实践的关系：“知”不是认识的“源”而是认识的“流”，掌握“知”，要通过实践、通过“行”来完成，知要与行相结合，才能正确地理解和认识事物。这句话告诉我们，认识与实践是相互依赖、相互促进的两个方面，认识是实践的前提和向导，反过来实践又会进一步促进认识的深入发展，只有将两方面结合起来才会使自己的认识更加接近真理。现在，我们经常说的“思想是行动的先导”“理论是实践的指南”“实践是检验真理的唯一标准”等，都和这句话有异曲同工之处。

【原文】名与实对，务实之心重一分，则务名之心轻一分。

【译文】虚名和务实是相对的，重视务实的心多一分，那么重视虚名的心就会少一分。

【解读】语出明代王守仁的《传习录》，说明了务实与务虚的关系。王守仁世称阳明先生，《传习录》是王阳明的问答语录和论学书信集，是一部儒家简明而有代表性的哲学著作。该句话强调去除虚名、崇尚务实，是中国文化注重现实、崇尚实干精神的体现。

【原文】以实则治，以文则不治。

【译文】为政最重要的是付出实际行动，这样天下就可以太平；反之，浮夸文饰，百姓就不得安宁。

【解读】语出明末清初的思想家唐甄所著《潜书·权实》，强调了为政要务实。这句话主要是针对当时官场中公文泛滥、有令不行的弊端提出的，并非一概否定发布文告推行政令的作用。他认为，如果只管发文，不问落实，其结果只能是“百职不修，庶事不举，奸敝日盛，禁例日繁，细事纠纷，要政委弃”，公文告示贴满大街小巷也形如一纸空文。这和我们现在提的“空谈误国，实干兴邦”是一个道理，也是千百年来人们从历史经验教训中总结出来的治国理政的一个重要结论。

【原文】物有甘苦，尝之者识；道有夷险，履之者知。

【译文】任何事物都有甘苦之分，只有尝试过才会知道；天下道路都有平坦坎坷之分，只有自己走过才会明白。

【解读】这句话出自明代刘基的《拟连珠》，说明了只有通过实践才能得知世间的酸甜苦辣。刘基的思想主要来源于孔、孟、荀、墨以及易学、名家、法家、兵家、老庄道家等，充分体现了“一代文宗”刘基“会通百家、兼容儒道”的为学风格与理论旨趣。这句话主要指出了要注重实学、实效、实功，强调实践功夫，与毛泽东所说的“要想知道梨子的味道，就要亲口尝一尝”一样，都阐述了“实践出真知”的道理。

美德故事

沈括上山看桃花

沈括，北宋时期著名的科学家、政治家，精通天文、地理、律历、音乐、医药等，著有《梦溪笔谈》一书。

沈括从小就跟随做官的父亲饱览了祖国的大好河山，因此他视野开阔，爱好广泛。他喜欢动脑筋，天文地理、花草树木、鸟兽虫鱼，没有他不研究的。

有一次，母亲教沈括学习白居易的七言绝句《大林寺桃花》。这首诗有两句是：“人间四月芳菲尽，山寺桃花始盛开。”小沈括听完以后，嘴里不停地重复这两句。

“你怎么总是重复这两句呢？”母亲奇怪地问。

“母亲，为什么同是桃花，开花的时间却相差这么远呢？”

母亲对于儿子凡事总爱刨根问底的性格早已十分熟悉。她见儿子又犯了犟劲，只是笑了笑，递给他一件外衣，嘱咐道："别背了，今儿天气这么好，邀几个小伙伴到城外山上转转去吧。山上风大，要注意保暖，把这件衣服带上。"

沈括走出房门，此时正是四月，庭院里的桃花全都凋落了。沈括和几个小伙伴来到郊外，爬上了一座山峰。在山上，沈括看到桃花正在盛开，一团团，一簇簇，看上去好像一片片红云似的。沈括情不自禁地赞叹道："啊，这真是白居易诗中所写的景象啊！可是，到底为什么会这样呢？"忽然间，一阵山风吹过，沈括他们顿时感到有些凉意。幸好，在来之前母亲让他多带了件衣服，于是大家赶忙解开包袱，你一件我一件，把衣服穿在了身上。

"山上风大，要注意保暖。"正在穿衣服的沈括，耳边忽然响起了母亲的声音。

"啊！"望着红云般的桃花，沈括的脸上忽然绽开了笑容，"我明白了，我明白了！"

兴奋的沈括顾不上同行的伙伴，拔腿就朝家里飞奔。

"母亲，我懂了，我懂了！"还没跑进门，沈括就大声喊叫起来。

"你懂什么了？"母亲连忙迎了出来。

"'人间四月芳菲尽，山寺桃花始盛开'啊！"沈括晃着手上的衣服，大声说："山上地势高，温度低；山下地势低，温度高。温度不同，植物的生长情况就不一样，花开的时间也就不同。"

沈括就是这样，不论在生活中，还是在读书学习中，总爱通过观察思考，主动提出一些问题，实事求是，钻研到底。渐渐地，他不仅掌握了丰富的知识，而且养成了独立思考的好习惯，这为他以后创作《梦溪笔谈》打下了坚实的基础。

李时珍行万里编巨著

李时珍，明朝时期著名的医学家、药学家和博物学家，其所著的《本草纲目》是本草学集大成的著作，对后世的医学和博物学研究影响深远。

李时珍 24 岁开始学医，白天跟父亲看病，晚上在油灯下熟读《内经》

《本草经》《伤寒论》《脉经》等古典医学著作。41 岁进入北京太医院，并担任了太医院院判的职务。宋代以来，我国的药物学有很大发展，外来药物不断增加，但均未载入本草书。李时珍为了修改本草书，对各种医书上的不同记载进行调查研究。为了搞清形态相似的苹、水萍、萍逢草，曾到家门口的雨湖，还到较远的马口湖、沿市湖、赤东湖进行采集，耐心观察比较，终于纠正了本草书上的长期混乱。为了搞清白花蛇的形态，李时珍来到了蕲州城北的龙峰山捕蛇（白花蛇为蕲州特产），仔细观察白花蛇的形态，又根据白花蛇的祛风特性，制成了专治半身不遂中风症的“白花蛇酒”；为了弄清穿山甲的生活习性，李时珍跟随猎人进入深山老林，进行穿山甲解剖；为了寻找曼陀罗花，离家到了北方，终于发现了曼陀罗花，掌握了曼陀罗花的性能并亲自尝试。李时珍不仅对植物药、动物药进行仔细的调查、观察，对矿物药也做了不少调查工作。

李时珍是一个富有求实精神的医药家，为了完成修改本草书的艰巨任务，他几乎走遍了湖北、湖南、江西、安徽、江苏等地的名川大山，行程不下万里。他又参阅了大量书籍，经过 3 次修改稿，终于编成了《本草纲目》。后来又在他的学生、儿子、孙子的帮助下，《本草纲目》更加完整、更加精美。《本草纲目》不仅是我国的一部药物学巨著，也是我国古代的百科全书。

杜立芝痴情三农

杜立芝是聊城市高唐县农业局副局长，高级农艺师。她痴情三农事业，27 年如一日。全县的 700 多个行政村她跑了一大半，行程两万多公里，推广各种农作物瓜菜新品种 20 余个，推广立体种植模式 5 个，累计推广面积达 20 万亩，每年培训农民 5 万余人次，每年下乡 400 余次，对全县 50 多万亩耕地、1 万多个大棚、8 万亩蔬菜的病虫害防治、喷药、施肥了如指掌，为农民挽回经济损失 300 多万元。

杜立芝的日记本记录了她服务三农的足迹，也记录了丰收后的喜悦和鼓舞。有一次，和群众约好看药效，她带着 3 个馒头、一点咸菜，骑着自行车就去侯桥村，夜里下过的雪没过了脚，一不小心车子滑进了路边的深沟里，把她重重摔在地上。那几年，她骑坏了 3 辆自行车、两辆摩托车。有时，连续 10 多天盯在一个棚里，病了就在棚里吃点药。姜店乡尚官屯村

50个冬暖式大棚黄瓜不知得了什么怪病，育的苗还没等移栽就枯死了。村支书到县农业局求援，杜立芝火速赶到尚官屯，经查看她断定原因：大棚盖了劣质薄膜，导致其遇热分解释放毒氯，引起黄瓜死苗。她立即指导菜农放风降温排毒，换上优质棚膜。没几天，黄瓜苗有了生机，棚户平均每户赚了六七千元。后来，这样的事多了，一传十、十传百，老百姓服了她。27年中，她记录了50多本日记，300多万字，全部都是农业技术笔记，既有摘抄也有经验。她说："当共产党员，就要有为群众服务的'金刚钻'，看到群众富起来，自己心里也敞亮。"

杜立芝将电话热线作为与农民沟通技术的桥梁。县农业局有一个技术热线12316，电话大多是找杜立芝的，后来局党组干脆把热线电话改名为"杜立芝热线"，全县40万群众都知道这部热线。如今，她已经在局里带出一个由10人组成的农技专家咨询团。在电话上说不清楚的，他们就赶到村里现场指导，有共性的问题就搞培训班、办讲座，一天跑两三个乡镇是常事，一个星期至少有四五天的时间在外面跑。群众都说，我们见到杜站长就觉得踏实，一个电话就能把她叫来了。她最常见的形象是三个"一身"：一身土、一身泥、一身虫。她的衣服洗得勤、破得多。其实何止这一热线，就连她自己的手机和家庭电话都成了技术热线。一年下来，她接了7000多个电话。

一次，一个大棚户在给杜立芝打电话问技术时，听出她的声音有些异样，多方打听得知她因胆囊炎住院了。30多个大棚户来看她，杜立芝感觉自己是世界上最幸福的人。杜立芝常说："我是一个党员，群众就盼着我们多进两次门、多说两句话、多跑两步路、多解两个题。老百姓在我们心里分量有多重，我们在老百姓心中就有多重。"杜立芝的无私付出得到了乡亲们的认可。

求真务实焦裕禄

焦裕禄是"党的好干部""人民的好公仆"，他用自己的实际行动，铸就了亲民爱民、艰苦奋斗、迎难而上、无私奉献的焦裕禄精神。学习焦裕禄，不仅要学习他为党和人民的利益鞠躬尽瘁的精神，更要学习他脚踏实地、求真务实的作风。

为了改变兰考的落后面貌，他从兰考的县情出发，尊重客观规律，坚持把战胜灾害、改善生产条件、提高人民群众生活水平作为压倒一切的中心任务，大力调整农业结构，为兰考长远发展打下了良好基础。

1963 年一个风雪交加的夜晚，焦裕禄临时召开县委会，他没有宣布议程，而是把大家带到火车站去目睹成批成批灾民逃荒的令人痛心的场面……有着同样逃难经历的焦裕禄下了决心，就是拼上身家性命，也要把兰考的“三害”治理了。他毅然把消极的“劝阻办公室”改建为积极的“除三害办公室”，先后抽调了 120 多名干部、老农和技术人员，组成一支“三害”调查队，在全县展开了大规模的追洪水、查风口、探流沙的调查工作。

许多同志考虑到焦裕禄的病，劝他不要参加野外调查了，他说：“吃别人嚼过的馍没味道。”为此，他多次住过老饲养员肖位芬的牛屋，向他讨教治沙的“真经”；他同新分到林业局的两位大学生交朋友，解决他们的实际困难，鼓励他们的泡桐研究。每当风沙最大的时候，也是他带头下去查风口、探流沙的时候；雨最大的时候，也是他带头冒雨涉水、观察洪水流势和变化的时候。他就是在这种流动的“办公桌”上认识了兰考，找到了治理“三害”的具体方法，作出和实施了治理“三害”的正确决策。他在兰考的 470 天中，靠着一辆自行车和一双铁脚板，对全县当时 149 个生产大队中的 120 多个生产大队进行了走访和蹲点调研。正是这种深入、系统、全面的调查研究，使他能够在较短时间内对改变兰考面貌提出了切合实际的规划。焦裕禄同志身上，充分体现了共产党人脚踏实地干事业的求实精神和尊重客观规律的科学态度。

尽管焦裕禄同志没能看到兰考沙害被制服的那一天，但在当时刚刚经历了“大跃进运动”继而又陷入严重自然灾害的极其困难的条件下，在当时特殊的政治环境下，焦裕禄同志能有这种对待工作的务实精神，很值得我们永远学习。

守法

守法指遵守法律或法令。守法一词早在我国先秦时期就已出现。《管子·任法》："有生法，有守法，有法於法。生法者，君也；守法者，臣也；法於法者，民也。"古人非常强调守法的重要性。"不以规矩，不成方圆"，"令在必行，不当徒为文具"，"理国无难似理兵，兵家法令贵遵行"，"非理之财莫取，非理之事莫为"等，都是说的这个道理。

中国历史上治理国家方面，儒家主张仁政、礼治和德治，而法家主张法治、严刑峻法。从表面上看泾渭分明，实质上二者有不少一致性与互补性，即礼与法相通，刑与德可以并用。儒家思想是中国古代社会的正统思想，儒家的守法思想很大程度上就是对礼、德的遵守及对统治秩序的服从。礼治、德治、人治是儒家传统守法思想的核心。礼治：为国以礼，克己复礼，强调人情为法律之核心、道德为法律之基础，用自律求天下之安。德治：为政以德，防患于未然。荀子提出了预防和控制犯罪的四种手段，"立君上之势以临之，明礼义以化之，起法正以治之，重刑罚以禁之"，以此达到"圣王之治"的境界。这样，儒家形成了运用政治的、法律的、道德等多种手段综合预防和控制犯罪的理论模式。人治：为政在人，修己以安人。儒家认为，政治、法律、道德的实现都是"由己及人"的过程，人治的关键是执政者能严格地以礼法"正己"，用自己的优秀品质和模范行为去感化民众。孔子告诫治国执法者必须从"修身"开始，"修己以安人"。儒家提倡人治的主张并没有否定法律的作用，而是其在论述“法”与“人”的关系时，将统治者个人置于“法”之上。从某种意义上说，这样的守法思想即使放至今天，也熠熠闪光。

中国传统的守法思想对巩固封建统治、稳定社会秩序起到了重要作用，历史上许多守法故事至今仍在流传。孙武依吴王要求训练宫女，遵守军法，斩杀不守军令的吴王爱妃；诸葛亮挥泪斩掉不守军纪、痛失街亭的心腹大将马谡；东汉洛阳县令董宣不畏皇权，亲手击杀湖阳公主的家奴以维护法制；包拯为民女秦香莲主持公道，怒铡忘恩负义、抛弃发妻的陈世美。当然，传统守法思想具有封建社会的特征，带有一定的消极因素，我们应取注意其精华，剔其糟粕。

自觉遵守党纪国法是我们党的优势，是广大党员干部的基本行为准则。抗日战争时期，八路军、新四军严格遵守“三大纪律八项注意”等各项军纪，树立了军队的良好形象。1954 年颁布的中华人民共和国第一部宪法明确指出，公民在法律上一律平等，必须遵守宪法和法律。党的十一届三中全会确立了“有法可依、有法必依、执法必严、违法必究”的社会主义法制建设方针。《公民道德建设实施纲要》将守法作为公民基本道德规范。社会主义荣辱观中，提出“以遵纪守法为荣、以违法乱纪为耻”。党的十八大报告指出：“要推进科学立法、严格执法、公正司法、全民守法，坚持法律面前人人平等，保证有法必依、执法必严、违法必究”，将守法作为全面落实依法治国方略的基本要求。党的十八届四中全会作出了《中共中央关于全面推进依法治国若干重大问题的决定》，提出要坚持科学立法、严格执法、公正司法、全民守法系统发展，为新时期法治建设指明了方向。

守法是每个公民应尽的社会责任和道德义务。现代意义上的守法内涵主要是掌守法令、遵循法规，既包括全民守法，也包括严格执法和公正司法。近年来，我们身边涌现出许多守法的典型。河南省登封市公安局局长任长霞，忠实履行人民警察的神圣职责，严格执法，始终把人民群众的疾苦和安危放在心上，被誉为“女神警”；聊城临清市司法局英模温广斗，公正司法，调解纠纷近 2000 起，调处成功率 100%，被司法部授予“全国模范人民调解员”荣誉称号；聊城市东昌府区副检察长白云，清白做人，时刻想着为民服务做好事，一生都在做守法好公民，被誉为“中国好人”。毋庸讳言，由于法治精神缺失、法治意识淡薄，现实中有法不依、以言代法、干预司法甚至违法乱纪现象还大量存在，必须引起高度重视。首先，领导干部要带头守法。要不断提高法治思维和依法办事能力，坚持依法用权，自觉接受监督，牢记法律红线不可逾越、法律底线不可触碰，切实起到守法表率作用。其次，执法人员要公正执法。执法是法律实施的关键环节。执法人员要坚持依法行政，谨慎、合理行使自由裁量权，自觉接受执法监督；司法人员要坚持公正司法，在化解矛盾纠纷过程中体现法律价值和司法智慧。第三，每个社会成员要自觉学法守法。要学习法律条款，弘扬法治精神，树立守法理念；要自觉守法，争做守法模范，让守法成为全社会的最大共识和社会常态。

经典名句

【原文】国无常强，无常弱。奉法者强，则国强；奉法者弱，则国弱。

【译文】国家不会永远富强，也不会长久贫弱。执行法令的人坚强，国家就会富强；执行法令的人软弱，国家就会贫弱。

【解读】语出《韩非子·有度》。韩非是战国法家思想的集大成者。“有度”，就是有法度。韩非把“奉法”作为治乱兴亡的关键，把“依法治理”看得高于一切，认为法度不论哪个国家都有，关键是掌握法度的人能否秉公执法。的确，在春秋战国时期，经历了数百年的动荡和混乱，失去行为规范的人们只顾眼前利益而不知路在何方，不依靠法治，任何国家都无法存续下去。所以韩非认为，只有以法治国，用法度来约束人们的社会行为，国家才能强大。

【原文】言不中法者，不听也；行不中法者，不高也；事不中法者，不为也。

【译文】言论不符合法律的，不听它；行动不符合法律的，不推崇它；事情不符合法律的，不去做它。

【解读】语出《商君书·君臣》。《君臣》篇是商鞅献给国君的书奏。商鞅认为，上古时代社会纷乱，所以圣人创制法度来建立社会秩序，肯定法度在社会生活中的重要性。作为国君，一定要把法律意识融化在思想中，真正地按法办事，这样国家就会得到治理，国君的地位就提高了。该句话对进行社会主义法制教育有借鉴意义。

【原文】世不患无法，而患无必行之法。

【译文】不担心世上没有法令，担心的是有法令而不能付诸实行。

【解读】出自汉代文学家桓宽的《盐铁论·申韩》。《盐铁论》是根据昭帝始元六年（前81）召开的盐铁会议的文件写成的政论性散文集，记述了御史大夫桑弘羊和从全国各地召集来的“贤良”“文学”们的辩论。桓宽认为，没有法律可以制定法律，法律不完善还可以补充，但是，有了法律却不按法律办事，或者对有些人按法律办事，对另外一些人不按法律办事，就会失去法律的尊严和价值。

【原文】理国无难似理兵，兵家法令贵遵行。

【译文】治理国家如同治理军队一样，并不困难，关键是军队的法令是严格遵照执行的。

【解读】语出唐代周昙《孙武》，表明了依法治国、公正执法、百姓守法的重要性。周昙是第一位采用叙议诗形式较系统评论春秋战国重要历史人物的唐代诗人。这首诗写的是春秋时期著名军事家孙武，后两句是“行刑不避君王宠，一笑随刀八阵成”。周昙认为，国家治理过程中，必须有像军队一样得以真正执行的严明法纪，执行是法律实施的途径、制定法律的目的。该句诗对于今天我们建设社会主义法治国家，坚持严格执法、公正司法具有重要借鉴意义。

【原文】法立，有犯而必施；令出，惟行而不返。

【译文】法律一经订立，凡有违犯者，必须实施惩治；命令一经发出，只有坚持执行，而不能违反。

【解读】该句出自唐朝诗人王勃的成名之作《上刘左相书》。这句话指出了法律的严肃性及建立法律威信的重要性。法律一经制定，不能朝令夕改，这牵涉法律制度的信誉基础；法律一经昭告天下，凡有违者，必究不贷。这句话对现在我们所说的严格执法具有重要指导意义，它告诉我们，法律的生命力在于实施，法律的权威也在于实施。以法治维护公平正义，严格执法是关键。法律面前人人平等，任何组织和个人都必须尊重宪法法律权威，都必须在宪法法律范围内活动，都不得有超越宪法法律的特权。

【原文】言非法度不出于口，行非公道不萌于心。

【译文】不合乎规矩制度的话语不说，不合乎公正道理的行为不想。

【解读】该句出自唐朝杨炯所著的《杜袁州墓志铭》。这句话表明，人人都要遵守国家的法律和制度，遵守社会、集体的规矩和准则，不去违犯，也不以言语冲撞，“言非法度不出于口”所体现的就是这样一种精神；人人都要持正义、行公道，做一个正直的人，不合公道的事不去做，连想也不去想，“行非公道不萌于心”所体现的就是这样一种人格。该句表现了一种修身严谨、为人方正的品质，可用于称颂人们在遵法守纪方面的修养，也可作为对人对己立身处事的要求。

【原文】守法持正，嶷如秋山。

【译文】恪守法令制度，主持正义，像高山一样不可动摇。

【解读】出自唐朝诗人刘禹锡所著的《司空奚公神道碑》。“神”，指死者，“道”指墓道，后来把刻在神道碑上的文字作为一种独立的文体，即称“神道碑”，主要用以记述封建统治阶级的上层人物。该诗以“秋山”比喻守法持正、刚直不阿的高尚品行，可谓形神俱似，用来赞扬执法如山的掌权人。

【原文】法令既行，纪律自正，则无不治之国，无不化之民。

【译文】只要法令畅通，纪律和风气自然清正，那么就没有治理不好的国家，也没有不能感化的人民。

【解读】该句话出自北宋包拯所著的《上殿札子》，强调明法、执法的重要性。宋仁宗庆历七年（1047），旱魔肆虐，民不聊生，包拯深感亢旱之灾不足惧，惧者乃“人知法令之不足信”，因此写下《上殿札子》，上呈仁宗皇帝。包拯认为，法度明，纪纲正，大治之势必成。包拯的法治主张及其执法如山的法治实践，给后人提供了极为珍贵的历史借鉴。

【原文】天下之事，不难于立法，而难以法之必行。

【译文】天下的事情，制定法令并不困难，难的是认真切实地贯彻执行。

【解读】这句话出自明朝张居正著的《请稽查章奏随事考成以修实政疏》，强调了执法、守法比立法更重要。张居正是万历时期的内阁首辅，辅佐万历皇帝开创了“万历新政”。作为有经验的政治家，他深知有法必依的重要性和实行当中的困难。当时军政败坏，危机重重。他在全国范围推行一条鞭法，改变赋税制度，使明政府财政有所改善，但因为政令难于完全贯彻，使他的改革受阻，不能全部生效，所以张居正提出了“天下之事，不难于立法，而难以法之必行”的经验之谈，值得后人深思。

【原文】*法者天下之公器，惟善持法者，亲疏如一，无所不行，则人莫敢有所恃而犯之也。*

【译文】法律是天下共同遵守的准绳，只有善于运用法律的人，不分关系亲疏，严格执法，无所回避，这样才能使所有的人都不敢依仗权势而触犯法律。

【解读】这是北宋司马光在《资治通鉴》中对“法”的定位。将军薄昭是汉文帝的舅舅，公元前 170 年，薄昭杀了汉朝廷的使者，文帝不忍以国法杀他，就派公卿与他喝酒，想让他自杀，薄昭不肯自杀；文帝又派群臣穿着丧服到他家中大哭，薄昭才自杀了。司马光对此事发表执法要严格、不分亲疏的意见，并认为，假设文帝因为亲情而赦免了他，那么与后来的汉成帝、汉哀帝时期又有什么不同呢！在社会生活中，不管什么人，不管职位多高，都必须遵法守法，不能超越法律，违法必究应该成为执政者的为政之道。

【原文】*治国者，必以奉法为重。法若不行，何以服人？*

【译文】治理国家，必须以奉法为重。有法而不执行，怎么可以服人呢？

【解读】该句出自明朝罗贯中的《三国演义》第九十六回，为三国时期蜀国侍中费祎的话，强调奉法在治理国家中的重要作用。当时马谡失守街亭后，诸葛亮依法挥泪斩马谡，并上表给蜀国后主，主动承担用人不当之罪，要求自贬三等。后主看表以后认为胜败乃兵家常事，不想把诸葛亮的自贬三等的请求当回事。侍中费祎就说了上面那句话，认为诸葛亮这样按法自责是适宜的。后主这才下诏，贬诸葛亮为右将军，行丞相事，照旧总督三军。

这句话也表明，违法者，必将受到严厉惩处，执法者亦然。在严明的法纪面前，领导干部更应做遵法、守法、执法的模范。

美德故事

李离伏剑

李离是春秋时期晋国掌管刑罚的最高长官。李离执法如山，刚正不阿，视法律比生命还重要。

有一天，李离在查阅过去的案卷时，发现了一起错杀案。原来，他误听了下属的一面之词，将被告误判了。李离感到惊骇不已，惭愧万分，觉得自己犯下了不可饶恕的罪过，给国家的法律抹了黑，不配再做执法的长官了。立即决定以死谢罪，让手下人将他捆起来，送到晋文公那里，请晋文公将他处死。

晋文公对李离这种严于律己的行为十分赞赏，也为他的诚心实意所震撼，亲自为他解开绳索，让他站起来，劝他立功补过。晋文公劝李离说："这件案子是你下属搞错的，并不是你的罪过。我怎能怪你呢？"李离长跪不起，坚持说："冤案铸成，我有了过错，怎么可以把责任推给下属呢？请国君将我处死吧！"晋文公进一步劝道："你认为下属出了事，责任在你身上。如果照你的逻辑来推论，岂不连我也有罪了吗？"李离回答说："我是掌管刑法的最高长官，国家法律早有规定：判错刑者要服其刑，杀错人者要偿其命。因此，处死我是理所当然的！如果我不死，那国家的法律还能受到人们的重视吗？"说完，李离猛地从卫士手里夺过宝剑，伏剑自杀了。晋文公阻拦不及，痛失直臣，唏嘘不已："李离勇于承担责任，决不文过饰非，太难得了。有的人渎职出错，别说自请依法制裁，就连认错的勇气都没有，这是何等的不同啊！"

曹操割发代首

曹操这位雄才大略的政治家和驰骋疆场的军事统帅，在严明军纪、屈己守法方面，堪称楷模。

公元 199 年，曹操准备和袁绍在官渡（今河南中牟县东北）进行决战。战前，曹操认为要夺取胜利，必须进一步整肃军纪，命令“全军将士，上至统帅，下至马夫，行军训练，不准践踏庄稼，不准打骂百姓，不准调戏女子，不准侵犯民利，违令者斩首。”从此，部队行军训练十分谨慎，遇有麦场，骑兵下马，扶麦而行。

曹操一次出巡，他乘坐的战马在途中受惊，跃入麦田，践踏一片麦苗。曹操忙从马上滚下，立即下跪，请求掌管军法的主簿按军令斩首示众。主簿觉得统帅乘骑踩了麦苗，是因为马突然受惊，解释道：“统帅违令，非同小人，可以免刑。”曹操见主簿不敢军法从事，便自拔佩剑意欲自刎。主簿手疾眼快，一把夺下宝剑。诸将纷纷下跪：“曹公，您身为全军之首，宏图未展，壮志未酬，怎能轻生？若将你斩首，全军将士何人统帅？当今天下何人统一？”曹操听了众将劝慰，深叹了一口气，恳切地说：“我虽不能斩首，但一定要加刑。”说着，又夺回利剑，唰的一声将自己的头发割下一大把，掷在地上，以代斩首，接着又下令传谕三军：统帅战马践踏麦苗，本当斩首，众将不允，遂割发代首，务望全军将士严守军法。全军将士得知此事，十分佩服曹操严于律己的精神，自觉遵守纪律。不久，曹操统率这支严明军纪的二万精兵，一举击败袁绍十万众兵，取得官渡决战的胜利。

戚继光斩子

戚继光，明代著名抗倭将领、军事家。戚继光出生将门，自幼便立志驰骋疆场、保家卫国，曾挥笔写下“封侯非我意，但愿海波平”的著名诗句。戚继光 17 岁时承袭了父祖历任的登州卫指挥佥事之职，25 岁时被提升为署都指挥佥事，担负起山东沿海防守海疆、抵抗倭寇的重任。

浙江临海市白水洋镇有一条花样石子街，花冠岩附近有一座太尉殿，相传都是为纪念戚继光的儿子戚印小将军而建的。那是明朝嘉靖年间，戚继光率领戚家军在海门一带抗倭。一次，约三千名倭寇在海门沿海上岸，准备去临海、仙居一带抢劫。戚继光命令儿子戚印领兵在双港与城西交界的花冠岩一带埋伏，自己出兵佯败，把倭寇引到上界岭，等倭寇全部进入包围圈后，再两军夹击，一举全歼。

戚小将军年轻气盛，交战心切，没等倭寇全部进入包围圈就下令擂鼓冲锋，结果让一部分倭寇逃脱了。戚继光回营升帐，因戚小将军没按照军令行事，下令推出去斩首。将士们都言戚印作战勇敢，杀敌有功，苦苦求情，说戚印虽然是触犯了军令，但其大败倭寇，也是有功之臣，可将功抵罪。戚继光不答应，说："我是一军主帅，如果我的儿子犯了军令可以不杀，以后还怎么带兵？军中的命令还有谁去执行？"于是，就在白水洋上街水井口这个地方，戚继光忍痛斩了儿子。

后来，当地百姓为了纪念这位打了胜仗又被斩首的戚小将军，就在水井口用小石子铺起了花样石子街，又在花冠岩山下修建了太尉殿。据说戚小将军死后被朝廷封为"太尉"，让人们永远记住这位古代小将的抗倭功绩，也永远记住戚继光铁面无私、从严治军的精神。

狄仁杰严格执法

唐高宗仪凤年间，狄仁杰升任大理丞，他刚正廉明，执法不阿，一年中判决了大量的积压案件，涉及 1.7 万人，无一冤诉，一时名声大振，成为朝野推崇备至的断案如神、摘奸除恶的大法官。

狄仁杰敢于犯颜直谏。仪凤元年（676），武卫大将军权善才误砍昭陵柏树，唐高宗大怒，命令将其杀死。狄仁杰奏罪不当死，唐高宗疾言厉色地说："善才斫陵上树，是使我不孝，必须杀之！"狄仁杰神色不变，据法说理："犯颜直谏，自古以为难。臣以为遇桀、纣则难，遇尧、舜则易。今法不至死而陛下特杀之，是法不信于人也，人何措其手足"，"今陛下以昭陵一株柏杀一将军，千载之后，谓陛下为何主？此臣不敢奉制杀善才，陷陛下于不道"，终于迫使唐高宗改变了主意，赦免了权善才的死罪。不久，狄仁杰被唐高宗任命为侍御史。任职期间，狄仁杰恪守职责，对一些巧媚逢迎、恃宠怙权的权要进行了弹劾。

武则天垂拱四年（688），博州刺史琅琊王李冲起兵反对武则天当政，豫州刺史越王李贞起兵响应。武则天平定了这次宗室叛乱后，派狄仁杰出任豫州刺史。当时，受越王株连的有六七百人在监，籍没者多达5000人。狄仁杰深知大多数黎民百姓都是被迫在越王军中服役的，因此，上疏武则天说："此辈咸非本心，伏望哀其诖误。"武则天听从了他的建议，特赦了这批死囚，改杀为流，安抚了百姓，稳定了豫州的局势。狄仁杰的才干与名望，得到了武则天的赞赏和信任，后来升任宰相。

民本

民本，即以民为本。“民”是一个政治意义的名词，在古代是指与君、臣相对的处于社会最下层的广大庶民。“本”即根本。民本，即要以“民”为根本。民本思想相对于“官本”“君本”等思想而言，其原意是中国古代的明君和贤臣为了维护和巩固其统治、维护社会稳定提出的一种统治观，主要表现为安民、恤民、体民、爱民等。民本是中国传统政治思维的重要特征之一。

中国古代民本思想源远流长、丰富多彩、底蕴深厚、泽被古今，是中华民族繁衍兴旺、中华文明悠远绵长的主要因素之一。从盘庚的“重民”、周公的“保民”到孔子的“爱民”、孟子的“贵民”、荀子的“民水君舟”，再到汉唐以来各式各样的民本论，民本思想不断被阐发和创新，发展成为中国传统政治文明的重要内容。中国古代民本思想主要可概括为以下三个方面：一是民为邦本，格外强调民众在国家中根本性的地位。“民为邦本”是民本思想的最重要的部分，其他民本思想都是围绕这一信条展开的。民本思想对于中国古代统治者的重要启示是，不能小视民力，要珍惜民力。对于民力不能无限地驱使，君主应该限制自己的欲望。二是制民恒产，即国君要给予百姓一定的生产资料，并且为生产创造一个良好的环境，不违农时，使民居有所安、食有所足。这是孟子从经济角度来论述民本思想，较之孔子的“为政以德”又进了一步。该主张下，要求统治者采取一种富民政策，使百姓安居乐业，这样社会才会各司所职，不造成社会的不稳定和混乱。三是教化民众，这是贯穿于儒家思想当中的一大内容。和法家思想不同的是，儒家不主张通过严刑峻法使百姓畏惧不去做一些违法乱纪的事情，对于民众，儒家更重视教化而不是惩罚。君主应该“为政以德”，而不是实行苛政，苛政猛于虎，终将激起百姓的反抗，不会长久。

在我国历史发展的长河中，传统民本思想一直发挥着重要作用，是历史上一些贤臣清官重视民意的为政之道，也是古代社会中的仁人志士据以对抗专制君主的重要思想武器，具有一定的历史进步性。但是由于历史和阶级的局限，传统民本思想无法摆脱君主专制主义时代的束缚，他们从君王的角度出发，为君王提出一系列“保国安民”的主张，往往没有脱离自己的阶级利益。与现代民主相比，中国传统民本思想强调了“为人民的统治”，而忽略了“人民的统治”。只有在无产阶级领导的政权之中，人民当家做主，民本才不再是统治人民而成了人民的统治。共产党人所提出的“全心全意为人民服务”“代表人民的根本利益”“以群众满意为标准”“权为民所用，情为民所系，利为民所谋”“执政为民”“群众利益无小事”“尊重和保护人权”“以人为本，促进人的全面发展”等一系列思想，是对中国传统民本思想的继承与发展。新中国诞生以来，特别是改革开放30多年来，令人瞩目的取消农业税、全力推进医疗卫生体制改革、构建现代公共文化服务体系等大工程都是民本工程，是我国历史上第一次使民本思想真正地付诸实施的具体体现。

我们党的根基在人民、血脉在人民、力量在人民。中国共产党90多年光辉历程启示我们，立党为公、执政为民的宗旨，使我们从人民群众中汲取了巨大的精神力量。正是这种力量让我们创造了中国奇迹、书写了中国震撼、找到了中国道路。习近平总书记履新之始就将“人民”作为我们党治国理政的核心价值，强调亲民有真感情、爱民有真措施、利民有真成效。他在纪念毛泽东诞辰120周年座谈会上发表重要讲话指出：“人民是我们党的工作的最高裁决者和最终评判者。如果自诩高明、脱离了人民，或者凌驾于人民之上，就必将被人民所抛弃。任何政党都是如此，这是历史发展的铁律，古今中外概莫能外。”这句话值得所有的官员好好品读。领导干部要赢得群众的真心拥戴，就必须把以人为本、执政为民作为第一追求，始终把一切为了人民幸福作为最大的执政责任和追求。一是为民要摆正主仆位置。要破除“官本位”思想，牢记自己是人民的公仆，时刻摆正自己和人民群众的位置，多想群众的福祉、少想个人的“政绩”，做到权为民所用、情为民所系、利为民所谋。二是为民要强化公仆意识。是心系群众还是心系自己，是为群众谋利益还是为自己谋私利，这是党员干部政治上合格不合格、作风上过硬不过硬的分水岭。领导干部必须不断洗涤思想情感上的尘埃，对人民群众常怀忧虑与急切，诚心诚意干实事，尽心竭力解难事，坚持不懈做好事。三是为民要常怀忠诚之心。领导干部只有忠于党、忠于祖国、忠于人民，才会心安理得、神定气壮、近荣远辱。只有立足岗位创先争优，忠诚于党和人民的伟大事业，常修为政之德，常怀为民之心，才能赢得人民群众的支持和信任。

经典名句

【原文】 皇祖有训，民可近不可下，民惟邦本，本固邦宁。

【译文】 祖先早就传下训诫，人民是用来亲近的，不能轻视与低看；人民才是国家的根基，根基牢固，国家才能安定。

【解读】 这句话出自《尚书·五子之歌》。大禹之孙太康，因为没有德行，长期在外狩猎不归，招致百姓反感，被后羿侵占了国都。太康的母亲和五个弟弟被赶到洛河边，追述大禹的告诫而作了《五子之歌》。历数中国的王朝更迭可以看出，政治腐败、横征暴敛、民不聊生，往往是王朝灭亡的主要原因。人民安定，政权才能稳定，这是颠扑不破的历史真理。

【原文】 政之所兴在顺民心；政之所废在逆民心。

【译文】 政令能够推行，在于顺应民心；政令所以废弛，在于违逆民心。

【解读】 这句话出自《管子·牧民》。管子认为，政权的成败在于人心的顺逆。在对人性深刻分析的基础上，管子还提出了百姓有对忧患劳苦、贫困低贱、危险灾祸、家族灭绝的“四恶”及对安逸快乐、富足显贵、生存安定、生育繁息的“四欲”，能满足百姓的“四欲”避免“四恶”，民心自然也就归顺了。

【原文】 意莫高于爱民，行莫厚于乐民。

【译文】 没有比爱护百姓更高尚的品德，没有比让百姓快乐更宽厚的行为。

【解读】 这句话出自《晏子春秋·内篇·问下》。书中记载叔向向晏子请教：“什么样的品德是高尚的？什么样的行为才是宽厚的？”晏子如是作答。其实，这句话还有对应的下一句。叔向又问：“什么样的品德是低劣的？什么样的行为是卑贱的？”晏子答：“没有比苛待百姓更低劣的品德，没有比祸害百姓更卑贱的行为。”晏子此言深刻地阐释了为官者应尽的职责。为官者正己爱民，从来都是一种备受推崇的为官风范；而残民害民的行为，从来都是受到世人反对和抨击的。

【原文】 圣人无常心，以百姓之心为心。

【译文】 贤明的统治者没有个人主观成见，而是把百姓的心愿作为自己的心愿。

【解读】 这句话出自《老子》第四十九章。从积极入世的儒家、权谋机变的法家到崇尚无为的道家，在先秦时代，诸子百家的思想主张虽然有诸多针尖对麦芒之处，但有一点却达成了共识，即要重视民心。老子认为，真正贤明的统治者，是“无我”的，考虑问题、发布政令不能从自身的想法、利益出发，不能固执己见，而要多听取百姓的意见，把民意放到第一位。相反，许多引发官府与民众矛盾的举措，正是以“己心”代替“民心”所导致的。

【原文】 百姓足，君孰与不足；百姓不足，君孰与足？

【译文】 百姓富足，国君又怎么会不富足呢？百姓不富足，国君又怎么能算得上真正的富足呢？

【解读】 这句话出自《论语·颜渊》，是孔子弟子有若答鲁哀公所问“年饥，用不足，如之何”时所言，也是对孔子“政在使民富”的富民思想的发挥。民富与国富就好像小河与大河的关系一样，对大河来说，小河是“源”：正是小河不断地汇聚，才有大河的浩浩荡荡、奔腾不息。对于国家来说，同样遵循这一规律：只有百姓经济的盈实，才有国家的富裕、国运的昌盛。

【原文】 民为贵，社稷次之，君为轻。

【译文】老百姓是最为宝贵的，社稷是次要的，国君则是分量最轻的。

【解读】这句话出自《孟子·尽心下》。“民贵君轻”是孟子最为著名的思想主张之一，认为民众、社稷和国君这三者之间，唯独民众是不可取代的，所以对于一个国家来讲，老百姓是最重要的力量。孟子坚决反对帝王拥有绝对权力，他将君臣关系视为互相制约、互相对等的相对义务关系，得到民心才可以做国君，反之国君就可以被人民赶下台。

【原文】君者，舟也，庶人者，水也；水则载舟，水则覆舟。

【译文】国君好比是船，而普通百姓好比是水，水能让船在上面行驶，也能让其倾覆。

【解读】这句话出自《荀子·王制》。国君得天下、治天下都要依靠老百姓，荀子的这一思想为历代开明的统治者所接受，唐太宗就曾经在《论政体》一文中借用荀子的思想说道：“君，舟也；人，水也；水能载舟亦能覆舟”。千百年来的历史大舞台也在不断地证明着这一道理：凡是施行仁德之政、顺民心、不断修德于天下的贤君，都使国家昌盛兴隆；反之，施暴政、逆民心的国君，最终必将走向毁灭。

【原文】人视水见形，视民知治不。

【译文】人从水中可以看到自己的形象，从百姓精神面貌可以知道国家的治理状况。

【解读】这句话出自《史记·殷本纪》。殷，即殷商，中国历史上第二个朝代。这句话正是其开国君主成汤在征讨不祭祀的诸侯葛伯时说的，是有据可查的最早的“镜子论”，表明早在奴隶社会就已将民情状况作为衡量统治好坏的标准。此后，“以民为镜”的观念被历代开明统治者所接受。镜子不会说谎，总是忠实地反映出美丑。同样不会说谎的，是群众的眼睛和话语。民众最了解政策的好坏，自己说好不算好，民众说好才是真的好。国家治理有道，民众必然安居乐业；反之，必然国不安宁。

【原文】去民之患，如除腹心之疾。

【译文】清除百姓的祸患，如同去除自己的心病一样。

【解读】这句话出自宋代苏辙的《上皇帝书》。苏辙向宋神宗提出这一观点，意在让皇帝推己及人，与民同忧，设身处地为百姓着想。句中的“腹心”，即肚腹和心脏，都是人体重要器官，比喻要害或中心部分。把百姓疾苦提升到“腹心之疾”的高度，说明“去民之患”刻不容缓、不可稍懈。用今天的话说，就是群众利益无小事，必须把民生问题当做重要问题来抓。

【原文】 窃闻致理之要，惟在于安民，安民之道，在察其疾苦而已。

【译文】 我听说实现国家安定的关键，就在于使百姓安居乐业，而要让百姓安居乐业，就必须体察他们的疾苦。

【解读】 这句话出自明代张居正的《请蠲积逋以安民生疏》。农耕时代，“流民”不仅会影响经济、影响民生，而且会带来政治动荡。因此，“安民”就是一项非常重要的任务。如何能让民安？张居正说，要体察他们的疾苦。隐含的后半句，就是给人民解决令他们疾苦的问题。但这种“察其疾苦”不能流于形式主义的花架子，而是要真正地考察使民众疾苦的问题，想出对策，解决问题。

【原文】 利民之事，丝发必兴；厉民之事，毫末必去。

【译文】 凡是于民有利的事情，再小也要推行；于民有害的事情，再小也必须革除。

【解读】 这句话出自清代经学家万斯大的《周官辨非·天官》。在这里，万斯大把“利民”作为执政治国的价值标准，具有民本思想的积极意义。中国传统民本主义中的利民思想随着时代的发展不断深化，并逐渐展现其本身所应具有的普世价值。万斯大的老师、明末清初的思想家黄宗羲倡导：“不以一己之利为利，而使天下受其利；不以一己之害为害，而使天下释其害。”

美德故事

林则徐为民请命

林则徐是中国历史上一位非常著名的人物，他不仅以严禁烟毒、奋起抗击英国侵略者扬名天下，而且以“民惟邦本”的执政理念、勤政廉政的崇高官德垂范后世。

1832年，林则徐任江苏巡抚。这时的江苏，还没有从上年的大水灾破坏中复苏，接踵而来的却是更加艰难的饥岁凶年。1833年夏秋之际，江、扬、淮、徐一带大雨滂沱，沿江府县十之七八一片汪洋。江南也连遭风雨，晚稻损失过半，棉花收成无望。接二连三的天灾，把农民逼到“口食无资”“生计日蹙”的绝境。

林则徐打算向道光帝奏报，请求缓征江南漕赋，拨发赈粮，让濒临死亡边缘的百姓能活下去。江浙是全国最富庶的地区，也是清朝财政收入的主要来源地，道光帝岂肯轻放？道光帝先发制人，下谕旨指责“近来江苏等省几于无岁不缓，无年不赈”，影响了国家收入，还训斥林则徐等“不肯为国任怨”，只知沽名钓誉。这等于要封住林则徐的口，但林则徐“昼见阴霾之象，宵闻风雨之声”，想到“吴民旦夕就毙”寝食难安，爱民如保赤子的情怀使他不顾自身安危，单衔（单独署名，这里指林则徐怕连累好友两江总督陶澍，一改清朝政事督抚联名奏疏的惯例，表示独任其咎）上疏，为民请命。

林则徐在奏折里据理力争：“国计与民生实相维系，朝廷之度支积贮无一不出于民，故下恤民生正所以上筹国计，所谓民惟邦本也。……小民口食无资而欲强其完纳，即追呼敲扑，法令亦有时而穷。”他向道光帝说明了人民的利益是国家的根本这样一个道理，又暗示道光帝，一味追逼，竭泽而渔，农民就要起来造反了。

道光帝权衡利害，同意了林则徐的请求。消息传开，老百姓感动得相聚哭泣，从此历史上也留下了一段佳话。

范仲淹爱民

范仲淹是北宋著名的政治家、文学家，史称“宋朝第一人”。他从小出身贫苦，入仕从政后，十分关心民生疾苦。

有一年，蝗灾、旱灾蔓延全国，淮南、京东等地灾情严重。当时，范仲淹请求朝廷巡察处理，朝廷却置之不理。他十分气愤，冒着丢官甚至杀身之祸质问皇帝宋仁宗：“宫中的人如果半天不吃饭，会怎样呢？江淮等地饥民遍野，怎能熟视无睹，不予救济？”皇上无言以对，便派他去安抚灾民。

范仲淹每到一地，就开官仓赈济灾民，发官钱救济百姓，并带领群众生产自救。和百姓在一起的日子里，他看到饥饿的人们常常挖一种叫“乌味草”的野草充饥，尝一尝，粗糙苦涩难以下咽。回京时，范仲淹特意带回“乌味草”，呈献给宋仁宗，请他传示六宫贵戚、朝廷上下，以劝诫他们勿忘百姓之疾苦，杜绝奢侈之恶习。范仲淹带回京城的不仅仅是几棵“乌味草”，个中蕴涵的是他对老百姓的一贯深情。

范仲淹在邓州做官时，有一天与官员们登楼宴饮，刚想举杯，突然看见楼下有几个身穿孝服的人，正沮丧地在整理殡葬用具。他连忙放下酒杯，叫人去问，原来是一位穷书生新近病故，朋友们想把他葬在近郊，但一件陪葬物品也没有。范仲淹听罢潸然不语，食不甘味，当即下令撤掉酒席，拿出钱来，叫人好好安葬。

罢宴、赠金，算不上造福民生的大功大德，但贵为一方之守的范仲淹，居然为一名穷书生的不幸而情动如此，怎不令人肃然起敬！

白居易放水筑堤

唐朝时期，有一年，杭州大旱，老百姓天天到衙门里去请求大老爷：赶快放西湖水，救救农田。可是，那些官府大老爷，只知整天在西湖上寻欢作乐，却一直不理不睬。

一天，百姓们又熙熙攘攘地赶到衙门里来，要求大老爷放西湖水，有的喊：“青天大老爷，赶快放西湖水，救救农田吧！”有的喊：“大老爷，再不放西湖水，我们百姓都活不下去啦！”

闹得那位大老爷睡也睡不安，吃也吃不香，只好亲自到衙门口，怒气冲冲地对百姓说：“谁说放西湖水？把西湖水放了，那湖里的鱼龙就没有地方栖息啦！”

这时，只见人群中走出一个长着五绺长须的老汉，不慌不忙地反问道：“鱼龙与百姓的性命相比，哪一个要紧？”

大老爷一听，又气呼呼地说：“谁说放西湖水？把西湖水放了，那菱角就不能生长了！”

老汉冷冷地一笑，又反问道：“菱角与稻米相比，哪一种重要？”

大老爷一听，更加气急败坏：“谁说放西湖水？放了西湖水，对皇上洪福不利！”

其实，这位大老爷想说的是对自己的官运不利，怕说得太露骨了，触犯众怒，就把当今皇上抬了出来，吓唬吓唬老百姓。

谁知那老汉一听这话，更生气了，他理直气壮地反问道：“皇上与百姓相比，哪一个要紧？假如没有百姓种稻谷给他吃、做衣服给他穿，他还当得成皇帝吗？”

周围的百姓们，听了大老爷的话，条条无理，早想大骂他一顿，现在听了这位老汉的话，驳得句句有力，都高兴得跳了起来：“他说得对！他说得有理啊！”

大老爷早已气得浑身发抖：“你，你是哪一个？胆敢当众顶撞老爷，煽动百姓！”那老汉又微微一笑，说：“问我哪一个？我就是白居易！”大老爷一听，原来新上任的白居易到了，这老头儿，当今皇上也怕他三分，不好硬顶，连忙打躬作揖地说：“原来是新任的刺史白大人到啦！下官有失远迎，当面谢罪。请，请到衙内休息一下。”

老百姓听说这老汉就是白居易，有的还读过他关心百姓的诗篇，都说：“白居易来做我们的父母官，我们的农田有救了！”

果然，第二天，碧绿的西湖水，哗哗地流进了附近的农田，干枯的稻禾像喝上了甘露，“唰”地一下子直起了腰。百姓们望着哗哗的湖水流进自己的农田，兴奋得掉下眼泪来。

后来，白居易又访问了附近农家，在钱塘门外，修了一条堤，造了一座石涵闸，把湖水贮存起来。他又恐怕后代的地方官不了解堤坝对人民的利害关系，亲自写了篇《钱塘湖石记》（当时西湖又叫钱塘湖）刻在石碑上，详细写明堤坝的用处，以及蓄水、放水和保护堤坝的方法。百姓都围拢来看这块石碑，当看到上面写着放一寸湖水能够灌溉多少顷田时，大家都为白居易深知百姓疾苦精密设计了这个水利工程，感动得热泪滚滚。

傅光宅心系百姓

在聊城市东昌府名门望族中，有两个傅家，一个是“御史傅”家，代表人物是御史傅光宅，再就是“阁老傅”家，代表人物是清朝开国状元傅以渐。

傅光宅，字伯俊，号金沙，4 岁诵诗，16 岁精通四书五经，万历年间进士出身，是个出了名的清官，他心系百姓的故事传遍大明朝野上下。

傅光宅任吴县知县时，吴县号称是江南首邑，但弊端很多。经调查发现，吴县的土地大都集中在少数乡绅大户手里，贫苦农民靠打长工生活，受尽盘剥，辛苦劳动一年仍不能养家糊口。万般无奈，有些流民便沦为盗贼，还有些人被逼拉帮结伙，占山为王，打家劫舍。全县上下，社会动荡不安，百姓人人自危。

傅光宅采取标本兼治的办法。首先采用了土地累积征税法：50 亩以内，照章纳税；50 亩至 99 亩者，多交三分之一；过 100 亩者，加倍纳税。这种政策的出台，目的是减少土地过于集中的状况，尽可能做到农民有地种。遇到灾年，傅光宅就开仓救荒，赈济灾民；遇到平年，在青黄不接的时候，他就实行以青苗抵押借贷的办法，使农民渡过难关。这一系列措施的实施，不仅有效地减少了高利贷对农民群众的盘剥，而且做到了人人有饭吃。而对那些地痞流氓、打家劫舍者，则派官兵进剿镇压。这些措施的落实，使治安逐年好转。

傅光宅一边抓治理，一边抓育人。他积极倡导村村办私塾，人人学识字，使百姓懂得仁、义、礼、智、信；对优秀诸生设立经艺奖，选拔地方名流，形成学习的风气。读书明理，逐渐让人们树立了遵纪守法的观念，社会风气得到改观。

同时，他根据吴县的地理环境，积极组织农民发展植桑养蚕，种植茶树、果树，不仅解决了农民的吃粮问题，而且提高了农民的经济收入。

经过几年的治理，革除弊政，用法宽厚，吴县呈现出富甲天下、路不捡遗、夜不闭户的太平盛世。从此，傅光宅享誉江南。此事传至京城，皇帝大悦，升他为河南道监察御史。

1585 年，神宗皇帝制敕，召傅光宅进京。抓住这一机遇，他想多为老百姓说几句话。于是，他当朝上疏了六件大事：

为了发展生产，防止土地过于集中，使农民有地种，要采取累积征税制，超过一顷土地者，要加倍征税。

灾年要开仓赈荒，在平年青黄不接时，官府要开仓借贷，以防大户高利贷的盘剥。

要号召农民植桑养蚕，山地沙滩要植茶、果树，发展养殖业，以增加农民的收入。

为了调动农民发展开采业的积极性，要制订优惠办法，在前三年减免官税，给予包括资金在内的大力支持，并促进使其形成规模，以增加国税，充实国库。

对危害社会治安的，首恶者严惩，协从者从宽；要在农户中实行连坐法，使百姓相互监督，预防犯罪。

设立私塾，让尽可能多的人接受教育，形成遵纪守法的社会风气。

傅光宅的上疏完全是他在吴县任知县时实践过的经验，条条言之有理。因此，神宗皇帝惊喜万分，不仅一一采纳，还嘉奖了傅光宅。

求新

求新，就是求变化、求发展、求进步。对于求新的重要性，中国人很早就有深刻认识。“苟日新，日日新，又日新”，这可能是在谈及求新问题时被引用最为广泛的一句古语了。类似的说法还有《诗经》里的“周虽旧邦，其命维新”、《韩非子》里的“世异则事异，事异则备变”等。中国传统的求新精神表现在文字，潜藏于心灵，塑造成气质，决定了国运。

中国古代的求新精神主要来自于传统文化中的“生生日新”“自强不息”的思想。“生生日新”“自强不息”出自我国最古老的文献之一《易传》中的“天地之大德曰生”“日新之谓盛德，生生之谓易”“天行健，君子以自强不息”。“生生日新”就是指事物产生后不断发展，并且到一定程度就发生质的变革，又产生出新事物。“生生日新”的思想使人们比较容易接受进化和变革的观念，相信推陈出新是历史的必然趋势，这对创新是极为有利的。“自强不息”意即天体永远不停地运动，道德修养高的人应效法天体，依靠自己不断强大，永不停息。“自强不息”思想激励人们为了国家、民族的强盛而努力奋斗，不断进取、开拓创新，故“自强不息”思想是中华民族变革创新的精神源泉。正是具有了“生生日新”“自强不息”的思想，中国才有各个历史时期、各种领域、各个方面的各种各样的创新，中华民族才能历经磨难而绵延至今。因此，“生生日新”和“自强不息”的思想是中华民族求新精神的原动力。

古人的求新精神主要表现在治学为人日新、生产生活中注重创新及社会制度革故鼎新等三个方面。治学为人日新，就是说在治学为人之道上，追求为学日新、品德日盛。商朝的开国君主成汤曾经在澡盆上铭刻警言，激励自己每天要在精神上弃旧图新；孔子“发愤忘食，乐以忘忧，不知老之将至”，“定五经，明六艺”，创立儒学，成就了文化上的巨大创新；荀子专门写了劝学篇激励人们“学不可以已”，要“青，出于蓝而胜于蓝”；程颐提出“君子之学必日新，日新者日进也。不日新者必日退，未有不进而不退者”；增广贤文中说“学如逆水行舟，不进则退”。这些都表达了古人在治学为人上的求新精神。古人在生产生活中注重创新的例子更是多不胜数。古代著名的四大发明，就是人们在生产生活中悉心观察创造出来的。在社会制度的革故鼎新方面，比如说西周初年的分封制，在当时的历史条件下是一大进步；秦始皇取消分封制，建立了郡县制，这又是社会制度的一大创新、进步。历史上著名的李悝变法、吴起变法、邹忌的改革、申不害改革、商鞅变法、刘裕改制、王安石变法、戊戌变法等，也都体现了在社会制度上的求新精神。

对于现代人来说，具备求新精神同样重要。首先，求新精神有利于推动我们的学习。习近平总书记曾用“新办法不会用，老办法不管用，硬办法不敢用，软办法不顶用”来描述部分领导干部的“本领恐慌”。为什么会出现“本领恐慌”？很重要的一个原因就是求新精神缺乏。求新精神不足，难免会思想懈怠、墨守成规或骄傲自满、故步自封，从而疏于学习，懒于学习。“学习是文明传承之途、人生成长之梯、政党巩固之基、国家兴盛之要”，读书学习，是领导干部加强党性修养、坚定理想信念、提升精神境界的一个重要途径。我们国家历来讲究读书修身、从政立德，而这都需要求新精神作为动力。其次，求新精神有利于推动社会进步。“创新是一个民族进步的灵魂，是一个国家兴旺发达的不竭源泉，也是中华民族最鲜明的民族禀赋。”求新，这一中华民族的传统美德，在今天已经转化为一种时代的创新精神，为我们党和政府所一再强调。无论是稳中求进推动转型发展还是守护环境建设“美丽中国”，无论是完善制度提升治理能力还是激发活力构筑文化强国，在习近平总书记的执政思路中，创新始终占据着重要位置。“迎接挑战，最根本的是改革创新”。所以，我们在现代化建设中，要充分发扬求新创新的精神，最大限度地支持创新创造，让各行各业创新人才竞相涌现，让全社会的创造活力充分释放。

经典名句

【原文】凡益之道，与时偕行。

【译文】对事物发展有益的方法就是，依据形势的变化而变化。

【解读】这句话出自《周易·益卦》。益卦是《周易》六十四卦中的第四十二卦。益，表明这个卦所代表的状态对主方有益。万事万物都是处于不断的发展变化之中的，只有把握现实脉搏、跟上时代发展，顺势而为，才能始终走在前列，立于不败之地。所以说，真正的创新不是故弄玄虚、任意而为，而是要根据外在事物的发展规律随时自我调整。成语“与时俱进”即来源于此。

【原文】穷则变，变则通，通则久。

【译文】事物到了山穷水尽的地步就必然有所变化，变化则能通达，通达则能长久。

【解读】这句话出自《周易·系辞下》。它道出了一个颠扑不破的真理，世间万物，均有一个发生、发展和衰落的过程，到衰落阶段时，就必须寻求变化以谋出路。如果一味因循守旧而不思改变，就只能画地为牢、坐以待毙；反之，若能顺应环境变化而做出相应调整，则可绝处逢生、化险为夷。成语“穷则思变”即由此而来。

【原文】治世不一道，便国不法古。

【译文】治理国家不一定只用一种方法，只要对国家有利，就不必效法过去。

【解读】这句话出自《商子·更法》。商子即商鞅，战国时期杰出的政治家，法家代表人物。商鞅是战国时期没落贵族的后裔，他从小就“好刑名之学”，即建立和巩固地主阶级专政的一套法家学说。公元前 361 年，秦孝公下令求贤，商鞅应召入秦，进献富国强兵之策，提出了变法的政治主张。商鞅的变法主张遭到了保守贵族的反对，这句话正是商鞅在与保守势力论战时提出的，带有鲜明的革新精神。

【原文】 是虽常是，有时而不用；非虽常非，有时而必行。

【译文】 正确的东西尽管总是正确的，有时却不能采纳；错误的东西尽管总是错误的，有时却必须实行。

【解读】 这句话出自《尹文子·大道上》。《尹文子》为战国时期齐国稷下学派代表人物尹文所著。尹文子认为，是非的标准虽然具有一定的客观性，但是，在不同的情境或历史条件之下，正确的东西可能不再适用，错误的东西也可能变得有合理性。所以说，人在处理现实问题时不能思想僵化、墨守成规，而要懂得灵活变通，敢于独辟蹊径。

【原文】 路漫漫其修远兮，吾将上下而求索。

【译文】 前方的道路还很漫长，但我将百折不挠、不遗余力地去追求和探索。

【解读】 这句话出自屈原的代表作《离骚》。屈原，战国时期楚国人，因不满楚怀王听之不聪，邪曲害公，忧愁幽思而作《离骚》。《离骚》是一首宏伟壮丽的政治抒情诗，其中的这句成为激励人们不断探索新知的千古名句。它启示我们，人生之路是漫长的、不平坦的，人应该有一颗积极进取的心，不断地追寻真理，尽管前进的路上会有汗水，甚至还有眼泪，但唯有奋斗不息，才能在求新求变中最大限度地实现自己人生的价值。

【原文】 法与时移则治，治与世宜则有功。

【译文】 法度能够跟着时代一起变化，就会使国家安定；治理的方法能够与社会实际相适应，就会有成绩。

【解读】 这句话出自《韩非子·五蠹》。它反映的是战国末期韩非子的变法主张。韩非子认为，社会是变化发展的，政治法律制度和治国方法也应该随之而变化，不能因循守旧、墨守成规。如果时代已经变化了，而法律制度和治理国家的方法不变，那么，国家就会出现混乱。所以说，好的为政者不能不加辨别地仿古，不能墨守成规，而是要研究现实的情况，据此采取相应的措施。

【原文】苟日新，日日新，又日新。

【译文】如果能每天除旧更新，就要持之以恒。

【解读】这句话出自《礼记·大学》。它是商朝的开国君主成汤刻在澡盆上的警词，旨在激励自己自强不息、创新不已。文中三个“新”字，本义是指洗澡除去肌肤上的污垢，使身体焕然一新，在这里引申为精神上的弃旧图新。这句简洁隽永的古语从动态角度强调了要不断革新自我，其所折射出的主动适应时代、积极推动发展的向上朝气，已经沉淀为中华民族创新思想的源泉。

【原文】沉舟侧畔千帆过，病树前头万木春。

【译文】沉船旁边有很多行船飘然而过，萎靡的大树前面各种各样的植物开始展现蓬勃的生机。

【解读】这句话出自唐代刘禹锡的《酬乐天扬州初逢席上见赠》。“乐天”，指白居易。这首诗是刘禹锡酬答挚友白居易的诗。白居易认为刘禹锡才华横溢却不得重用，颇为他抱不平。对此，刘禹锡在酬诗中以沉舟、病树比喻自己，认为事物都是变化发展的，逆境也是暂时的。因为这两句诗形象生动，至今仍常常被人引用，并赋予它以新的意义，说明新事物必将取代旧事物。

【原文】君子之学必日新，日新者日进也。不日新者必日退，未有不进而不退者。

【译文】君子对于学习一定要日日有新的进步，日新就是每天都要有进步。不天天进步就一定会天天退步，从来没有既不进步又不退步的事情。

【解读】这句话出自北宋程颢、程颐的《二程集·河南程氏遗书·卷第二十五》。它和“学如逆水行舟，不进则退”一样，都阐明了一个道理：人要不断学习新的知识，不断更新自己的思想，不然必将导致落后。古人尚且如此，在日新月异、瞬息万变的现代社会，我们要想跟上时代节拍而不被竞争激烈的社会所淘汰，更必须有一颗奋发向上、积极进取的心。

【原文】昨日是而今日非矣，今日非而后日又是矣。

【译文】昨天正确的事情今天可能变得不正确，今天不正确的事情后天可能又正确了。

【解读】这句话出自明代杰出思想家李贽的《藏书·世纪列传总目前论》，是李贽在对盲目推崇圣人之言的儒学教条进行抨击时所提出的观点。李贽认为，是非的价值标准具有时代性，道学先生“咸以孔子之是非为是非”，是十分荒唐的。孔子之是非只是他生活的那个时代的是非判定，不能被当做固定不变的原则。李贽的这一观点具有很强的批判意识和求新思想，在当时社会上引起了不小的轰动。

美德故事

仓颉造字

仓颉是黄帝的史官，黄帝统一华夏之后，感到用结绳的方法记事远远满足不了要求，就命他的史官仓颉想办法造字。

于是，仓颉就在当时的洧水河南岸的一个高台上造屋住下，专心致志地造起字来。可是，他苦思冥想，想了很长时间也没造出字来。说来凑巧，有一天，仓颉正在思索之时，只见天上飞来一只凤凰，嘴里叼着的一件东西掉了下来，正好掉在仓颉面前，仓颉拾起来，看到上面有一个蹄印，可仓颉辨认不出是什么野兽的蹄印，就问正巧走来的一个猎人。猎人看了看说：“这是貔貅的蹄印，与别的兽类的蹄印不一样，别的野兽的蹄印，我一看就知道。”仓颉听了猎人的话很受启发。他想，万事万物都有自己的特征，如能抓住事物的特征，画出图像，大家都能认识，这不就是字吗?

从此，仓颉便注意仔细观察各种事物的特征，譬如日、月、星、云、山、河、湖、海，以及各种飞禽走兽、应用器物，并按其特征，画出图形，造出许多象形字来。这样日积月累，时间长了，仓颉造的字也就多了。

仓颉把他造的这些象形字献给黄帝，黄帝非常高兴，立即召集九州酋长，让仓颉把造的这些字传授给他们，于是，这些象形字便开始应用起来。为了纪念仓颉造字之功，后人把河南新郑县城南仓颉造字的地方称作“凤凰衔书台”，宋朝时还在这里建了一座庙，取名“凤台寺”。

王安石变法

王安石是北宋著名的政治家和文学家。

王安石22岁那年考中进士，以后就在地方上做官。后宋仁宗把他调到京城，让他管理财政。这时，他向仁宗呈上了一篇上万字的奏疏，提出了变法的主张。可是，宋仁宗并不重视，把它搁起来了。王安石见朝廷没有改革的决心，再加上自己和执政大臣又意见不合，因此就在母亲去世时辞职回乡。

公元1067年，宋神宗赵顼（xū）即位。这一年，宋神宗才20岁，很想有所作为。早在即位以前，他就听人讲到王安石，说这人很有才能。因此，他一登皇位，就想起了王安石，命王安石担任江宁（在今南京）府知府。没几个月，他又把王安石调到京城，担任翰林学士。王安石到京以后，宋神宗就召见他，问他："你认为要治理好国家，需从哪儿下手？"王安石毫不迟疑地说："变风俗，立法度，这是当务之急。"宋神宗连连点头称是，并说："希望你好好帮助我变革朝政。"

公元1069年，宋神宗任命王安石为副宰相，第二年又任命他为宰相。当时，朝廷中的宰相和副宰相有好几个，有的年老怕事，有的反对变法。王安石知道，要跟这些人一起实行变法，显然是不可能的。他一担任副宰相，就经过神宗批准，马上建立了一个主持变法的新机构——制置三司条例司，并任用了一批新人。这个机构名义上是王安石和另一个官员两人掌管的，实际上都由王安石主持。

王安石的变法主张遭到了大官僚、大地主等保守派的反对。他们议论纷纷，不断咒骂王安石，攻击变法。对于外面的议论，宋神宗也听到了。他对王安石说："外面有人说，朝廷不怕天变，不顾舆论，不遵守祖宗法度，你怎么看？"王安石回答说："陛下认真处理政务，做每件事都担心伤害百姓，这就是害怕天变。陛下听从臣下的忠告，这就顾到了舆论。况且，对于人们的舆论，也要看一看是否合理，如果我们做得合理，就不怕别人说长道短。至于祖宗的法度，也是经常变的，不能死守着不放。"王安石赶快派人到各地察看农田水利和赋役等方面的情况，加紧制订新法，颁布天下。新法的推行，收到了显著的效果，有力地推动了北宋社会经济的发展。

黄道婆衣被天下

黄道婆出身于贫苦农民家庭，因不堪忍受公婆、丈夫的非人虐待，从家里逃出来随船到了海南岛的崖州，即现在的海南崖县。

在封建社会，一个从未出过远门的年轻妇女只身流落异乡，人生地疏，无依无靠，面临的困难可想而知。但是淳朴热情的黎族同胞十分同情黄道婆的不幸遭遇，接受了她，让她有了安身之所，并且在共同的劳动生活中，还把他们的纺织技术毫无保留地传授给她。

后来，她从崖州返回故乡，回到了乌泥泾。黄道婆重返故乡时，植棉业已经在长江流域大大普及，但纺织技术仍然很落后。她回来后，就致力于改革家乡落后的棉纺织生产工具。

当时淞江一带纺纱都是用旧式单锭手摇纺车，功效很低，要三四个人纺纱才能供上一架织布机的需要。黄道婆跟木工师傅一起，经过反复试验，把用于纺麻的脚踏纺车改成三锭棉纺车，使纺纱效率一下子提高了两三倍，而且操作也很省力。这种新式纺车很容易被大家接受，因此在淞江一带很快地推广开来。

黄道婆除了在改革棉纺工具方面做出重要贡献以外，她还把从黎族人民那里学来的织造技术，结合自己的实践经验，总结成一套比较先进的“错纱、配色、综线、絜花”等织造技术热心向人们传授。

当时乌泥泾出产的被、褥、带、帨等棉织物，上有折枝、团凤、棋局、字样等各种美丽的图案，鲜艳如画，一时“乌泥泾被”不胫而走，附近上海、太仓等地竞相仿效。这些纺织品远销各地，很受欢迎，很快淞江一带就成为全国的棉织业中心，历几百年而不衰，这伟大的成就离不开黄道婆的求新精神。

鲁班发明锯子

鲁班，姓公输，名般。因“般”和“班”同音，古时通用，故人们常称他为鲁班。鲁班的一生在机械、土木、手工工艺等方面有很多发明创造。

一年夏天，鲁国国王要鲁班监工营造一座宫殿，期限为3年。但是这座宫殿所需的木料，足够鲁班等工匠们到山上伐木3年。这可急坏了鲁班，因为国王的话就是圣旨，是不允许随便更改的，如果真的耽误了工程进度，就有被杀头的危险。鲁班愁得连觉也睡不踏实。为了加快砍伐木料的进度，鲁班只好每天提前上山选择要砍的树木。

这天，天色刚蒙蒙亮，鲁班便迎着晨曦，踏着夜露，提前出发了。为了节省时间，鲁班便抄小路走，可是小路坡陡路滑，而且横七竖八地长满了小树、杂草，行走非常不便。

鲁班只好搀着树木、拽着茅草往上爬。忽然，脚底一滑，身体便顺着山坡往下滚去。鲁班情急之中，急忙抓住一把茅草，由于没有抓牢，反而感到掌心疼痛无比。滑到山脚，鲁班狼狈地爬了起来，伸开手掌一看，掌心已是鲜血淋漓。

鲁班非常惊奇，为何一把茅草能够划破人的手掌。鲁班顾不得疼痛，沿着滑下来的山坡爬上去一看，这丛茅草与别的草没有两样。鲁班不甘心，便揪下一根茅草仔细地观察起来。原来，这茅草的叶子很怪，叶子两边都长着锋利的小细齿，人手握紧它一拽，手掌就会被划破。鲁班又试着用茅草在他的手指上拉了一下，果然又划开一道血口。

鲁班正想俯身探究其中的道理，忽然看到近处有一只大蝗虫，两枚大板牙一开一合，很快地吃着草叶。鲁班把蝗虫捉住细看，发现蝗虫的大板牙上也排列着许多小细齿。

鲁班从这两件事中得到启发，心想：如果仿照茅草和蝗虫的细齿，来做一件边缘带有细齿的工具，用它来锯树，岂不比斧砍更快、更好吗？

鲁班忘记疼痛，转身下山，做起试验来。在金属工匠的帮助下，鲁班做了一把带有许多细齿的铁条。鲁班将这件工具拿去锯树，果然又快又省力。锯子就这样发明了。

这个故事虽然是传说，但是，我们从中可以得到这样的启发：在生活中要做有心人，只有处处留心观察，注重发明创造，才能事半功倍地解决问题。

“杂交水稻之父”袁隆平

袁隆平是中国杂交水稻研究创始人，被誉为“杂交水稻之父”。他说他成功的“秘诀”，就是“知识、汗水、灵感、机遇”这八个字：知识是创新的基础，汗水就是要脚踏实地地苦干，要有灵感，要抓住机遇。

1960年罕见的自然灾害带来了严重的粮食饥荒，一个个蜡黄脸色的水肿病患者倒下了……袁隆平的5尺之躯也直接经历了饥饿的痛苦。袁隆平目睹了严酷的现实，辗转反侧不能安睡。他决心努力发挥自己的才智，用学过的专业知识，尽快培育出亩产过800斤、1000斤、2000斤的水稻新品种，让粮食大幅度增产，用农业科学技术战胜饥饿。他依据对遗传学已有的较深的认识，对试验田里的退化植株仔细观察和统计分析，不仅论证“鹤立鸡群”的稻株是“天然杂交稻”，而且从其第一代的良好长势充分证明水稻也存在明显的杂交优势现象，试验结果使他确信，搞杂交水稻的研究具有光明的前景！可是，杂交水稻是世界难题。因为水稻是雌雄同花的作物，自花授粉，难以一朵一朵地去掉雄花搞杂交，这样就需要培育出一个雄花不育的稻株，即雄性不育系，然后才能与其他品种杂交。这是一个难解的世界难题。袁隆平知难而进，他认为，雄性不育系的原始亲本，是一株自然突变的雄性不育株，也能天然存在。中国有众多的野生稻和栽培稻品种，蕴藏着丰富的种子资源，是水稻的自由王国，“外国没有搞成功的，中国人不一定就不能成功”。袁隆平迈开了双腿，走进了水稻的莽莽绿海，去寻找这从未见过、中外资料没见过报道的水稻雄性不育株。时间一天天过去，袁隆平头顶烈日，脚踩烂泥，驼背弯腰地、一穗一穗地观察寻找。“功夫不负有心人”，终于在第14天发现了一株雄花花药不开裂、性状奇特的植株，袁隆平欣喜若狂……经过多年的研究实验，杂交水稻终于在全国培育成功并大面积推广，袁隆平名声大震，但他并没有自我满足。

20世纪80年代初期，面对世界性的饥荒，袁隆平心中再一次萌发了一个惊人的设想，大胆提出了杂交水稻超高产育种的课题，试图解决更大范围内的饥饿问题。袁隆平凭着丰富的想象、敏锐的直觉和大胆的创造精神，认真总结了百年农作物育种史和20年“三系杂交稻”育种经验，以及他所掌握的丰富的育种材料，于1987年提出了“杂交水稻育种的战略设想”，高瞻远瞩地设想了杂交水稻的两个战略发展阶段，即三系法为主的器种间杂种优势利用，两系法为主的籼粳亚种杂种优势利用，一系法为主的远缘杂种优势利用。这是袁隆平杂交水稻理论发展的又一座新高峰。随着杂交水稻在世界各国试验试种，杂交稻已引起世界范围的关注。国际水稻研究所所长、印度前农业部长斯瓦米纳森博士高度评价说："我们把袁隆平先生称为'杂交水稻之父'，因为他的成就不仅是中国的骄傲，也是世界的骄傲，他的成就给人类带来了福音。"

这就是袁隆平的故事，他从湖南省偏僻的安江农校里走来，从一个山村中等农校的青年教师成长为举世瞩目的名人，登上了"杂交水稻之父"的宝座，靠的正是他丰富的知识积累、勤奋的努力以及大胆探索、积极求新求变的精神。在现代这个日新月异的大变革时代，这种求新精神弥足珍贵，值得我们好好学习！

尚贤

尚贤是我国优秀传统文化的重要组成部分。“尚”，就是尊崇的意思；“贤”，本义指“多才”，但依中国古代政治传统论，“贤”还有“善”的含义。《吕氏春秋》中讲：“以和氏之璧与百金以示鄙人，鄙人必取百金矣；以和氏之璧与道德之至言以示贤者，贤者必取至言矣。”可以看出，贤人就是指有德有才之人，尚贤就是尊重、重用有德有才之人。

中国古代是“人治”社会，即所谓“为政在人”，“贤人所归，则其国强”。因此，作为统治者，其治国之纲势必就是用人之道，即所谓的尚贤使能。殷周时期，周文王和姜太公讨论圣贤之君的治道，姜尚列出的第一条就是“上贤，下不肖”。后来周公旦摄政，思贤若渴，礼贤下士，“一沐三握发，一饭三吐哺，犹恐失天下之士”，传为历史美谈。春秋战国之际，贤人政治备受推崇。打破贵贱出身的社会偏见，不拘一格选用人才，成为一条重要的治国经验。齐桓公曾问郭国父老亡国之因，父老回答说：“国君爱贤人而不任用，恨坏人而不罢除，所以导致了亡国。”齐桓公深受启发，遂重用鲍叔牙荐举的管仲为相，“九合诸侯，一匡天下”，成就霸业。

尚贤思想在诸子百家的学说之中均有反映。孔子讲：“大道之行也，天下为公，选贤与能，讲信修睦。”孟子主张：“贤者在位，能者在职”，他所提出的可致“无敌于天下”的五项国策中，第一项即为“尊贤使能，俊杰在位”。荀子高度推崇“尚贤使能”，将“贤能不待次而举，罢不能不待须而废”列为“王者之政”。墨子曾经系统论述“尚贤”的思想，把使用人才上升为治乱兴衰的根本国策，认为“尚贤者，政之本也”。墨子提出任贤的标准有三条，凡“厚乎德行，辩乎言谈，博乎道术者”，就要量才而任用、量功而分禄。法家选官突出“能”而重“事功”。李悝提出“为国之道，食有劳而禄有功，使有能而赏必行、罚必当”，申不害提出“见功而与赏，因能而授官”，商鞅提出“国以功授官与爵”，韩非子提出“推功而爵禄，称能而官事”。

总结中国古代的尚贤思想，可以看出其有三个显著特征：一是重视人才的道德修养，认为“明主之任人，馋谀不迩乎左右，阿党不治乎本朝”，“贤愚在心，不在贵贱；信欺在性，不在亲疏”。二是善于辩证地看待人才，认为“人不可以求全，必舍其所短，取其所长”，“善作者不必善成，善始者不必善终”，“采购者破石拔玉，选士者弃恶取善”。三是注重选贤制度化。汉武帝建立察举征辟制度，就是选贤的一种制度化。隋唐兴起的科举制，进一步将选官制度与教育制度结合了起来，尚贤使能成为国家意志。史载唐太宗为网尽天下贤人欣欣然，“尝私幸端门，见新进士缀行而出，喜曰：‘天下英雄入吾彀中矣！’”传统的尚贤思想尽管有其深刻的阶级实质，但这一思想对于推动社会进步和提高劳动人民的社会地位还是起到了很大作用。在古代社会，尚贤是一种美德，对于现代社会来说，同样需要将尚贤作为一种美德发扬光大。我们党历来高度重视选贤任能，始终把选人用人作为关系党和人民事业的关键性、根本性问题来抓。习近平总书记在全国组织工作会议上的讲话中提出了信念坚定、为民服务、勤政务实、敢于担当、清正廉洁的好干部标准。他还强调说，用一贤人则群贤毕至，见贤思齐就蔚然成风。选什么人就是风向标，就有什么样的干部作风，乃至就有什么样的党风。所以，在今天，我们需要批判地学习古人的尚贤思想，将它转化为我们现代的执政美德。对于领导干部而言，要认真思考怎样才是好干部、怎样成长为好干部；而对于组织工作者来说，还要全面思考怎样把好干部选出来、用起来。

经典名句

【原文】明王之任人，谗谀不迩乎左右，阿党不治乎本朝。任人之长，不强其短；任人之工，不强其拙。

【译文】圣明的君王用人，不让专于谄媚、讨好或说别人坏话的人待在身边，不让结党营私的人在朝中存在。用人要用其所长，不强行用其所短，让他们去干那些各自擅长的工作，不要强行让他们去干那些不会干的事情。

【解读】这句话出自《晏子春秋·内篇问上》。齐景公问晏子古代的君王是如何用人的，晏子如是作答。这段话可以分为两个层次来理解：一是说为政者在用人上要注重德行，溜须拍马、搞小团体、搞小圈子的人坚决不能用；二是对于可用之人，要灵活对待，不能苛求，要善于扬长避短。

【原文】尚贤者，政之本也。

【译文】崇尚贤能的人，是为政的根本。

【解读】这句话出自《墨子·尚贤》。“尚贤”是墨子明确提出的关于用人的政治主张。墨子反对儒家“亲亲有术，尊贤有等”的看法，主张统治者打破血统界限，不拘出身，不论贵贱，从各阶层中选拔有真才实学之人，给他们地位和权力，同时将那些尸位素餐、无德无能的官员清理出去。墨子的“尚贤”思想是对旧的世卿世禄制度的否定，有利于广大平民阶级争取自身的政治权力，在当时无疑具有很大的进步意义。

【原文】宰相必起于州部，猛将必发于卒伍。

【译文】宰相必定是从地方下层官员中提拔上来的，猛将必定是从士兵队伍中挑选出来的。

【解读】这句话出自《韩非子·显学》。州部指古代地方基层行政单位；卒伍为古代军队基层编制，五人为伍，百人为卒。韩非子强调国家的文臣武将，特别是高级官员和将领，一定要有基层实际工作经验。因为只有来自基层，才更了解百姓的疾苦和战场的形势，才能够更好地处理政务，领兵作战；反之，如果缺乏基层历练，就有可能纸上谈兵，误国误民。

【原文】千羊之皮，不如一狐之掖；千人之诺诺，不如一士之谔谔。

【译文】一千个人说恭维话，不如一个人说真话有价值，这就好比一千张羊皮抵不上一只狐狸腋下的皮毛珍贵一样。

【解读】掖，通“腋”。这句话出自西汉司马迁的《史记·商君列传第八》。这是策士赵良对商鞅所说的话。由这句话可以看出，古人对敢于直言进谏的人才是多么珍视。谔谔之士不为尊者讳，不为条框所囿，语能切中时弊，行能刚正不阿，重用这种正直之人，才能于国于民有利。谔谔之言，多是逆耳之言、肺腑之声、超人之见。“良药苦口利于病，忠言逆耳利于行”，广开言路才能择善而从。用今天的话来说，多听谔谔之言，对领导干部冷静地思考问题和正确地作出决策不可或缺，对营造良好的民主氛围也大有裨益。

【原文】百里奚居虞而虞亡，在秦而秦霸，非愚于虞而智于秦也，用与不用，听与不听也。

【译文】百里奚在虞国，后来虞国灭亡了；百里奚到了秦国，却辅助秦王称霸诸侯了。不是这个人在虞时是个笨蛋，到了秦国就变聪明了，关键在于这样的人才会不会得到使用，他的谋略会不会被采纳。

【解读】这句话出自《史记·淮阴侯列传》。百里奚为秦穆公时贤臣，著名的政治家、思想家。在主持秦国国政期间，使秦国成为春秋五霸之一，为秦国最终统一中国奠定了牢固基础。百里奚的故事告诉我们，不仅要有善于发现人才的慧眼，而且发现了人才一定要重用人才。人才重在使用，在使用中发现，在使用中成长，在使用中发挥作用，在使用中增长本领。

【原文】盖有非常之功，必待非常之人。

【译文】要建立不寻常的功业，必须依靠不寻常的人才。

【解读】这句话出自东汉班固的《汉书·武帝纪第六》。元光年间，司马相如为西南夷事上书汉武帝，其中有句话引起了汉武帝的注意：“盖世必有非常之人，然后有非常之事；有非常之事，然后有非常之功。非常者，固常人之所异也。”汉武帝对这句话颇为欣赏，以至二十多年后又在诏书中将其概括为“盖有非常之功，必待非常之人”。千秋基业，人才为先，现代社会，推进改革发展大局，实现伟大的民族复兴，这一不寻常的功业同样离不开优秀人才的支撑。

【原文】 都蔗虽甘，杖之必折；巧言虽美，用之必灭。

【译文】 甘蔗虽然味道甜美，但当做手杖来拄则必定断折；小人的花言巧语听起来很舒服，但按照它去办事则必定失败。

【解读】 这句话出自三国时期曹植的《矫志诗》。曹植“生乎乱，长于军”，学识渊博，抱负非凡，20岁随军西讨马超，23岁典禁兵，继之在政治上初试锋芒，是个颇有政治头脑的诗人。他认为君主要重视对群臣的考察，避免让徒有虚名而无实才之人占据要位，要从长期的斗争实践里去考察群臣，正所谓“道远知骥，世伪知贤”。用人行事不能光看外表，只图个人一时的舒服，而要讲求实效，要对长远发展有利。不然的话，必然会自食恶果。

【原文】 邦之兴，由得人也；邦之亡，由失人也。得其人，失其人，非一朝一夕之故，其所由来者渐矣。

【译文】 国家兴盛，在于拥有人才；国家灭亡，则是因为丧失人才。得人也好，失人也好，都不是一朝一夕所致，而是长期发展变化的结果。

【解读】 这句话出自唐代白居易的《策林·辨兴亡之由》。《策林》是唐代诗人白居易于元和元年（806）参加制举试前拟作的一部时事论文集，共75篇。《策林》从时务政治出发，主要探讨为君为圣之道、施政化民之略、求贤选能之方、整肃吏治之法、省刑慎罚之术、治军御兵之要等八方面问题。上面这段话出自《策林》之十四“辨兴亡之由”。这句话引用《周易》中的“非一朝一夕之故，其所由来者渐矣”指出事物兴衰的规律，提出治国理政必须洞察历史周期律。“渐”，是一个量变过程，但量变会引起质变，用人上的不正之风长期存在，久而久之，必然导致严重后果。

【原文】 为治之要，莫先于用人。

【译文】 治理国家的关键，首推用人。

【解读】 这句话出自北宋司马光的《资治通鉴·魏纪五》。古代汉语中“为政”与“为治”语意相同。司马光把人视为为治的关键，进一步讲到用人难在知人，识别人才的根本在于领导者是否至公至明。领导者至公至明，那么下属有无能力便会一目了然；反之，考核机制必将成为徇私、欺骗的凭借。

【原文】 我劝天公重抖擞，不拘一格降人才。

【译文】 我劝圣上能重新振作精神，不墨守成规，大胆重用人才。

【解读】 这句话出自清代龚自珍的《己亥杂诗》。天公，表面指玉皇大帝，实际代指当时的最高统治者皇帝。抖擞，即振作精神。在这首诗中，作者用比喻的手法表达了对清王朝统治下死气沉沉的政治局面的强烈不满，表达了对国家民族前途的深切忧思和变革社会的强烈愿望。龚自珍希望最高统治者能够认识到人才匮乏的危机，打破成规，提拔和任用一批人才，以改变国家积弱不振的局面。

美德故事

刘备三顾茅庐

诸葛亮，字孔明，苦读经书，熟悉历朝兴衰的历史，潜心钻研兵法。他常以春秋战国时的管仲、乐毅自比，是难得的一位将才、谋士，自称“卧龙”。

善于网罗人才的刘备闻知，高兴地说：“我需要这样的人才！”并表示哪怕山高路远，行走不便，也非亲自去请他不可。

深冬的一天，刘备带着关羽、张飞，到隆中邀请诸葛亮。谁知诸葛亮恰好不在家，刘备只好扫兴而归。

刘备回到新野，不断派人到隆中打听诸葛亮何时在家。当打听到诸葛亮外出已经回到家时，刘备当即决定二请诸葛。这时，张飞不以为然地说：“一个平民百姓，派个武士把他叫来就得了，犯不着让你一再去请。”刘备说：“诸葛亮是当代大贤，怎么能随便派个人去叫他呢？你还是痛痛快快地跟我去吧。”刘备说服了张飞，叫上关羽，三人骑马直奔隆中而去。

这一天，北风呼啸，大雪纷飞，冷得实在使人难忍。张飞对着刘备大嚷：“我等何苦找此罪受！不如等天晴再说。”刘备却说：“贤弟，咱们冒此大风雪，不怕山高路远，去请诸葛，不正表明了我们的一片诚意吗？”三人继续往前赶路。不料，这一次刘备又未见到诸葛亮，只好写了一封信托诸葛亮的弟弟转交，说明来意，并表示择日再访。

第二年春天，刘备更衣备马，决定第三次去拜访诸葛亮。张飞、关羽竭力劝阻。关羽说：“我们两次相请，都未见到他，想必他徒有虚名，不敢前来相见。”张飞更是带着轻蔑的口吻说：“我们已仁至义尽，这次只需我一人前往，他如若不来，我就将他绑来见你。”刘备连忙说道：“不得无礼，没有诚意哪能请到贤人呢？”刘备三人飞马直奔隆中，到了诸葛亮的草庐前。此时诸葛亮正在午睡。刘备唯恐打扰诸葛亮，不顾路途疲劳，屏声敛气地站在门外静候，直到诸葛亮醒来才敢求见。

刘备见了诸葛亮，说道：“久慕先生大名，三次拜访，今日如愿，实是平生之大幸！”诸葛亮说：“蒙将军不弃，三顾茅庐，真叫我过意不去。亮年幼不才，恐怕让将军失望。”刘备却诚恳地说：“我不度德量力，想为天下伸张正义，振兴汉室。由于智术短浅，时至今日，尚未达到目的，望先生多多指教。”

刘备谦虚的态度、诚恳的情意，使诸葛亮很受感动。于是诸葛亮终于答应了刘备的请求，怀着统一全国的政治抱负，离开了隆中茅庐，出任刘备的军师。他忠心耿耿地辅佐刘备，为“三国鼎立”局面的确立做出了巨大贡献。

周文王渭水访贤

商朝姜子牙是个有雄才大略的人，他胸怀济世之志，想施展自己的抱负，可是一直怀才不遇，大半生在穷困潦倒中度过。转眼已到了垂生暮年，两鬓白发苍苍，他听说当朝贤主周文王的圣名后，便来到渭水河畔，假借垂钓之名来观望时局，希望能得到周文王的赏识，使自己的才华得以施展。

时间一年一年过去了，他的头发由花白变成了全白。他在渭水河边钓鱼也很久了，在他投竿抛饵、两膝跪踞的石头上，已磨出了两个浅浅的小坑。人们见他一直垂钓，却毫无收获，都劝他放弃，他却说：“你们不懂其中的奥妙！”依旧垂钓。

一天，周文王打算出去打猎，占卜的结果说：“出猎所获不是龙也不是貘，不是虎也不是熊，而是能够辅佐你成就霸业的人才。”周文王又回想起梦中先人说过的话“圣人出现之日，就是周拯兴之时”，于是满心欢喜地外出打猎，不经意间就来到了渭水之滨。幽静的林间传来了阵阵马的嘶鸣，喧哗的人声也由远而近。姜子牙看见一个王者打扮的人向这边走来。文王见这位垂钓老者一副超然物外的神情，便上前与他交谈起来。

姜子牙不失时机地告诉文王自己的身世，两人谈得非常投机。让周文王惊讶的是，一个天天以钓鱼为乐的穷老头，对天下大事及国家的武攻文治知道得这样清楚，知识又是如此的渊博，而且观点新颖、见解独到。他还发现这个钓鱼的穷老头对五行数术及用兵之法有很深的造诣。求贤若渴的周文王从姜子牙睿智、机敏的谈吐中发现，此人正是自己所要寻访的大贤。他高兴地感叹：“我的先祖太公，早就寄希望于你啦！”

于是周文王用最隆重的礼节款待他，并把他让上自己坐的马车，可是这个穷老头还真不识抬举，看到周文王这么尊重他，他反倒摆起谱来。周文王坐的马车他不但不上，还非得让周文王亲自背他回城。这可难为了周文王：不背吧，国家朝廷求贤若渴，正是用人才的时候，不能失去这位难得的人才；背吧，面子又不好看，自古以来哪有国君背臣民的？为了国家兴旺就不要考虑个人面子了。想到这，周文王真的背起姜子牙向城中走去。走了一小段的路程后，把周文王累得满头大汗，气喘吁吁，趴在周文王背上面的姜子牙似乎一点也不知体谅别人，看到把文王累成这样，嘴里却总是说：“再多走几步……”周文王实在走不动了，就把姜子牙放了下来。周文王这时累得顾不上国君的面子，坐在地上满脸流汗。姜子牙看着累得汗流满面的周文王，笑着对他说：“你一共背我走了二百九十四步，我要保你大周江山二百九十四年，一步一年呀。”说完他又哈哈大笑起来。文王听姜子牙这么一说，立刻来了精神头，也不感觉累了，一骨碌爬起来，拽过姜子牙还要背。这时姜子牙笑着说：“再背就不灵了，就二百九十四年吧，我们坐车回城。”

后来，姜子牙又辅佐文王之子武王灭了商纣王，武王也尊他为军师和先生。东周从公元前 770 年到公元前 476 年，恰好是 294 年，正应了当年周文王背姜子牙的 294 步。

鲍叔牙慧眼识管仲

春秋时期，鲍叔牙和管仲二人是好朋友，彼此相知很深。

他们两人曾经合伙做过生意，分利的时候，管仲总要多拿一些。别人都为鲍叔牙鸣不平，鲍叔牙却说："管仲不是贪财，而是他家里穷呀。"管仲几次帮鲍叔牙办事都没办好，而且他三次做官都被撤职，别人都说管仲没有才干。这时，鲍叔牙又出来替管仲说话："这不是管仲没有才干，只是他没有碰上施展才能的机会而已。"更有甚者，管仲曾三次被拉去当兵参加战争，而且三次逃跑。人们讥笑地说他贪生怕死。鲍叔牙再次直言："管仲不是贪生怕死之辈，他家里有老母亲需要奉养啊！"

后来，鲍叔牙当了齐国公子小白的谋士，管仲却为齐国的公子纠效力。两位公子在回国继承王位的争夺战中，管仲曾驱车拦截小白，引弓射箭，正中小白的腰带，小白弯腰装死，骗过管仲，日夜驱车抢先赶回国内，继承了王位，称为齐桓公。公子纠失败被杀，管仲也成了阶下囚。

齐桓公登位后，要拜鲍叔牙为相，并欲杀管仲报一箭之仇。鲍叔牙坚决辞掉相国之位，并指出管仲之才远胜于己，劝说齐桓公不计前嫌，用管仲为相国。齐桓公于是重用管仲。

果然，如鲍叔牙所言，管仲的才华逐渐施展出来，终于使齐桓公成为春秋五霸之一。

张良求师尚贤

张良，秦末汉初时期杰出的军事家、政治家，汉高祖刘邦的谋臣，"汉初三杰"之一。

张良年轻时，曾计划要刺杀暴君秦始皇，失败后，为躲避官府通缉，潜藏在下邳。

有一天，张良闲游到一座桥上，遇见一位穿褐衣的老翁。那老翁见张良走近，便故意将鞋坠落桥下，让张良下桥去捡。张良很不高兴。等张良把鞋捡上来交给老翁时，老翁又让他帮着把鞋穿上。于是，张良跪着帮老翁穿上了鞋。老翁没客气，笑眯眯地离开了。临走时留下了一句话："小子可教矣！5天后黎明时分在这里等我。”张良按老翁的指示，5天后天刚亮，他就来到桥上，不料老翁早待在那里，见了张良便怒斥道：“跟老人约会迟到，岂有此理。过5天再早些见我。”说完就离去了。

又过5天后，鸡刚打鸣，张良便匆匆地赶到了桥上，可是不知怎么的，他还是比老翁来得晚。老翁这回更不高兴了，只是重复了一遍上回说的，就拂袖而去了。这下张良可着急了。又过了5天，他索性觉也不睡了，在午夜之前便来到桥上等着。

一会儿老翁来了，见着他便点头称是。从袖中拿出一本书，很神秘地说：“你读了这本王者之书，就可以做帝王的先生了。10年之后，兵事将起。再过13年，你到济北，可以与我重逢，谷城山下的那块黄石，便是我的化身。”说完飘扬而去。

天一亮，张良打开书一看，原来是太公望兵法书。张良特别高兴。后来，张良认真研读黄石老翁授给的那部兵法书，真的当上了汉高祖刘邦的高级参谋，帮助汉高祖刘邦统一了全中国，开创了历史上有名的大汉王朝。

唐太宗不计前仇用魏征

唐太宗李世民开创了我国历史上有名的“贞观之治”，这个封建盛世的典型一直被国人引以为豪；虚心纳谏的李世民不计前仇大胆重用敢于犯颜直谏的魏征，这个识才用才的故事一直被后人广为传颂。

在唐高祖李渊执掌朝政时，魏征原是太子李建成的主要谋士，魏征曾为太子李建成出谋划策除掉李世民。李世民取得皇位后，是为太宗。在追查李建成余党时，魏征被李世民抓获。按当时惯例，理当治其灭门之罪甚至株连九族。但太宗李世民是个明智重才的皇帝，没有这样做。太宗在审问魏征时问道：“你为什么为李建成出谋划策，与我作对？”魏征态度坦然并无惧色，说：“人各为其主，可惜李建成不听我的劝告，否则今日胜负成败尚未可知！”太宗见他机警刚直，是个难得的人才，便不计前仇，不仅没有给他治罪，而且加以重用，任命他为谏议大夫。魏征任谏议大夫后，对唐太宗经常提出切中时弊的建议和批评，其中许多意见还很尖锐激烈，魏征从而成为我国历史上一位对盛唐的发展起过重要作用的颇负盛名的大唐名臣。

魏征死时，唐太宗痛哭流涕地说：“以铜为镜，可以正衣冠；以古为镜，可以知兴替；以人为镜，可以明得失。朕常宝此三镜，以防己过。魏征死后，遂亡一镜矣！”

魏征死后第二年，太宗远征高丽，大臣们听之任之，结果大败而归、劳民伤财、损失惨重，又不禁想起魏征，十分感叹地说：“假如魏征在世，一定不会让我有这番举动。”

唐太宗虚怀若谷、虚心纳谏、不计前仇重用魏征，它给后人树立了“广开才路和广开言路”的榜样，更给后人传扬了“知人善任”“任人唯贤”的美德，其意义已超出“贞观之治”的范畴，其启迪已打破历史的界限，至今，依然给国人以教化，给国人以力量。

尊师

尊师，是指尊敬师长，它是中国的传统美德。“尊师”一词最早出自战国晚期的《礼记·学记》，文中说：“凡学之道，严师为难。师严然后道尊，道尊然后民知敬学”，“大学之礼，虽诏于天子无北面，所以尊师也”。《汉书·萧望之传》也说：“国之将兴，尊师而重傅。”古往今来，尊师重道已经演变和固守为传统，且代代相传。古人所列举的应该受到特别尊崇的对象“天地君亲师”中，老师占有一席。民间“俗以天地君亲师五者合祀，比户皆然”。儒家经典《白虎通义》特别强调：人有三尊，君父师是也。老师被列入与君、父共同受特殊尊敬的行列。

古人认为，教师是知识、伦理道德、价值观念的传授者，是道德和学术的代表者，理应受到全社会的尊重。古代尊师的内涵主要有：一是把师纳入天地君亲的序列加以推崇。《礼记·礼运》说：“天生时而地生财，人其父生而师教之。四者君以正用之。”战国末期，荀况更明确提出了“天、地、君、亲、师”的说法。二是君主礼遇教师。汉明帝曾以帝王之尊亲执弟子之礼，对自己的老师敬爱有加。帝王将相对教师的谦恭循礼，对民众是一种表率作用。三是形成了一整套尊师的行为规范和礼仪习惯，主要包括祭师、侍师、敬师、继师等礼仪。古人创造出一整套敬师尊长的文明礼貌的称呼，如先生、师父、师傅、恩师、严师、良师，把老师的话称作是教导、教诲、训诫、赐教等等，同时要求，见到老师要鞠躬敬礼让路，同行时要让老师先行，老师施教时要恭敬谦虚、严肃等。四是教本在师，师善则善。强调尊师是以讲究师德为前提的，素有“严于择师”的传统，强调教师要德才兼备、敬业乐教、以身作则。

古代的尊师，具有广泛的社会性，尊师敬长不仅在民间百姓、学生、士大夫中形成风尚，上层统治阶级也大力提倡，并身体力行，做出表率。中国历史上尊师重教的故事不胜枚举：苏章“负笈求师，不远千里”，欧阳修虚心求教携酒拜师尹师鲁，杨时为求教于程颐而“程门立雪”，魏昭亲自为老师熬药终成大器，等等。当然，尊师传统作为不同历史形态的积淀物，既有精华，也有糟粕，如对老师唯命是从、老师因地位不同受人尊重程度不同等观念带有封建等级色彩和阶级烙印。尽管如此，但其尊重知识、崇智尚学的基本精神仍具有现实意义。

在我国，许多老一辈革命家为我们树立了尊师的榜样。1937 年，毛泽东给他的老师徐特立写贺信祝寿：“你是我二十年前的先生，你现在仍然是我的先生，你将来必定还是我的先生。”1941 年，周恩来为著名教育家马寅初赠送对联：“桃李增华坐帐无鹤，琴书作伴支床有龟。”朱德非常敬重私塾先生席聘三，总是提前到塾馆里帮先生挑水、烧饭、清扫院子，先生生病时守在床前，情同父子。新中国成立以后，特别是改革开放以来，尊师重教的优良传统在全社会得以弘扬。国家决定从 1985 年起将每年的 9 月 10 日定为教师节，从而确立了人民教师的政治地位；《中华人民共和国教师法》自 1994 年 1 月 1 日起正式实施，这是中国教育史上的第一次，它的实施对在全社会牢固树立尊师重教、尊师敬长的良好风尚起到了重要的保障作用。

尊师重教本质是尊重知识、尊重教育、尊重人才。近年来，习近平总书记多次考察、讲话、批示，从尊师重教、社会责任、注重人才等多个层面发表论述，表达对中国教育的重视、对中国教师的尊敬。习近平总书记在致全国教师慰问信中指出，全社会要大力弘扬尊师重教的良好风尚，使教师成为最受社会尊重的职业。因此，我们要继承和发扬中华民族尊师的传统美德，大兴尊师之风。首先，各级党委、政府要为教育发展和教师的工作、生活创造良好条件，要广泛开展尊师重教活动，引领尊师重教风气。近年来，国家表彰的全国教书育人楷模、最美乡村教师等，在全社会引起强烈反响，广泛宣传他们的先进事迹，使尊师重教蔚然成风。其次，要将尊师礼节落到实处。《礼记·学记》中说："师严，然后道尊；道尊，然后民知敬学"，维护师道尊严，不仅要求学生的言行举止体现出对老师的尊敬和礼貌，更要从内心里敬重老师，并严格按照老师的要求去做。第三，教师要无愧于人类灵魂的工程师。尊师也对教师提出了更高的要求。广大教师一定要自觉增强立德树人、教书育人的荣誉感和责任感，学高为师、身正为范，做学生健康成长的指导者和引路人。只要我们积极努力，尊师重教的良好风尚必将在全社会发扬光大。

经典名句

【原文】天地君亲师。

【译文】天、地、君王、父母、老师。

【解读】"天地君亲师"也被称为人之五伦，把老师纳入天、地、君王、父母的序列加以推崇。该思想发端于《国语》，形成于《荀子》。明朝后期以来，普遍把它作为祭祀对象。清雍正初年，第一次以帝王和国家的名义，确定"天地君亲师"的次序，并对其意义进行了诠释，特别突出了"师"的地位和作用。从此，"天地君亲师"就成为风行全国的祭祀对象。这充分地表现出中国民众对老师的尊重，体现出中国民众的敬天法地、孝亲顺长、忠君爱国、尊师重教的价值取向。

【原文】国将兴，必贵师而重傅。国将衰，必贱师而轻傅。

【译文】一个国家将要兴盛的时候，一定会尊重教师。一个国家将要衰败的时候，一定会格外轻贱教师。

【解读】此语出自《荀子·大略》，《大略》篇收集的荀子言论比较概括简要，反映出荀子思想的大概，编者把它总题为"大略"。该句话深刻地阐明了国家兴衰与尊敬教师的关系。教师的地位和作用，直接关系到国家的前途和命运。尊师重傅，社会才能文明，国家就会兴盛；贱师轻傅，人就会放纵性情，国家就会走向衰败。

【原文】 学之经，莫速乎好其人，隆礼次之。

【译文】 学习途径最便捷的是崇敬良师，其次那就是崇尚礼仪了。

【解读】 此语出自《荀子·劝学》，强调了学习最重要的途径是尊师和崇礼，并且尊师比崇礼更重要。荀子认为，《礼经》《乐经》有法度但嫌疏略，《诗经》《尚书》古朴但不切近现实，《春秋》隐微但不够周详，而仿效良师学习君子的学问，既崇高又全面，还可以通达世理，所以说学习没有比亲近良师更便捷的了。若上不崇师、下不尚礼，仅读些杂书，解释一下《诗经》《尚书》之类，那么尽其一生也不过是一介浅陋的书生而已。这句话告诫我们，要真正提高学习的效率，必须先虚心求教老师，不仅向他们学习知识，还要学习他们的高尚品格，这将是我们终生受益的财富。

【原文】 尊师则不论其贵贱贫富矣。

【译文】 尊师就不计较他的贵贱、贫富。

【解读】 此语摘自《吕氏春秋·劝学》，强调教师尊贵身份的确立不能以出身的高低、财富的多寡为标准。在古代封建社会，除了官学教师，还有大量私学教师，私学教师有讲经的经学大师与蒙学教师之分。经师多在精舍、书院中讲学著述，更多的私学教师则是蒙师，即为儿童启蒙的句读之师。教师的行业也各有不同，师傅遍布于工、商、艺、学等各个领域。教师因为身份不同而财富也不等。早在秦国时期的吕不韦就提出了“尊师则不论其贵贱贫富”的观点，可见古人思想的先进性。

【原文】 事师之犹事父也。

【译文】 对待老师要像对待自己的父亲一样。

【解读】 这句话摘自《吕氏春秋·劝学》，强调把老师的恩德比之于父亲。在古代，老师不但有恩师之称，而且被弟子称为师父，在生老病死面前，像父亲一样对待老师。这种情同父子的师生情谊，表现了我国古代特殊的师生关系。在当时的封建伦理道德观念下，这种真挚的情谊感人肺腑。

【原文】 师者，人之模范。

【译文】 当老师的人，是人们学习的榜样。

【解读】 语出自汉代著名文学家扬雄的《法言·学行》。《法言》是仿儒家经典《论语》所写的作为准则而对事情的是非给以评判之言的一本书。该名言既强调了对教师的道德品质的要求，也把教师置于崇高的地位。在古代，强调师者为师亦为范，学高为师，德高为范。老师是学生道德修养的镜子。好老师应该取法乎上、见贤思齐，不断提高道德修养，提升人格品质，并把正确的道德观传授给学生。

【原文】 凡学之道，严师为难。

【译文】 在所有做学问的道理中，尊敬老师可谓难事。

【解读】 这句话摘自《礼记·学记》，主要强调了尊师的艰难程度。尊敬老师是学生的本分，因为他所得的收获跟他尊重老师的程度成正比，然而尊师难以持之以恒。初学时，尊师并不难，但是学生逐渐学有所成，超过老师时，尊师就有一定的难度，这也是有些人终不能成大气候的根本原因。即使在我国历史上不同的时期，尊师的风气也不一样，什么时期尊师，社会就会兴盛，百姓就会幸福。这也就告诫我们，无论我们取得了多大的成就，尊师要坚持不懈，成为我们毕生的追求。

【原文】 师严然后道尊，道尊然后民之敬学。

【译文】 只有尊师，才能重道；只有重道，老百姓才懂得重视学习。

【解读】 这句话摘自《礼记·学记》，成语“师道尊严”即出自此处，意思是老师和真理都要放在至高无上的地位。这句话主要说明了尊师、教育、学习的辩证关系，三者互为前提。教师受到尊重意味着人们重视教育，人们接受教育就会认识到学习的重要性，为懂得更多的道理就会重视学习、尊敬老师。如此良性循环，古人对其认识是相当深刻的。

【原文】 臣闻明王圣主，莫不尊师贵道。

【译文】 我听说圣明的君主没有不尊师重道的。

【解读】 语出南朝刘宋时期的历史学家范晔编撰的《后汉书·孔僖传》，强调尊师贵道的统治者才是明智的统治者。古代的尊师，具有广泛的社会性，不仅在民间形成风尚，上层统治阶级也大力提倡。曾经为帝王师者，帝王不以他们为臣僚对待，而要敬之以师礼，教师在帝王面前也不必恪守君臣之礼，受到至高无上的帝王的尊敬。统治阶级的尊师在于贵道，道主要是指维护封建纲常伦理和统治秩序的儒家思想和教义，最典型的体现就是对儒学祖师孔子的倍加崇敬。尊孔，正是为了尊崇其道。

【原文】古之学者必有师。师者，所以传道，授业，解惑也。

【译文】古代求学的人一定有老师。老师，是靠他来传授道理、教授学业、解答疑难问题的。

【解读】语出唐朝韩愈的论说文《师说》。该句话通过强调教师的职能突出教师的重要地位。古人认为，老师所以受到特别的尊重，是由于老师对于一个人赖以安身立命和处世的“才”“德”有重要的造就培育之功，老师教给学业、技能及为人处世的行为规范，使自己一生受益。这句话至今仍被认为是最经典的教师职能定位的名言。

美德故事

孔子尊师

公元前 521 年，孔子得知他的学生宫敬叔奉鲁国国君之命，要前往周朝京都洛阳去朝拜天子，觉得这是个向周朝守藏史老子请教“礼制”学识的好机会，于是征得鲁昭公的同意后，与宫敬叔同行。

到达京都的第二天，孔子便徒步前往守藏史府去拜望老子。正在书写《道德经》的老子听说誉满天下的孔丘前来求教，赶忙放下手中刀笔，整顿衣冠出迎。孔子见大门里出来一位年逾古稀、精神矍铄的老人，料想便是老子，急趋向前，恭恭敬敬地向老子行了弟子礼。进入大厅后，孔子再拜后才坐下来。老子问孔子为何事而来，孔子离座回答：“我学识浅薄，对古代的‘礼制’一无所知，特地向老师请教。”老子见孔子这样诚恳，便详细地抒发了自己的见解。

回到鲁国后，孔子的学生们请求他讲解老子的学识。孔子说：“老子博古通今，通礼乐之源，明道德之归，确实是我的好老师。”还打比方赞扬老子，他说：“鸟儿，我知道它能飞；鱼儿，我知道它能游；野兽，我知道它能跑。善跑的野兽我可以结网来逮住它，会游的鱼儿我可以用丝条缚上鱼钩来钓到它，高飞的鸟儿我可以用良箭把它射下来。至于龙，我却不知道它是如何乘风云而上天的。老子，就像龙一样啊！”

尊师重教是中华民族的传统美德，被誉为万世师表的孔子尚且如此，我们新时代的年轻一辈更需要继承这种美德。

秦始皇拜荆条

秦始皇焚书坑儒，为此而落得个千古骂名。可他尊敬老师的故事却鲜为人知。那是秦始皇统一中国6年后，即公元前215年的秋天，他第四次出巡时发生的事。

当时，秦始皇在文武群臣的护卫下，乘着车辇，浩浩荡荡地从碣石向东北的仙岛前进。随着均匀的马蹄声，秦始皇不觉沉入对往事的追忆中：第一次授课讲的就是舜爷赐给我们家的姓。老翁先分别讲了亡、口、月、女、凡，然后再合成一个“嬴”字。第二天就要背写。“老师，这字太难写了。”“什么？一个嬴字就难住了？将来秦国要你去治理，难事多着哩，能知难而不进吗？”说着就举起了荆条棍……可惜自己已多年没见过这位老师，听说他老人家已经去世了。

突然，车停了。前卫奏道：仙岛离此不远，请万岁乘马。于是，秦始皇换乘了心爱的大白马。过不多时，便到了岛上。始皇环视渤海，胸襟万里，豪气昂然，更加思绪万千。待到他低头察看眼前，却忽然下马，撩衣跪拜起来。随从的大臣们见此情景，莫名其妙，也只好跟着参拜。等皇帝站起身来，大臣李斯才问他为何参拜。秦始皇深情地说：“众位卿家，此岛所生荆条，正是朕幼年在邯郸时老师所用的荆条，朕见荆条，如见恩师，怎能不拜！”

后来，人们就把这个岛称为秦皇岛。

汉明帝敬师

汉明帝刘庄做太子时，博士桓荣是他的老师，后来他继位作了皇帝，“犹尊桓荣以师礼”。

汉明帝曾亲自到太常府去，让桓荣坐东面，设置几杖，像当年讲学一样，聆听老师的指教。他还将朝中百官和桓荣教过的学生数百人召到太常府，向桓荣行弟子礼。桓荣生病，明帝就派人专程慰问，甚至亲自登门看望，每次探望老师，明帝都是一进街口便下车步行前往，以表尊敬。进门后，往往拉着老师枯瘦的手，默默垂泪，良久乃去。当朝皇帝对桓荣如此，所以“诸侯、将军、大夫问疾者，不敢复乘车到门，皆拜床下”。桓荣去世时，明帝还换了衣服，亲自临丧送葬，并将其子女作了妥善安排。

汉明帝作为一代君主还能做到如此尊师重教，为后人做出了很好的示范作用。

梅兰芳拜师

京剧大师梅兰芳，不仅在京剧艺术上有很深的造诣，还是丹青妙手。他拜名画家齐白石为师，虚心求教，总是执弟子之礼，经常为白石老人磨墨铺纸，不因为自己是一位名演员而自傲。

有一次，齐白石和梅兰芳同到一家人家做客，白石老人先到，他布衣布鞋，其他宾朋皆社会名流或西装革履或长袍马褂，齐白石显得有些寒酸，不引人注意。不久，梅兰芳到，主人高兴相迎，其余宾客也都蜂拥而上，一一同他握手。可梅兰芳知道齐白石也来赴宴，便四下环顾，寻找老师。忽然，他看到了冷落在一旁的白石老人，他就让开别人一只只伸过来的手，挤出人群向画家恭恭敬敬地叫了一声“老师”，向他致意问安。在座的人见状很惊讶，齐白石深受感动。几天后特向梅兰芳馈赠《雪中送炭图》并题诗道：

记得前朝享太平，布衣尊贵动公卿。
如今沦落长安市，幸有梅郎识姓名。

梅兰芳不仅拜画家为师，也拜普通人为师。有一次在演出京剧《杀惜》时，在众多喝彩叫好声中，他听到有个老年观众说“不好”。梅兰芳来不及卸装更衣就用专车把这位老人接到家中，恭恭敬敬地对老人说：“说我不好的人，是我的老师。先生说我不好，必有高见，定请赐教，学生决心亡羊补牢。”老人指出：“阎惜姣上楼和下楼的台步，按梨园规定，应是上七下八，博士为何八上八下？”梅兰芳恍然大悟，连声称谢。以后梅兰芳经常请这位老先生观看他演戏，请他指正，尊称他“老师”。

敬业

敬业是中华民族的传统美德。“敬业乐群”一词，出自先秦儒家经典文献《礼记·学记》。敬，居敬，守敬；业，行业，职业，就是荀子所讲的“职份”。敬业，就是忠于职守，认真干好本职工作。敬业包括艰苦创业、勤俭守业、认真务业等具体内容。中华传统美德中的敬业理念，在政德、武德、士德、民德、商德、师德、艺德、医德中均有体现。当代社会呼唤敬业精神，这对于党风民风的根本好转，对于社会主义市场经济的健康运行，对于推进“四个全面”建设，有着十分重要的现实意义。

在中华传统美德中，敬业属于职业道德范畴。在中国传统道德中，十分重视官、吏、将、士、农、工、商、师、艺、医等各种行业的职业道德修养。许多古代思想家认识到，把从事各种职业的人们纳入一定的规范之内，进行管理和教化，使他们的行为符合该社会、该行业特点的职业道德规范，就可以使人民安其居、乐其业、尽其职，使社会安定、社稷巩固。因此，历代伦理思想家和各行各业中卓有建树的人士都非常注意职业道德规范的建设。在长期的道德实践活动中，他们把职业道德总结归纳为政德、武德、士德、民德、商德、师德、艺德和医德八大类。正德，即为政者的道德，亦即官德；武德，就是为将的职业道德，亦即兵德；士德，就是古代读书人、知识分子的道德；民德，就是平民百姓的道德；商德，就是商贾的职业道德；师德，即为人师者之德；艺德，就是从艺人员的职业道德，亦即工德（百工之德）；医德，就是医务人员的职业道德。在中国古代，无论哪个行业的职业道德规范，其核心内容都是“敬业”与“乐群”两个方面。

中华民族历来有“敬业乐群”“忠于职守”的传统。孔子称之为“执事敬”，朱熹解释敬业为“专心致志，以事其业”。《礼记》讲人成长时要“一年视离经辨志，三年视敬业乐群”，认为青年学习要达到的第二个阶段就是要学会敬业。敬业为个人安身立命奠定基础，为社会发展进步注入活力。正是依靠敬业奉献，中华民族创造了灿烂的文明。在历史上，出现了许许多多敬业尽责的人和事，像大禹治水三过家门而不入，周公辅政“一沐三握发，一饭三吐哺”，王猛为相临终不忘国事，范仲淹为官振衰除弊而政绩卓然，更有“春蚕到死丝方尽、蜡炬成灰泪始干”“鞠躬尽瘁，死而后已”等千古名言的留传。

在当代社会，热爱与敬重自己的工作和事业，已经成为职业道德的灵魂，是公民应当遵循的基本价值规范之一。在实现民族伟大复兴中国梦征程中，古人关于敬业的思想和精神得到发扬光大，在一些平凡的岗位上出现了许多爱岗敬业的模范人物。如：“宁愿一人脏，换来万户净”，一干就是20年，甘当人民勤务员的时传祥；干一行爱一行，凭着勤学苦练、开拓进取的劲头，攻克一个个维修桥吊的技术难题，成为一个只有初中文凭的桥吊专家、扬名国际航运界的新时代产业工人楷模许振超；工作就是通马桶、修电灯、换电线的“19点钟的太阳”徐虎；几十年扎根农村、农业第一线，聊城的全国劳动模范曾广福、张国忠；没有节假日，常年奔波在田间地头、蔬菜大棚，党的“十八大”代表、全国妇女创先争优先进个人杜立芝。他们以自己的辛勤劳动和实际行动铸就了伟大劳模精神，都是忘我敬业精神的代表，值得我们每个人好好学习。

敬业作为社会主义核心价值观的重要内容，需要每个人铭记心中、体现在行动上。特别是当前我国经济社会发展进入了新常态，任务更重、要求更高，每个人更要爱岗敬业、无私奉献。热爱、勤勉和克制是敬业精神的内涵。敬业首先须热爱工作。热爱自己的工作和所投身的事业，是敬业精神的前提。只有热爱工作，才能真正投入精力与体力，才能取得好的成就。因此敬业就要干一行爱一行，树立正确的岗位意识，认识到每个岗位都可以施展理想抱负、奉献聪明才智、展示人生价值。其次，敬业须勤勉努力。敬业除了是对工作的感情之外，还是对工作的劳动与付出。要保持良好的工作态度，在岗言岗、在岗爱岗、在岗为岗，做到心无旁骛、专心致志、埋头苦干、积极奋进，才能争创一流业绩。第三，敬业须克制。一天只有二十四个小时，除去吃饭睡觉所剩无几。如果不能克制自己恣意享乐的欲望，时间就会如白驹过隙，稍纵即逝。因此，敬业还需要克制，把人生有限的时间投入到无限的工作和事业中去。只有这样，才能在平凡的岗位上书写非凡的人生篇章。

经典名句

【原文】 功崇惟志，业广惟勤。

【译文】 取得伟大的功业，是由于有伟大的志向；完成伟大的功业，在于辛勤不懈地工作。

【解读】 这句话出自上古时代《尚书·周书·周官》，其背景是，周成王灭了淮夷，回到王都丰邑，和群臣一起总结周王朝成就王业的经验，并向群臣说明设官分职用人的法则。他告诫“有官君子”要忠于职守、勤于政务，要认真对待各自的职责，不能怠惰忽略。要知道，功高由于有志，业大由于勤劳。

【原文】 樊迟问仁。子曰：“居处恭，执事敬，与人忠。虽之夷狄，不可弃也。”

【译文】 樊迟问怎样做才是仁。孔子说：“日常起居要态度端庄，担任工作要敬慎认真，和人交往要忠心诚恳。虽然到了未开化的蛮夷地区，也不可背弃。”

【解读】 这句话出自春秋末期孔子的《论语·子路第十三》。与人当仁，是古代君子的为人处世之道。孔子把“执事敬”作为对待一切工作的总要求。做事的精义就在于“敬事”上。我们每个人都有选择职业的权利，一旦选择了，就应坚定地走下去。“敬”更是个人品格的体现，在其位，谋其事。从事了一份职业，不管喜欢不喜欢，都应该把本职工作做好，这是做人的基本原则。在孔子看来，做事与做人要一致，应该全身心地投入，要以恭敬、虔诚的态度对待从事的工作和身处其中的职业劳动。

【原文】 孔子曰："君子有九思：视思明，听思聪，色思温，貌思恭，言思忠，事思敬，疑思问，忿思难，见得思义。"

【译文】 孔子说："君子有九件用心思虑的事：看要想到看明白没有，听要想到听清楚没有，神态要想到是否温和，容貌要想到是否恭敬，言谈要想到是否诚实，处事要想到是否谨慎，疑难要想到是否要求教，愤怒要想到是否有后患，见到有所得到要想到是否理所该得。"

【解读】 语出《论语·季氏第十六》。君子必须用心思虑的九件事中，包括事思敬，"敬"是指敬业的意思。"事思敬"就是要求每个人一定要专心致志做所要做的事，即我们现在常说的敬业。每一份事业都需要全心全意，都要全情投入。没有随随便便就能做好的事情，只有仔细思考、周密准备、态度认真，才能有可能把事情做好。

【原文】 如履薄冰，如临深渊。

【译文】 好像踩在薄冰上怕陷落，又好像走近深渊怕坠跌。

【解读】 这句话出自春秋《诗经·小雅·小旻》。这句话就是比喻邪政导致的险恶令人战战兢兢、心怀恐惧，常被后人形容审慎的品格。"如履薄冰，如临深渊"是中华民族居安思危、行事谨慎的警世名言。时下，领导干部面临着种种诱惑，也要有一种"如临深渊，如履薄冰"的恐惧感，时刻自律、自警、自省，牢记党的宗旨，坚持立党为公、执政为民。

【原文】 有事而无业，事则不经。

【译文】 有事干而不能敬业，事就做不到精益求精。

【解读】 语出春秋时期左丘明《左传·昭公十三年》。职业不仅是谋生的手段，还是人们作为社会的一员所应承担的社会责任。因此，尽职尽责应该是职业道德的首要准则。古人强调，不要把职业活动看成是做事，而要把它当做是"成业"。由于热爱本职工作，把职业当做自己的事业，兢兢业业为之奋斗，即使遇到艰难险阻，也毫不畏惧。正是这种观念的影响下，我国历史上各朝各代的人们以尽职尽责、朴实无华的默默劳作，创造中华民族的千秋大业、灿烂文明。

【原文】知者必量其力所能至而从焉。

【译文】聪明的人，按自己的力量达到的最大能力，去做力所能及的事。

【解读】这句话出自战国墨翟《墨子·公孟》。墨子告诫求学者要“量力而学”时说了这句话，说明做事应量力而行，不勉强去做力所不能及的事，也喻指军事上要正确估价敌我力量，不去打力所不及的仗。墨子说“知者必量其力所能至而从焉”，对于工作，不是大包大揽，而是据自身能力所为，以免影响整体进度，但也绝不是推诿，而是要勇于承担，并尽最大努力完成。

【原文】凡百事之成也，必在敬之；其败也，必在慢之。

【译文】凡是各种事业的成功，一定在于恭谨小心；它的失败，一定在于怠慢疏忽。

【解读】这句话出自战国时期荀子的《荀子·议兵》。所谓“敬”，就是小心谨慎、认真负责、一丝不苟；所谓“慢”，就是敷衍了事、马虎大意、怠慢疏忽；“敬”显示出对事业的追求，“慢”暗示了对物质生活的贪图；“敬”表现出积极的进取心，“慢”表现了消极被动的心理。很显然，“敬”与“慢”是两种截然相反的工作态度，自然也带来两种不同的结果。前者将使事业兴盛发达，后者势必导致衰落失败。

【原文】一年视离经辨志，三年视敬业乐群。

【译文】第一年考查学生点断经书句读的能力和是否明确自己的学习志向；第三年考查学生是否恭敬学业，是否与同学和睦相处。

【解读】这句话出自《礼记·学记》。《学记》是我国最早的一部关于教育、教学论著。《学记》中讲到，古代的新生入学之后，每隔一年要进行一次考察，按照人才的培养规律，每次考察的内容也有不同的侧重。从上面的这句话中可以看出，是否具备敬业的精神，是对学子考察的重要内容。人无论是做学问还是干事业，没有对所做之事的恭敬与专注，是不会有所成就的。古人的这种在人才培养过程中对敬业精神的注重与推崇，值得我们借鉴学习。

【原文】敬业，谓艺业长者，敬而亲之；乐群，谓群居朋友善者，愿而乐之。

【译文】 “敬业”即要求人们对待自己正在从事的职业心存崇敬，专心致志、严肃认真、勤奋努力。“乐群”则要求人们广交朋友，融入团队，互相补益，共同进步，建立和谐的人际关系。

【解读】 语出唐代孔颖达等编撰的《五经正义》。自东汉末年以后，战乱四起，儒家经典散佚，文理乖错。为了统一的封建政权的政治、思想、文化建设的需要，唐太宗下令召集当时一些著名的儒士共同撰修《五经正义》，因孔颖达年辈在先，名位独重，故由他负责。《五经正义》对中国封建社会后半期的思想学术和文化，具有极其重大的影响。本句意为，人们应该用一种严肃而恭敬的态度对待自己的职业，对工作一丝不苟并乐在其中、专心致志地努力工作，力求事业上有所成就。

【原文】 敬业者，专心致志，以事其业也；乐群者，乐于取益，以辅其仁也。

【译文】 敬业的人，专心致志、严肃认真、勤奋努力地对待自己的事业；乐群的人，以吸取别人的有益言行为乐，来辅助自己的仁义之心。

【解读】 这句话出自南宋朱熹的《朱子文集·仪礼经传通解》。敬业是一种美德，乐业是一种境界。对待本职工作，应常怀敬畏之心，专心、守职、尽责，干一行，爱一行，钻一行，尽心竭力，全身心地投入。要精其术，不拘泥于以往的经验，不照搬别人的做法，力求做得更好，成为本行业的行家里手。要乐其业，对工作有热情、激情，始终保持良好的精神状态，把承受挫折、克服困难当做对自己人生的挑战和考验，在克服困难、解决问题中提升能力和水平，在履行职责中实现自身的价值，在对事业的执著追求中享受工作带来的愉悦和乐趣。

【原文】 百行业为先，万恶懒为首。

【译文】 做什么工作都要把敬业放在第一位。万般恶劣的行为，懒惰是居首的。

【解读】 这句话出自清末民初梁启超的《敬业与乐业》。文中把敬业乐业当成人生的至高法则。认为“敬业乐业”四个字是“人类生活的不二法门”。认识到工作的必然和神圣，我们自然会驱除浮躁，用一种恭敬严肃的态度对待自己的工作，做到敬业。敬业精神表现在个人行动上，就是有明确的奋斗目标、朴素的价值观、忘我投入的志趣、认真负责的态度及脚踏实地的行动。

【原文】所谓敬者，主之一谓敬；所谓一者，无适之谓一。

【译文】专心致志于一件事，心无旁骛就做到了敬，由此可知，一心一意专注于自己的工作，就是敬业。

【解读】语出北宋程颐的《二程文集》。程颐强调从业而一的思想。敬是指思想专一、神情严肃而不涣散的精神状态。程颐认为，所谓主敬主要包含：第一，是培养严肃的或不放肆的道德态度；第二，是培养谨慎小心的道德态度；第三，是培养精神专一或始终一贯的态度。古往今来，事业上有所成就者，大凡离不开两条：一是有强烈的事业心和责任感，二是锲而不舍的勤奋和努力。这两条的有机结合，即为敬业精神。

【原文】鞠躬尽瘁，死而后已。

【译文】不辞辛苦，勤勤恳恳，竭尽全力，贡献出全部精神和力量，一直到死为止。

【解读】这句话出自三国时期诸葛亮的《后出师表》。东汉末，刘备三顾茅庐，从邓县隆中请出诸葛亮为其军师。后形成魏、蜀、吴三国鼎立，三国之中蜀国国小人少，实力较弱，诸葛亮从长远利益着眼，建立吴蜀联盟，使蜀国得以全力对付魏国。对内，诸葛亮充实国家力量，安定人民生活；注意选拔人才，任人唯贤；赏罚分明；虚心征求各方面的意见；严格要求各级官吏，惩办贪污不法行为，以树立官员廉洁奉公的风气。诸葛亮一生不辞辛苦，兢兢业业，为国为民，呕心沥血，实现了他在《后出师表》中所说的：“臣鞠躬尽瘁，死而后已”的诺言。

美德故事

张骞出使西域

张骞是汉武帝时期的人。公元前 139 年，他受命率人前往西域，寻找并联络曾被匈奴赶跑的大月氏，合力进击匈奴。

张骞一行从长安起程，经陇西向西行进。一路上日晒雨淋，风吹雪打，环境险恶，困难重重，但他信心坚定，不顾艰辛，冒险西行。他们来到河西走廊一带后，就被占据此地的匈奴骑兵发现，张赛和随从一百多人全部被俘。

匈奴单于知道了张骞西行的目的之后，自然不会轻易放过，就把西行的人分散开去放羊牧马，并由匈奴人严加管制。还给张骞娶了匈奴女子为妻，一为监视他，二为诱使他投降。但是，张骞坚贞不屈，虽被软禁放牧、度日如年，但他一直在等待时机，准备逃跑，以完成自己的使命。

整整过了十一个春秋，匈奴的看管才放松了。张骞乘机和他的贴身随从甘父一起逃走，离开匈奴地盘，继续向西行进。由于他们仓促出逃，没有准备干粮和饮用水，一路上常常忍饥挨饿，干渴难耐，随时都会倒在荒滩上。好在甘父射得一手好箭，沿途常射猎一些飞禽走兽，饮血解渴，食肉充饥，才躲过了死亡的威胁。

这样，一直奔波了好多天，终于越过沙漠戈壁，翻过冰冻雪封的葱岭（今帕米尔高原），到了大宛国（今费尔干纳）。大宛王听说汉朝使者来到时，喜出望外，在国都热情地接见了张骞。他请张骞参观了大宛国的汗血马。在大宛王的帮助下，张骞先后到了康居（今撒马尔罕）、大月氏、大夏等地。但大月氏在阿姆河上游安居乐业，不愿再东进和匈奴作战。张骞未能完成与大月氏结盟夹击匈奴的使命，却获得了大量有关西域各国的人文地理知识。

张骞在东归返回的途中，再次被匈奴抓获，后又设计逃出，终于历尽千辛万苦，于 13 年后回到长安。这次出使西域，使生活在中原内地的人们了解到西域的实况，激发了汉武帝“拓边”的雄心，发动了一系列抗击匈奴的战争。

公元前 119 年，汉王朝为了进一步联络乌孙，断“匈奴右臂”，便派张骞再次出使西域。这次，张骞带了三百多人，顺利地到达了乌孙，并派副使访问了康居、大宛、大月氏、大夏、安息（今伊朗）、身毒（今印度）等国家。但由于乌孙内乱，也未能实现结盟的目的。汉武帝派名将霍去病带重兵攻击匈奴，消灭了盘踞河西走廊和漠北的匈奴，建立了河西四郡和两关，开通了丝绸之路。并获取了匈奴的“祭天金人”，带回长安。

张骞不畏艰险，两次出使西域，沟通了亚洲内陆交通要道，与西欧诸国正式开始了友好往来，促进了东西经济文化的广泛交流，开拓了丝绸之路。

诸葛亮鞠躬尽瘁

诸葛亮，字孔明，是三国时期最负盛名的政治家、军事家。

诸葛亮博学多才，满腹经纶，但到27岁还未出仕，直到刘备三顾茅庐，拜为军师，他才出人头地。因此，为报答刘备的知遇之恩，诸葛亮一直辅佐刘备攻打天下，并为其拟定了东联孙吴，西据荆、益，南和夷、越，北抗曹氏，待机进图中原的隆中对策，为以后的蜀汉制定了总的战略。

208年，曹操南伐，诸葛亮和江东周瑜、鲁肃共同努力，并亲至东吴游说，促成孙权、刘备的联合，取得赤壁之战的胜利。随后，辅助刘备取荆州四郡，出任军师中郎将。后从荆州率军溯江入蜀助刘备包围成都，推翻刘璋统治，夺得益州。刘备出征，他镇守成都，稳定后方，保证供给。

后刘备病重，临终嘱咐诸葛亮继续辅佐儿子刘禅平定天下，共创大业。诸葛亮便又尽心尽力地为刘禅出谋划策。

禅继位后，蜀国动荡不安，外悔内患交相煎迫，但诸葛亮不负刘备重托，大情小事一一化解，如五月渡泸、平定边患、六出祁山、抵御司马等。为了蜀国的发展，诸葛亮愿尽其所能。有人就曾劝过他：“您太累了，任何事情都要亲自过问，那岂不是要筋疲力尽了吗？”诸葛亮回答：“先帝待我恩重如山，如果我不尽心为蜀国出力，就对不起先帝的信任和器重了。”

诸葛亮坚持与孙吴的联盟，并多次进行北伐，虽苦心筹谋，企图消灭曹魏、恢复汉室，但都因为力量相差悬殊，屡遭挫败，未能成功。建兴十二年（220）在最后一次北伐中，病卒于五丈原。就这样，诸葛亮日积月累地劳碌，终于耗尽了全部精力，为了国家献出了生命。

战后，当刘禅得知诸葛亮病死军营，不禁想起北伐魏国前，诸葛亮曾上表奏章——后人所称颂的《后出师表》，其中分析了当时局势，表明自己忠心为国的坚定意志。《后出师表》中有“臣鞠躬尽瘁，死而后已”。果然，诸葛亮为国操劳，累死军中。刘禅十分感动，便遵从诸葛亮遗愿，将他安葬于定军山，赐谥号“忠武侯”。

“中国十大杰出检察官”白云

白云，聊城市东昌府区人，聊城市东昌府区人民检察院原副检察长，中国十大杰出检察官。

1979年从部队转业到检察机关，白云在平凡的检察岗位上一干就是20多年。他恪守一个“公”字，公正执法，把多办案、快办案、办好案看做最好的为人民服务。在办理一起正县级干部贪污受贿案子中，七本卷宗共一千多页，由于案子多，白天提审、查证任务重，白云就用晚上的时间看卷宗、作笔录、拟提纲，两次昏倒在卫生间。1994年，聊城市湖西办事处聊堤口村村民集体上访，案子到了白云手里，他不仅查清了徐某某挪用公款14.6万元的犯罪事实，还追回了全部赃款，查实了伪证。有人说：“个别人办案子，如同化冰棍，越化越小；白云办案子，却如同滚雪球，越滚越大。”十多年来，他共建议追诉漏犯31人，追诉经济罪犯漏罪金额50余万元。他从事审查起诉工作16年，共办理了296件计496人的案子，并且多数是重大疑难案件，仅判处死刑已经执行的就有43人，他曾创下了一年审理41起重大刑事案件的记录，这在聊城全市是最多的，被社会各界誉为干工作的“拼命三郎”。

“官至能贫乃是清。”这是白云同志的座右铭。他把这句话挂在嘴上，刻在心里，“权钱交易”“权权交易”“权情交易”等坚决不做，他没吃过当事人的一顿饭，没收过当事人一次礼，也没有屈服过任何的外部压力。1995年12月，白云在办理陈某受贿案件时，被告人的哥哥拿出二万元钱要求白云“通融关系，高抬贵手”，白云毫不犹豫地把他赶出了家门。1996年底，白云办理吴某盗窃一案，吴某的亲属找到了白云：“只要你能免诉了吴某，让领导提升你正科级！”白云断然拒绝，后来，吴某被起诉到法院，判刑三年。白云曾因拒绝老家的人为罪犯说情，引起家乡人的不满，其中有人扬言：“你六亲不认，死了别往老家埋。”白云斩钉截铁地说：“不埋就不埋，死了送卫校解剖，供医学研究用。”当地老百姓曾敲锣打鼓地给白云送过这样两个牌匾：“铁面无私，执法如山”“当今包青天”。

白云认真实践全心全意为人民服务的宗旨，把对人民的爱时时刻刻、处处事事放在心上。东昌府区检察院原办公楼后有一个厕所，常年无人打扫，白云自费准备了扫帚、水桶，不管刮风下雨，天天打扫，一扫就是十几年，从未间断。家属院的下水道堵了，他去通；垃圾道满了，他去掏；下雪了，他去扫；打架了，他去劝；小学生的车子链条掉了，他去安装；马路上，有块石头砖块，他去捡。在他心目中，满眼都是活，只要有利于人民群众的事，他就去干。白云的工资不高，妻子下岗，生活相当困难。但是，遇到别人有困难时，他总会慷慨解囊，送上三五百元。他妻子的同事孙继发身患癌症，住院费用达数万元，白云送去了准备给孩子结婚的2000元钱。他还多次到看守所、拘留所给“法轮功”练习者做深入细致的转化工作，使许多名“法轮功”练习者幡然醒悟。东昌府区道口铺乡一位老农，把刊登在《山东检察》封面上的白云整幅照片剪下来，贴在迎门墙上，把他当成自己心目中的清官形象。

2003年11月，区检察院开通了以他的名字命名的白云民生服务热线。热线开通以后，白云和热线值班人员以听民声、释民惑、解民忧、求公正、保平安、促和谐为宗旨，热情为群众服务，成为了解社情民意的晴雨表、化解矛盾纠纷的减压阀、消除社会危机的灭火器、党和人民群众的连心桥、宣传普及法律的空中大课堂，被老百姓誉为“贴心线”“平安线”“和谐线”。截至2013年5月，白云民生服务热线共接听热线电话35958个，接待群众来访4857次，解答网络咨询8024个，回复信函1684封，先后荣获“全国法制宣传教育先进单位”“全国青年文明号”“全国文明接待示范窗口”等20多项荣誉称号，并被山东省人民检察院荣记集体一等功。2007年，最高人民检察院在聊城召开全国检察机关信访工作“白云热线”现场会，肯定其先进经验。2008年，全省检察机关推广“白云热线”经验，开通了“民生检察服务热线”。白云民生服务热线花开齐鲁、走向全国，成为检察机关一道亮丽的风景。

白云退休后，不忘自己是一名共产党员，参加了东昌府区关心下一代工作委员会，深入学校和机关单位，积极开展法制宣传教育活动，为社会教育工作做出了突出贡献。他还被聊城市人民检察院聘为工作顾问，每周一到白云民生服务中心接待群众来访，化解社会矛盾，为老百姓解决实际困难，受到群众的称赞。白云先后63次立功受奖，被授予“全国先进工作者”“全国模范军队转业干部”“中国十大杰出检察官”“全国模范检察官”“全国民族团结进步模范个人”“中国好人”“全国助人为乐道德模范提名奖”“全国关心下一代先进工作者”“山东省优秀共产党员”等荣誉称号，并光荣当选为中共十六大和十七大代表、中国工会十五大代表、北京2008奥运会火炬手。

“最美城管大叔”商孝江

商孝江，聊城市城市管理行政执法局的一名工作人员。2003年，从黑龙江回到祖籍聊城，从事市中心城区市容、市貌整治工作。至今，他已年过半百，由一名执法线上的新兵变成了一名老兵，十二载春秋见证了他在工作岗位上的点点滴滴，被广大网友誉为山东“最美城管大叔”。

2014年初，商孝江年满53周岁了，按照有关规定该离岗了，他却向单位递交了延迟离岗申请书。延迟离岗申请被批准后，他主动请缨带领着市执法局一个专职中队，负责清理城市乱贴乱画的小广告。他把整个城区108条主次干道、背街小巷走了好几遍，一条街一条街地调研、拍照、取证、清理。清晨五点，当大多数人还在沉睡时，他们已经开着满载刮刀、喷枪、水桶、涂料等清理工具的车辆出发了；晚上八点，当大多数人已经吃完晚饭时，他们才往家里赶。夏天一身水、冬天一身冰是常有的事。功夫不负有心人，三年多来，共清理乱贴乱画200余万处，城区主次干道乱贴乱画现象基本杜绝，背街小巷乱贴乱画也很少见了。目前，聊城市乱贴乱画治理工作走在了全省的前列。

对于乱贴乱画的小广告，商孝江从不“一竿子打死”，而是分类执法。第一类是兜售假证、枪支、迷药、涉黄广告，这类广告本身就是违法的，一旦发现马上清理，并联系有关单位封号。第二类是招生、办学、招工、租房、促销类广告，对这类便民的广告，“先礼后兵”，先打电话告知有关人员这是违规行为，如果屡教不改再处罚。商孝江说，执法不是目的，而是手段，如果不让他们心服口服，处罚的意义不大。第三类是寻找宠物、钱包、贵重物品甚至寻人启事，商孝江会告诉他们，最好到报纸、广播、电视台，这样传播效果更好。

商孝江是一位城管能人，城市“牛皮癣”在他手下销声匿迹。有人算过，从2012年商孝江“接手”治理城区乱贴乱画这个难啃的城市管理“硬骨头”以来，清理巡查行程达8万多公里，水城大街小巷都留下了他的铿锵足迹。

"城市是我们的家。如果每个人都能像爱家一样爱这个城市，城市会越来越好。"他是公益达人，10多年坚持无偿献血，挽救了许许多多的生命，28本荣誉证书见证了他的公益之路；他是忠义汉子，经历坎坷，不改热血男儿本色，用孝与爱温暖着一家老小，却因对城管执法工作的热爱，不顾家人反对，毅然递交了延迟退休申请；他年过半百依然不改入党信念，是城管系统模范共产党员，是践行党的群众路线教育实践活动的典范代表。

商孝江追求信仰，爱岗敬业，执法为民，伸张正义……他通过一件件平凡小事，以对党和人民的忠诚和真情，展现了一位基层城管执法人员的深切情怀。他以平凡岗位不平凡的业绩荣获"山东好人""山东好人之星""山东好人十大年度人物""中国好人"称号。

谦让

中华民族自古就是一个尚谦崇让的民族，民族性格比较内敛，不主张扬，在待人处事上讲求中庸，善于自我节制。在中国古代著名的哲学专著《周易》中，几乎所有的卦象都有好有坏，而独有“谦卦”全部是好的，可见古人对于谦让的崇尚。谦，谦虚、谦卑，虚心不自满，不自高自大；让，礼让、退让、忍让。谦让就是谦虚地礼让或退让，出自《史记·淮阴侯列传》的“假令韩信学道谦让，不伐己功，不矜其能，则庶几哉”，也出自《东周列国志》第五十一回的“叔敖谦让再三，乃受命为令尹”。

中国历代都以谦让为美德，表现在人们日常交流、交往的各个方面，这在人们相互的称谓上体现得最为突出。古人常用愚、鄙、敝、卑、窃、仆等有愚笨、无知、阅历较浅含义的词来称呼自己，以表现说话者的谦逊和修养，也是对对方的敬重和尊敬，以说话者的自谦来提高对方的身份。读书人或文人常使用小生、晚学、晚生等词，表示自己是新学后进辈。在语言、文字上还使用不才、不佞、不肖等词，谦称自己没有才能或才识平庸。官史一般自谦为下官、小官、末官、小吏等。老人自谦时，常使用老朽、老夫、老汉等，以示自己进入暮年，衰老无用。在谦称自己的同时，又以敬称来称呼对方，陛下、阁下、殿下等使用最为普遍。古人常把品德高尚、智慧超群的人称为“圣”，如孔子被尊称为“孔圣人”，孟子则被尊称为“亚圣”，皇帝被尊称为“圣上”“圣驾”，皇帝的谕旨尊称为“圣旨”“圣谕”

等，这些敬称带有敬重、敬仰、颂扬的感情色彩。社会交往过程中自谦词的广泛使用，促进了中华民族谦逊文明风尚的形成。

谦让在中国传统思想文化中，是追求个人修身养性、为人处世的重要组成部分。“满招损，谦受益”是古人的修身养性之道。有的是教人做谦谦君子而戒骄狂之态，如“人道恶盈而好谦”，“尊者有谦而更光明盛大”，“劳而不伐，有功而不德，厚之至也”，讲做人应该远离自满、保持谦虚、任劳任怨、淡泊名利，尊贵的人因其谦虚而更加令人尊敬；有的指出骄傲自大的危害，如“贪满者多损，谦卑者多福”，“自伐者无功，自矜者不长”，“大嚼多噎，大走多蹶”，“骄淫矜侉，将由恶终”，“矜物之人，无大士焉”，“富贵而骄，自遗其咎”，“自见者不明，自是者不彰”，“伐矜好专，举事之祸也”。唐代吴兢在《贞观政要·政体》中记载着唐太宗一段话：“天下稍安，尤须兢慎，若便骄逸，必至失败。”这些是警示人们如果骄傲自满必将招来祸端。还有的是教人要正视自己，有自知之明，多听他人意见的，如“与人不求备，检己若不及”，“自知者为明”，“虚己而乐闻”，“君子受言以达聪明”，“贤者宠至而益戒”，“有兼听之明，而无矜奋之容；有兼覆之厚，而无伐德之色”。以上论述，既有见之于《诗经》《周易》又有见之于《论语》《老子》，既有春秋战国时代的圣贤名言又有汉唐宋明时期的智者警句，其理念历时千年而不绝，绵延四方而弥坚，足见其已深深扎根于中华民族灵魂深处，渗透于中华民族血液之中。谦虚谨慎、虚怀若谷，已经成为中华民族优秀人格的化身，而且随着时代和社会的发展变化，它又越来越上升成为一种治国论政之道。

中华民族以吃苦耐劳著称于世，其中包含着“忍”。“忍”字头上一把刀，忍、忍让是古代谦让思想的重要组成部分。忍就是当人处于一种劣势或不得志时，为了将来的发展，以大局为重，忍小利之失，是大肚能忍忍天下难忍之事，是无融无碍的处世方法、生存策略。《处世悬镜》等要求人们，“安忍胯下之辱，不失丈夫之志”，“小不忍则乱大谋”，“忍得一时气，免得百日忧”，“以曲求伸”，“忍一忍风平浪静，让一让海阔天空”，“有容乃大，无欲则刚”。因为在现实生活中，忍可以化解矛盾、回避冲突，蓄势待发，寻找最佳出手时机，在磨砺和挫折中实现自己的人生目标。

在中国革命和建设的漫长历程中，经过批判性继承发展，谦虚谨慎、不骄不躁成了中国共产党的优良作风和宝贵精神财富。毛泽东提出了“虚心使人进步，骄傲使人落后”的著名论断，向全党提出了“两个务必”的要求。陈毅作过一首自勉诗：“九牛一毫莫自夸，骄傲自满必翻车。历鉴古今多少事，成由谦虚败由奢。”习近平总书记在2014年国庆招待会上强调，面向未来，我们必须坚持谦虚谨慎、戒骄戒躁……无论在任何时候我们都不能骄傲自满。

老子说：“上善若水。”水比石头软，却能击穿石头。人如果能虚怀若谷，戒骄戒躁，事业就能更上一层楼。全社会只有谦虚谨慎，增强忧患意识，才能获取进步的动力。我们的目标不是眼前的利益，而是国家的长远发展。只有谦虚谨慎、戒骄戒躁，中华民族才能长盛不衰。

经典名句

【原文】满招损，谦受益，时乃天道。

【译文】自满会招来损害，谦虚会得到益处，这是自然规律。

【解读】这句话出自《尚书·大禹谟》，点明了自满和谦虚的弊与利，阐明了自满会使人沾沾自喜，裹足不前，谦虚才能使人进步，不断有所得的道理，含义隽永，发人深省。古往今来，因自满而失败、因谦虚而成功的例子不胜枚举就说明了这个道理。

【原文】小不忍则乱大谋。

【译文】在小事上不忍耐，就会坏了大事。

【解读】本句出自《论语·卫灵公》。这句话有两层含义，一是人要会忍耐。凡事都要忍耐、包容，如果连一点儿小事都不能容忍，那么一定会坏了大事。因此，许多大事的失败，常常是小地方处理不好才导致的。二是做事要有决断力。有时候碰到一件事情，一下子就要作出决断，这样才能成事，如果不当机立断，以后就会很麻烦。

【原文】子曰：“如有周公之才之美，使骄且吝，其余不足观也已。”

【译文】孔子说：“如果一个人有周公那样的才华和办事能力，但是骄傲而且吝啬，不肯分享，其余虽有小善，也就不值得一观了。”

【解读】本句出自《论语·泰伯》。周公代成王摄政七年，制礼作乐，功劳很大。后来，成王以鲁国封其子伯禽，周公告诫伯禽，要他谨守恭俭谦卑之德。周公如此多才多艺，尚能一饭三吐哺、一沐三握发，以求贤才。如果他既骄且吝，则一切的才艺，都将淹没不见。能够克己复礼，便能不骄；能报仁者之心、推己及人，便能不吝。周公说“不骄不吝，实乃无敌”，即是此意。不矜己傲物、不吝啬财货，如此便能容人容物，建功立业。孔子反其语，以为恃才骄吝者说法，实在有其深意。

【原文】有一道，大足以守天下，中足以守国家，小足以守其身，谦之谓也。

【译文】有一个道理，能按着去做，大能保住天下，中能保住国家，小能保全自身，这道理就是谦虚。

【解读】本句出自《易经》。中国人重视“谦德”的培养，所以也特别强调“礼敬”的修炼。谦虚知礼，作为一种美德，已经成为历代中国人的共识。

【原文】汝惟弗矜，天下莫与汝争能。汝惟弗伐，天下莫与汝争功。

【译文】你能不自以为贤能，天下才没有人和你争贤能。你能不自我夸耀，天下才没有人和你争功劳。

【解读】本句出自老子的《道德经》。矜：自夸，自负。伐：自我夸耀。这句话告诉人们，一个人如果放低身段、谦虚为人，就会得到别人的帮助，受到益处；反之，一个人如果骄傲自满，自高自大，听不进别人的意见，必定要遭到失败的惩罚。谦虚为人，不仅是儒家文化的重要内容，而且是道家文化的精髓所在。道家文化的内核是“慈、俭、不敢为天下先”，其中“不敢为天下先”就是教育人们要谦虚谨慎、放低身段。

【原文】企者不立，跨者不行；自见者不明，自是者不彰，自伐者无功，自矜者不长。其在道也，曰余食赘形。物或恶之，故有道者不处。

【译文】踮起脚跟想要站得高，反而站不稳，长时间迈开大步想要走得快，反而不能远行。想要自我表现的，反而难得露脸，自以为是的，反而不能显扬。自我夸耀的，反而功名难就；自我矜持的，反而难得长久。

就道的丰功伟绩而言，诸如此类行为不过是残羹赘疣。因为这些行为都令人厌恶，所以有道的人决不这样去做。

【解读】本句出自老子的《道德经》。老子用企者不立、跨者不行作比喻，说明“自见”“自是”“自伐”“自矜”这些轻浮、急躁的举动不仅达不到预期的目的，反而背离了原意。这些行为是不足取的，只能称之“余食赘形”。老子的这番话所透射的智慧为我们立身行事提供了一面明亮的镜子。

【原文】位已高意益下，官益大而心益小，禄已厚而慎不敢取。

【译文】地位愈高而态度愈要谦恭，官职愈大而内心更要谨慎，俸禄愈优厚而愈不敢妄取贪求。

【解读】本句出自西汉刘向的《说苑·敬慎》。如《说苑》所载：孙叔敖出任楚国令尹，官吏、百姓都来祝贺，却有一位老者穿着麻布制的衣服、戴着白帽子来吊丧，而孙叔敖不但不生气，却能以礼待之，虚心纳言受教。该句就是老者对孙叔敖的教诲，表现了孙叔敖为官谦虚尽职，能够听取别人哪怕是小民百姓的意见。正因为如此，孙叔敖为楚相，很有政绩。孙叔敖的为官之道，在今天仍需借鉴。

【原文】君子常虚其心志，恭其容貌，不以逸群之才加乎众人之上；视彼犹贤，自视犹不肖也。

【译文】真正的君子，常保心态谦虚，举止恭敬有礼，不以出众的才能而高于众人之上；他把别人都看做是贤能之士，而把自己看成是不贤之人。

【解读】本句出自东汉徐干《中论·虚道》。贤能者之所以超出一般人，往往在于他们能够经常保持谦虚的心态，从不以自己的过人本领和才智凌驾于众人之上。谦虚的人往往是善于倾听和学习的人，而善于倾听，别人才会乐意将自己的所长教给你，将自己的所想和你交流。不知不觉，别人的所长变成你的所长，同时你又掌握了大量的信息，从而在工作方面开展得更为顺利。谦虚的态度，其实就是一种吸纳的态度、一种提升自己的方法。

【原文】夫人有善鲜不自伐，有能者寡不自矜。伐则掩人，矜则陵人。掩人者人亦掩之，陵人者人亦陵之。

【译文】人有善行，很少有不自夸的；有能力，也很少有不自傲的。自夸就会掩盖别人的优点，自傲就会凌驾于别人之上。掩盖别人的人，别人也会掩盖他；凌驾别人的人，别人同样也会凌驾于他之上。

【解读】本句出自西晋陈寿的《三国志·魏志》。三国时期魏国将领王昶在他的《戒子文》中对这句话有深刻的阐释。他指出，自夸自傲、争名夺利会带来灾祸。君子不自夸其能，不是为了表示谦让，而是不喜欢遮盖别人。人如果能够以屈为伸、以让为得、以弱为强，就会很少不顺遂。

【原文】宁让人，勿使人让我；宁容人，勿使人容我；宁亏己，勿使我亏人。此君子之为也。

【译文】宁可主动礼让他人，不要让别人主动对自己礼让；宁可主动包容别人，不要让别人来包容自己；宁可自己吃亏，也不要亏欠他人。这些都是君子的行为。

【解读】本句出自南北朝傅昭《处世悬镜》。这句话要求人们必须学会包容。学会包容不仅有益于身心健康，而且对赢得友谊和保持家庭和睦与婚姻美满乃至事业的成功都是必要的。在社会生活中，宽恕与包容就是给人机会、给自己机会。主动地礼让，宁可自己吃点亏也不亏欠他人。在善待他人的同时，也善待了自己。

美德故事

陈平周勃虚己盈人

汉文帝继位初期，得到两位开国元老大力辅佐。这两位老臣，一个叫陈平，一个叫周勃，两人互相敬重，互让相位，成为历史上虚己盈人的谦让典范。

汉文帝是汉高祖刘邦的庶子，被封为代王。高祖死后，惠帝懦弱，吕后不顾高祖“非刘氏者不得为王”遗训，立吕氏家族子弟为王，使得刘氏的势力日益衰微。吕后死后，诸吕结党，预谋叛乱。时任丞相的陈平，瞅准时机，联手太尉周勃，灭吕夺权，拥戴文帝到长安继位。

汉文帝即位不久，一日升殿，各大臣一一叩见之后，汉文帝发现丞相陈平没来上朝，便问道："丞相陈平为何不来？"站在下面的太尉周勃站出来说："丞相陈平病了，体力不支，不能叩见皇上，请皇上原谅。"文帝为人仁慈宽厚，退朝后，便到陈平家去探视。

陈平见汉文帝来了，慌忙起身行礼。汉文帝急忙把他扶起，说："今天听太尉说你病了，不知是否请过御医诊视？你年岁大了，有病可不要耽搁呀！"

文帝的一席话，令陈平非常感动。他觉得不能再隐瞒下去了，便对文帝讲了心里话："皇上太仁慈了，可我对不起皇上的一片爱臣之心，我犯了欺君之罪呀！"原来，陈平并没有病，他是装病。他为什么装病呢？因为他觉得周勃更应该当丞相，他要把相位让给周勃。

陈平认为，粉碎诸吕反叛，周勃功劳比自己大，自己应该把丞相的位置让给周勃。但是周勃不肯接受，认为消灭吕氏集团，陈平才是首功。为此，陈平便假装有病不能上朝，他觉得这样会让文帝有理由任命周勃为丞相，也使周勃不可推辞地担起丞相职务。

陈平把这一切对文帝说清之后，又诚恳地说："高祖在时，周勃的功劳不如我；诛灭诸吕，我的功劳不如周勃。所以，我恳请把相位让给他，请皇上恩准。"

文帝本来不知道消灭诸吕的细节，听了陈平的解释，才知道周勃立了大功，便答应了陈平的解释，任命周勃为右丞相，位居第一，任命陈平为左丞相，位居第二。

过了一段时间，武将出身的周勃，发现自己在丞相位置上虽然能够胜任，但觉得自己在辅佐皇帝、处理国政方面，比起陈平来还是远远不及。尽管自己平定诸吕有功，替国家、百姓着想，还是应该让陈平来做丞相。于是，周勃也假称有病，向文帝提出辞呈。

汉文帝非常理解周勃的心情，批准了周勃的辞呈，任命陈平为丞相，并且不再设左丞相。第二年，陈平去世，周勃再任丞相。

陈平、周勃两位开国元老，忠心耿耿，辅佐文帝，励精图治，促成了后来的汉朝中兴。两位老臣虚己盈人、互让相位的谦让美德，一直被后人传为佳话。

孔融四岁知让梨

东汉时期的孔融小时候才华出众，性情随和，懂得礼让，大家都喜欢他。虽然家里兄弟多，但父母对他们要求都很严格，希望他们能勤奋读书，对人要懂礼貌，兄弟之间要互相谦让，别人有困难给予帮助等等。孔融年纪虽小，但父母的话，他都记得清清楚楚。

孔融四岁的时候，有一天是他祖父六十大寿，家里来的客人很多。有一些梨，放在寿台上面，母亲叫孔融把它们分给大家。小孔融拿起梨来正准备分，可是一看，这些梨有的大有的小，该怎么分呢？小孔融挠挠自己的脑袋，思考起来。他想：大梨又甜又好吃，大家应该都想要大梨。可是无论怎么分，都会有人要分到小梨，分到小梨的人，自然就会不高兴。

孔融抬头看看大家，都是自己的长辈和兄长，他想起了父亲平时的教诲，要尊敬兄长，凡事要长辈在前、晚辈在后。于是他心头一亮，有了主意。

只见孔融先把梨从大到小排好，然后将大的梨分给年长的，将小的梨分给年幼的，十分有序。最后，他才在剩下的一大堆梨中，拿了一个最小的给自己。客人问孔融，为什么捡一个最小的给自己呢？孔融回答："我年纪最小，当然应该吃最小的。"客人听了孔融的回答直夸奖他，父亲也满意地点了点头。

孔融才四岁，并不知道怎么分梨才是正确的，但是他知道，一个懂礼貌的小孩一定要尊重长辈，于是就把大梨分给长辈。生活中，无论是做事还是做人，都要礼让他人，这样社会就会井井有条了。

甄宇谦让牵瘦羊

东汉时，京城太学府聚集了一批博学之士，被封为博士。

有一年年底，皇帝下诏赐给每位博士一只活羊。可众博士犯起了难，这些大小肥瘦不一的羊，该怎样分配才公平呢？

有人提议把羊宰杀后分肉，肥瘦搭配，每人一份；有人提出众人抓阄，全凭运气……

大家讨论了半天，也没商量出办法。这时，一向沉默寡言的博士甄宇站出来说："还是每人各牵一只吧，我先来。"众人心里嘀咕：这家伙定会挑只最大最肥的羊。

出乎意料的是，甄宇在羊群中牵出一只又瘦又小的羊走了。

见此情形，一些不计较的人也像甄宇一样，牵只小羊便走。

剩下的人再也不好意思计较，相互谦让，也都随便牵一只羊走了。

就这样，复杂的问题解决了。

后来光武皇帝晓得了这一回事，就把甄宇叫作瘦羊博士。有时候，看似复杂的事情，只要多替别人着想，能克制住自己的欲望，秉持谦让的原则，就很容易解决。

傅以渐礼让邻里

在聊城老城区东关街东侧路北有一条宽不过三米、长不过十几米的胡同，人称"仁义胡同"。提起这胡同的来历，还得从傅以渐谈起。

清朝开国状元傅以渐，性格温和，与人和善，生活简朴，居官清廉，轻财好施，既团结同僚百官，又"事二亲至孝，待宗族友以爱，与人宽厚温和"，"宗族乡党及亲爱，有困乏周之"，"闾里有义举，心默然赞其成而不自居其长"，"百姓疾苦，痛切于身，心思拯济乃已"。因此，深受故乡亲人与民众的称赞。据传，傅以渐在朝为官期间，其聊城家人曾因为一墙之宽的宅基与邻居发生了纠纷。双方争吵不休，几乎动起武来，后又惊动官府，将官司打到聊城县衙。知县得知是傅状元族中的事情，未敢轻易决断，以致此案久久不能了结。

傅以渐家人见官司总无结果，于是就给在京的傅以渐去信，一则说明原委，二则让他向知县来封信，说上几句话，以便官司早点打赢。与此同时，知县也亲自写信向傅以渐征求意见，想看看他对此案有什么明断。

傅以渐收到两封来信后，思考良久，挥笔写了回信，让人火速送到聊城家中。家人打开书信，只见上面写着四句诗。诗云：千里来书皆为墙，让他几尺有何妨。万里长城今尚在，不见当年秦始皇。

家人看了书信，都认为傅以渐讲得很有道理，作为官宦之家，不能以势压人，而应以仁义为重。随后，家人立即撤回诉状，并主动将宅基界线退后三尺。

邻居得知对方撤回了诉状，退让了宅基界线，初时感到莫名其妙，后来一打听，方知对方听了傅状元之劝。他们感动之余，也将宅基界线后退了三尺。这样一来，便空出了一条六尺多宽的胡同。

聊城知县见傅以渐久久没有给他复信，担心会被怪罪，闻得打官司双方主动谦让宅基之事，甚为惊奇。他急忙赶赴现场察看，果见在争执之处空出一条胡同，又听四街民众纷纷称赞这一仁义之举，便挥笔为这一胡同题名曰“仁义胡同”。

傅以渐语重九鼎、一锤定音、谦让邻里、化解宅基纠纷之事，至今仍在聊城广为传诵。

助人

助人是指正直善良的人怀着道德义务感，主动去给他人以无私的帮助。助人的思想早在古代就产生了。孔子提出的“仁爱”、墨家主张的“兼相爱，交相利”及“乐善好施”的伦理思想和原则，都包含有助人的意思。古代先贤们有许多关于助人为乐、成人之美的处世格言，如“摩顶放踵，利天下为之”“忽己之慢，成人之美”“贵人而贱己，先人而后已”“一方有难、八方支援”“扶危济困”等。

乐于助人、助人为乐一直是我国的优良传统。东汉华佗用高明的医术，精心为百姓治病，使千万人得以康复，解除了病痛之苦。三国鲁肃家庭富足，好施舍救济别人，在周瑜急需军粮时，送给周瑜一仓。南朝五经博士严植之，救助身患重病的陌生人，谢绝康复病人终身充当奴仆的要求，取出钱和干粮让其回家。北宋司马光为救助失足跌落水缸孩童，拿石头砸开水缸，小孩得以活命。清朝乡民郑成仙终其一生省吃俭用，手编簸箕赚钱，把木桥修成石桥，险路从此变成坦途。

新中国成立以来，雷锋精神、抗击“非典”精神、抗震救灾精神又将助人美德进一步发扬光大，社会上出现了很多助人为乐的典型，如：为了根治兰考风沙、水涝、盐碱“三害”而鞠躬尽瘁的县委书记焦裕禄，双手接住坠落孩童的“最美妈妈”吴菊萍，节假日坚持去福利院、孤儿院照顾老人和孩童的山东好青年李根，等等。习近平总书记曾指出：人民对美好生活的向往就是我们的奋斗目标……实现国家富强民族振兴人民幸福的中国梦。这是新时期助人美德的最高阐释。助人美德在中华大地上代代传承，成为中华民族战胜一切艰难险阻的有力武器。

“一个篱笆三个桩，一个好汉三个帮。”助人美德是建立良好的人际关系、推动社会发展的重要道德准则，永远是道德生活的主旋律。首先，助人是社会发展进步的重要条件。马克思主义认为，社会的生产和生活是以人们之间的交往为前提的，这种交往的实质是互相帮助和协同。现代社会，科学技术高度发达，专业化分工越来越细，互相帮助和协作是社会生活的永恒主题。其次，助人是创造良好社会风气的有力武器。社会风气是由无数人的行为形成的，如果许许多多的人都能做到助人为乐，就会形成一个心情舒畅的工作、生活环境，一种新型的同志式人际关系，一种健康向上的精神风貌。第三，助人是共产党人共产主义道德情操的集中体现。中国共产党执政的宗旨是全心全意为人民服务，以最广大人民群众的利益为一切行动的根本出发点。这个宗旨体现在每个共产党员的实际行动中，就是要时刻关心人民的疾苦，为了人民的利益乐于奉献。第四，助人是获得人生乐趣的无穷动力。助人自助，助人为乐。关心他人、帮助他人、为社会做贡献，不仅能从中获得友谊、信赖，还能真正获得好评、尊重，并且从中享受人生的乐趣，精神境界会得到升华，心灵得到充实。

人人都可以当一个热心助人的人。习近平指出：“雷锋精神，人人可学；奉献爱心，处处可为。积小善为大善，善莫大焉。当有人需要帮助时，大家搭把手、出份力，社会将变得更加美好。”只有像雷锋那样“自己活着，就是为了使别人生活得更美好”，像朱伯儒那样“燃烧自己，照亮别人”，才能用高尚的爱心去引发他人的爱心，换来人间充满友爱的春天。首先，要有忘我的奉献精神，树立正确的幸福观。把为他人谋福利当做自己的义务和幸福，并将这种奉献精神贯穿在自己的生活中，作为为人处世的一种准则。雷锋精神的实质和核心就是一种为社会主义和共产主义而奋斗的无私奉献精神。其次，“勿以善小而不为”，树立正确的知行观。要从细微之处见精神，靠平时的点点滴滴来体现，要到社会的大课堂中去锻炼、去实践，在千百次的实践中去铸造自己良好的道德品质。第三，助人贵在持之以恒，树立正确的人生观。毛泽东同志说：“一个人做点好事并不难，难的是一辈子做好事，不做坏事。”我们应该把助人为乐提高自己的道德品质作为长期努力目标，在服务社会、助人为乐、爱岗敬业中提升人生境界，实现美好的人生追求。

赠人玫瑰，手有余香。一个人的能力有大小，但是有了助人的品德，就能成为“一个高尚的人，一个纯粹的人，一个有道德的人，一个脱离了低级趣味的人，一个有益于人民的人”。

经典名句

【原文】 士君子贫不能济物者，遇人痴迷处出一言提醒之，遇人急难处出一言解救之，亦是无量功德。

【译文】 明理达义的人，虽说家贫不能用财物来救助他人，可是当遇到有人感到迷惑而不知如何解决时，能从旁边指点一番使他有所领悟，或者遇到急难事，能从旁边说几句公道话来解救他的危难，也算是一种很大的善行。

【解读】 此语出自明朝洪应明所著的《菜根谭》，主要说明了智慧和点子也是帮助人的重要形式。人们有一种传统习惯，救助别人要么做事，要么出钱、出力，重视有形的东西，对于出个点子、指点迷津、用道理劝诫等无形的帮助往往忽视。古代社会，文武重臣往往有自己的幕僚为自己出谋划策。随着社会的发展，给人帮助的形式多种多样，尤其是无形的东西如知识、智慧和经验日益受到重视，出点子服务逐步走向一般民众，走向有序、有偿、有效的轨道。

【原文】 子曰：“君子成人之美，不成人之恶。小人反是。”

【译文】 孔子说：“君子成全别人的好事，不促成别人的坏事。小人却和这相反。”

【解读】 此语出自《论语·颜渊》。孔子提倡成人之美，称赞这是正人君子的高尚道德，同时责备“嫉贤妒能”，斥之为不道德的小人行为，这一是基于尊重人的才能和价值，二是为了维护社会的发展进步。无论是古代还是当今，成人之美的品德一直受到推崇和遵从。

【原文】取诸人以为善，是与人为善者也。故君子莫大乎与人为善。

【译文】吸取别人的长处来行善，这就是和别人一起行善，所以君子的最高德行就是偕同别人一道行善。

【解读】此语摘自《孟子·公孙丑上》，主要说明了如何为善的问题，即吸取别人的优点一起行善。这句话告诉我们，别人有善，则取以益我，取人之长补己之短；我有善，则与以益人，善与人同。一取一与，相互促进，则善端无穷，善源不竭。后来，与人为善的语意有所拓展，多指以善意的态度对待他人，为人着想，乐于助人。

【原文】君子贵人贱己，先人而后己。

【译文】君子尊重别人而把自己看得很轻，凡事先考虑别人，最后考虑自己。

【解读】此句出自《礼记·访记》。这句话是孔子的言论，主要是指，遇事先想到别人，再考虑自己。成语“先人后已”即出自于此。孔子认为，只有这样，百姓中才会兴起谦让、助人的风气。所以，在当时，称呼别人的国君叫国君，称呼自己的国君叫寡君。这句话主要说明了，品德高尚的人，处理事情不是私字当头，要为他人着想。不管在重大事件还是在日常生活中，我们都要牢记，助人乃快乐之本！

【原文】辅车相依，唇亡齿寒。

【译文】颊骨和齿床互相依靠，嘴唇没有了，牙齿就会感到寒冷。

【解读】该成语出自《左传·僖公五年》，来自春秋时期的一个典故。当时，晋国想吞并近邻的虢（guó）、虞两国，计划先打虢国，但必先经过虞国。晋国大夫荀息带着名马美玉送给虞公。虞国大夫宫之奇劝虞公不要答应晋军借路伐虢的要求，说道：“虢虞两国，一表一里，唇亡齿寒，辅车相依。”可惜目光短浅、贪财无义的虞公，不但答应“借道”，而且愿意出兵帮助晋军。晋献公把虢国灭亡了，不久，把虞国也灭亡了。这句话提示我们，关系密切、利害相关的关联者，利害与共，要互相依存、互相帮助，帮助了别人，也就是帮助了自己。

【原文】路见不平，拔刀相助。

【译文】 在路上遇见欺负人的事情，就挺身而出帮助受害的一方。

【解读】 该成语出自宋朝释道元的《景德传灯录・卷二十二・福州罗山义聪禅师》。原句是"路见不平，所以按剑"，是旧时为人们所称道的一种助人的侠义行为，喻指坚持真理，主持公道。现主要是指见义勇为，是指在国家、集体利益或者他人的人身、财产正在遭受侵害的时候，义无反顾地与危害行为或者自然灾害进行斗争的行为。

【原文】 病人之病，忧人之忧。

【译文】 为他人的病痛而难受，把他人的忧愁当做自己的忧愁。

【解读】 此句出自唐朝白居易所著的《策林》。这句话是白居易"酌人言、察人情，而后行为致"的政治主张之一，反映了白居易先人后己、乐于助人的情怀，后两句是"事不三思终有悔，若能百忍自无忧"。《策林》中，白居易还向朝廷提出了"乐人之乐，人亦乐其乐；忧人之忧，人亦忧其忧"的政见。"病人之病，忧人之忧"不仅是为人处世的箴言，也为构建和谐人际关系提供了宝贵经验。

【原文】 每有患急，先人后己。

【译文】 遇到犹患和急难的事情时，要先帮助别人，后考虑自己。

【解读】 此语出自陈寿《三国志・蜀志》。这句话表明了在共同面对困难时，要摆正别人和自己的关系，先人而后己。同时也提醒我们，在日常生活中要践行助人为乐、无私奉献的传统美德，自觉抵制见利忘义、自私自利的腐化行为，引领社会道德新风尚。

【原文】 好事须相让，恶事莫相推。

【译文】 遇到好事一定要让给对方，碰上坏事切不可推给别人。

【解读】 这句话出自唐朝王梵志的《全唐诗补逸》。王梵志是唐初白话诗僧。禅融于诗始于唐代，涌现出了很多擅长以禅入诗、在诗中表现禅理禅趣的诗人。王梵志是其代表人物，他的诗被称为梵志体，内容多为阐释佛家教义，以浅近语言劝人为善。这句话就是王梵志的劝诫世人行善止恶的著名言论，说明了在遇到好事和坏事时应持的态度和原则，要求帮助别人成就好事，不能推卸坏事责任。该话对现在也具有重要指导意义。在人际交往中，应当宽宏大量，以理办事，遇到好事，先人后己，切不可唯利是图，见祸害就让，以邻为壑。

【原文】人家帮我，永志不忘；我帮人家，莫记心上。

【译文】人家对我的恩情，我不会忘记；我帮别人，不要记在心上。

【解读】这是华罗庚的名言，说明了在面对别人的帮助和帮助别人后所应持的态度：朋友帮，是难能可贵的；帮朋友，是理所当然的。这是我们现代生活中，为人处世的一条重要准则：他人若对自己有恩惠，要时时想着“滴水之恩，当涌泉相报”；帮助了别人，不要想着报酬，要将助人作为一种生活方式和习惯。

美德故事

徐三斗放粮救灾

在聊城市阳谷县高庙王乡的西南部有一个村子叫“徐山斗”。不知情的人听了这个名字还以为这里有很“陡”的“山”呢？其实，这个村子根本就没有山，更谈不上“陡”了。“徐三斗”这个名称的由来，有一个很感人的故事！

传说宋代的时候，在这个村子里住着一户姓徐的人家。这户人家家财万贯、财运亨通。户主为人和善、仗义疏财，深得当地老百姓的爱戴，因此，大家都称他为“徐老爷”。

这一年，连续几个月滴雨未下，庄稼都因干旱而死，农民们颗粒无收，无粮可吃，只好用树叶、树皮充饥。不久，树叶和树皮就被吃得精光，许多人被活活饿死。徐老爷看大家忍饥挨饿，非常心疼，决心给乡亲们发放粮食。

放粮开始了。徐老爷让大家排好队，按各家人口多少发放粮食。可是不久，借到粮食的人们发现，他们得到的粮食比想象中的多出好多。原来，徐老爷派人连夜赶制了一只大斗，这只大斗的容量超出了市场上买卖粮食所用粮斗的两倍。乡亲们扛着借来的粮食，满怀对徐老爷的感激回到家中，一家老小的生活得以维持，渡过了难关。

第二年是个丰收年。喜获丰收的乡亲们第一个心愿就是归还徐老爷的粮食。徐老爷推辞不过，只好命人收粮。可是乡亲们又发现：他收粮的斗小得出奇，乡亲们带来的粮食被他的小斗一量，都剩回一半还多。乡亲们对徐老爷说："徐老爷，您借给我们的粮食我们都量过了，我们借多少还多少已经感激不尽了，因为是您救了我们大家的性命。今天您这样对待我们，我们都会于心不安的。"徐老爷说："去年我借你们几斗，今天收回几斗，你们并不欠我什么，有何于心不安的？"乡亲们说："去年你借给我们的一斗粮食有五十多斤，而您今天收回的只有十斤左右啊！"徐老爷说："我用斗借出，又用斗收回，哪有那么大差别呀？一定是你们记错了！再说，去年大旱，乡亲们都没有存粮。今年虽然丰收了，可你们还我粮食后，还能剩多少呢？你们一家老小还要生活啊，所以剩下的粮食你们一定要带回去。"

就这样，乡亲们满含热泪把本应归还徐老爷的粮食带回了家。

粮食丰收，徐老爷家更是囤满仓流。他让管家去集市上卖粮。管家问："老爷，我们用大斗还是小斗呀？"徐老爷说："集市上讲究的是公平，我们当然得用最公平的中斗啦！"

乡亲们听说了徐老爷的话，个个奔走相告，传送着徐老爷的高风亮节。大家都说："徐老爷大斗借出，小斗收回，中斗买卖，真是我们的活菩萨呀！他的恩德不但我们不能忘，也不能让我们的子孙后代忘。为了纪念徐老爷的恩德，不如我们就把村名改为'徐三斗'吧！"

从此以后，这个村子就改名为"徐三斗"，并且代代相传。后来，由于年代的久远，由于一些人的发音不准确，又由于当时人们识字的较少等原因，不知什么时候，"徐三斗"这个名字被叫白了，讹变为"徐山斗"。

邓钟岳助讨粮款

清乾隆年间，凭借京杭大运河的便利，聊城成为江北一都会和商品集散地，东南西北中，来此做生意的人络绎不绝。一时间，聊城呈现出商贾云集的热闹景象。

一年春天，从滕州来了一伙贩卖绿豆的邓姓商人。他们将绿豆粜给一家粮店，但粮店就是不说给钱的事。转眼几天的时间过去了。滕州的这几位商人不但绿豆钱没要回来，就连带来的盘缠也要用完了，住店的钱更无法支付，一时间陷入绝境。

这天上午，几个滕州商人正在喝闷茶，店家凑过来指点说："你们既然姓邓，天下一笔写不出两个邓字，你们为何不去找一下当朝的邓状元呢？兴许他能帮你们的忙。"听了店家的指点，滕州的几位商人便来到了状元府，将事情经过原原本本地给管家讲了一遍。因为邓钟岳当时有事外出不在家，管家问清缘由后，答应一定向邓状元禀报，让他们在旅店静候。

邓钟岳回来后，管家当晚就将此事做了禀报。邓状元听后深思了片刻，然后命管家带着家人，手挑着状元府的大红灯笼去了滕州商人住的旅店，说是来看邓氏的家人。这件事在小旅店引起了轰动。事后，店家将此事告诉了粮店的掌柜。第二天，粮店的掌柜就将所欠滕州商人的粮款如数归还了他们。

为了报答邓钟岳的恩德，滕州的这几位商人专门在滕州老家为邓钟岳树起了旗杆，并保存至今。这件事虽已过去二百多年的时间了，但邓钟岳帮助邓家人智讨粮款的事仍在这一带民间流传。

助人为乐的雷锋

雷锋在短暂的一生中助人无数，他经常利用节假日到火车站去扶老携幼，帮助车站的工作人员打扫卫生，或利用休息时间替老乡捡粪、种地。人们夸奖他说："雷锋喜欢助人为乐，是共产党、毛主席教育出来的好兵。"

一天，雷锋因公登上了从抚顺到沈阳的列车。你看他，一上车就忙个不停。他主动帮列车员扫地、擦玻璃、收拾桌子，给旅客倒开水，帮助妇女抱孩子，给老人找座位。一会儿，就忙得满头大汗。别人叫他休息，他总说不累。

到沈阳站换车的时候，雷锋在车站内发现一位背着孩子的中年妇女因丢了车票而焦急万分。他急忙上前问明了情况，原来这位妇女是从山东来的，要去吉林探望孩子他爹。雷锋就安慰她不要着急，并领着她到售票处用自己的津贴费买了一张去吉林的车票。大嫂接过车票，热泪夺眶而出。

又一次，雷锋到丹东作报告回来，早晨5点钟到沈阳换车回部队，过地下道时，他看见一位老大娘，拄着棍、背着大包袱，很吃力地走着。雷锋迎上去一问，知道大娘从关内来，是到抚顺去看儿子的。雷锋立即把包袱接了过来，一手扶着老人说："大娘，我送你到抚顺去。"

老人高兴得不知说什么好。上车后，雷锋给老人找了座位，自己就站在老人身边。他问老人的儿子是干什么的，叫什么名字，住在哪里。老人说儿子是煤矿工人，出来好几年了，老人没有来过抚顺，还不知道儿子住在哪里。说着从怀里掏出一封信，递给了雷锋。他看了信封上的地址，写的是"抚顺市 ×× 信箱"，他也不知道具体地址，但他知道老人找儿子的迫切心情，就说："大娘，您放心，我一定帮您找到儿子。"

"那敢情好！"老人高兴得眉开眼笑。

火车进站后，找了两个多小时，终于帮助老人找到了儿子。母子见面，老人的第一句话是："儿呀，若不是这孩子一路送我，娘怕还找不到你呢。"

老人的儿子拉着雷锋的手，一再表示感谢。

1961 年 5 月的一天清晨，雷锋冒着大雨去沈阳办事。去车站的路上，他见到一位妇女背着一个孩子，手里还领着一个小女孩，在大雨中深一脚、浅一脚地往车站走着。雷锋见到这种情形，急忙跑上前去，脱下自己的雨衣披在那妇女身上，又背起地上走的小女孩，陪同她们母女一同到了车站。上车后，雷锋见那女孩冷得直打战，于是又把自己身上的绒衣脱下来，穿在小女孩的身上，还把带的馒头给两个孩子吃。火车到了沈阳，天还在下雨，雷锋又一直把她们送到家里。那妇女非常感动，眼里闪着泪花，紧紧握住雷锋的手说："同志，我可怎么感谢你呀！"

雷锋就是这样永不停息地助人为乐，全心全意为人民做好事。毛泽东同志于 1963 年 2 月 22 日题词"向雷锋同志学习"，1963 年 3 月 2 日《中国青年》第 5、6 期合刊出版，首先发表了毛主席"向雷锋同志学习"的题词。三天后，也就是 1963 年 3 月 5 日，《人民日报》《解放军报》《中国青年报》等都在头版刊登了毛主席的手迹。从这一天起，一个学习雷锋的活动在全国兴起。之后每年的 3 月 5 日也就成了学习雷锋的纪念日。

中国好人高占喜

高占喜，聊城市东阿县黄屯乡邮电支局一名邮递员。自 2006 年参加邮政工作后，真心服务百姓，助人为乐，获得了群众的广泛认可，被百姓亲切地称为“最美邮递员”。

就在进入邮政支局的当年，因为寄包裹，高占喜结识了王道口村的两位老人：一位是汝永瑞，当时88岁；一位是王学玲，79岁。老两口无儿无女、无依无靠。汝大爷患有白内障，王大娘也有心脏病，家里除了3亩地承包给别人外，没有任何生活来源，在刚认识高占喜之前，两个老人甚至曾经有过轻生的念头。高占喜对两位老人放心不下，经常去老人家里，给他们带去吃穿用品。有一次，王大娘不小心从床上摔下来，高占喜用地排车把大娘送到了诊所。前前后后两个星期，高占喜每天都到诊所看望大娘，把她当做自己的亲人，给她洗脸洗脚。老人十分感激地说：“多亏了喜，没有喜，我们两个早就活不下去了。感谢共产党，感谢政府！”2013年6月，老人王学玲不幸去世，高占喜主动为其披麻戴孝，兑现了自己为老人养老送终的承诺。现在，高占喜还在照顾着汝大爷，当老人一辈子的拐杖。

在高占喜的邮路上，共有20个村庄、5所学校、5个机关单位。为让群众每天都能读到报刊，他8年时间没有休过1天假，即使周六周日也坚持投递。虽然患了胃病，但他咬着牙将身体顶在摩托车上坚持投递。8年来，累计行驶30万公里，投递25万份报刊邮件，没有丢失一份邮件，没有一例客户投诉，投递及时率、准确率均达到了100%。在做好这些基本服务的前提下，他还为群众提供生产生活上的各种便利。王道口村的曲秀兰在玉米播种时缺3两种子，高占喜专门给她送去。有个叫汝永明的社员，因为用大型拖拉机犁地，需要排号等待，到晚上七点多还有7袋肥料没有着落。高占喜二话没说，直接开着三轮车送到了地头上。就连老百姓的存取款，群众也喜欢让高占喜代捎，每年都在1500笔以上，被称为“会跑路的自动存取款机”。孙道口村的孙书记还说：“我们村80%的手机费、电费都是占喜代为办理的，连火车票都给买，他真是给我们群众帮了大忙，我们村里人都很感激他。”

高占喜先后被授予“全国邮政系统先进个人”“全省邮政道德模范”“中国好人”等称号。这位普通信使，把邮件送到千家万户，把责任扛在自己双肩，本职工作之外，扶老帮幼，与人为善，在传播爱心的路上，超越了人生的平凡。

舍己

舍己，是对中国古代义利观核心内容的精辟概括。舍己，也叫舍身，是指放弃自己的主张、听取别人的意见，或为公众利益牺牲个人利益乃至生命。

舍己的含义有二。一是舍己从人，出自《尚书·大禹谟》中“稽于众，舍己从人”，《孟子·公孙丑上》中“大舜有大焉，善与人同，舍己从人，乐取于人以为善”，说的是我国古代圣王之一的舜，他十分虚心听取别人的意见，孟子认为舜能善与人同，舍己从人，与人为善，非常了不起。二是舍己为人、大公无私。舍己为人，出自《朱熹集注》中“初无舍己为人意，而其胸次悠然”，指放弃自己的意见和附和别人、帮助别人。大公无私，出自汉朝马融《忠经·天地神明》中“忠者中也，至公无私”，指办事从集体利益出发，毫无私心和个人打算。

中国古代提出了以舍己为主线、以舍生取义为核心的义利观。一是孔子提倡“先义后利”“见利思义”。孔子认为“君子喻于义、小人喻于利”，君子注重仁义道德而小人追求的只是物质利益，人们在面对义利时，不能取利不顾义，以免造成社会“多怨”，而应该通过“见利思义”的途径，达到“以义为上”的境界。二是孔孟提倡舍生取义。孔子认为，“义以为上”“杀身成仁”是君子最高尚的道德原则，“临大节而不可夺”是士人君子应当具备的重要品质。孟子更直接地主张舍生取义：“生，亦我所欲也，义，亦我所欲也；二者不可得兼，舍生而取义者也。”三是承认个人私利存在的必然性，要求尊重个人利益。孔子说：“富与贵，是人之所欲也，不以其道得之，不处也……贫与贱，是人之所恶也，不以其道得之，不去也。”这句话所要表达的是，“富贵”是人的欲望和自然需求，君子对“富贵”“贫贱”要取之有道，君子爱财但要取之有道。孔子甚至明确提到，“不义而富贵，于我如浮云”。到了汉朝，董仲舒把“重义轻利”思想绝对化，要求人们应该只重义、少谈利。到了宋代，以程颢、程颐为代表的“二程”理学提出了更极端的主张，要求人们“存天理、灭人欲”。时至清代，颜元重新恢复了儒家先义后利的义利观。

古代舍己思想的精华是“舍”，即合理地取舍，有舍有得，有进有退，知止知足，退步保身。“舍”不是无原则地放弃、不计后果地退让，而是一种处世原则和处事方法。《处世悬镜》提出，“将欲扬之，必先抑之；将欲取之，必先予之”，“退以求进，舍以求得”，蹲下是为了跃起，后退是为了前进，舍弃是为了求得更多。古人认为，得失之间无常理、无定势，一味地索取，不知放弃，必然招来忧祸。这是因为，大千世界“月满则亏，水满则溢”，物极必反、否极泰来的现象普遍存在。老子在《道德经》中说，“曲则全，枉则直；洼则盈，敝则新；少则得，多则惑”，就是说一切事物的对立面发展到极点就会转向反面，由量变转向质变。所以，老子主张，“知足不辱，知止不殆，可以长久”。知足常乐，能忍恒安；知足常足，终身不辱；知止常止，终身不耻。“甚爱必大费，多藏必厚亡”。做人不知收敛，得寸进尺，一味争名逐利，凶险和灾祸也会随之而降临。为避免灾祸的发生，老子从其“无为”而治、随其自然、顺势自守的世界观出发，提出了“功成身退，天之道也”，教人不论做什么事不可过度，应该适可而止，“知足知止”，才能远离灾祸。《礼记·大学》还提出：“知止而后定；定而后能静；静而后能安；安而后能虑；虑而后能得”。就是说，知道自己应达到的境界才能够志向坚定；志向坚定才能够镇静不躁；镇静不躁才能够心安理得；心安理得才能够思虑周详；思虑周详才能够有所收获。这是对人生修养的很高的目标要求，需要付出艰苦的努力才能够做到。

社会主义义利观继承古代义利观的精华，强调把国家和人民利益放在首位，做到以义导利、以义取得、见利思义。雷锋同志是践行社会主义义利观的典范。他以自己的人生经历很好地实现了利他与利己的统一：他乐于助人，出一趟差，“好事做了一火车”；他勇于吃亏、不求回报，被称为全心全意为人民服务的“傻子”；他舍己为人，在即将倒下的电线杆危及人民的生命财产安全时，不惜牺牲个人生命。用他自己的话说：“我觉得一个革命者就应该把革命利益放在第一位，为党的事业贡献自己的一切，这才是最幸福的。”古代的舍己思想在雷锋身上得到了完美呈现。

在利益多元化的今天，我们要发扬古代舍己为人、大公无私的精神，尊重国家和集体利益，尊重公民正当的个人利益，使两者利益争取同步实现最大化，最大限度地调动国家和个人的创造性、积极性，为实现两个百年目标做出贡献。

经典名句

【原文】大舜，有大焉，善与人同，舍己从人，乐取于人以为善。

【译文】伟大的舜帝更为了不得，总是与别人共同做善事，舍弃自己的缺点，学习人家的优点，非常快乐地吸取别人的长处来行善。

【解读】本句出自《孟子·公孙丑章句上》。联系这句话的上下文，更有助于理解。孟子指出，孔子的学生子路，别人指出他的过错，他闻过则喜；夏朝开国君主禹，听到了善言，便恭敬地向人行礼。伟大的舜有崇高的品德，优点愿和别人共有，抛弃缺点，学人长处，乐于吸取别人的优点来提高自己的修养。舜从种地、做陶器、捕鱼一直到做帝王，身上很多优点都是从别人那里学来的。吸取别人的优点来行善，也就是与别人一起行善。君子，最重要的就是要与别人一起来行善。《尚书·大禹谟》也讲过类似的意思，“稽于众，舍己从人”。禹善于考察众人的想法，然后舍弃自己的偏见，服从别人的正确意见。

【原文】鱼，我所欲也，熊掌，亦我所欲也，二者不可得兼，舍鱼而取熊掌者也。生，亦我所欲也，义，亦我所欲也，二者不可得兼，舍生而取义者也。

【译文】鱼，是我想要的，熊掌，也是我想要的，如果两样东西不能一起得到，弃鱼而要熊掌。生命，是我想要的，正义，也是我想要的。如果生命和正义不能够同时得到，那就牺牲生命而选择正义。

【解读】两千多年前，孟子就以形象的比喻把舍与取的问题引入深刻的哲学。鱼和熊掌全部都能拥有，这是最好的、最理想的，但是，如果二者只能选取其一，那自然就要选取熊掌，因为熊掌远比一条鱼要珍贵。当然，孟子想要告诉我们的肯定不只是他对鱼和熊掌的取舍，这只是他举的一个形象的例子，他想告诉我们的是，就像熊掌比鱼珍贵一样，正义也比生命更重要，如果要在这两者之间选择，就算是牺牲掉自己的生命也要维护公平正义。

【原文】将欲歙之，必故张之；将欲弱之，必故强之；将欲废之，必固兴之；将欲夺之，必固与之。是谓微明。

【译文】欲要收敛他，必须先要暂且扩张他；欲要削弱他，必须先要暂且加强他；欲要废除他，必须先要暂且抬举他；欲要夺取他，必须先要暂且给予他。这叫做妙而又通明的道理。

【解读】本段话出自老子《道德经》。歙（xī），收敛，收拢。这段话是说，在事物的发展过程中，张开往往是闭合的一种征兆或先期动作。老子认为，事物总是处于不断对立转化的状态中，当事物发展到某一个极限的时候，必然会向相反的方向转化。凡事到了“张之”“强之”“兴之”“与之”的状态，说明它已经达到了“盈”的状态，等待它的就只有“消”，区别仅在于是自己主动地来“消”，还是让“道”来给“消”——“歙之”“弱之”“废之”“取之”。老子提倡安守柔弱，因为柔弱是生机旺盛的，柔弱能胜刚强。

【原文】知足不辱，知止不殆，可以长久。

【译文】如果君王无私无欲，知足而不贪，就不会遭到百姓的唾弃和羞辱，凡事适可而止、与世无争，就能得到百姓的爱戴，国家自然就能长治久安了。

【解读】本句出自老子《道德经》。几千年前老子诘问世人，名利与生命、得失与存亡孰轻孰重？当然生命是最重要的，其他都是身外之物。老子告诫后人，过分地钟爱名利就必然要付出更多，过分地囤积财物就必然招致杀身之祸。凡事不可求全，一定要知足知止。知足不辱，知止不殆，能够掌握事物发展的规律，把握“度”的界限，任何事物都有自己发展的极限，超过极限事物就会向反面发展。所以，无论做什么事都不可过度，而应适可而止。贪图的名利越多则付出的代价越大，追求的财富越多则损失得越惨重，有的甚至要付出宝贵的生命。知止就是适时放手，珍惜今日之拥有，就是少思寡欲求得人生自在自由。

【原文】祸莫大于不知足，咎莫大于欲得。

【译文】祸患没有比不知足更为严重的了，灾难没有比贪得无厌更为深重的了。

【解读】本句出自老子的《道德经》。老子分析了春秋时期战争连年不断的原因，认为是统治者贪得无厌、不知足所致。为此，他提出“知足常足”的观点，对统治者的无厌欲求发出了强烈抗议和严厉警告。老子认为，“故知足之足，常足矣”，不知足就会纵容贪欲之火，最终会导致欲火燎原、洪流溃坝。老子十分推崇“知足”，认为“知足不辱，知止不殆，可以长久”，并称“知足者富”。古往今来，多少贪夫殉财，就是由于不知足、不知止，从而跌入了罪恶的深渊。

【原文】与人不可求备，检身若不及。

【译文】对别人不能求全责备，对自己要严格约束。

【解读】本句出自《尚书·商书·伊洲》。商朝的右相伊尹教导成汤的嫡长孙太甲，在上位者能够明察下情，这样在下位者才能够对上忠诚。《尚书》中的这句话，以对自我的道德要求和对他人的道德要求并举，讲的正是“严于律己，宽以待人”的道理，可谓道德原则中处理自己与他人关系的辩证法。

【原文】退以求进，舍以求得。

【译文】后退是为了前进，舍弃是为了求得更多。

【解读】本句出自南北朝傅昭的《处世悬镜》。世界充满着矛盾，成功和失败、欢乐和悲伤、拥有和失去、平淡和辉煌，看似互相对立、水火不容，实则紧密相连，取决于人们一念之间的选择。有选择就有放弃，选择了失去便放弃了拥有，选择了悲伤便放弃了欢乐。从这个意义上说，只有学会放弃，才能学会选择，进而才能不断拥有。

【原文】 伐欲以炼情，绝俗以达志。

【译文】 为了陶冶情操就应该节制欲望，为了实现远大志向就要摒弃世俗杂念。

【解读】 本句出自南北朝傅昭的《处世悬镜》。这句话是说，只有节制欲望，才能陶冶情操，只有摒弃杂念，才能树立远大志向。这表达了作者“舍”的处世哲学，即“万事于一，不舍不得”，“乏欲者成，舍之者得”。舍弃就是放弃，就是经过思考、分析，对事物作出适当的取舍。

【原文】 全则必缺，极则必反，盈则必亏。

【译文】 事物完美后就必然转向缺损，极端就必然转向反面，盈满后就必然转向亏失。

【解读】 本句出自《处世悬镜》。月满则亏，水满则溢，否极泰来，物极必反，有始必有终，有盛必有衰，这个客观规律是任何人都无法抗拒的。所以凡事做到七八分才有情趣，太过则易衰，不及则残缺。“月盈则亏，履满者戒”，说的就是“须得退步抽身早”。天道忌盈，人事惧满，所以月盈则亏，花开则谢，这是天理循环。有福气享受荣华富贵的人，应当深思这个道理，抱着诚恳的心情去待人处世，唯如此方可以持盈保泰，得到长久幸福。

【原文】 以责人之心责己，则寡过；以恕己之心恕人，则全交。

【译文】 用责备和要求别人的思想来对待自己，这样就会少犯错误；用宽恕自己的思想态度去对待别人的缺点和错误，就会保全亲友之情。

【解读】 本句出自北宋林逋的《省心录》。这句话继承了传统的“严于律己，宽以待人”的思想，强调：做人能够严格要求自己，就能够少犯错误，提高品德修养；宽厚待人、不计较别人小的缺点和过失，就能团结群众，搞好人际关系。

【原文】 有所取，必有所舍。

【译文】 有所获得，就必然有所舍弃。

【解读】 本句出自北宋苏轼《策略》。这句话说明有得必有失这一道理。要想有所收获或想在事业上有所成就，必须付出一定的劳力和血汗；要想在这一方面取得成就，就必须在另一方面有所舍弃。孟子说过，“有所不为，而后可以有为”，说明有些事情必须放弃，才能在另外一些事情上有所作为。要想有所作为，还必须付出一定的劳力和代价。

【原文】待人要丰，自奉要约；责己要厚，责人要薄。

【译文】对待别人应该丰厚，自身要简朴节约；责备自己要多一些，批评和要求别人要少一点。

【解读】本句出自清代陈宏谋的《养正遗规》。这句话主要是强调凡事应该严于律己，宽以待人。这是做人处世应该具有的道德修养，也是中华民族的传统美德。

美德故事

神农为民尝百草

上古时候，五谷和杂草长在一起，药物和百花开在一起，哪些粮食可以吃，哪些草药可以治病，谁也分不清。黎民百姓靠打猎过日子，天上的飞禽越打越少，地下的走兽越打越稀，人们就只好饿肚子。谁要生疮害病，无医无药，不死也要脱层皮啊！老百姓的疾苦，神农氏瞧在眼里，疼在心头。

怎样给百姓充饥？怎样为百姓治病？神农苦思冥想了三天三夜，终于想出了一个办法。第四天，他带着一批臣民，从家乡随州历山出发，向西北大山走去。山上真是花草的世界，红的、绿的、白的、黄的，各色各样、密密丛丛。神农高兴极了，他叫臣民们防着狼虫虎豹，他自己去采摘花草，放到嘴里尝。白天，他领着臣民到山上尝百草，晚上，叫臣民生起篝火，就着火光把尝到的感觉详细记载下来：哪些草是苦的，哪些热，哪些凉，哪些能充饥，哪些能医病，都写得清清楚楚。

有一次，他把一棵草放到嘴里，霎时天旋地转，一头栽倒。臣民们慌忙扶他坐起，他明白自己中了毒，可是已经不会说话了，只好用最后一点力气，指了指面前一棵红亮亮的灵芝草，又指了指自己的嘴巴。臣民们慌忙把那红灵芝放到嘴里嚼嚼，喂到他嘴里。神农吃了灵芝草，毒气解了，头不昏了，会说话了。从此，人们都说灵芝草能起死回生。臣民们担心神农这样尝草太危险，都劝他还是下山回去，他摇摇头说："不能回！黎民百姓饿了没吃的，病了没医的，我们怎么能回去呢！"说罢，他又接着尝百草。

他尝完一山花草，又到另一山，一直尝了七七四十九天，踏遍了这里的山山岭岭。他尝出了麦、稻、谷子、高粱能充饥，就叫臣民把种子带回去，让黎民百姓种植，这就是后来的五谷。他尝出了三百六十五种草药，写成《神农本草》，叫臣民带回去，为天下百姓治病。

神农尝百草，舍己为民生，这一故事今天读来仍让人感动不已。

齐太史舍命写史

战国时期，齐国的国王齐庄公被相国崔杼杀了。崔杼串通几个人立齐庄公的兄弟为国君，自己独揽大权。

崔杼让太史伯记录这件事，说先君是得病死的。太史伯却不从，他严肃地说："按照事实写历史，是太史的本分，哪能捏造事实、颠倒是非呢？"他照实记录在竹简上，"夏五月，崔杼谋杀国君光。"崔杼一怒之下把太史伯杀了。

太史伯的弟弟仲接替了哥哥的职位，也是照实记录。崔杼想不到天下竟有这样不怕死的人，气哼哼地问："你难道没看到你哥哥的下场吗？你不怕我把你也杀了吗？"太史仲面不改色，冷笑着回答："太史只怕不忠实，可不怕死。你可以把我也杀了，难道还能把所有的人都杀了吗？"崔杼吩咐手下把他杀了。

第三个太史叔还是不屈服，也被崔杼杀了。崔杼一连杀了三位太史，虽然十分生气，心里却很恐慌。等到第四位太史季上任，崔杼把他写的竹简拿来一看，上面还是那句话。崔杼问他：你不爱惜自己的性命吗？太史季说："我当然爱惜性命。但要是贪生怕死，就失去了太史的本分，不如尽了本分，然后死去。但您也要明白，就是我不写，天下还有写的人。您只能不许我写，却不能改变事实。您越是杀害太史，越显出您心虚。"崔杼只好作罢。

太史季回来的路上碰见南史氏迎面走来。南史氏对他说："听说三位太史都被杀了，我怕你也保不住性命，是准备来接替你的。"太史季把写好的竹简给他看，南史氏才放心回去了。

崔杼知道众怒难犯，就不敢再杀下去了，只好任凭史官记下自己的暴戾。崔杼弑君的历史就这样传下来了。

潘好礼卧马进谏

潘好礼，唐代良臣。唐开元初年，潘好礼任邠（bin）王府长史。后来，邠王出任滑州刺史，潘好礼兼邠王府司马并主持滑州的日常公务。由于邠王不严格管束下属，于是玄宗皇帝下令，让潘好礼对王族进行督察，一旦发现他们有了过失就上奏朝廷。因此，邠王每逢出去游乐赏玩，潘好礼必定恳切劝谏，使他有所顾忌。

有一次，正值农忙的月份，邠王外出打猎，一路上大队人马前呼后拥，家奴密布田野，家丁列队警戒。潘好礼拦住邠王进谏劝阻，邠王起初不肯依从，潘好礼就躺倒在马前，大声呼告："现在农夫正在田中忙于耕作，您怎能在这时糟蹋庄稼、损害百姓呢？今天只有先让马踩死我，然后听凭您任意而为！"邠王听了潘好礼的铮铮谏言，觉得很惭愧，只好罢猎回去了。

后来，潘好礼担任豫州刺史，为官清正廉明、不徇私情、舍己为人。他的儿子请求去考明经，潘好礼说，"如果不通晓经典的话，不能贸然去考"，并且亲自出题测试儿子，发现儿子的水平果然不够。他一怒之下加以鞭打，还给他戴上枷锁，到门口罚站。后来，潘好礼因为公事上受到牵连，改任温州别驾，在任上去世。

董存瑞舍身炸碉堡

1929 年，董存瑞出生在河北省怀来县南山堡的一个贫苦家庭。残酷的社会现实，铸就了他幼小心灵中朴素的阶级感情。

1943 年，董存瑞担任了南山堡第一任儿童团长。1945 年，参加了区小队，同年被编入冀热察军区第九旅，成了一名正式的八路军战士。1947 年 3 月，董存瑞光荣地加入了中国共产党，他向党宣誓："我把这辈子交给党，要为共产主义奋斗终生！”1948年，董存瑞所在部队升编为东北人民解放军第十一纵队。5月，部队奉命向当时热河省省会承德的大门——隆化城挺进。24日上午11时，全营召开“挂帅点将”战前动员大会，董存瑞第一个站起来，要求首长批准他挂帅。同志们都深知他机智勇敢，多次立功受奖，又是爆破能手，谁也不和他争，一致表示同意。下午3时30分，第二次总攻开始，六连向隆化中学发起冲锋。突然，敌人机枪的子弹像暴雨般横扫过来，把战士们压在一条土坡下面，前进不得。原来，这是隆化中学东北角横跨旱河的一座桥上喷出来的6条火舌。狡猾的敌人在桥上修了一个伪装得十分巧妙的暗堡，拦住了我军冲锋的道路。

面对敌碉堡的凶猛火力，董存瑞请战，在战友郅顺义的掩护下冲到桥底。此时，他的左腿被敌人的机枪打断，暗堡的底部离干涸的河床还有段高度，河道两侧护堤陡滑，他两次安放的炸药因没有木托都滑了下来。此时，冲锋号已经吹响，拖延一分钟就会有更多的战友牺牲。董存瑞抬头看了看桥顶，又扭头向后望了一眼，略略愣了一下，突然身子向左一靠，站在桥中央，左手托起炸药包，紧紧贴住桥型暗堡，右手猛地一拉导火索。导火索“哧哧”地冒着火花和白烟！董存瑞巍然挺立，纹丝不动，像是一尊雕塑。看到这情景，郅顺义不顾一切地跳下旱河，朝桥下的战友奔去。只听董存瑞朝他大声喊：“卧倒，快卧倒！”紧接着，就听董存瑞高声喊道：“为了新中国，冲啊！”突然间，一声巨响，地动山摇。敌人的桥型暗堡被炸得粉碎。

“为了新中国，冲啊！”董存瑞的战友们高喊着这震撼山河的口号，冲进了隆化中学。血一样鲜艳的红旗，升起在隆化城上空，高高飘扬。董存瑞牺牲后，东北人民解放军第十一纵队党委决定：追认董存瑞为纵队战斗英雄、模范共产党员，命名董存瑞生前所在班为“董存瑞班”。1948年7月10日，冀热察行署决定：“为纪念收复隆化战斗中英勇顽强自我牺牲的人民英雄董存瑞同志，特决定隆化中学改称存瑞中学，以志永垂。”1950年9月，全国战斗英雄、劳动模范代表会议决定，追认董存瑞为全国战斗英雄。

于化民舍身为民

在聊城市茌平县韩集乡张会所村东南，坐落着6·27纪念园，埋葬的是在1944年6月27日日伪军对这里“铁壁合围”时牺牲的134名革命群众。正是在这里，于化民表现出了碧血丹心舍身为民的共产党员的革命风范。

于化民，1920年出生在茌平于庄村一个富裕文化家庭，1934年以优异成绩考入聊城省立二中，1940年调往筑先县委（今东昌府区）任宣传部干事，1941年任中共筑先县委宣传部部长，1943年又兼任敌工部部长、县委委员等职务，经常活动在茌平、东昌府、东阿交界一带，发动群众抗日，并亲自刻钢板、印传单、办报刊，常常工作到深夜。为了便于工作，于化民精心设计印制了正面是关公像、背面写着“人在曹营心在汉”的宣传卡，分发给进步的敌伪人员。于化民经常化装出入敌占区，做了大量分化瓦解敌人的工作。他派敌工干事张宗谦到周堂村与开明绅士结好，并介绍他们加入党组织，还亲自到蒋官屯东南伪政权土山寺乡策反李庆海等七人弃暗投明。

周店村是我党开展地下工作较好的村之一。有一天，地下情报人员报告说，日伪乡公所增加了人手，据传要来周店村抓人。于化民听完汇报后，果断地对来县委驻地刘皋村汇报工作的敌工干事李桂臣和李欣说：“这一两天敌人肯定会破坏你村党组织，抓我们的党员，今天你俩就不要回村了，说不定你村上现在就有人监视着，你们马上派别人给村上其他党员送个信，让他们做好准备。”正如于化民所料，第二天一早，日伪军就包围了周店村，大家称赞于化民处理问题果断，使地下党组织避免了一次重大损失。

1944年6月27日拂晓，日伪军4500多人联合对茌南根据地实行“铁壁合围”。为了保护运东地委机关，于化民带领筑先县委部分干部向地委方向撤退，几次强行突围均未成功，只好化整为零，组织群众分散突围。各村分散突围的群众被集中围在韩集张会所村东南狭小的旷野中。面对日伪军机枪屠杀暴行，于化民振臂大喊一声：“乡亲们，我们不能这样等死，快冲啊！”洪亮的声音惊醒了吓懵的群众，面对机枪扫射，大部分群众突围了，但仍有134人被杀。为了掩护群众突围，于化民被日伪军围住，身中3刀，青年抗日救国会主任董毅民背起他就跑，于化民怕连累同志，执意从董毅民背上挣脱下来，躲进附近村一农户家中，仍被日伪军发现被捕。面对敌人的严刑拷打，于化民坚贞不屈。最后，于化民被惨无人性的日伪军用绳子捆住扔入水坑中溺毙，时年仅24岁。两天后，筑先县委把于化民的尸体捞出装棺埋葬，并在当地隆重召开了追悼大会。

主要参考文献

[1] 习近平：《习近平用典》，人民日报出版社 2015 年版。
[2] 习近平：《习近平谈治国理政》，外文出版社 2014 年版。
[3] 程颢、程姬：《二程集》，王孝鱼点校，中华书局 1981 年版。
[4]《管子》，房玄龄注，刘绩增注，上海古籍出版社 1989 年版。
[5]《韩非子》，陈秉才译注，中华书局 2009 年版。
[6]《后汉书》，中华书局 2007 年版。
[7] 刘安等编：《淮南子》，高诱注，上海古籍出版社 1989 年版。
[8]《黄帝内经》，姚春鹏译注，中华书局 2010 年版。
[9]《解人颐》，钱德苍辑，岳麓书社 2005 年版。
[10]《老子》，饶尚宽译注，中华书局 2006 年版。
[11]《老子今译》，任继愈译，古籍出版社 1956 年版。
[12]《礼记》，叶绍钧选注，商务印书馆 1926 年版。
[13]《吕氏春秋》，陆玖译注，中华书局 2011 年版。
[14]《论语》，张燕婴译注，中华书局 2006 年版。
[15]《孟子》，万丽华、蓝旭译注，中华书局 2006 年版。
[16]《墨子》，李小龙译注，中华书局 2007 年版。
[17] 陈寿：《三国志》，裴松之注，中华书局 2006 年版。
[18]《史记》，中华书局 2006 年版。

［19］《孙子兵法》，黄葵译注，浙江古籍出版社 2011 年版。
［20］《王安石全集》，秦克、巩军标点，上海古籍出版社 1999 年版。
［21］ 王守仁：《王阳明全集》，吴光、钱明、董平、姚延福编校，上海古籍出版社 1992 年版。
［22］《文山先生全集》，商务印书馆 1935 年版。
［23］《荀子》，杨倞注，卢文弨、谢墉校，商务印书馆 1936 年版。
［24］《颜氏家训》，檀作文译注，中华书局 2007 年版。
［25］《晏子春秋》，孙星衍、黄以周校，上海古籍出版社 1989 年版。
［26］《张衡诗文集校注》，张震泽校注，上海古籍出版社 1986 年版。
［27］《贞观政要》，骈宇骞、骈骅译，中华书局 2009 年版。
［28］《郑板桥集》，中华书局 1962 年版。
［29］《周易》，郭彧译注，中华书局 2006 年版。
［30］ 金景芳、吕绍刚：《周易全解》，上海古籍出版社 2005 年版。
［31］《诸葛亮集》，中华书局 1975 年版。
［32］《庄子》，孙通海译，中华书局 2007 年版。
［33］《资治通鉴》，胡三省音注，中华书局 1956 年版。

图书在版编目（CIP）数据

中华传统美德教育读本/苗运周，葛海燕主编．--济南：山东人民出版社，2015.12
ISBN 978-7-209-09384-2

Ⅰ.①中… Ⅱ.①苗…②葛… Ⅲ.①品德教育－中国 Ⅳ.①D648

中国版本图书馆CIP数据核字(2015)第307137号

中华传统美德教育读本
苗运周　葛海燕　主编

主管部门　山东出版传媒股份有限公司
出版发行　山东人民出版社
社　　址　济南市胜利大街39号
邮　　编　250001
电　　话　总编室（0531）82098914
　　　　　市场部（0531）82098027
网　　址　http://www.sd-book.com.cn
印　　装　莱芜市华立印务有限公司
经　　销　新华书店

规　　格　16开（169mm×239mm）
印　　张　27.25
字　　数　550千字
版　　次　2015年12月第1版
印　　次　2015年12月第1次
ISBN 978-7-209-09384-2
定　　价　57.00元